Bernt Ahrenholz Hrsg.

Deutsch als Zweitsprache

Voraussetzungen und Konzepte
für die Förderung von Kindern und
Jugendlichen mit Migrationshintergrund

Fillibach bei Klett
Stuttgart

Inhalt

Bernt Ahrenholz Hrsg.

Deutsch als Zweitsprache –
Voraussetzungen und Konzepte für die
Förderung von Kindern und Jugendlichen
mit Migrationshintergrund

Bibliografische Information der Deutschen Bibliothek
Die Deutsche Bibliothek verzeichnet diese Publikation in der
Deutschen Nationalbibliografie;
detaillierte bibliografische Daten sind im Internet über
http://dnb.ddb.de abrufbar.

Bernt Ahrenholz Hrsg.
Deutsch als Zweitsprache –
Voraussetzungen und Konzepte für die Förderung
von Kindern und Jugendlichen mit Migrationshintergrund

1. Auflage   1 ⁹ ⁸ ⁷ ⁶ ⁵ | 2019 18 17 16 15

Fillibach bei Klett
© Ernst Klett Sprachen GmbH, Rotebühlstr. 77, 70178 Stuttgart 2012.
Alle Rechte vorbehalten.
Internetadresse: www.klett-sprachen.de
Typografische Konzeption: Herbert-Jürgen Welke, Freiburg im Breisgau
Umschlagbild: Peng Sun, Jinan, China
Druck und Bindung: CEWE Stiftung & Co. KGaA, Germering

Printed in Germany

ISBN 978-3-12-688006-0

Einleitung

BERNT AHRENHOLZ

Die problematische Bildungssituation von Kindern und Jugendlichen mit Migrationshintergrund ist inzwischen bekannt; hierzu haben nicht zuletzt die bestürzenden Ergebnisse verschiedener großer Untersuchungen der jüngsten Vergangenheit beigetragen. Der vorliegende Band ist einigen Überlegungen und Initiativen gewidmet, die versuchen, auf diesen Bildungsnotstand zu reagieren. Der Band konzentriert sich dabei auf die sprachlichen Probleme und lässt soziale Aspekte weitgehend außer Betracht. Nun führt eine Migrationsbiographie von Kindern und Jugendlichen nicht per se zu Sprachproblemen. Zu Recht wird immer wieder auf erfolgreiche Beispiele für gelungene Bildungswege und Karrieren von Menschen mit Migrationshintergrund hingewiesen und Initiativen wie beispielsweise der Verein „Die Deukische Generation" (http://www.deukischegeneration.de/) haben sich nicht zuletzt die Aufgabe gestellt, zu zeigen, welche Chancen die deutsche Gesellschaft unter Umständen bieten kann.

Auf der anderen Seiten werden erhebliche Bildungsdefizite und Sprachprobleme auch bei Kindern festgestellt, deren Muttersprache Deutsch ist. Diese Problematik wird in dem vorliegenden Band nicht weiter aufgegriffen, aber verschiedene Projekte weisen darauf hin, dass die jeweiligen Fördermaßnahmen auch für Schülerinnen und Schüler mit Deutsch als Erstsprache hilfreich sind (z.B. Kaltenbacher & Klages; Consani, Miodragovic & Nodari).

Da aber Kinder und Jugendliche mit Migrationshintergrund überproportional große Schwierigkeiten im sprachlichen Ausdruck haben, wesentlich häufiger als andere ohne Schulabschluss bleiben, einen übermäßig hohen Anteil der Hauptschüler stellen, zu selten am Gymnasium vertreten sind und – schaffen sie es bis in die Universitäten – das Studium doppelt so häufig abbrechen wie die anderen Studierenden (DIE ZEIT vom 5. Juli 2007), ist es heute keine Frage mehr, dass intervenierende Lernangebote notwendig sind. Die Frage aber ist, welche Förderkonzepte hilfreich sind, wie diese Konzepte umgesetzt werden müssen, welche weiteren Faktoren den Lernweg wesentlich beeinflussen und ob und in wieweit hier z.B. in Form von Elternarbeit Unterstützung notwendig ist. Auf keine dieser Fragen gibt es einfache Antworten und nicht wenige sind strittig.

In dieser Situation versucht der vorliegende Band einige wesentliche Projekte vorzustellen, wobei sowohl Großprojekte wie einzelne Unterrichtsversuche berücksichtigt werden. Es wird ein Einblick in Fördermaßnahmen für Kinder im Kindergarten- und Vorschulalter sowie in der Primarstufe gegeben, und es werden auch Förderangebote für die Sekundarstufe vorgestellt.

Die Beiträge dieses Bandes gehen überwiegend auf die Ringvorlesung *Förderunterricht Deutsch als Zweitsprache – Konzepte und Perspektiven* zurück, die im Wintersemester 2006/2007 an der Technischen Universität Dresden stattgefunden hat und von der Professur Deutsch als Fremdsprache/Transkulturelle Germanistik finanziert wurde. Ergänzend wurden einige weitere Texte aufgenommen, die das Bild vervollständigen.

Einer Ringvorlesung und einem Sammelband sind naturgemäß Grenzen gesetzt, die dazu führen, dass manche Themen, Projekte, Förderkonzepte, nicht oder nicht ausreichend gewürdigt werden.[1] Dennoch scheinen mir wichtige Förderkonzepte und -initiativen vertreten. Anliegen war es auch, die bestehende Unterschiedlichkeit erkennbar werden zu lassen. Es geht in dem Band nicht darum, einen bestimmten Ansatz, ein bestimmtes Modell zu favorisieren, sondern die Verschiedenheit zur Diskussion zu stellen; insbesondere in Hinblick auf die Fokussierung oder Nicht-Fokussierung von sprachlichen Strukturen und die Explizitheit bzw. Implizitheit von deren Vermittlung unterscheiden sich die Modelle und Fördermaßnahmen.

Evaluationen der unterschiedlichen Maßnahmen liegen bis heute kaum vor. Einige Projekte haben eine innere Evaluierung, indem sie die Lernentwicklung ihrer Gruppen beobachten und sich in ihrem Tun bestätigt sehen. Andere Projekte – wie *FÖRMIG* oder *Mercator* – haben eine umfassende Evaluierung geplant oder führten sie zur Zeit der Drucklegung des Bandes noch durch, ohne dass bereits kommunizierbare Ergebnisse vorlagen. Hier sind in absehbarer Zeit Ergebnisse zu erwarten, aber es besteht auch ganz sicher noch Forschungsbedarf. Vereinzelt gibt

---

[1] So fehlt sicherlich HIPPY. Das HIPPY-Projekt („Home Instruction Program for Pre-school Youngsters") unterstützt häusliche Fördermaßnahmen für kleine Kinder und versucht gleichzeitig einen Beitrag zur Integration der Familien zu leisten (http://www.hippy-deutschland. de/aktuelles.php). Es fehlt auch QUIMS (http://www.quims.ch/), einem Qualitätssicherungskonzept des Kanton Zürich, in dem versucht wird, gleiche Bildungschancen für alle Kinder und Jugendlichen zu gewährleisten, also auch für die Kinder und Jugendlichen mit Migrationshintergrund, die in der Schweiz ebenfalls einen geringeren Schulerfolg haben als andere SchülerInnen (vgl. Mächler 2007). Und auch allein die von Mercator geförderten 35 Standorte weisen eine große Vielfalt auf, die hier nicht gewürdigt werden konnte. Andere, hier nicht erwähnte Initiativen haben sich einzelnen Fertigkeiten verschrieben. So setzt das Amt für Lehrerbildung Hessen auf ein aus Kalifornien übernommenes Leseförderkonzept ein (*Lesen macht schlau*). Eine Förderinitiative anderer Art stellt schließlich der Tandem-Unterricht an Grundschulen in Baden-Württemberg dar, in dem mehrsprachige Lehrerinnen zusätzlich zu dem regulären Lehrpersonal eingesetzt werden.

es z.B. Fallstudien zur Interaktion in schulischem Förderunterricht (Rost-Roth im Druck), aber umfassende Studien zu Fördermaßnahmen, die möglichst auch mit einem hybriden Ansatz arbeiten, der qualitative und quantitative Verfahren kombiniert, fehlen meines Wissens noch.

Im ersten Teil des vorliegenden Bandes werden Fragen des Zweitspracherwerbs und der Diagnostik angesprochen. Sprachlernprozesse sind ein Stück weit Lernprozesse eigener Art und der Zweitspracherwerb − verstanden als Erwerb einer zweiten oder weiteren Sprache im Land der Zielsprache − folgt wiederum eigenen Prinzipien und Gesetzmäßigkeiten. Die Frage der Ähnlichkeiten und Unterschiede zwischen Erst- und Zweitspracherwerb, die Frage der Abhängigkeiten und Einflüsse vorhandener Sprachkenntnisse (cross-linguistic influence) oder die Frage nach der Art der Regelhaftigkeiten und Prinzipien sind nicht restlos geklärt. Außerdem befasst sich der Band mit Lernern sehr unterschiedlicher Altersstufen (3−6, 6−10, 10−15 Jahre), für die altersspezifische Erwerbsbedingungen gelten.[2] Obwohl die wissenschaftliche Diskussion hier nicht umfassend berücksichtigt werden kann, sollen einige Positionen und Befunde zur Diskussion gestellt werden, die u.a. zeigen, wie wichtig die Befassung mit den Voraussetzungen von Sprachlernprozessen ist.

Wer Sprachförderung betreibt, benötigt auch Wissen über die Sprache, deren Verwendung unterstützt werden soll. Diese scheinbar einfache Tatsache korrespondiert keineswegs immer mit dem Alltag in Kindertagesstätten, Vorschulen oder Grundschulen. Darum steht der Beitrag von *Rosemarie Tracy* am Anfang des vorliegenden Bandes. Für sie ist die Kenntnis der in Erst- und Zweitspracherwerb vielfach diskutierten Wortstellungsmuster für das Verständnis und die Diagnose des Spracherwerbsprozesses unverzichtbar und damit notwendiger Teil der Ausbildung von entsprechend eingesetzten Erzieherinnen oder LehrerInnen. Die Wortstellungsmuster dienen auch als Schlüssel, kreative Konstruktionen im Erwerbsprozess, die als Vorläufer und/oder Platzhalter dienen, angemessen zu interpretieren. Ähnliches gilt für das gezeigte *code mixing* bei mehrsprachigen Kindern. Professionelles Handeln basiert für Tracy auf der Kenntnis von handlungsrelevanten Forschungsergebnissen und der Auseinandersetzung mit dem jeweiligen theoretischen Bezugsrahmen.

Wilhelm Grießhaber sieht − neben individueller Variation − den Sprachlernprozess durch „stabile Regelmäßigkeiten" gekennzeichnet, die ähnlich wie bei

---

[2] Zur Rolle des Alters im Zweitspracherwerb wurden in den letzten Jahren zahlreiche Publikationen vorgelegt. Für einen Überblick vgl. beispielsweise Grotjahn 2003. Zu neueren Sequenzierungen im Kindesalter vgl. Ehlich 2005 oder Ahrenholz (im Druck).

Tracy zunächst auf der Basis der zentralen Verbstellungsoptionen im Deutschen beschrieben werden. Mit der Entwicklung syntaktischer Strukturen geht eine Entwicklung der Flexion einher, deren Realisierung für die Kinder und Jugendlichen mit Migrationshintergrund mit zu den schwierigsten Aufgaben gehört. Daneben zeigt Grießhaber besondere Schwierigkeiten in Bezug auf orthographische Fragen auf, wobei er sich v.a. auf Daten aus dem in Frankfurt am Main durchgeführten Projekt *Deutsch & PC* stützt. Unterschiede in der Entwicklung der Sprachkompetenzen bestehen zum einen in Zusammenhang mit persönlichen Voraussetzungen, gleichzeitig werden auch Erklärungen gesucht, warum die türkischen Lerner im Allgemeinen einen erkennbar höheren Förderbedarf haben als andere. Im didaktischen Ausblick werden deutliche Grenzen in den Chancen der Grammatikvermittlung gesehen, gleichzeitig aber Förderung v.a. durch Bereitstellung von schriftsprachlichem Input angemahnt.

Kreativität ist für *Annemarie Peltzer-Karpf* einer der Schlüsselbegriffe in Zusammenhang mit zweisprachlichen Produktionen von Kindern und Jugendlichen. Sie geht der Frage nach, unter welchen kognitiven Bedingungen rezipierte Sprache sich in flexibel verwendbares produktives Material transformiert und bezieht sich auf Befunde der Biologie und Neurowissenschaften. Dabei wird deutlich, dass auch Häufigkeit eine nicht zu vernachlässigende Größe in dem Prozess vom Input zum Intake ist. Für ihre didaktischen Konsequenzen ist u.a. von Bedeutung, in welchem Maße lexikalisches Wissen in Hirnregionen verankert zu sein scheint, in denen nicht-sprachliche Funktionen lokalisiert sind (und beispielsweise in engem Zusammenhang mit Körperfunktionen stehen). Zu den zentralen didaktischen Faktoren zählen für Peltzer-Karpf u.a. Herausforderung, Verstärkung, Anpassung und Vernetzung.

Charlotte Röhner und *Andrés Oliva Hausmann* vergleichen in einer Teilauswertung einer umfangreicheren Langzeitstudie auf der Basis teilnehmender Beobachtung Umfang und Qualität der kindlichen Sprachproduktionen im Kindergarten und in der Grundschule. Hier zeigt sich, dass die Schule deutlich weniger Raum für eigene Sprachproduktionen lässt als der Kindergarten und diese Produktionen zudem im Schnitt geringere Komplexität haben. Gleichzeitig wird für die Kind-Kind-Interaktionen wiederum eine höhere Komplexität und größere lexikalische Variation beobachtet. Die Autoren sehen hierin auch eine didaktische Herausforderung, verstärkt Arbeitsformen zu entwickeln, die peer-peer-Interaktionen ausreichend Raum geben.

Am Anfang jeder Sprachförderung sollte eine Sprachstandsdiagnose stehen. Diesen Aspekt ausführlich zu würdigen hätte einen gesonderten Band erfordert und in den letzten Jahren sind hierzu verschiedene Publikationen vorgelegt worden (vgl. die Expertisen von Fried 2004, Ehlich et al. 2005, Reich in Vorbereitung b). Im vorliegenden Band stellen *Rupprecht S. Baur* und *Melanie Spettmann* den Einsatz von C-Tests für den Bereich Deutsch als Zweitsprache vor. C-Tests werden hier nicht nur als ein klassisches Instrument vorgestellt, das auch unter zeitökonomischen Gesichtspunkten für die Schule geeignet erscheint, sondern als ein Arbeitsverfahren, mit dem sprachliche Kompetenzen gefördert werden könnten. Verfahren und Prinzipien der Auswertung werden an Beispielen erläutert und mögliche Lese- und Texterschließungsstrategien dargestellt.

Mit dem *Kieler Modell* von *Ernst Apeltauer* und dem Konzept der Literalität wird ein umfassender Förderansatz vorgestellt, bei dem auch die Erstsprache eine zentrale Rolle hat. Sie dient als Ausgangspunkt und Brücke, wird aber auch selbst gefördert. Für die Kinder wird so versucht, eine mit Selbstbewusstsein erlebte Sprachkompetenz zu stützen. Das *Kieler Modell* setzt bei der Förderung im Kindergarten an, zeigt aber auch Handlungsmöglichkeiten auf, die auf die Schule übertragbar sind. Es handelt sich gleichzeitig um ein Projekt mit Handlungsforschung; die Konzeption des Modells ist eng verwoben mit dessen Erprobung, was sowohl Fortbildung von Erzieherinnen als auch wissenschaftliche Beobachtung und Analyse der Sprachentwicklungsprozesse bei den Kindern einschließt. Gleichzeitig ist das Modell von der Überzeugung getragen, dass sprachliche Förderung die alltägliche Sprachpraxis berücksichtigen muss und daher eine Einbeziehung der Eltern geboten ist. Erkennbar ist eher nebenbei auch, dass Spracherwerb ein langwieriger Prozess ist, der nicht nur linearen Kompetenzzuwachs kennt, sondern auch durch Diskontinuitäten gekennzeichnet ist.

Erika Kaltenbacher und *Hana Klages* stellen das von ihnen in Heidelberg entwickelte Förderprogramm *Deutsch für den Schulstart* vor. Es handelt sich um ein Programm, mit dem die Chancen von Kindern mit Migrationshintergrund und von deutschen Kindern aus bildungsfernen Familien verbessert werden sollen. Das Förderprogramm, das für Kinder im Kindergarten, in der Vorschule und in den ersten beiden Schuljahren geeignet ist, geht von einer Sprachstandsdiagnose aus[3] und hat ein durchstrukturiertes Curriculum für die verschiedenen relevanten Sprachfertigkeiten; gleichzeitig werden phonologische Bewusstheit und mathematische Vorläuferfertigkeiten berücksichtigt. In dem Curriculum werden bestimmte Sprachbereiche fokussiert und in typischen, funktionalen Kontexten geübt, wobei Einsichten über Erwerbssequenzen berücksichtigt werden. Förder-

---

[3] Vgl. hierzu die Ausführungen in Kaltenbacher/Klages 2006.

lehrkräfte bieten dabei in der Interaktion sprachliche Modelle und stützen den impliziten, intuitiven Lernprozess.

Ein anderer Weg wird in den von *Petra Hölscher* vorgestellten *Lernszenarien* gegangen. Im Zentrum stehen vor allem Wortschatzarbeit und Sprachanwendung; Formfokussierende Arbeit und curriculare Strukturierung werden weitgehend abgelehnt. Der sich auf Piepho beziehende Lernszenarienansatz setzt auf aktiven Sprachgebrauch durch Motivierung zum Sprechen, handelndes Lernen und spielerischen Umgang mit Sprache unter angstfreien Bedingungen; dabei soll es den Schülerinnen und Schülern ermöglicht werden, individuelle Lernwege zu gehen.

Yvonne Decker stellt mit der Portfolioarbeit in Internationalen Vorbereitungsklassen einen weiteren sprachdidaktischen Ansatz vor. Anknüpfend an die Arbeiten von Oomen-Welke (vgl. Oomen-Welke 2006) werden die verschiedenen Möglichkeiten von Portfolios dargestellt, wobei es u.a. darum geht, die vorhandenen Sprachkenntnisse der Kinder stärker zu würdigen und ihrer Mehrsprachigkeit Prestige zu verleihen. Die Auseinandersetzung mit der Sprachenbiographie unterstützt auch Aspekte von Sprachbewusstheit und die Beschäftigung der Kinder mit Sprachlernprozessen.

Zu den sicherlich größten Förderprojekten gehört das von *Ingrid Gogolin* und *Wiebke Saalmann* präsentierte FÖRMIG, ein am Hamburger Institut für International und Interkulturell Vergleichende Erziehungswissenschaft angesiedelte Modellprogramm zur Förderung von Kindern und Jugendlichen mit Migrationshintergrund, in dem eine große Anzahl an Projekten in zehn Bundesländern koordiniert werden. Mit FÖRMIG wird versucht, eine Bedingungsanalyse, eine Sprachdiagnose, verschiedene Formen der Sprachförderung und die soziale Vernetzung der Fördermaßnahmen in einem komplexen Modellnetz zu erfassen. Die Komplexität des Projektes bringt es mit sich, dass in dem vorliegenden Band nur ein kleiner Einblick in die Projektaktivitäten gegeben werden kann. Gogolin und Saalmann stellen die Grundstruktur und das Anliegen von FÖRMIG dar und spezifizieren das Modell für das Länderprojekt Sachsen, das sich den Sprachfördernetzwerken widmet. Hier wird thematisiert, wie die sprachliche Förderung über die Schule hinaus ausgebaut werden kann. Für die Sprachförderung innerhalb der Schule wird wiederum auf den Ansatz der „durchgängigen Sprachförderung" verwiesen, in dem die sprachliche Förderung insbesondere auch der Entwicklung „bildungssprachlicher Fähigkeiten" gilt.

Doreen Barzel und *Agnieszka Salek* von der Stiftung Mercator stellen das Projekt *Förderunterricht* vor. An 35 Standorten finanziert die Stiftung Mercator

Förderunterricht in kleinen Gruppen, ein Förderprojekt, das vor mehr als 30 Jahren an der Universität Essen begann (Benholz et al. 1999). Die jeweils umgesetzten Förderkonzepte variieren dabei je nach Standort, wobei der Bogen von Sprachunterricht über die Unterstützung bei Hausaufgaben und Förderung in Bezug auf Fachunterricht bis zu theaterpädagogischen Projekten reicht. Mit über 6000 geförderten Schülerinnen und Schülern sind die von der Stiftung Mercator finanzierten Lernangebote, bei denen zum Teil auch mit *FörMig* kooperiert wird, wohl das wichtigste Großprojekt in Bezug auf Förderunterricht. Gleichzeitig bieten die Mercator-Lernangebote ein wichtiges Praxisfeld für Studierende, wodurch interessante Optionen für eine Theorie-Praxis-Verschränkung in der Ausbildung gegeben sind.

Von der Stiftung Mercator wird auch das *Bielefelder Modell* gefördert, das *Beatrix Hinrichs* vorstellt. Sie skizziert die schulische, berufliche und häusliche Situation von Jugendlichen mit Migrationshintergrund, aus der sich die Notwendigkeit für Hilfestellungen ergibt, und beschreibt das Förderkonzept in Bielefeld. Auch hier stellen die Mercator-Lerngruppen ein wichtiges Praxisfeld für die Studierenden dar. Eine Besonderheit im Bielefelder Ansatz ist die explizite Verbindung zur Lokalpolitik. Da der Oberbürgermeister sich Gesprächen mit Jugendlichen stellt, eröffnet sich hier ein unmittelbar relevantes Handlungsfeld und die geförderten Jugendlichen sind hochmotiviert, in einem wichtigen gesellschaftlichen Bereich sprachlich zu agieren.

Zunehmend finden *Feriencamps* für Jugendliche statt, in denen der Deutscherwerb gefördert werden soll. *Heidi Rösch* stellt das Konzept vor, das zunächst von der Jacobsstiftung in einem Sommercamp finanziert wurde (vgl. Rösch 2006) und inzwischen verschiedene Nachahmer gefunden hat. In den Feriencamps wird versucht, Sprachförderung, kreatives Arbeiten und Freizeit miteinander zu verbinden. In Hinblick auf die Sprachförderung findet meist ein expliziter Sprachunterricht statt, der durch die weiteren Campangebote mit impliziten Sprachlernprozessen kombiniert ist. Gegenstand sind funktionale Grammatikarbeit, Sprachlernstrategien und die Förderung von Sprachbewusstheit. Rösch stellt in ihrem Beitrag hierzu auch Beispiele aus einem berufsorientierten Camp vor, das wiederum von der Stiftung Mercator unterstützt wurde.

Werner Knapp widmet sich den Lese- und Schreibkompetenzen, die Hauptschulabsolventen für die Bewältigung ihres Berufsalltags benötigen. Neben einer Skizierung vorhandener Schreibkompetenzen und deren langsamer Entwicklung bis in das Erwachsenenalter hinein werden Befunde aus einer empirischen Studie zu den Anforderungen an Lese- und Schreibkompetenzen in der betrieblichen

Ausbildung vorgestellt. Was ein Lehrling lesen und schreiben können muss, wird aus der Sicht von Ausbildern gezeigt, die gravierende Defizite – nicht nur bei Jugendlichen mit Migrationshintergrund – sehen. Daran schließen sich Vorschläge an, welche Verfahren helfen können, elementare Kenntnisse im Lesen und Schreiben nachhaltig zu vermitteln.

Claudio Cosani, Nina Miodragovic und *Claudio Nodari* zeigen am Beispiel einer intensiven Förderung im Bereich Rechtschreibung, dass wesentliche Lernfortschritte zuweilen in relativ kurzer Zeit erreichbar sind. Neben vielfältigen Übungsformen und großem Engagement der Lehrerin ist vielleicht auch der Versuch, die Einstellung der ca. 13-jährigen Schülerinnen und Schüler in Bezug auf die Rechtschreibung zu verändern, wesentlich für den Erfolg der Fördermaßnahme. Die intensive Beschäftigung mit der richtigen Form scheint zudem auch Textkompetenzen allgemein positiv zu beeinflussen.

Den Band beschließt ein Beitrag zur Förderung der Erstsprache. Seit den 1960er Jahren wird unter verschiedenen Vorzeichen über die Frage des Herkunftssprachenunterrichts diskutiert, wobei in der Bundesrepublik Deutschland auf der Ebene der KMK im Prinzip Konsens bestand, die erstsprachlichen Kompetenzen der „ausländischen" Kinder und Jugendlichen zu fördern, wenn auch unter sehr verschiedenen Bedingungen und im Stellenwert umstritten (vgl. Reich in Vorbereitung a). Während in vielen Bundesländern in den letzten Jahren in den Kultusbehörden der Herkunftssprachenunterricht eher kritisch gesehen und auch abgebaut wird, gibt es im Rahmen der europäischen Vielsprachigkeitspolitik zuweilen gegenteilige Tendenzen. Zu den Initiativen mit Vorbildcharakter gehört das von *Silvia Bollhalder* vorgestellte Projekt *Sprach- und Kulturbrücke* in Basel. Hier wird das Schaffen gleicher Bildungschancen und gesellschaftlicher Integration eng verknüpft mit der Förderung der Erstsprachen gesehen und als Teil des sogenannten Gesamtsprachenplans umgesetzt. 29 verschiedene Sprachen werden von mehrsprachigen Lehrpersonen unterrichtet; das Angebot der *Sprach- und Kulturbrücke* schließt eine enge Zusammenarbeit mit den Eltern ein und enthält beispielsweise auch Deutschkurse für Mütter oder Übersetzungsleistungen. Insgesamt geht die in Basel gelebte Mehrsprachigkeit nicht nur mit einer Veränderung der Schule, sondern auch mit einer gesellschaftlichen Aufwertung der real existierenden Mehrsprachigkeit einher.

Am Ende gilt es auch Dank zu sagen. Zunächst den Autorinnen und Autoren, die trotz übervoller Terminkalender sehr kurzfristig und flexibel nach Dresden gekommen sind und den Studierenden spannende Einblicke in Theorie und Praxis von Sprachförderung geboten haben. Mit dem gleichen Einsatz haben alle AutorInnen sehr kurzfristig ihre Manuskripte erstellt und überarbeitet. Der vorliegende Band und die Ringvorlesung „Förderunterricht Deutsch als Zweitsprache – Konzepte und Perspektiven" an der TU Dresden wäre aber nicht zustande gekommen ohne den umfassenden Einsatz von Manuela Thomas, die als Mitarbeiterin an der Professur für Deutsch als Fremdsprache/Transkulturelle Germanistik für die perfekte Organisation und verwaltungsmäßige Bearbeitung des Projektes gesorgt hat. Dank zu sagen ist auch Maria Völzer, die die Texte wie immer akribisch Korrektur gelesen hat, und dem Verleger Jürgen Welke, der unter großem Einsatz dafür gesorgt hat, den Band in einem engen Zeitrahmen fertigzustellen.

Literaturangaben

Ahrenholz, Bernt (im Druck): „Zum Zweitspracherwerb bei Kindern und Jugendlichen mit Migrationshintergrund – Forschungsstand und Desiderate". In: Allemann-Ghionda, C./Pfeiffer, S. (eds.): *Beiträge zur „Expertentagung ,Bildungserfolg und Zweisprachigkeit verschiedener Migrantengruppen unter besonderer Berücksichtigung italienischer Schülerinnen und Schüler. Perspektiven für Forschung und Entwicklung'. Berlin, 16.–17. März 2007".*

Benholz, Claudia/Lipkowski, Eva/Steinhaus, Marlies (1999): „25 Jahre Förderunterricht für Kinder und Jugendliche ausländischer Herkunft an der Universität Gesamthochschule Essen". In: *Deutsch lernen*, 24, 1, 75–91.

Ehlich, Konrad (2005): „Sprachaneignung und deren Feststellung bei Kindern mit und ohne Migrationshintergrund – Was man weiß, was man braucht, was man erwarten kann.". In: Ehlich, K./in Zusammenarbeit mit/Bredel, U./Garme, B./Komor, A./Krumm, H.-J./McNamara, T./Schnieders, G./ten Thije, J. D./Bergh, H. v. d. (eds.): *Anforderungen an Verfahren der regelmäßigen Sprachstandsfeststellung als Grundlage für die frühe und individuelle Förderung von Kindern mit und ohne Migrationshintergrund.* Bonn u. Berlin: BMBF, 11–75.

Ehlich, Konrad in Zusammenarbeit mit Bredel, Ursula/Garme, Brigitte/Komor, Anna/Krumm, Hans-Jürgen/McNamara, Tim/Schnieders, Guido/ten Thije, Jan D./Bergh, Huub v. (ed.) (2005): *Anforderungen an Verfahren der regelmäßigen Sprachstandsfeststellung als Grundlage für die frühe und individuelle Förderung von Kindern mit und ohne Migrationshintergrund.* Bonn u. Berlin: BMBF.

Fried, Lilian (2004): *Expertise zu Sprachstandserhebungen für Kindergartenkinder und Schulanfänger. Eine kritische Betrachtung.* München: Deutsches Jugendinstitut.

Grotjahn, Rüdiger (2003): „Der Faktor ,Alter' beim Fremdsprachenlernen. Mythen, Fakten, didaktisch-methodische Implikationen". In: *Deutsch als Fremdsprache*, 40, 1, 32–41.

Kaltenbacher, Erika/Klages, Hana (2006): „Sprachprofil und Sprachförderung bei Vorschulkindern mit Migrationshintergrund". In: Ahrenholz, B. (ed.): *Kinder mit Migrationshintergrund - Spracherwerb und Fördermöglichkeiten.* Freiburg i.Br.: Fillibach, 80–97.

Mächler, Stefan (2007): „‚Qualität in multikulturellen Schulen (QUIMS)'. Ein langfristiges Programm zur Verbesserung der Chancengleichheit". In: *Pädagogik*, 59, 5, 24–28.

Oomen-Welke, Ingelore (2006): „‚Meine Sprachen und ich'. Inspiration aus der Portfolio-Arbeit in DaZ für Vorbereitungsklasse und Kindergarten". In: Ahrenholz, B. (ed.): *Kinder mit Migrationshintergrund - Spracherwerb und Fördermöglichkeiten.* Freiburg i.Br.: Fillibach, 115–131.

Reich, Hans H. (in Vorbereitung a): „Herkunftssprachenunterricht". In: Ahrenholz, B./Oomen-Welke, I. (eds.): *Deutsch als Zweitsprache.* (Deutschunterricht in Theorie und Praxis, Handbuch in XII Bänden, hrsg. v. Winfried Ulrich, Bd. VIII, Teil 1) Baltmannsweiler: Schneider Hohengehren.

Reich, Hans H. (in Vorbereitung b): „Sprachstandserhebungen, ein- und mehrsprachig". In: Ahrenholz, B./Oomen-Welke, I. (eds.): *Deutsch als Zweitsprache.* (Deutschunterricht in Theorie und Praxis, Handbuch in XII Bänden, hrsg. v. Winfried Ulrich, Bd. VIII, Teil 1) Baltmannsweiler: Schneider Hohengehren.

Rösch, Heidi (2006): „Das Jacobs-Sommercamp - neue Ansätze zur Förderung von Deutsch als Zweitsprache". In: Ahrenholz, B. (ed.): *Kinder mit Migrationshintergrund - Spracherwerb und Fördermöglichkeiten.* Freiburg i.Br.: Fillibach, 287–302.

Rost-Roth, Martina (im Druck): „Korrekturen und Ausdruckshilfen im Deutsch als Zweitsprache-Unterricht. Fallstudien und Vergleiche mit anderen Kontexten der Sprachförderung". In: Chlosta, C./Krekeler, C. (eds.): *Beiträge der Sektion Deutsch als Zweitsprache und Mehrsprachigkeit. Jahrestagung des Fachverband Deutsch als Fremdsprache, Universität Bielefeld, 8.-10. Juni 2006.* (Materialien Deutsch als Fremdsprache, Regensburg).

ZWEITSPRACHERWERB UND DIAGNOSTIK

Linguistische Grundlagen der Sprachförderung: Wieviel Theorie braucht (und verlangt) die Praxis?

ROSEMARIE TRACY

> I believe that theory – at least some
> rudimentary theory or expectation – always
> comes first; that it always precedes observation [...]
> K. Popper (1979: 258)

0   Einleitung

Sprachförderung beginnt im Kopf derjenigen, die Kinder bei der Aneignung von Sprachen professionell unterstützen wollen. Für die mit dieser Aufgabe betrauten Personen bedeutet dies, dass sie neben didaktischem Knowhow, eigener Beherrschung der zu fördernden Sprache und angemessenen Rahmenbedingungen vor allem zweierlei benötigen: eine möglichst klare Vorstellung vom Erwerbsziel und mindestens rudimentäres Wissen – im Sinne des als Leitmotiv vorangestellten Zitats des Philosophen Karl Popper – über die systematische und kreative Art und Weise, in der sich Kinder unterschiedlichen Alters Sprache aneignen. Nur wer erkennen kann, welche Meilensteine des sprachlichen Entwicklungsprozesses ein Kind bereits gemeistert hat, kann dieses Kind individuell fördern und ihm gezielt den sprachlichen Input anbieten, der die Erwerbsdynamik in Gang hält.

Laut baden-württembergischem Orientierungsplan (2007: 47) gehört zu den Aufgaben von Frühpädagogen und -pädagoginnen die „Wahrnehmung, Beobachtung und regelmäßige Dokumentation des Entwicklungsstandes bzw. der Entwicklungsfortschritte jedes Kindes." Damit stellt sich die Frage, welche Art von Kenntnissen den involvierten Erziehern und Erzieherinnen vermittelt werden sollte, damit sie diese Aufgaben überhaupt wahrnehmen können. Welche konzeptuellen Orientierungshilfen kann man ihnen an die Hand geben, damit sie sehen können, was ein Lerner bereits beherrscht, anstatt nur das wahrzunehmen, was noch fehlt oder falsch erscheint? Welche fachsprachlichen Grundlagen muss sich eine Sprachförderkraft aneignen, um relevante Beobachtungen zu einzelnen Kindern in Dokumentationen festhalten und gegebenenfalls anderen (z.b. Logopäden) kommunizieren zu können?

Ob ein Kind einen bestimmten Entwicklungsstand erreicht hat, lässt sich leider für den Bereich der Sprache nicht so einfach entscheiden wie etwa die Frage, ob es einen Stift richtig halten oder Teile seines Namens schreiben kann. Es ist nicht möglich, aufgrund isolierter Äußerungen (oder ihres Ausbleibens im Falle eher schweigsamer Kinder) zuverlässige Schlüsse über vorhandene oder mangelnde Kompetenzen zu ziehen. Kinder (ebenso wie erwachsene Zweitsprachlerner) verfügen nicht selten über ein umfangreiches Repertoire ganzheitlich abgespeicherter Wendungen, die vielleicht Aufschluss über Kommunikationsfreudigkeit geben können, nicht aber über den Entwicklungsstand im Bereich der Grammatik. Anhand welcher Indikatoren erfahren wir also etwas über ein System, das wir zu keinem Zeitpunkt direkt beobachten können?

Diese Frage verfolge ich in meinem Beitrag anhand ausgewählter Bereiche der deutschen Grammatik. Im Mittelpunkt steht nicht die Vermittlung neuer Forschungsergebnisse zu unterschiedlichen Typen des Spracherwerbs, sondern die Entwicklung eines möglichst kohärenten Referenzrahmens für unsere Spekulationen über das prinzipiell Nichtbeobachtbare, wie zum Beispiel den individuellen Wissenszuwachs, der sich im Kopf von Lernern vollzieht. Es geht also um die (zugegebenermaßen groben) Konturen eines „Erwartungshorizonts" (Popper 1979: 344), der es erlaubt, möglichst konkrete Orientierungshilfen für die Erfassung des Sprachstands von Kindern und Ideen für die Sprachförderung abzuleiten.

In Abschnitt 1 wird argumentiert, dass sich ein einfaches topologisches Modell deutscher Sätze (etwa im Sinne der Dudengrammatik) als Referenzrahmen für Einschätzungen des Entwicklungsstands im morphosyntaktischen Bereich anbietet. Abschnitt 2 verdeutlicht anhand ausgewählter kindlicher Produktionsdaten, auf welche Weise Theorien, die zu Beobachtungen angehaltene Praxis dabei unterstützen können, Zusammenhängen und Lernerhypothesen auf die Spur zu kommen. Im letzten Abschnitt werden diverse Gründe für eine solide theoretische Fundierung der Sprachförderung noch einmal zusammengefasst.

1   Elementares linguistisches Rüstzeug für die pädagogische Praxis

Was man der Praxis ersparen kann – so sehr der Linguistik und der Spracherwerbsforschung diese Dinge am Herzen liegen mögen! –, sind Kontroversen über die Adäquatheit spezifischer linguistischer Beschreibungsmodelle oder über rivalisierende Versuche, den Spracherwerb zu erklären. Unentbehrlich hingegen sind Grundkenntnisse über Sprache und kommunikatives Verhalten. Benötigt wird vor allem grammatisches Basiswissen, um Satzbaupläne, Wortklassen und syntaktische Funktionen (wie Subjekt und Objekt) identifizieren zu können. Einsicht in systemische Aspekte von Sprache werden nicht nur für eine gezielte Beobachtung im Rahmen von Spontansprachuntersuchungen und zur Erstellung individueller Lernerprofile benötigt sondern auch für den Einsatz von diagnostischen Instrumenten (vgl. Kany & Schöler 2007, Schulz, Tracy & Wenzel i. Vorb.). Damit ist zugleich klar, dass auf Übung im Umgang mit einem metasprachlichen Instrumentarium nicht verzichtet werden kann.

Um Regularitäten der Wortstellung und der Subjekt-Verb-Kongruenz zu erfassen – und auf diese Aspekte beschränke ich mich hier im Wesentlichen –, wird ein Abstraktionsniveau benötigt, das es erlaubt, die Gemeinsamkeiten oberflächlich unterschiedlicher Strukturen, z.B. der Fälle in (1) – (5) zu repräsentieren:

(1) Spiel's nochmal, Sam!
(2) Ich spiele nicht gerne unbekanntem Publikum etwas vor.
(3) Sam hat das Lied schließlich doch noch mal gespielt.
(4) Was sollte Sam spielen?
(5) Dass Sam das Lied schließlich noch einmal spielte, wundert mich schon.

Unter Appell an die eigenen Intuitionen und mit etwas Übung können auch Neulinge im expliziten Umgang mit sprachlichen Daten Sätze dieser Art im Rahmen eines topologischen Feldermodells (vgl. Duden 1996) analysieren, vgl. (1') – (5').[1]

		_____ Satzklammer _____	
		⇩	⇩
(1')		Spiel's	....	
(2')	Ich	spiele	....	vor
(3')	Sam	hat	....	gespielt
(4')	Was	sollte	....	spielen?
(5')		Dass	....	spielte ...

---

[1] Hier berufe ich mich auf eigene positive Erfahrungen mit Weiterbildungsveranstaltungen im Rahmen der Mannheimer Forschungs- und Kontaktstelle Mehrsprachigkeit.

In Hauptsätzen, vgl. (1)–(4), steht das mit dem Subjekt kongruierende, finite Verb an der zweiten Stelle (V2-Position), in der sogenannten linken Satzklammer.[2] Nicht-finite Verbteile (Partizipien, Infinitive, Partikeln) erscheinen in der rechten Satzklammer (auch als Verbend-Position bezeichnet). Sofern ein Satz, wie im Fall des Nebensatzes in (5)/(5'), von einer Konjunktion oder einem Relativpronomen eingeleitet wird, findet das Verb links keinen Platz und folgt allen anderen, nicht-finiten Verbteilen in der rechten Satzklammer.

Aus einer nochmals etwas abstrakteren Perspektive lassen sich diese Sätze auf folgenden Bauplan reduzieren, wobei (a) den Hauptsatz, (b) eingeleitete Nebensätze repräsentiert.

(6) (a) Vorfeld   V2[+finit] ... Mittelfeld .... Verbend [-finit] ... Nachfeld[3]
    (b)   Konj./Rel.   ....   Verbend [+finit]
                 ⇧_____ Satzklammer _____⇧

Der Erkenntniswert und die heuristische Orientierungsfunktion dieses Feldermodells erweist sich sehr schnell, wenn man Personen, die sich diesen analytischen Zugriff erarbeitet haben, mit authentischen Kinderäußerungen, idealerweise aus unterschiedlichen Erwerbsphasen, konfrontiert. Sie werden auf diese Weise schnell in die Lage versetzt, eigenständig eine Erwerbslogik zu rekonstruieren, wie sie hier für monolinguale Kinder in (7) zusammengefasst wurde (vgl. auch Tracy 2005, 2007, i.Dr.).

---

[2] Im Fall des Imperativsatzes (1)/(1') bleibt ebenso wie in *Ja/Nein*-Fragen (*Kannst du überhaupt Klavier spielen?*) die Position vor dem Verb, das *Vorfeld*, unbesetzt.

[3] Im Nachfeld finden sich „ausgeklammerte" Konstituenten, z.B. Relativsätze wie in „Ich habe den Mann gesehen, der den Ball gefunden hat."

(7) Typische Entwicklungssequenz im Alter von 18–48 Monaten

(a)	Einwortäußerungen, Formeln					Meilenstein I
			Satzklammer			
		⇩			⇩	
(b)				Ball	rein	Meilenstein II
(c)			Papa	Ball	reinlegen	
(d)		Papa	auch	Bal	reinlegen	
(e)	Papa	legt	auch (den)[4] Ball		rein !	Meilenstein III
(f)	Was	legt Papa	auch		rein?	
(g)	Den	legt Papa	....		rein	
(h)		wenn	Papa auch den Ball		reinlegen kann	Meilenstein IV
(i)		was	Papa		reingelegt hat	

Hypothesen bezüglich der privilegierten Rolle trennbarer Verbpartikeln, die von Kindern früh und treffsicher identifiziert werden, lassen sich leicht finden: Sie sind platzfest, formal invariant, stärker betont als das restliche Verb, und sie referieren in der Regel auf wichtige Teilereignisse (vgl. dazu Schulz, Wymann & Penner 2001, Schulz 2007, Tracy 2000, 2005). Einige dieser Eigenschaften, z.B. die formale Invarianz und relative prosodische Prominenz, teilen sie mit Partikeln des Mittelfelds (wie *auch*), die Lernern daher deutliche „Wegweiser" beim Ausbau der Satzstruktur von rechts nach links bis hin zur (Re-)Konstruktion der V2-Position und den damit einhergehenden Effekten (z.B. die Positionierung von Fragepronomen und Nichtsubjekten ins Vorfeld) anbieten.

Der Nutzen der topologischen Matrix als Orientierungshilfe zeigt sich auch gerade dann, wenn keine gradlinige Zuweisung zu bestimmten Positionen möglich ist. Die Frage, ob ein Verb der rechten oder linken Satzklammer zugeordnet werden kann, lässt sich beispielsweise letztlich nur entscheiden, wenn Äußerungen hinreichend lang sind. Diagnostisch relevant wären also Strukturen, die außer dem Verb selbst mehr als eine Konstituente enthalten. Um mit einiger Verlässlichkeit den Flexionsstatus von Verben beurteilen zu können, benötigt man innerhalb eines Korpus mindestens zwei kontrastierende Formen (*er/sie spielt* vs. *sie/wir*

---

[4] Die eingeklammerten Artikel deuten darauf hin, dass ihre Verwendung lange optional ist. Sowohl die Gebrauchsbedingungen der Artikel als auch ihre Genusmarkierung gehören zusammen mit dem Kasus (insbesondere dem Dativ) zu den für L2-Kinder und Erwachsene offensichtlich besonders schwer zu erschließbaren Bereichen; hier ist auch die inter-individuelle Variation unter Lernern erheblich.

spielen). Hören wir beispielsweise in Reaktion auf die in der Absicht, bestimmte Strukturen zu elizitieren, gestellte Frage: „Was machen die Kinder auf dem Bild?" die Antwort *Spielen,* so wissen wir grundsätzlich nicht, ob es sich dabei um einen Infinitiv oder eine flektierte Form der 3.Ps.Pl.Präs. handelt. Zielsprachlich wären ohnehin beide Reaktionen möglich. Wir sehen, wie wir durch spezifische theoretische „Lupen" dazu angeregt werden, unsere Beobachtungen systematisch im Hinblick auf bestimmte Merkmale zu klassifizieren, sie aber zugleich auch kritisch zu hinterfragen.

Die Frage, welche Rückschlüsse sich aus Lerneräußerungen ziehen lassen, ist also keineswegs trivial. Auch Experten dürften es sich kaum zutrauen, einfach nur durch Hinhören zu entscheiden, ob eine bestimmte Kategorie, z.B. Präpositionen oder Artikel, „meistens ausgelassen" werden, „meistens fehlerhaft", „manchmal fehlerhaft" oder „meistens korrekt" sind, wie dies gelegentlich in Beurteilungsbögen verlangt wird (vgl. für die Artikel z. B. den SISMIK, Ulich & Mayr 2003: 8). Abgesehen davon, dass es schwer ist zu entscheiden, wo auf einer Skala die Grenze von *selten* und *manchmal* verläuft, setzt die Beantwortung voraus, dass man zunächst anhand eines (transkribierten) Äußerungskorpus feststellen kann, wieviele Gelegenheiten (i.e. verbale Kontexte) es für die Realisierung bestimmter Elemente gegeben hätte.

Im Falle mehrsprachiger Kinder wird die Beurteilung des Sprachstands dadurch verkompliziert, dass man sich bei der Beurteilung der „Normalität" des Erwerbs nicht einfach auf Altersangaben verlassen darf, d.h. Erwerbsfortschritte müssen im Verhältnis zur verfügbaren Kontaktzeit – idealerweise auch im Verhältnis zur Intensität des Kontakts – gesehen werden. Dabei erweist es sich als problematisch, dass die Erforschung des frühen L2-Erwerbs im Vergleich mit dem monolingualen Spracherwerb oder dem doppelten L1-Erwerb (vgl. Anstatt 2007, Tracy & Gawlitzek-Maiwald 2000, Müller et al. 2006) immer noch in den Kinderschuhen steckt. Allerdings deuten erste Longitudinalstudien mit Kindern unterschiedlicher Erstsprachen darauf hin, dass Kinder, die im Alter von 3–4 Jahren zum ersten Mal intensiv mit der deutschen Sprache in Kontakt kommen, sich die Satzstruktur des Deutschen (und die Subjekt-Verb-Kongruenz) auf sehr ähnliche Art und Weise aneignen wie L1-Lerner (vgl. Rothweiler 2006; Thoma & Tracy 2006, Tracy 2007, i.Dr.). Interessanterweise zeigt sich auch, dass L2-Kinder, die besonders früh über ein umfangreiches Verbvokabular verfügen, auch diejenigen sind, die sich die Satzklammer am schnellsten aneignen, nämlich im Wesentlichen nach einer Kontaktzeit von nur 6–8 Monaten (Thoma & Tracy 2006). Der „Erwartungshorizont", der sich aufgrund unserer Kenntnis der Topologie deutscher Sätze ergibt, lässt uns dies in gewisser Weise erwarten: Ohne Verben, die man in den Positionen der Satzklammer verorten muss, findet man auch nur schwer den Einstieg in die Gesamtarchitektur.

2 Vom praktischen Mehrwert spannender Theorien

Viele Erwerbsphänomene sind auch für Personen ohne vertiefte Kenntnis der Spracherwerbsforschung nachvollziehbar. Dazu gehören sicher Vereinfachungen auf phonologischer Ebene (z.b. die Reduktion von Konsonantenclustern oder die Auslassung unbetonter Silben). Einleuchtend sind auch morphologische Übergeneralisierungen wie *gegeht* oder Analogiebildungen wie *fragen zu* ... nach dem Muster *sagen zu* ... (vergleichbar dem französischen *demander à/dire à*), um nur einige Phänomene zu nennen. Sie leuchten intuitiv ein und erinnern an eigene Erfahrungen beim Zweit- oder Fremdsprachenlernen. Etwas interessanter wird es, wenn wir versuchen zu entdecken, warum Kinder nicht-deutscher Erstsprache sich mit dem grammatischen Genus des Deutschen schwerer tun als monolinguale Kinder, und zwar auch dann, wenn das natürliche Genus eigentlich als Hinweis zur Verfügung steht, wie im Falle eines oft hartnäckigen *die Junge*. Jemand, der vielleicht nicht nur beobachten sondern auch *verstehen* will, welche Strategien Lerner bewegen, muss in diesem Fall etwas über den Zusammenhang von Silbenzahl, Betonungsmuster, Auslaut und Frequenz von Artikelformen in Erfahrung bringen können. Diese Information sollte die Forschung zur Verfügung stellen.

Im Folgenden möchte ich noch einmal anhand ausgewählter Phänomene die heuristische Funktion theoretischer Perspektiven unterstreichen.

Übergangslösungen: Platzhalter

Wer über ein grundlegendes Verständnis der Architektur einer Sprache, hier speziell des Deutschen, verfügt, kann individuelle Übergangserscheinungen entdecken, die das in (7) gezeichnete idealisierte Bild etwas moderieren. Dazu gehören neben spezifischen Auslassungen in bestimmten Phasen (z.b. Subjekte, Artikel, Fragepronomen, Hilfsverben, Konjunktionen), auch das Gegenteil, nämlich sogenannte „Platzhalter". Sie zeigen deutlich, dass Kinder bereits eine gewisse Vorstellung von syntaktischen Bauplänen haben, bevor sie einzelne Positionen paradigmatisch angemessen besetzen können. In (8) finden wir undifferenzierte Vorläufer von Pronomina oder Adverbien, Modalverben und Konjunktionen (vgl. dazu Rothweiler 1993, Fritzenschaft et al. 1990, Tracy 1991, 2000).

(8) _____ Satzklammer _____

		⇩		⇩
(a)	də	geht	də	
(b)	ich	əəə	ein Hose	malen
(c)	.....	əəə	nicht so laut	ist

Insbesondere iterierende Lautsequenzen wie [əəə] lassen zunächst an Stottern und Verzögerungen infolge von Planungsschwierigkeiten denken. Ihr Status als syntaktischer Joker wird daher oft erst *post hoc* erkennbar, wenn die Positionen paradigmatisch angemessen gefüllt sind und der Stottereffekt verschwindet. Sowohl Lücken als auch Platzhalter zeigen uns sehr deutlich, wo Entwicklungs- und Förderpotential liegt, und es fällt als Gesprächspartnerin auch nicht schwer, solche Strukturen erweiternd oder modellierend aufzugreifen, vgl. (9).

(9) (a) (je nach Kontext) Wer geht wohin? Meinst du, der geht jetzt ins Haus?

(b) Du willst eine Hose malen? Und wer will die Jacke malen?

(c) Sollen wir das Radio lieber ausmachen, weil es zu laut ist? Oder nur etwas leiser?

Konkurrenz und Hindernisse auf dem Weg zum Hauptsatz

Kinder, die bereits problemlos einfache Hauptsätze mit finiten Verben in der linken Satzklammer produzieren, greifen dann, wenn im Mittelfeld Fokuspartikeln auftauchen, oftmals wieder auf verblose, nicht-finite oder finite Verben in der rechten Satzklammer zurück, s. (10) (Penner, Wymann & Tracy 2000; Tracy i. Dr.).

(10) ____ Satzklammer _____

		⇩		⇩
		??		VE
(a)	Papa	auch	Treppe	raufgehn
(b)	Eichhörnchen	auch	noch mehr	steht.

Die Hypothese liegt nahe, dass Partikeln des Mittelfelds eine Bewegung des Verbs aus der rechten Satzklammer nach links verhindern, weil sie selbst die normalerweise für das Verb vorgesehene linke Satzklammer beanspruchen, etwa als eine Art Auxiliarverb (in der Bedeutung: *auch-wollen, auch-sein / tun*). Wiederum wird sehr deutlich, welchen Strukturen diese Kinder im Input begegnen sollten, nämlich Hauptsätzen, die sowohl finite V2-Verben als auch diverse Partikeln enthalten.

Folge der Mehrsprachigkeit?

Die Forschung zum doppelten L1-Erwerb hat gezeigt, dass Kinder, die von Anfang an mit zwei Erstsprachen aufwachsen, ihre Sprachen früh trennen können und im Alter von 2–3 Jahren gut in der Lage sind, ihren Output kontext- und personenabhängig zu kontrollieren (Müller et al., 2006, Tracy & Gawlitzek 2000). Trotzdem gibt es Phasen intensiven Mischens, die Eltern und andere Beteiligte immer wieder beunruhigen. Man betrachte dabei folgendes Beispiel von einem Kind, das mit Deutsch und Englisch als doppelten Erstsprachen aufwächst:

(11)   Hannah (2;4) über eine Kaffeemaschine   Was für *noise it makes?*

Es handelt sich um eine Äußerung, die auf den ersten Blick weder die Struktur eines deutschen noch die eines englischen Hauptsatzes aufweist. Darf man nun schließen, dass die „Schuld" für das Zustandekommen dieser Struktur auf die Mehrsprachigkeit zu schieben ist? Dies wäre in der Tat voreilig, denn

(a) auch monolinguale englischsprachige Kinder äußern *What Mummy doing? Where I can go?* und

(b) auch manche monolinguale deutschsprachige Kinder produzieren *Wo das Haus ist? Was die Mama macht?*, i.e. direkte Fragen mit Verben in der rechten Satzklammer (vgl. Tracy 2005, i.Dr.))

Die Struktur in (11) fällt also keineswegs aus dem Rahmen einer normalen syntaktischen Entwicklung. Der Mehrsprachigkeit ist lediglich die lexikalische Mischung anzulasten – eine Ressource, die monolingualen Kindern verwehrt ist. Mischäußerungen, die man voreilig als Symptom sprachlicher Defizite interpretiert, erscheinen in einem anderen Licht, wenn man in der Lage ist zu erkennen, wie virtuos und passgenau Kinder temporäre Lücken in einer Sprache mit Hilfe der anderen schließen können (vgl. Tracy & Gawlitzek-Maiwald 2000, Tracy 2007) und stilistische Ressourcen nutzen, die wir auch von älteren Bilingualen kennen (vgl. Lattey & Tracy 2005; Keim & Tracy 2007). In jedem Fall zeigt (11), warum es wichtig ist, dass Personen, die sich mit der Förderung mehrsprachiger Kinder beschäftigen, ihre Beobachtungen und vorschnelle Interpretationen kritisch hinterfragen können.

3   Abschließende Überlegungen

Dem systematischen Vorgehen der Kinder lassen sich recht klare Hinweise für die Förderung entnehmen. Es geht insbesondere in den frühen Phasen des L2-Erwerbs bei Kindern im Vorschulalter nicht um isolierte Satzmuster und um paradigmatische Details, die losgelöst von strukturellen Kontexten „geübt" werden müssen. Wichtig ist es vielmehr, Kindern durch verb- und variationsreichen Input, bei dem sie beispielsweise die gleichen Verben in der rechten und der linken Satzklammer antreffen, dazu zu verhelfen, eine dem Schema (6) entsprechende abstrakte Repräsentation zu erstellen, die über einzelne lexemspezifische Details hinweggreift. Soweit die gute Nachricht.

Eine weniger gute Nachricht besteht sicher darin, dass die Beantwortung der Frage, wieviel theoretisches Wissen und wieviel Information aus der Forschung Eingang in die Ausbildung von Pädagogen und die Praxis finden sollte, einer Gratwanderung gleicht. Während die in Abschnitt 1 skizzierten Inhalte zu den Grundlagen der Professionalisierung von Spezialisten für Sprachförderung zu rechnen sind, geraten die Hypothesen aus Abschnitt 2 eher in die Kategorie des Überflüssigen oder, etwas euphemistischer ausgedrückt, eines Bonus. Dennoch haben auch solche Überlegungen nicht nur Unterhaltungswert.

Im Untertitel meines Beitrags, „Wieviel Theorie braucht (und verlangt) die Praxis?" verbirgt sich schließlich auch die Frage, wieviel Theorie die Praxis *verlangt*. Es gehört zur Professionalität eines Berufes, sich Kenntnisse anzueignen, die die eigene Handlungssicherheit erhöhen und die sich an dem orientieren, was wir nach bestem Wissen und Gewissen aufgrund der jeweiligen Forschungslage wissen. Bei anderen Berufen (Ärzten, Ingenieuren, Tauchlehrern, um nur einige zu nennen) kämen wir nicht auf die Idee, dass es sich anders verhalten könnte. Klar ist freilich auch, dass unsere Gesellschaft nicht nur neue Qualifikationen erwarten kann, sondern dann auch zu den finanziellen Konsequenzen stehen muss.

Anliegen meines Beitrags war es, die Unverzichtbarkeit eines theoretischen Bezugsrahmens hervorzuheben, denn ohne einen solchen Rahmen ist nichts von dem möglich, was Lehrer/Förderkräfte laut aktueller Bildungs- und Orientierungspläne tun sollten: Kinder individuell beobachten, ihre Entwicklungsschritte dokumentieren und sie schließlich auch fördern. Um wirklich anhand der Beobachtung konkrete Ansätze für die Förderung zu gewinnen, muss sich diese Beobachtung vor einem theoretischen „Erwartungshorizont" abspielen. Allerdings lassen sich nicht alle Kompetenzbereiche durch eine noch so gut reflektierte Analyse von Spontansprachdaten untersuchen; manche Fragen können nur durch den Einsatz standardisierter diagnostischer Instrumente geklärt werden, vor allem im Bereich des Sprachverstehens, der für die erfolgreiche Schullaufbahn von größter Bedeutung ist (vgl. Schulz et al., i. Vorb.).

In dem von mir schon mehrfach zitierten Orientierungsplan ist von Kindern als „Konstrukteuren" die Rede. Der kindliche Spracherwerb, egal ob als Erst- oder Zweitsprache, ist geradezu ein Paradebeispiel dafür. Dies belegt sowohl die systematische Art und Weise, in der sich Kinder mit der Architektur von Sätzen auseinandersetzen und die Gesamtstruktur Schritt für Schritt und (im Normalfall) ohne viele Umwege von rechts nach links aufbauen. Diese Konstruktionsleistung zeigt sich auch anhand der in Abschnitt 2 von mir angesprochenen Phänomene, die auf den ersten Blick inkonsistent oder bizarr wirken, für jemanden mit der entsprechenden „Lupe" aber durchaus folgerichtig und systemkonform. Meine Erfahrung mit Weiterbildungsveranstaltungen und Fortbildungen lässt mich vermuten, dass es einen nicht zu unterschätzenden Kreis von Förderkräften gibt, die sich mit etwas Unterstützung durch die Sprachwissenschaft und die Spracherwerbsforschung für die Konstruktionsleistung des Kindes und seine Kreativität begeistern können, zumal Erwachsene damit auch zugleich Gelegenheit erhalten, eigene sprachliche Ressourcen und Kompetenzen neu zu entdecken.

Literatur

Anstatt, Tanja (ed.) (2007): *Mehrsprachigkeit bei Kindern und Erwachsenen. Erwerb, Formen, Förderung.* Tübingen: Attempto.

Duden (1996). *Grammatik der deutschen Gegenwartssprache. Band 4: Grammatik.* Mannheim: Bibliographisches Institut.

Fritzenschaft, Agnes / Gawlitzek-Maiwald, Ira / Tracy, Rosemarie / Winkler, Susanne (1990): „Wege zur komplexen Syntax". In: *Zeitschrift für Sprachwissenschaft, 9,* 52–134.

Kany, Werner / Schöler, Hermann (2007): *Fokus: Sprachdiagnostik.* Berlin u.a.: Cornelsen.

Keim, Inken / Tracy, Rosemarie (2007): „Mehrsprachigkeit und Migration". In: Frech, S. / Meier-Braun, K.-H. (eds.): *Die offene Gesellschaft. Zuwanderung und Integration.* Schwalbach: Die Wochenschau, 121–144.

Lattey, Elsa / Tracy, Rosemarie (2005). „‚Well, I tell you, das war'n Zeiten!' – ein deutsch-amerikanisches Sprachportrait". In: Hinnenkamp, V. / Meng, K. (eds.): *Sprachgrenzen überspringen. Sprachliche Hybridität und polykulturelles Selbstverständnis.* Tübingen: Narr, 345–380.

Ministerium für Kultus, Jugend und Sport Baden-Württemberg (2007): *Orientierungsplan für Bildung und Erziehung für die baden-württembergischen Kindergärten – Pilotphase.* Berlin u.a.: Cornelsen.

Müller, Natascha/Kupisch, Tanja/Schmitz, Katrin/Cantone, Katja (2006): *Einführung in die Mehrsprachigkeitsforschung*. Tübingen: Narr.

Penner, Zvi/Tracy, Rosemarie/Wymann, Karin (1999): „Die Rolle der Fokuspartikel AUCH im frühen kindlichen Lexikon". In: Meibauer J./Rothweiler, M. (eds.): *Das Lexikon im Spracherwerb*. Tübingen: Francke, 229–251.

Popper, Karl (1979,2nd). *Objective Knowledge*. Oxford: Oxford University Press.

Rothweiler, Monika (1993). *Der Erwerb von Nebensätzen im Deutschen*. Tübingen: Niemeyer.

Rothweiler, Monika (2006): „The Acquisition of V2 and subordinate clauses in early successive acquisition of German". In: Lleó, C. (ed.): *Interfaces in Multilingualism*. Amsterdam: John Benjamins, 91-113.

Schulz, Petra/Wymann, Karin/Penner, Zvi (2001): „The early acquisition of verb meaning in German by normally and language-impaired children". In: *Brain and Language*, 77, 407–418.

Schulz, Petra (2007). „Erstspracherwerb Deutsch: Sprachliche Fähigkeiten von Eins bis Zehn". In: Graf, U./Moser Opitz, E. (eds.): *Diagnostik am Schulanfang*. Baltmannsweiler: Schneider Hohengehren, 67–86.

Schulz, Petra/Tracy, Rosemarie/Wenzel, Ramona (i.Vorb.): „Entwicklung eines Instruments zur Sprachstandsdiagnose von Kindern mit Deutsch als Zweitsprache: Theoretische Grundlagen und erste Ergebnisse". In: Ahrenholz, B. (ed.) (i.Vorb.): *Kinder und Jugendliche mit Migrationshintergrund – Empirische Befunde und Forschungsdesiderate*, Freibug i.Br.: Fillibach.

Thoma, Dieter/Tracy, Rosemarie (2006): „Deutsch als frühe Zweitsprache: zweite Erstsprache?" In: Ahrenholz, B. (ed.): *Kinder mit Migrationshintergrund. Spracherwerb und Fördermöglichkeiten*. Freiburg i. Br.: Fillibach, 58–79.

Tracy, Rosemarie (1991): *Sprachliche Strukturentwicklung: Linguistische und kognitionspsychologische Aspekte einer Theorie des Erstspracherwerbs*. Tübingen: Narr.

Tracy, R. (2000): „Sprache und Sprachentwicklung: Was wird erworben?" In: Grimm, Hannelore (ed.): *Enzyklopädie der Psychologie. Band 3: Sprachentwicklung*. Göttingen: Hogrefe, 3–39.

Tracy, Rosemarie (2005): „Spracherwerb bei vier- bis achtjährigen Kindern". In Guldimann, T. und Hauser, B. (eds.): *Bildung 4- bis 8-jähriger Kinder*. Münster: Waxmann, 59–75.

Tracy (2007): „Wieviele Sprachen passen in einen Kopf? Mehrsprachigkeit als Herausforderung für Gesellschaft und Forschung". In Anstatt, Tanja (ed.), *Mehrsprachigkeit bei Kindern und Erwachsenen. Erwerb, Formen, Förderung*. Tübingen: Attempto, 69–92.

Tracy, Rosemarie (i. Dr.): *Wie Kinder Sprachen lernen*. Tübingen: Narr.

Tracy, Rosemarie/Gawlitzek-Maiwald, Ira (2000): „Bilingualismus in der frühen Kindheit". In: Grimm, H. (ed.): *Enzyklopädie der Psychologie. Band 3: Sprachentwicklung.* Göttingen: Hogrefe, 495–535.

Ulich, Michaela/Mayr, Toni (2003): *SISMIK – Sprachverhalten und Interesse an Sprache bei Migrantenkindern in Kindertageseinrichtungen.* München: Institut für Frühpädagogik.

Zweitspracherwerbsprozesse als Grundlage der Zweitsprachförderung

WILHELM GRIESSHABER

Einleitung

Lernende mit Migrationshintergrund, bzw. nicht deutscher Herkunftssprache (ndH), liegen in den großen empirischen Vergleichsstudien deutlich hinter Lernenden ohne Migrationshintergrund. Im Vergleich der Studien zeigt sich, dass die ndH GrundschülerInnen nach IGLU nicht so weit zurückliegen wie die ndH Lernenden in den PISA Studien und der DESI-Studie. Knapp (1999) hat zur Erklärung solcher Unterschiede angenommen, dass es zunächst verdeckte Sprachschwierigkeiten gibt, die sich erst in der Sekundarstufe mit der wesentlich stärker schriftsprachlichen Konzeption der Wissensvermittlung und -aneignung manifestieren.

Erschreckend ist die Tatsache, dass noch am Ende der 9. Klasse knapp 60 % der Hauptschüler nicht über ein empirisch ermitteltes elementares Sprachbewusstsein verfügen, und eindeutige grammatische Fehler wie im Beispielsatz *Die Diskothek wurde geschlossen, weil die Nachbarn die Lärmbelästigungen lange beklagt hatte* nicht erkennen und identifizieren. Entsprechend große Unterschiede zeigen sich auch im oberen Leistungsbereich: Während nur 3 % der Hauptschüler über deklaratives grammatisches Wissen verfügen, haben dies rund 80 % der Gymnasiasten (DESI 2006: 9f.). Diesen Differenzen entsprechen auch unterschiedliche Migrationshintergründe. Auf der Hauptschule haben ca. 50 % einen Migrationshintergrund, gegenüber ca. 15 % beim Gymnasium (DESI 2006: 23, Abbildung 10). Stellt also der familiäre Migrationsstatus einen Selektionsfaktor dar, so wirkt die Familiensprache als weiterer Selektionsfaktor, der allerdings über das Herkunftsland nur unscharf ermittelt wird, da jemand aus der Türkei z.B. auch Arabisch als Familiensprache haben kann. Fast jeder zweite Hauptschüler mit Migrationshintergrund hat einen türkischen Hintergrund, während dies nur für etwa jeden achten Gymnasiasten zutrifft (Konsortium Bildungsberichterstattung 2006: 28).

Aus diesen Befunden folgen im Hinblick auf eine Verbesserung dieser unbefriedigenden Situation einige wichtige Fragen: Wie verlaufen Zweitspracherwerbsprozesse über längere Zeiträume betrachtet? Gibt es Lernende, die mit geringen

Deutschkenntnissen am Ende der vierjährigen Grundschulzeit das Niveau ihrer Deutschkenntnisse absolut und relativ verbessern konnten? Gibt es Merkmale von Lernenden, die den Erwerb guter Deutschkenntnisse begünstigen oder behindern? Wie lassen sich die größeren Probleme von Lernenden mit türkischem Hintergrund erklären? Wo kann Förderung vor der didaktisch-methodischen Ebene ansetzen? Die Beantwortung dieser Fragen erfolgt mit Bezug auf das Grundschul-Förderprojekt *Deutsch & PC*[1] an drei Frankfurter Grundschulen.

Erwerb des Deutschen als Zweitsprache

Der Erwerb des Deutschen als Zweitsprache ist neben vielen von Lerner zu Lerner weniger stark schwankenden Besonderheiten durch stabile Regelmäßigkeiten gekennzeichnet. Und zwar werden die grundlegenden Stellungsregeln der finiten und infiniten Verbteile in einer festen Reihenfolge erworben (s. B 1). Die jeweils höheren Stufen implizieren den vorherigen Erwerb der jeweils niedrigeren Stufen. So setzt der Erwerb der Stufe 3 mit der Inversion von Subjekt und Finitum die Stufe 2 mit der Separierung finiter und infiniter Verbteile voraus. Damit eine Stufe als erworben betrachtet werden kann, müssen in einem Text mindestens drei Sätze mit der betreffenden Stufe enthalten sein. Dieses Instrument abstrahiert von der formalen Korrektheit, z.b. der nominalen oder verbalen Flexion und konzentriert sich auf tieferliegende grammatische Prozesse. Dadurch eignet es sich auch bei sehr geringen Deutschkenntnissen zur Ermittlung der schon erworbenen sprachlichen Mittel, die bei einer oberflächenbezogenen Betrachtung durch die auffälligen Deklinations- und Konjugationsfehler verdeckt werden. Andererseits korrelieren die Erwerbsstufen mit Art und Zahl der Flexionsfehler: Lernende auf einer hohen Erwerbsstufe machen deutlich weniger Flexionsfehler als Lernende auf den beiden untersten Stufen (Grießhaber 2005, s.u. B 1).

---

[1] Die Ausführungen zum Förderprojekt *Deutsch & PC* der Gemeinnützigen Hertie Stiftung und des Hessischen Kultusministeriums basieren auf der Wissenschaftlichen Begleitung. Den genannten Institutionen, den am Projekt beteiligten Lehrkräften und SchülerInnen und den TeilnehmerInnen an der Vorlesung in Dresden gilt mein Dank für Kritik und Anregungen.

(B 1)   Erwerbsstufen im vereinfachten und revidierten Profilbogen
(Grießhaber 2005):

4. **Nebensätze** mit finitem Verb in **Endstellung**:   *…, dass er so schwarz **ist**.*

3. **Subjekt** hinter dem **Finitum** nach vorangestellten <u>Adverbialen</u>:   <u>*Dann*</u> brennt *die.*

2. **Separierung** finiter & *infiniter* Verbteile: *Und ich* habe *dann* **geweint.**

1. **Finites Verb** in einfachen Äußerungen: *Ich* **versteh.**

0. **Bruchstückhafte** Äußerungen, ohne finites Verb: *anziehn Ge/*

Ergänzend zu der vornehmlich didaktisch nutzbaren Profilanalyse wurden in dem Projekt *Deutsch & PC* in den dritten und vierten Klassen die Deutschkenntnisse mit einem C-Test ermittelt (Grießhaber 2007a). Dieser Test enthält einige kurze Texte mit vielen Lücken, bei dem in enger Folge jeweils die zweite Hälfte eines Wortes getilgt wurde (Grotjahn 2002, Süßmilch 1985). Dieses Testinstrument setzt rezeptive Kenntnisse voraus, da die Lücken ohne Textverständnis nicht rekonstruiert werden können, und es berücksichtigt im Unterschied zur Profilanalyse die formale Richtigkeit der Flexionsendungen. Der C-Test erlaubt Einblicke in die Kenntnisstruktur von Klassen oder Schulen, so dass effektive Fördermaßnahmen geplant werden können (Grießhaber 2007a). Kombiniert eingesetzt, liefern die beiden Instrumente ein differenziertes und genaues Bild der Kenntnisse.

Grundlegende Entwicklungen in der Grundschulzeit

Die Entwicklung der Zweitsprache während der Grundschulzeit wird in unserem Projekt mit mehreren Instrumenten ermittelt. Jeweils zum Schuljahresende wurden mit einem Bild Vergleichstexte erhoben. Parallel dazu bewerteten die Lehrkräfte die Deutschkenntnisse der LernerInnen. In den Klassen drei und vier wurden die Deutschkenntnisse zusätzlich mit einem C-Test ermittelt. Diese Vergleichsdaten wurden durch Unterrichtsbeobachtungen und einzelne Texte aus dem Unterricht sowie Gesprächen mit den Lehrkräften ergänzt. Für jeden der Texte wird sein syntaktisches Profil bestimmt, das auf den grundlegenden Wortstellungsregeln der deutschen Sprache basiert (Grießhaber 2005, 2006a). Da der Erwerb dieser Strukturen implikativ geordnet ist (Clahsen 1985), kann man so anhand des Profils der Strukturen in einem Text die Position im Erwerbsprozess bestimmen. Über die vier Jahre hinweg lassen sich in den Vergleichstexten folgende Tendenzen erkennen.

Betrachten wir zunächst die Länge und syntaktische Struktur der am Schuljahresende erhobenen Vergleichstexte (Grießhaber 2006a). Vom ersten zum zweiten Schuljahr verdreifacht sich die Textlänge von fünf auf knapp 16 syntaktische Einheiten, da nach Abschluss des grundlegenden Schriftspracherwerbs mehr Kapazität für das Schreiben der Texte zur Verfügung steht. Ein weiterer Sprung erfolgt vom dritten zum vierten Schuljahr. Über die vier Jahre hin nimmt der Anteil bruchstückhafter Äußerungen von zunächst 12,3 % kontinuierlich ab, während umgekehrt der Anteil von Nebensatzstrukturen auf 9,5 % kontinuierlich ansteigt. Die Entwicklung der Zwischenstufen verläuft dagegen diskontinuierlich. Einfache Sätze der Stufe 1 sinken in den ersten drei Jahren von 51,2 % stetig, steigen in der vierten Klasse jedoch wieder auf 44 % an. Diese gekrümmte Entwicklung ist noch ausgeprägter bei den Klammerstrukturen der Stufe 2, die nach einem Anstieg am Ende wieder auf das Niveau der ersten Klasse mit 17,9 % zurückgehen. Die Inversionsstrukturen der Stufe 3 steigen von 13,4 % zunächst stark an und halten sich gegen Ende bei 21,2 %. Offensichtlich absorbiert die Zunahme der Textlänge in der vierten Klasse syntaktische Planungskapazität. Die Sprachentwicklung erfolgt also nicht in allen Bereichen linear ansteigend, sondern differenziert nach Domänen, die sich gegenseitig beeinflussen.

Zur Gewinnung weiterer Einblicke werden im Folgenden nur noch die Lernenden berücksichtigt, die die gesamte Grundschulzeit in den Schulen waren, so dass Entwicklungsprozesse einzelner SchülerInnen betrachtet werden können. Zusätzlich werden nach den mit dem C-Test am Ende der vierten Klasse ermittelten Deutschkenntnissen leistungsdifferenzierte Gruppen mit je zehn Lernenden gebildet: eine Spitzengruppe, eine Mittelgruppe und eine Schlussgruppe. Die so gebildeten Extremgruppen unterscheiden sich deutlich (s. Tabelle 1).

	4. Klasse						1. Klasse	
	C-T	PFS	SGM	Prät.-F	PF-F	DAT-F	PFS	Orth.-korr.
Spitze	56	3,8	36,4	0,2	1,4	0,9	1,7	75,1
Mitte	45	3,1	27,7	2,6	3,3	8,2	0,2	64,2
Schluss	23	2	14,5	3,9	7,1	12,4	0,4	56,3
Durchschn.	41,3	3,2	28,9	1,8	3,3	5,8	0,7	65

Tabelle 1: Kennzeichen der Textentwicklung

Legende:
C-T: Testpunkte von maximal 60
PFS: Durchschnitt der in den Vergleichstexten erreichte Profilstufe von 0 bis 4
SGM: Durchschnitt satzwertiger Einheiten im Vergleichstext am Schuljahrsende

Prät-F.:   Anteil fehlerhafter Präteritalformen (%)
PF-F: Anteil fehlerhafter Perfektformen (%)
DAT-F: Anteil fehlerhafter Dativformen (%)
Orth.-korr.: Anteil orthographisch korrekter Schreibungen (%)

Fast alle Texte der Spitzengruppe erreichen das höchste Niveau mit Nebensätzen und Verbendstellung. In jedem Text der Spitzengruppe ist mindestens ein Nebensatz mit Verbendstellung enthalten. Dagegen erreichen die Texte der Schlussgruppe lediglich die zweite Stufe mit der Separation von finiten und infiniten Verbteilen. Dieser Struktur entspricht auch eine stärkere Orientierung an der mündlichen Sprache mit den typischen Perfektformen. Die Mittelgruppe hat mit Inversionsstrukturen wie z.B. *Und dann ...* oder *Auf dem Weg ...* ein wichtiges Mittel zur Verbindung einzelner Sätze im Text erworben.

Betrachten wir nun aus jeder Gruppe jeweils einen typischen Textausschnitt. Text 1 ist von drei orthographischen Fehlern abgesehen korrekt. Text 2 hat zusätzlich zu kleinen Rechtschreibfehlern mit der fehlenden Präposition eine grammatische Abweichung im letzten Satz. Text 3 hat kleine orthographische Abweichungen und außerdem mehrere grammatische Abweichungen, darunter die regularisierte Form *heißte* des unregelmäßigen Verbs *heißen* und einen falschen Dativ *bei ein Frau*. Der Schreiber des Textes hat in dem kurzen Ausschnitt auch Schwierigkeiten, den Text mit den Mitteln der Interpunktion nach grammatischen Gesichtspunkten zu gliedern. In diesen Problemen zeigen sich tiefgreifende Unsicherheiten mit der Grammatik der deutschen Sprache (vgl. die Befunde der DESI-Studie zur Sprachbewusstheit).

Text 1:   Spitzengruppe: CLTR Deutsch: 59 C-Testpunkte, PF-S 4, DEU 5

Der kleine Tobias spielt gerne
Dedectiv mit seinem Hund Rex.
Einmal solten Rex und Tobias einkaufen
gehen. Tobia fragte: „Mama, darf ich mir

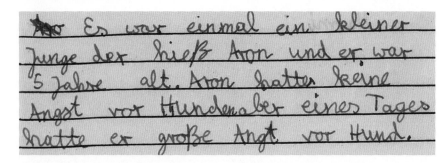

Text 2:   Mittelgruppe: NAZE Eritreisch: 45 C-Testpunkte, PF-S 3, DEU 5

~~Aro~~ Es war einmal ein kleiner
Junge der hieß Aron und er war
5 Jahre alt. Aron hatte keine
Angst vor Hunden aber eines Tages
hatte er große Angt vor Hund.

Text 3:   Schlussgruppe: ERAT Türkisch: 26 C-Testpunkte, PF-S 2, DEU 3

Es war ein Junge er heißte Kevin und wolte einbrechen. ~~b~~Bei ein
Frau die Frau wolte schlaffen. ~~a~~Aber der Hund belte weil

Die Auszüge veranschaulichen die hohen Profilwerte der Spitzengruppe im Kontrast zu den niedrigen Werten der Schlussgruppe. Umgekehrt parallel zu diesem Verhältnis enthalten die kurzen Texte der Schlussgruppe im Verbal- und Nominalbereich mehr Fehler als der Durchschnitt und ein Mehrfaches als die Spitzengruppe, bei den Dativformen sogar mehr als das Zehnfache. Aus diesen Parametern lässt sich als sicherer Zusammenhang ableiten, dass Flexionskorrektheit und Äußerungsmenge korrelieren: je höher die produzierte Zahl syntaktischer Einheiten, umso weniger Fehler werden gemacht. Dies steht im Einklang mit konnektionistischen Erklärungen des Spracherwerbs, die annehmen, dass die Lerner aus den Strukturen der erworbenen sprachlichen Mittel Netze bilden, die den Strukturen entsprechen (s. Penke 2006). Wer viele Strukturen erwirbt, kann differenzierte Netze ausbilden, während derjenige, der wenige Strukturen erwirbt, nur unzureichend differenzierte Regelnetzwerke ausbilden kann.

Erwerbsverläufe

Nun soll betrachtet werden, wie sich die Lernenden entwickelt haben und wo die am Ende der Grundschule guten, bzw. schlechten SchülerInnen am Anfang der Schulzeit standen. Sind anfangs starke Lernende abgefallen oder umgekehrt schwache Lernende stark aufgestiegen? In diesem Fall sind eher lineare Entwicklungen festzustellen: Die anfangs guten Lernenden sind auch am Ende unter den Guten und die anfangs schlechten auch am Ende unter den Schlechten. In der letzten Spalte von Tabelle 1 (oben) sind die Anteile orthographisch korrekter Schreibweisen am Ende der ersten Klasse aufgeführt (s. Grießhaber 2007a). Auch die Texte der späteren Schlussgruppe sind deutlich kürzer als die der späteren Spitze: Die Mittelgruppe liegt anfangs noch unter der Schlussgruppe. Im Verhältnis von Spitze und Schluss sind die Lernenden schon zu einem sehr frühen Zeitpunkt auf den unterschiedlichen Leistungsniveaus, die sie am Ende der vierten Klasse haben. Dabei gibt es durchaus Unterschiede. Zu Schulbeginn lassen sich zwei große Gruppen unterscheiden: auf der einen Seite Lernende mit geringen Deutschkenntnissen, denen lediglich L2-Kenntnisse fehlen und auf der anderen Seite Lernende mit geringen Deutschkenntnissen und ungünstigen persönlichen und/oder familiären Bedingungen. Zur Veranschaulichung der Unterschiede sollen zwei Lernende kontrastiert werden, die zu Schulbeginn über sehr geringe Deutschkenntnisse verfügten.

Die Lernerin KACAF, Familiensprache Kroatisch, konnte „kaum Deutsch zu Beginn d.(es) Sch(ul)j(ahres).", wie es im Bericht der Lehrerin heißt. Der Lerner ERAT, Familiensprache Türkisch, kam in logopädische Behandlung; zu ihm schreibt die Lehrerin: „sehr still, brauchte viel Hilfe im Lösen d. Arbeitsanweisungen, spricht undeutlich + mit wenig Sprachschatz, sowohl in Türkisch als auch in Deutsch". Die geringen Leistungen von KACAF am Anfang ihrer Schulzeit zeigen ihre Schreibungen in der Schreibprobe „HUT". Mit je zur Hälfte orthographisch korrekten und lautrichtigen Schreibungen erreicht sie das untere Mittelfeld (s. Grießhaber 2004: 82). In der dritten Klasse erreicht sie ein mittleres Niveau und verlässt dann die Schule. ERAT bleibt auch am Ende der vierten Klasse in der Schlussgruppe. Tabelle 2 zeigt die Entwicklung der beiden Lernenden.

	ERAT					KACAF				
	FS	DEU	PFS	C-T	SGM	FS	DEU	PFS	C-T	SGM
1. Kl	V	1–3	0		3	T	1–4	2		7
2. Kl	V	2–2	3		8	N	4–4	3		19
3. Kl	V	2–2	3	36	28	N	3–3	3	47	19
4. Kl	N	3–3	2	26	19					

Tabelle 2: Entwicklung von ERAT und KACAF

Legende:
FS: Förderstatus:
    V: Vollförderung während des ganzen Schuljahres
    T: Teilförderung während eines Teils des Schuljahres
    N: Normalunterricht ohne Förderung
DEU: Deutschkenntnisse im Urteil der Lehrkräfte,
    geringste Kenntnisse 0 bis max. 5 (keine Deutschnoten)
    erste Zahl: rückblickend zu Beginn des Schuljahrs
    zweite Zahl: aktuell am Ende des Schuljahrs
PFS: im Vergleichstext erreichte Profilstufe von 0 bis 4
C-T: Testpunkte von maximal 60
SGM: Anzahl satzwertiger Einheiten im Vergleichstext am Schuljahresende

ERAT erreicht trotz langer und intensiver Förderung angesichts seiner Sprachentwicklungsstörung in den vier Jahren nur ein niedriges Niveau. Auffallend ist der Leistungsabfall nach dem dritten Jahr. Für diesen Rückgang kommen mehrere Gründe in Frage. So war er im letzten Jahr nicht mehr in der speziellen Förderung, mit einer daraus möglicherweise resultierenden Überforderung. Andererseits ist sein Leistungsrückgang kein Einzelfall, sondern typisch für die Schlussgruppe (s. Grießhaber 2007a). Dies unterstützt die von Knapp (1999) formulierte These von der zunehmenden Schriftsprachlichkeit der Schule, die, bei zunächst stärker geprägtem mündlichem Unterricht noch verdeckt, schon am Ende der Grundschule einsetzt. Die Schule müsste dann entsprechende Konsequenzen für Diagnose und Förderung ziehen.

Manifestationen geringer Deutschkenntnisse

Geringe Deutschkenntnisse zeigen sich nicht nur bei grammatischen Übungen oder in falschen Flexionsformen (s.o.), sondern auch bei genuinen Rechtschreibübungen. Im Deutschunterricht in einer 2. Klasse, die nach Reichens Methode

„Lesen durch Schreiben" unterrichtet wurde, wurden bei den Lernenden die in Tabelle 3 aufgelisteten Fehler festgehalten. Der Übungssatz wurde im Frontalunterricht in einer Art Spiel von den Lernenden ermittelt, indem sie zunächst das Verb *steigen*, dann das Subjekt (WER?) *Meine Schwester* und schließlich das Objekt des Steigens *auf das Pferd* beisteuerten. Anschließend sollten die SchülerInnen den Satz auf ein Arbeitsblatt schreiben. In der Tabelle 3 sind nur abweichende Schreibungen notiert, d.h. freie Zellen sind orthographisch korrekt realisiert.

Fehler	Sigle	L1	DEU	Meine	Schwester	steigt	auf	das	Pferd
0	FACE	TRK	4						
	HACH	ARB	5						
	HULU	VIE	5						
1	ENZA	ALB	5		schwester				
	DANL	DEU	5			steikt			
	RERA	RUM	5			schteigt			
	VIME	DEU	4						Fert
	EDBO	SKR	3						Pferdd
	PAJE	DEU	5						pfert
	SABU	DEU	5						Pfert
	SLGA	SKR	5						Pfert
2	SOEL	ARB	3		suester				fert
	TOMU	SKR	5		Schwesta				Ferd
	MEAN	TRK	4		schwester				Fert
3–5	HAIL	TRK	3	Mei				Das	Pfert
	MEPA	TRK	3	Meinen	schwesta	steign	übere	–	ferd
	ÖZPA	TRK	3	Mein		steigem	üf	dem	Pfert

Tabelle 3: Fehlerzahl und Fehlertypen in einer Schreibübung

Legende:
Sprachen: ALB: Albanisch, ARB: Arabisch, DEU: Deutsch, RUM: Rumänisch,
SKR: Serbokroatisch, TRK: Türkisch, VIE: Vietnamesisch
Kursiv: Schüler, die während des ganzen Schuljahrs in einer Fördergruppe waren
DEU: Deutschkenntnisse im Urteil der Lehrkräfte,
geringste Kenntnisse 0 bis max. 5 (keine Deutschnoten),
rückblickend zu Beginn des Schuljahrs

Das Wort *Pferd* ist nach den Laut-Graphem-Korrespondenzen nicht gerade einfach zu verschriften. Im nördlichen Sprachgebiet gleicht es lautlich *fährt* (z.B. in: *mit dem Fahrrad fahren*). Deshalb können die zahlreichen Abweichungen bei *Pferd* nicht überraschen (vgl. Birck 1995). In den Texten finden sich weiterhin folgende Varianten und Abweichungen:

> Orthographische Schreibvarianten: <schteigt>, <steikt>
> Grammatische Abweichungen: <Meinen>, <steign>
> Lexikalische Abweichungen: <übere>

Die zwei schwächsten L2-LernerInnen haben zusätzlich zu orthographischen und grammatischen Abweichungen auch lexikalische Abweichungen. Sie ersetzen die Präposition *auf* durch *über*, eine verwendet auch Dativ statt Akkusativ. Diese beiden LernerInnen haben nicht nur Probleme im Bereich der Laut-Graphem-Zuordnung, bzw. der Lautanalyse, sondern auch erhebliche Probleme beim Verstehen des zu schreibenden Satzes. Es ist wohl kein bloßer Zufall, dass es sich bei den beiden um türkische SchülerInnen handelt. Türkische SchülerInnen erreichen beim C-Test geringere Leistungen als SchülerInnen anderer Familiensprache (s.u.). Deshalb sollten Fehlschreibungen wie die oben dokumentierten Anlass für eine besonders intensive Zweitsprachförderung sein.

Erstsprachliche Einflüsse

Zum Einfluss der Erstsprachen liegen unterschiedliche Ergebnisse und Einschätzungen vor. Generell sollte dabei zunächst berücksichtigt werden, ob sich die Studien auf frisch zugezogene Seiteneinsteiger mit abgeschlossenem Schriftspracherwerb in der Erstsprache oder um in Deutschland eingeschulte Kinder handelt. Sodann sollte danach differenziert werden, ob die Lernenden aus einer sprachlich homogenen Wohnumgebung oder aus einer sprachlich heterogenen Wohnumgebung kommen (vgl. Grießhaber 2007a). Die Kinder im Förderprojekt „Deutsch & PC" kommen aus einer sprachheterogenen Umgebung. Bei der Alphabetisierung sind kaum erstsprachliche Einflüsse feststellbar (Grießhaber 2004), Kinder mit Serbokroatisch und Türkisch schneiden bei der orthographischen Korrektheit marginal besser ab als die übrigen (auch in den 9. Klassen zeigt sich nach DESI bei der Rechtschreibung ein leichter Vorteil der Lernenden mit Migrationshintergrund (DESI 2006: 26, Abbildung 14)). Auch in den Vergleichstexten finden sich nur wenige direkt erstsprachlich beeinflusste grammatische Konstruktionen. In diesem Sinne erhält die kontrastive Erwerbshypothese keine Unterstützung. Für diesen geringen Einfluss der Erstsprache spricht auch, dass sich die Profilstrukturen der Texte fast nicht nach den Erstsprachen der Kinder unterscheiden. Abgesehen von der formalsprachlichen Korrektheit wirkt sich somit die L1 der Kinder nur marginal auf den Erwerb der grundlegenden Wortstellungsmuster aus. Auch bei den Übergängen auf die weiterführenden Schulen am Ende der Grundschule zeigen sich keine sprachabhängigen Unterschiede.

Andererseits zeigen sich jedoch bei den Schreibungen der Kinder im Unterricht durchaus L1-Einflüsse, auch im grammatischen Bereich. So schreibt ein türkischer Junge die Konjunktion *deswegen* in direkter Übertragung der entsprechenden türkischen Konstruktion *bu yüzden* (~ *das wegen*) *das wegen* – auch nach einer Intervention der Lehrerin (Grießhaber 2006c). Erstsprachliche Einflüsse zeigen sich jedoch massiv bei den C-Tests, die die grammatische Genauigkeit der Äußerungen berücksichtigen. Nach den C-Tests der vierten Klassen müssten bei gleicher Niveauverteilung wie bei den Lernenden mit Serbokroatisch sechs türkische SchülerInnen in der Spitzengruppe von 50-60 Punkten vertreten sein. Tatsächlich ist jedoch kein einziger türkischer Schüler in der Spitzengruppe. In der nächstniederen Gruppe von 40 bis 59 Punkten sind die türkischen SchülerInnen dagegen mit 67,7 % gegenüber den deutschen (46,1 %) oder den SchülerInnen mit Serbokroatisch (50 %) deutlich überrepräsentiert. Es gilt nun zu klären, was die Gründe für diese mit der L1 verbundenen schwächeren L2-Leistungen sein könnten.

Sprachtypologisch gesehen ist Türkisch von Deutsch weiter entfernt als Serbokroatisch. Türkisch ist eine agglutinierende Sprache ohne Genus, Nebensätze, Artikel oder Präpositionen (s. Moser-Weitmann 2001). Es hat Verbendstellung. Serbokroatisch geht mit Deutsch auf gemeinsame indogermanische Wurzeln zurück, ist wie Deutsch flektierend, kennt Nebensätze, aber z.B. auch keinen Artikel. Es hat ein grammatisches Genus, das jedoch häufig vom deutschen differiert. Serbokroatisch und Türkisch haben ein reicheres und stärker ausgeprägtes Flexionssystem als Deutsch, so dass von beiden Sprachen her eine Disposition zur Wahrnehmung der deutschen Flexionssuffixe und ihrer Verwendung gegeben sein sollte – im Unterschied z.B. zu englischen Deutschlernern, die von einer Sprache mit sehr geringem Suffixbestand her sich mit Deutsch auseinandersetzen. Trotz der Ähnlichkeiten schneiden die türkischen Lernenden deutlich schlechter ab. Da sich bei den Profilen keine signifikanten Unterschiede zeigen, müssen die Ursachen in den vom C-Test zusätzlich berücksichtigten Bereichen liegen, den Suffixen.

Tatsächlich machen die türkischen SchülerInnen wesentlich mehr Fehler als die übrigen SchülerInnen (s.u. Tabelle 4). Bei den Dativen liegt die Fehlerquote bei den türkischen Lernenden fast siebenmal so hoch wie bei den übrigen. Bei dem Textausschnitt von ERAT (oben, Text 3) ist der Fehlerbereich erkennbar: ... *wolte einbrechen. Bei ein Frau.* Türkische Lernende müssen zum Erwerb der korrekten Formenbildung mit mehreren Bällen gleichzeitig jonglieren: Sie müssen die zum Verb (*einbrechen*) und den Bezugsgrößen (*Aron / er, eine alte Frau*) die passende Präposition finden, sodann den von der Präposition und den Verhältnissen zwischen den Größen abhängigen Kasus (Dativ) ermitteln, darauf ermitteln, an welchen sprachlichen Ausdrücken sich die Kasusform niederschlägt (dem unbestimmten Artikel *eine*) und dann unter Berücksichtigung des Genus das passende Suffix (*-[e]r*) wählen. Und das alles ohne ein ausgebildetes Sprachgefühl für Genus und das durch Präpositionen ausgedrückte Beziehungssystem zwischen den Bezugsgrößen. Gerade in der misslingenden Identifizierung der richtigen Bezugsgröße und der dazu passenden Präposition unterscheiden sich türkische Schüler von anderen (Grießhaber 1999).

Fehl-%	AKK-F	DAT-F	GEN-F
alle	1,5	1,3	3,6
TR	8,2	9	20,6

Tabelle 4: Relative Fehlerhäufigkeit der Kasusendungen in Präpositionalphrasen

Viele türkische Lernende lösen diese Probleme offensichtlich durch eine Reduzierung der Komplexität. Sie konzentrieren sich auf die Wahl einer Präposition mit nur einer Kasusforderung. Dann wird durch die Präposition allein schon die Beziehung ausgedrückt, die bei den Wechselpräpositionen erst in Verbindung mit dem Kasus ausgedrückt wird. Wenn dann von der Beziehung durch die Präposition allein ausgedrückt ist, benötigt man die Kasussuffixe auch nicht mehr. So oder ähnlich mag der Reduktionsprozess ablaufen. Die in den Äußerungen beobachtbaren Phänomene passen zu dieser Erklärung.

Am Beispiel der Präposition *zu* lässt sich der Befund verdeutlichen. In den Vergleichstexten der vierten Klasse dehnen türkische SchülerInnen den Verwendungsbereich von *zu* auf folgende Bereiche aus (B 2): die Verwendung zusammen mit Verben des Denkens, Sagens und Meinens (3, 4), als genereller Direktivmarker (6). Gleichzeitig werden die Suffixe abweichend verwendet, sie werden ganz weggelassen (1, 6) oder relativ willkürlich gesetzt (2, 8) oder auch doppelt markiert an der Präposition und dem folgenden Artikel (4, 5). Die türkischen Lernenden verwenden das lexikalisch selbständige Mittel der Präposition bei den Verben des Denkens, Sagens und Meinens zur Markierung des Adressaten, die in ihrer L1

Türkisch durch Kasussuffixe, hier mit dem immer sichtbaren *e-hali* (Dativ) ausgedrückt wird. Parallel werden die schwer systematisierbaren deutschen Suffixe willkürlich gesetzt oder weggelassen – die Grundfunktion ist ja schon durch ein eigenes lexikalisches Mittel ausgedrückt.

(B 2) Verwendungen von *zu* durch türkische SchülerInnen
(Die Äußerungen sind analytisch aus einer komplexeren Konstruktion herausgelöst.)

(1) Und er schleiche sich *zu* Tür

(2) … und gehe leise von unser Haus *zur* Geister Haus.

(3) … sagte sie *zur* tim etwas Tim: …

(4) … rief sagte der Tim ängstlich *zur* seiner Mutter

(5) Eines Tages musste seine Mutter und Vater *zur* einer Arbeitsbeschbrechung.

(6) und seine Vater hat *zu* Thomas eine Auto gekauft zum Weihnachten.

(7) Der Tomm Zittert *zum* tode for angst

(8) Danach ist der Dieb *zur* Lukis Zimmer rein gegangen.

Solche Verwendungsweisen finden sich nun nicht nur in den Texten türkischer SchülerInnen, sondern auch in Texten von Lernenden, die bei einer Befragung Deutsch als Muttersprache nannten (s. B 3). Wir haben dort auch die überdehnte Verwendung mit Verben des Denkens, Sagens oder Meinens (1, 2, 4) und die Auslassung bzw. Reduzierung der Flexionsendungen (3, 4, 5).

(B 3) Verwendungen von *zu* durch deutschsprachige SchülerInnen

(1) Matias rufte *zu* seiner Mutter: …

(2) Janes sagte *zu* denn Kranken Wagen Mann …

(3) … ja das du mich immer *zu* Schule fäh färst

(4) Der Dieb redete mit sein anderen sagte: *zu* sein Freund …

(5) Er ging *zu* Tür

Diese Verwendungen weisen nun bei den verba dicendi und bei den Flexionsendungen Parallelen zu den Verwendungsweisen der türkischen Lernenden auf. Die innerdeutschen Suffixreduzierungen sind Ausdruck des schon von Grimm prognostizierten längerfristigen Prozesses, der sich aktuell anscheinend beschleunigt vollzieht (Schmitz 1999). Zu beobachten ist nun, dass sich dieser innerdeutsche Prozess mit den lernersprachlichen Veränderungen insbesondere türkischer Zweitsprachlerner trifft. Da die türkischsprachigen Lerner eine große Gruppe bilden (s.o.), die fast über das gesamte bundesdeutsche Sprachgebiet verstreut sind, steht zu erwarten, dass sich die parallelen Prozesse vereinigen und zu massiven Veränderungen der deutschen Sprache führen werden (Grießhaber 2007b). Vor diesem Hintergrund braucht es nicht zu verwundern, dass formal orientierte spracherzieherische Bemühungen verpuffen, da die SchülerInnen in ihrer alltäglichen mündlichen kommunikativen Praxis mit der veränderten Sprache gut zurechtkommen. Gleichzeitig ist zu beachten, dass sich die Erstsprache von in Deutschland aufwachsenden türkischen Kindern von dem Türkischen gleichaltriger monolingualer Kinder in der Türkei unterscheidet. Wie in der Zweitsprache Deutsch verwenden sie weniger verbale Flexionssuffixe (Rehbein & Karakoç 2004). In ihrer Erst- und Zweitsprache laufen in der intensiven Sprachkontaktsituation anscheinend ähnliche Prozesse ab.

Tobi und die Stadtparkkids oder die Grenzen der Grammatikvermittlung

Die Vergeblichkeit formaler sprachdidaktischer Bemühungen zeigt sich an vielen Beispielen der Unterrichtshospitationen. Bei einer Schreibaufgabe zum Medienpaket *Tobi* (Schill & Kollehn 2000) sollen Lernende der zweiten Klasse in Partnerarbeit ein Arbeitsblatt zu den Texten ausfüllen (B 4).

(B 4) Schreibaufgabe: Tobi und die Stadtparkkids

Aufgabe: Wer ist Tobi und warum lebt er in einem Park?
Antwort: Tobi ist ein Kobold. Er lebt in Park weil er ein Stadtpark Kobold ist.

Die zwei Schüler, der eine wird von der Lehrerin als „hervorragender Spitzenschüler" charakterisiert, verändern den schriftlich vorgegebenen Impuls in ihrer Antwort und lassen den unbestimmten Artikel aus. Die Mittel der alltäglichen mündlichen Kommunikationspraxis überlagern schulische Korrektheitsanforderungen, so dass selbst vorgegebene Mittel nicht bei der Produktion der eigenen schriftlichen Formulierung der Antwort übernommen werden. Ähnlich ernüchternd sind die Belehrungsversuche, die eine Lehrerin während des Schreibprozess eines türkischen Schülers unternimmt (Grießhaber 2006c und B 5 unten).

(B 5) Schreiben: *mit seinen Freund*
(01) Li   Aber [hier]. *[zeigt auf Satz 3*
(02) Li   [Nach zwei Tagen hatte der Junge Streit mit seiner Freund].   *[liest vor*
(03) Li   ((1s)) Mit
(04) Seye   ((2s)) seine*m* Freund.

(05) Li   Mit sein*em*.
(06) Li   Mit e*m*.
(07) Li   [Mit sein*em* Freund]. *[zeigt auf Textstelle*
(08) Seye ((2s)) Mit sein*em* Freund.
(09) Seye *[verbessert seiner zu seinem]*
...
(10) Seye [Nach zwei Tagen hatte der Junge Streit mit sein*en* Freund].
            [liest vor
(11) Li   Mit sein*em* Freund·
(12) Seye Mit sein*em* Freund.
(13) Li   *[nickt]*
(14) Seye [Sein Freund hatte ihn geärgert.] *[liest vor*

Der türkische Schüler SEYE schreibt zunächst in seinem Text (zum Hintergrund s. Grießhaber 2006c) ... *Streit mit seiner Freund* (Zeile 02), was er auf einen Hinweis der Lehrerin verändert zu ... *Streit mit seinem Freund* (Zeile 04). Doch bei der späteren Abgabe des Textes liest er nicht den korrigierten Text vor, sondern eine andere abweichende Form ... *Streit mit seinen Freund* (Zeile 10). Auf die erneute Intervention der Lehrerin hin wiederholt er zwar die richtige Form (Zeile 12), doch darf bezweifelt werden, dass er die zugrundeliegende Regelmäßigkeit wirklich erworben hat. Die eingeschliffenen Konstruktionen der alltäglichen Kommunikationspraxis dürften sich als stärker erweisen.

Resümee und Ausblick

Die Befunde der Längsschnittstudie sind zunächst sehr ernüchternd. Schon am Ende des ersten Schuljahres hat sich eine Schichtung nach den Zweitsprachkenntnissen herausgebildet, die drei Jahre später am Ende der vierten Klasse ermittelt wird. Gute LernerInnen sind also schon am Anfang der Schullaufbahn in der Gruppe der Guten, schwache LernerInnen sind auch schon bei Schulbeginn unter den Schwachen. Ein Kriterium für diese Unterschiede ist in der Menge der umgesetzten Sprachmittel zu sehen: Wer früh viel umsetzt – hier ermittelt über die Produktion – erwirbt auch viele und differenzierte Regeln; wer wenig umsetzt, erwirbt offensichtlich nur grobe, schlecht angepasste Regeln, d.h. macht viele Fehler. Dass diese Prozesse offensichtlich auch den Erstspracherwerb bestimmen, legen die Daten der Längsschnittstudie von Hart/Risley (1995) sowie von Walker et al. (1994) nahe. Nach diesen Studien wirkt sich die Menge des elterlichen Inputs in den ersten drei Lebensjahren noch messbar auf die schulischen Leistungen der vierten Klasse aus.

Die zweite Erkenntnis ist die, dass grammatische Unterweisung gegen die in der alltäglichen Kommunikation erworbenen und verfestigten sprachlichen Regularitäten kaum Chancen hat. Dies zeigen die Daten aus der Beobachtung der Schreibprozesse und die Schreibprodukte. Daraus sollte jedoch nicht vorschnell der Schluss gezogen werden, dass schulischer Unterricht folgenlos bliebe.

Der Unterricht muss sich jedoch seiner Bedingungen und Grenzen bewusst werden, damit auch die Chancen erkannt und genutzt werden können. So lassen sich aus den Erkenntnissen über die Bedeutung des Inputs auch didaktische Schlussfolgerungen ziehen. Im Unterricht sollte viel mehr schriftsprachlicher Input gegeben werden. Zwar sind GrundschülerInnen in den ersten Jahren überfordert, geeignete Texte selbst zu lesen, doch vorgelesen, sind die Texte verständlich. Deshalb sollten viel mehr sprachlich reiche und anspruchsvolle Texte aus Kinder- und Jugendbüchern vorgelesen und im anschließenden Gespräch entwickelt werden (vgl. Grießhaber 2007c). Dieser Input macht die Funktionalität der differenzierten grammatischen Mittel erfahrbar, die in der alltäglichen Peer-Interaktion mit der vereinfachten Sprache fehlt.

Eine systematische Förderung durch attraktive Kleingruppenbildung wie im Förderkonzept „Deutsch & PC" kann schließlich auch Kinder mit geringen Zweitsprachkenntnissen fördern. Von den Kindern, die bei Schulbeginn das gesamte Jahr hindurch gefördert wurden, sind schließlich 30 % auf das Gymnasium gewechselt und 37 % auf eine Realschule. Von den nur während eines Teils des Jahres geförderten Kindern wechselten 27 % auf das Gymnasium und 37 % auf die Realschule. Am Beispiel von ERAT war oben gezeigt worden, dass nicht nur mangelnde Zweitsprachkenntnisse relevant sind, sondern dass auch weitere Aspekte der Lernerpersönlichkeit hinzukommen, die bei einer effektiven Förderung zu beachten sind. Am Beispiel von KACAF wurde schließlich gezeigt, dass eine früh einsetzende effektive Förderung Kinder in kurzer Zeit auf ein mittleres Sprachniveau heben kann.

Literatur

Birck, Sabine (1995): „Schiri, Schizrichta oder Schiedsrichter? Beobachtungen zur morphematischen Orientierung in der Schreibentwicklung". In: Ossner, J. (ed.) *Schriftaneignung und Schreiben. OBST 51*, 85–96.

Clahsen, Harald (1985): „Profiling second language development: A procedure for assessing L2 proficiency". In: Hyltenstam, K./Pienemann, M. (eds.) *Modelling* and *Assessing Second Language Acquisition*. Clevedon: Multilingual Matters, 283–331.

DESI-Konsortium (2006): *Unterricht und Kompetenzerwerb in Deutsch und Englisch. Zentrale Befunde der Studie in Deutsch-Englisch-Schülerleistungen-International (DESI)*. Frankfurt/M.: Deutsches Institut für Internationale Pädagogische Forschung.

Grießhaber, Wilhelm (1999): *Die relationierende Prozedur. Zu Grammatik und Pragmatik lokaler Präpositionen und ihrer Verwendung durch türkische Deutschlerner.* Münster/New York: Waxmann.

Grießhaber, Wilhelm (2004): „Einblicke in zweitsprachliche Schriftspracherwerbsprozesse". In: Baumann, M./Ossner, J. (eds.) *Diagnose und Schrift II: Schreibfähigkeiten. OBST 67*, 65–87.

Grießhaber, Wilhelm (2005) „Sprachstandsdiagnose im Zweitspracherwerb: Funktional-pragmatische Fundierung der Profilanalyse". Erscheint in: Arbeiten zur Mehrsprachigkeit. Hamburg SFB 538 [http://spzwww.uni-muenster.de/~griesha/pub/tprofilanalyse-azm-05.pdf].

Grießhaber, Wilhelm (2005-2006): „Vergangenheitstempora: Entwicklung in den ersten vier Klassen alle 3 Schulen - absolute Werte". Münster: WWU Sprachenzentrum; [http://spzwww.uni-muenster.de/~griesha/eps/wrt/szs/dpc/tmp-laengs01-schulen.html].

Grießhaber, Wilhelm (2006a): „Die Entwicklung der Grammatik in Texten vom 1. bis zum 4. Schuljahr". In: Ahrenholz, Bernt (ed.): *Kinder mit Migrationshintergrund – Spracherwerb und Fördermöglichkeiten.* Freiburg i.B.: Fillibach, 150–167.

Grießhaber, Wilhelm (2006b): „Testen nichtdeutschsprachiger Kinder bei der Einschulung mit dem Verfahren der Profilanalyse - Konzeption und praktische Erfahrungen". In: Ahrenholz, Bernt/Apeltauer, Ernst (eds.): *Zweitspracherwerb und curriculare Dimensionen. Empirische Untersuchungen zum Deutschlernen in Kindergarten und Grundschule.* Tübingen: Stauffenburg, 73–90.

Grießhaber, Wilhelm (2006c): „Schreiben mit ausländischen Kindern". In: Berning, Johannes/Keßler, Nicola/Koch, Helmut H. (eds.): *Schreiben im Kontext von Schule, Universität, Beruf und Lebensalltag.* Berlin: LIT, 306–333.

Grießhaber, Wilhelm (2007a): „Zu den Bedingungen der Förderung in Deutsch als Zweitsprache". In: Ahrenholz, Bernt (ed.): *Zweitspracherwerb – Diagnose, Verläufe, Voraussetzungen. Beiträge aus dem 2. Workshop ‚Kinder mit Migrationshintergrund‘.* Freiburg i.B.: Fillibach.

Grießhaber, Wilhelm (2007b): *Deutsch im Umbruch: zu einigen Aspekten von Sprachwandel im Sprachkontakt.* Münster: WWU Sprachenzentrum.

Grießhaber, Wilhelm (2007c): „Lesen mit nichtdeutschsprachigen Kindern". In: Meyer, Claudia (ed.): *Bis zum Lorbeer versteig ich mich nicht. Festschrift für Jürgen Hein.* Münster: Ardey, 333–344.

Grotjahn, Rüdiger (2002): „Konstruktion und Einsatz von C-Tests: Ein Leitfaden für die Praxis". In: Grotjahn, R. (ed.): *Der C-Test. Theoretische Grundlagen und praktische Anwendungen*. Band 4. Bochum: AKS-Verlag, 211–225.

Hart, Betty/Risley, Todd R. (1995): *Meaningful Differences in the Everday Experience of Young American Children*. Baltimore u.a.: Paulh Brookes.

Knapp, Werner (1999): „Verdeckte Sprachschwierigkeiten". In: *Die Grundschule*, 5, 30–33.

Konsortium Bildungsberichterstattung (ed.) (2006): *Bildung in Deutschland. Ein indikatorengestützter Bericht mit einer Analyse zu Bildung und Migration. - Zusammenstellung wesentlicher Ergebnisse des Berichts als Information für die Presse*. [http://www.bildungsbericht.de/daten/pressemitteilung.pdf].

Moser-Weithmann, Brigitte (2001): *Türkische Grammatik*. Hamburg: Buske.

Penke, Martina (2006): *Flexion im mentalen Lexikon*. Tübingen: Niemeyer.

Rehbein, Jochen/Karakoç, Birsel (2004): „On contact-induced language change of Turkish aspects: Languaging in bilingual discourse". In: Dabelsteen, Christine/Jørgensen, J. Normann (eds.): *Language and Language Practices*. Copenhagen: Copenhagen Studies in Bilingualism, 125–149.

Schill, Wolfgang/Kollehn, Karlhein (2000): *Tobi und die Stadtparkkids. Begleitmaterial zur Fernseh-Puppenspiel-Serie. Folgen 1 bis 15*. Bundeszentrale für gesundheitliche Aufklärung (BZgA) (ed.) Köln: Bundeszentrale für gesundheitliche Aufklärung.

Schmitz, Ulrich (1999): „AUSFAHRT waschen. Über den progressiven Untergang der Flexionsfähigkeit". In: *Sprache an der Jahrtausendwende. OBST* 60, 135–182.

Süßmilch, Edgar (1985): „C-Tests für ausländische Schüler: Sprachdiagnose im Unterricht Deutsch als Zweitsprache. Fremdsprachen und Hochschule". In: *AKS-Rundbrief* 13/14, 72–82.

Walker, Dale/Greenwood, Charles/Hart, Betty & Carta, Judith (1994): „Prediction of school outcomes based on early language production and socioeconomic factors". In: *Child Development* 65, 606–621.

Kreativität als Gradmesser bilingualer Kompetenz

ANNEMARIE PELTZER-KARPF

1   Ein Wechsel der Perspektive

Untersuchungen zu den verschiedenen Varianten des Spracherwerbs setzen den Fokus entweder auf Lernfortschritte, wenn sie positiv orientiert sind, oder auf Problemstellen, wenn sie Fehler – eine natürliche Begleiterscheinung des Lernens – interessanter finden. Wir sehen uns im Folgenden den bilingualen Erwerb in der Kombination DaF und Türkisch (N = 25) oder Bosnisch/Kroatisch/Serbisch (BKS) (N = 40) aus einer anderen Perspektive an. Das Objekt unserer Studie ist ein umfangreicher Datenpool von Texten, den wir im Zeitraum von vier Jahren in einer Langzeitstudie mit 100 Kindern erhoben haben (Peltzer-Karpf et al. 2006). Es sind Kinder, die im Alter von 6 Jahren mit sehr unterschiedlicher Sprachkompetenz, sowohl in ihrer Erstsprache als auch in der Unterrichtssprache Deutsch, in die Grundschule eintraten. Generell lässt sich sagen, dass sich der Besuch eines Kindergartens sehr positiv auswirkt. Hier ein Ausschnitt aus einer Interview mit einer Sechsjährigen: *A koliko dugo već učiš Njemački? (Und wie lange lernst Du schon Deutsch?) – Od Kindergarten (Seit dem Kindergarten).*

Wir haben die Kinder über vier Jahre begleitet und dreimal jährlich einzeln getestet. Ihre Daten wurden mit jenen parallel untersuchter monolingualer deutschsprachiger Kinder (N = 40) verglichen. Die vom Auftraggeber Bundesministerium für Bildung, Wissenschaft und Kunst (bm:bwk) gestellte Aufgabe war knapp formuliert: *eine Sprachstandserhebung.* Wir haben dies psycho- und pragmalinguistisch orientiert erfüllt und zudem auch Vergleichstests in den Herkunftsländern der Kinder durchgeführt. Um die Rahmenbedingungen des bilingualen Spracherwerbs auszuloten, wurde auch eine soziolinguistische Studie im Kontext von Schule und Familie vorgenommen (Brizić 2007).

Da bei manchen Kindern die Grundschulzeit offensichtlich nicht ausreicht, um sowohl in ihrer Erst- als auch ihrer Zweitsprache ein stabiles System aufzubauen, wurden noch jeweils 10 Kinder aus jeder Gruppe über ein weiteres Jahr in der Sekundarstufe beobachtet und sprachlich gefördert. Das in CHILDES CHAT transkribierte Interview mit der elfjährigen Fatma soll darauf hinweisen, dass bilingualer Spracherwerb in der Migration nicht unerheblich vom familiären und sozialen Kontext bestimmt wird.

*INV:	Fatma, wieviele Sprachen sprichst Du?
*CHI:	Ich sprache #ahem spreche Deutsch und Türkisch.
*INV:	Deutsch und Türkisch. Und was sprichst Du lieber?
*CHI:	hmm # Deutsch.
*INV:	Deutsch. Und was sprichst Du besser?
*CHI:	hmm # Türkisch. Aber auch nicht so gut, weil ich immer Deutsch gesprochen bin. Deswegen kann ich auch wenig Deutsch und wenig Türkisch.
*INV:	Dein Deutsch ist doch gut. Und was sprichst Du zu Hause?
*CHI:	Türkisch.

Fatma ist eines der Kinder, das im vierten Grundschuljahr durch Probleme sowohl in der Erstsprache Türkisch als auch in der Zweitsprache Deutsch auffiel. Dies gilt sowohl für sprachinterne morphosyntaktische und lexikalische Instabilitäten als auch für cross-linguistischen Transfer. Wie die Erfahrung lehrt, sind diese Probleme normalerweise zeitlich begrenzt, weil fehlerhafte Formen und Regelverletzungen keine Verstärkung aus dem Input erfahren. Kinder wie Fatma zeichnen sich jedoch auch durch ein großes Reservoir an Originalität und Phantasie aus, das den DaF-Erwerb zwischen den Kulturen positiv beeinflussen kann.

Soviel zum Hintergrund der hier diskutierten Daten. Nun zum aktuellen Thema: Wir sehen uns nicht sprachliche Strukturen per se an, sondern unterhalten uns über die Kreativität, die in so vielen Studien mitschwingt, aber nur selten beachtet wird. Bei dieser Gangart der Betrachtung werden sehr viele Textpassagen zitiert werden, die morphosyntaktisch nicht *comme il faut* sind, geringe lexikalische Differenzierung aufweisen oder nicht kohärent verknüpft sind, aber sie haben ein Merkmal, das sie für unsere Diskussion qualifiziert: sie sind kreativ.

2   Kreativität

Meyers Enzyklopädisches Lexikon definiert Kreativität etwa so: *Kreativität* ist die Fähigkeit produktiv zu denken und die Ergebnisse dieses Denkens zu konkretisieren. Aus der Sicht von Kognitionswissenschaftern bedeutet Kreativität etwas zu produzieren, das ‚original and worthwhile', also originell und der Mühe wert ist (Csikszentmihalyi 1996; 1999; Sternberg 2006). Das Ergebnis könnte eine Theorie sein, ein Gemälde, eine Roman, eine Symphonie, eigentlich fast alles.

Mihaly Csikszentmihalyi betont in seiner Definition der wahren Kreativität die Wichtigkeit objektiver Evaluierung. Für ihn kann Kreativität also nur auf Basis der Wechselwirkung von drei Komponenten bestimmt werden: Domäne, Feld und Person. Aus dieser Perspektive kann z.b. einem Schriftsteller (Domäne Literatur) wie Günther Grass (Person) erst durch Literaturkritiker (Feld) das Prädikat *kreativ* – oder in diesem speziellen Fall – der Nobelpreis verliehen werden.

Bleibt noch das Problem zu klären, wie Kreativität und Intelligenz zusammenhängen. Anders gefragt: Ist ein bestimmter Intelligenzquotient erforderlich, um kreativ zu sein? Eine von Lewis Terman (1925-1959) an der Stanford University initiierte Studie hat gezeigt, dass Intelligenz Kreativität zwar nicht ausschließt, aber gänzlich anderer Natur ist. So müssen also Mitglieder des Hochbegabten-Clubs MENSA nicht unbedingt kreativ sein. Jedenfalls ging aus der Gruppe der über siebzig Jahre in Stanford beobachteten 757 Probanden kein Nobelpreisträger hervor, sehr wohl aber zwei aus der nicht qualifizierten Gruppe (siehe Andreasen 2005:7-13). Ergebnisse wie diese legen nahe, sich der Frage von mehreren Seiten zu nähern. Die aktuelle Forschung weist darauf hin, dass nicht ein einzelner Spitzenwert für Kreativität entscheidend ist, sondern das Zusammenspiel verschiedener kognitiver Faktoren (Sternberg 2006: 433). Hier macht es vermutlich mehr Sinn, nicht so sehr über *angeborene* Talente nachzudenken, als vielmehr über *erworbene* Fähigkeiten, Probleme zu lösen und Wissen zu organisieren (Bloom 2002; Davidson & Sternberg 2003).

In Hinblick auf die Textkompetenz eröffnet ein Thema wie dieses zahlreiche Perspektiven. Wenn wir den Fokus nur auf Kreativität und weniger auf Qualität setzen, kämen auch Kinder oder Lerner einer Fremdsprache in Betracht, die zwar noch am System bauen, aber mit den ihnen zur Verfügung stehenden Mitteln kreativ umgehen. Als erstes Beispiel bringen wir die von einer Achtjährigen erzählte Vier-Bilder-Geschichte in türkischer Originalversion plus Übersetzung:

Kedi ile Kuş

Bir vamış bir yokmuş. Birgün Kedi Kuşa bikıp yeçekti. Kedi aça çikip Kuşun üserine sipladi ana Kuş uçtu. Hopala Kedi suya sipladi. Kuş'da dediki: Sen yüsemesini biliyormusun? Hayır!

Die Katze und der Vogel

Es war einmal, es war keinmal. Eines Tages sah die Katze den Vogel und wollte (ihn) fressen, Die Katze kletterte auf den Baum und sprang auf den Vogel. Aber der Vogel flog weg. Die Katze wurde böse. Hoppala! Die Katze sprang ins Wasser. Der Vogel fragte: Kannst Du denn nicht schwimmen? Nein!

Um zu verstehen, warum die Produktion von mündlichen und schriftlichen Texten erst nach dem Erreichen eines (dynamisch ausgedrückt) quasistabilen Systemzustandes einsetzt, sehen wir uns kurz die sprachliche und kognitive Ausgangslage an. Da zahlreiche Studien auf die Triggerfunktion des Lexikons hinweisen, setzen wir den Fokus auf den Übergang von der holistischen Datenverarbeitung zur Entwicklung komplexer Muster.

3   Die Funktion von Triggern im Spracherwerb

Eine der attraktivsten Hypothesen zur Erklärung der Erwerbsschübe im Spracherwerb stammt aus den Naturwissenschaften. Es handelt sich um jene der kritischen Masse, die erforderlich ist, um neue Prozesse auszulösen. Fig. 1 wurde von Biologen der Forschungsgruppe von Kunihiko Kaneko, Universität Tokio, am Computer erzeugt, um die Zelldifferenzierung in der Chemie zu illustrieren. Sie lässt sich aber auch sehr gut zur Veranschaulichung von Spracherwerbsprozessen einsetzen, d.h. sie zeigt sehr schön, wie Elemente gespeichert und sortiert werden, um nach Ansammlung einer kritischen Masse Systeme zu bilden.

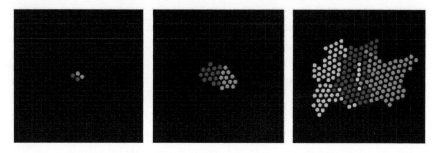

Fig. 1:   Das Speichern von Daten und die Differenzierung von Systemen
(Kaneko 2007; http://chaos.c.u-tokyo.ac.jp)

Wir erklären diese Prozesse am Beispiel des mono- und/oder bilingualen Spracherwerbs.

i.   Eine kritische Masse von Lautmustern, die gegen Ende des ersten Lebensjahres gesammelt werden, ist ein absolutes Muss für frühe lexikalische Organisation.

ii.   Etwa ein Jahr später triggert eine kritische Masse lexikalischer Elemente syntaktische Prozesse und – je nach Sprachtyp – auch die morphologische Markierung .

Prälexikalische Aktivitäten wie die Segmentierung der Welt in Kategorien und die Entwicklung rudimentärer Konzepte sind hier nicht von direktem Interesse (siehe dazu Bloom 2000). Angesichts des DaF-Themas möchten wir jedoch Folgendes über die lexikalische Entwicklung zwischen 1;1–3;0 Jahren im Deutschen berichten: In der Anfangsphase verwenden Kinder meistens Beziehungswörter, Wörter mit persönlicher und sozialer Funktion und onomatopoetische Elemente. Diese Kategorien werden allmählich mit Nomen, Verben und Funktionswörtern aufgefüllt, sodass schon Dreijährige über ein gut sortiertes Lexikon verfügen (Kauschke & Hofmeister 2002: 735–757).

Was in diesem Kontext zum Tragen kommt, ist das Speichern häufig wiederkehrender Muster und das Herauslösen von Regeln. An der Schwelle zum kreativen Sprachgebrauch sind Kinder dann, wenn die Zahl der gespeicherten Einheiten abnimmt, Regeln (über)generalisiert werden und die durchschnittliche Äußerungslänge deutlich zunimmt. Bei den ersten eigenen Produktionen zeigt sich die Vorliebe für auffallende und oft wiederholte Formen, die ohne große Variation in vergleichbaren Kontexten auftreten. Kreativität, Bewegung in der Syntax, fluktuierende Regelanwendung und (Über)generalisierungen sind demnach ein Indikator für Fortschritte im Spracherwerb.

Endphase
Organisation von Systemen
detaillierte Verarbeitung
üppige Muster
hohe Flexibilität
Zwischenphase
Reorganisation von Gruppen
Anwendung von Regeln
Überproduktivität
Fluktuationen
Anfangsphase
holistische Verarbeitung
grobe Konturen
(nicht-analysierte) Gruppen
formelhafte Sprache
vorfabrizierte Muster

Fig. 2: Eschers Lithographie ‚liberation' und der chaotische Pfad des Spracherwerbs

Fig. 2 zeigt, wie sich sprachliche Muster verändern. Die drei Stadien durchlaufen einen chaotischen Pfad, der von der Speicherung ganzer Ketten in der Anfangsphase über Fluktuationen und Turbulenzen in der Zwischenphase hin zum stabilen System in der Endphase führt. Um die unterschiedlichen Ordnungszustände besser verständlich zu machen, blenden wir parallel dazu eine Lithographie von M.C. Escher ein, welche die Befreiung – *liberation* – eines Systems illustriert (s.o.).

Zahlreiche Studien zu verschiedenen Varianten des Spracherwerbs haben einen starken Konnex zwischen Lexikonerwerb und darauf folgenden Prozessen in der Morphologie und Syntax gezeigt. Um das zu erklären, gehen wir nochmals zum Aufbau des Lexikons zurück, der in zwei Phasen erfolgt:

- **Phase 1** ist linear und durch Benennen und das Ansammeln von lexikalischen Elementen gekennzeichnet, die Einheit für Einheit gelernt werden.
- **Phase 2** bedeutet Akzelerationen, also rasches lexikalisches Wachstum mit nicht-linearer Reorganisation des Datenpools und der Zuordnung morphosyntaktischer Funktionen. Der erste Spurt lässt sich im Alter von 18–24 Monaten beobachten. Und nun kommt die oben erwähnte Triggerfunktion des Lexikons: Die Größe des Lexikons hat einen unmittelbaren Effekt für die durchschnittliche Äußerungslänge (= *mean length of utterance, MLU*).

Dieses Phänomen lässt sich nicht nur im Erstsprachenerwerb beobachten (Marchman & Bates 1994: 339–366), sondern auch im Zweitsprachenerwerb (Peltzer-Karpf & Zangl 1998; Peltzer-Karpf et al. 2006). Wir können dadurch annehmen, dass die Meilensteine in der Entwicklung von Lexikon und Grammatik ähnlich gesteuert werden.

Die von uns untersuchten Kinder hatten seit Beginn ihrer Schulzeit auch eine Stunde Englischunterricht pro Woche. Wie das folgende während der Zusatzstudie geführte Interview zeigt, ermöglicht dieser minimale Unterricht bestenfalls die Anbahnung von Strukturen, aber nicht die Produktion von Texten:

L1 Türkisch, 11 Jahre

*INV:	When you look at this picture what do you see?
*CHI:	A foot
*INV:	Yes, a foot. And if there are two of these? What is the plural?
*CHI:	Five.
*INV:	You mean the toes.
*CHI:	Yes.
*INV:	There is one foot. But you have two. What is the plural of foot?
*CHI:	Feet.

Wir möchten jetzt nicht im Detail auf die verschiedenen Erwerbsstadien eingehen, die Kinder und Lerner mit unterschiedlichem Tempo durchlaufen, sondern nur anhand einer Grafik die Wachstumskurven der von uns untersuchten Gruppen illustrieren. Fig. 3 zeigt – wieder im Konnex mit Escher – den Übergang von der durch gespeicherte Muster gekennzeichneten Anfangsphase, via Turbulenzen und Fluktuationen in der Regelanwendung zur stabilen Endphase. Die grafisch dargestellten Werte beziehen sich auf die empirischen Daten zur Morphosyntax und zum Lexikon. Die punktierte Querlinie markiert den Entwicklungs- bzw. Zeitabschnitt, ab dem die Textkompetenz untersucht wurde.

The dynamics of language development

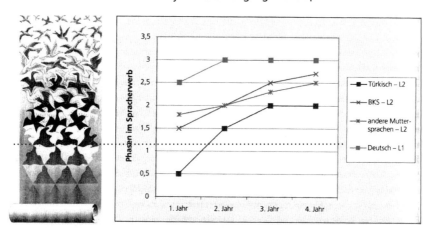

Fig. 3: Die Dynamik des Spracherwerbs: morphosyntaktische und lexikalische Entwicklungsphasen für Deutsch als L2 von Lernern mit Türkisch, BKS und anderen Sprachen als Muttersprache und für Deutsch als L1; mit Markierung des Starts der textlinguistischen Untersuchung (Details in Peltzer-Karpf et al. 2006).

Das folgende Kapitel informiert über die ersten Texte, die Schulkinder unter den vorgegebenen Rahmenbedingungen einer Bildgeschichte produzieren. Wir gehen dabei von der Hypothese aus, dass sich nicht nur Kreativität und Intelligenz, sondern auch Kreativität und Sprachkompetenz voneinander trennen lassen, vorausgesetzt, das Lexikon hat eine kritische Größe erreicht, die syntaktisches Manövrieren ermöglicht. Vor dem Einstieg in die Diskussion der narrativen Strukturen möchten wir noch darauf hinweisen, dass – entgegen der Annahme, der Spracherwerb wäre im frühen Schulalter abgeschlossen – noch mit 11 Jahren signifikante neurokognitive Veränderungen in der Verarbeitung komplexer hierarchischer Strukturen festgestellt werden können (Leuckefeld, Bornkessel & Friederici 2005).

Wie die aktuelle Spracherwerbsforschung zeigt, korreliert diese Reorganisation mit der Intensivierung der inneren Repräsentation von Sprache(n) (Bowerman & Levinson 2001; Tomasello 2003). Doris Bischof-Köhler konnte in einer groß angelegten Studie mit 160 Probanden nachweisen, dass sich die Fähigkeit, Zeitverläufe und Handelsorganisation zu korrelieren, erst im vierten Lebensjahr entwickelt. Die Kinder gehen auf *Zeitreise* (Bischof-Köhler 2006). Ab fünf Jahren lassen sich in ihren Texten zeitliche und/oder kausale Verkettung und hierarchische Organisation beobachten.

4   creativity@work

Dieses Kapitel handelt von der mündlichen oder schriftlichen Realisierung von Erfahrungen oder Vorstellungen im mono- und bilingualen Kontext. Es geht um das Produzieren, Kontrollieren und Verknüpfen lokaler Strukturen in narrativen Texten. Die Entfaltung der globalen Struktur – Beginn, Entfaltung und Auflösung der Handlung – werden wir hier nicht diskutieren. Was uns hingegen speziell interessiert, ist die Korrelation von Kreativität und Textkompetenz. Zuvor noch ein wichtiger Hinweis aus der Zweisprachigkeitsforschung: „Bilingual data are notoriously idiosyncratic" (Vihman 1999: 295; Baker [4]2006). Dies gilt sowohl für den simultanen als auch den sukzessiven Erwerb zweier oder mehrerer Sprachen.

Eine Frage, die sich bei Untersuchungen der Textproduktion ergibt, ist die nach der Rolle der Modalität. Das heißt, ist es schwieriger schriftliche oder mündliche Texte zu produzieren? Aktuelle Studien von Ruth Berman und Bracha Nir-Sagiv (2006) und Untersuchungen von Bourdin & Fayol (1994) und Ravid & Tolchinsky (2002) haben in der Gruppe 9–10jähriger Probanden große Unterschiede zwischen der schriftlichen und mündlichen Produktion gezeigt, die sich erst mit ca. 18 Jahren ausgleichen. Als modalitätsabhängig haben sich lokale Diskursmarker, Morphosyntax und Lexikon gezeigt, modalitätsneutral sind die globale Informations- und Diskursstruktur.

Wir starten die zu Illustrationszwecken umfangreich gestaltete Werkschau mit Vier-Bild-Geschichten. Sie sind ein Beispiel dafür, dass Kreativität in verschiedenen Modalitäten und in einem relativ frühen Entwicklungsalter wirksam werden kann. Man beachte, dass die Kinder mit den Erstsprachen Türkisch und BKS diese Texte in DaF produziert haben – einer Sprache, in der sie zum Zeitpunkt der Untersuchung zwei bzw. vier Jahre mündlich und schriftlich unterrichtet wurden. Als

Vorläufer kommt eine weitere Version der im ersten Kapitel zitierten Geschichte. Diesmal auf Deutsch erzählt:

L1 Türkisch

*K46: Der Kater und der Vogel.
Der Kater liegte auf der Wiese und ist hungrig. Der Vogel sitzte auf dem Ast und der Kater springte auf dem kleinen Vogel und der kleiner Vogel fliegte weg und der Kater fällte hinunter und der Kater ist böse und er fällt ins See und war der Kater nass.

Der Wechsel in die schriftliche Modalität hemmt zwar nicht die Kreativität, baut jedoch beachtliche Hürden auf, wie der im Februar 2001 produzierte Text eines Achtjährigen zeigt.

L1 Bosnisch

*K11: die Kaze will auf den baum kletern. Die kaze felt von den Baum runtains wassa.

Zum Vergleich eine Bildgeschichte, die der Junge im Mai 2003 verfasste:

*K11: Der Fischer!
Hans ist am Montag Fischen gegangen und im Wasser waren fiele Fische. Er nam die Angel und Fischte schon. Da kam auch schon ein kleiner roter Fisch zu der Angel. Da hat schon der kleine rote Fisch die angel schon gebisen. Da kamen auch die anderen Fische und haben sich nachderreie an den Schwanz gepackt. Die Fische zien so fest und Hans auch. Aber die Fische waren stercker und zahn Hans ins Wasser. Hans ist ins Wasser gefalen aber die Fische lachen.

Was an den beiden Texten auffällt, ist nicht nur der beachtliche Fortschritt, sondern auch die beiden nicht segmentierten *chunks*, welche die noch holistische Datenverarbeitung signalisieren: *runtains* (runter in das) und *nachderreie* (nach der Reihe). *zahn* im zweiten Text wurde von der Dialektform von *zerren* abgeleitet. Zum Vergleich zwei weitere Beispiele von Achtjährigen, auch hier mit *chunk* im zweiten Text: *gotzeidank* und *Moral der Geschichte.*

L1 Kroatisch

*K27: Die Katze und der Vogel.
Die große Katze liegt im Gras und beobachtet den kleinen Vogel. Die böse Katze grigt gleich großen hunger. Die Katze schleicht sich an und will den Vogel vangen aber der

Vogel hat zu schnel rergirt. Die Katze ist daneben gesprungen, die Katze erschregt, die Katze fällt hinein.

L1 Deutsch

*K75: Der Kater Tom.

Es war einmal ein Kater. Dieser Kater his Tom. Tom war ein filfras. Er as das was im schmekte. Sein liblings Esen waren Vögel. Heute war ein tag wo Tom risigen hunger hate. Da plözlich sa Tom einen Vogel am baum sizen. Tom schlich sich an krakselte den Baum hinauf wartete einen augenblick und dan sprang Tom los. Der vogel konte sich gerade noch reten. Doch Tom fil ins Wasser. Er patelte mit seinen Pfoten und gotzeidank an lant. Und fon daan as Tom keine Vögel mer.

Wir begeben uns nun auf eine psycholinguistische Froschjagd. Gemeint ist eine der vielen weltweit durchgeführten Studien zur *frog-story*, die von der Universität Berkeley aus ihren Siegeszug durch die kognitive Linguistik angetreten hat (Berman & Slobin 1994; Strömqvist & Verhoeven 2003). Um zu zeigen, dass sich an diesem Unternehmen nicht nur Kinder gerne beteiligen, zitieren wir auch Daten von bilingualen Erwachsenen (Reichholf-Wilscher 2006).

4.1 Die bilinguale Froschjagd

Znam na nemačkom – *Frosch*. I *frog* na Engleski
Ich kenne es auf Deutsch – Frosch. Und auf Englisch – frog.

Es gibt viele Arten einen Frosch zu fangen. Eine der originellsten Froschjagden läuft seit mehr als einem Jahrzehnt weltweit in Form von Nacherzählungen der 24 Seiten zählenden Bildgeschichte *Frog, where are you?* (Mayer 1969). Beteiligt sind mono- und bilinguale Kinder, Jugendliche und Erwachsene. Die Geschichte wurde bereits in mehr als 50 Sprachen erzählt, darunter in Tzeltal, Warlpiri, Baskisch, Isländisch und Japanisch. Und es gibt sogar Varianten in *American Sign Language*. Das zentrale Thema der *frog-story* ist die abenteuerliche Suche nach einem aus seinem Glas entwischten Frosch, die einen Jungen und seinen Hund aus ihrem Haus in den Wald und zu einem Teich führt, wo er seinen Frosch und dessen Familie wieder findet. Durch die Standardisierung des Erzählinhalts können die Daten über verschiedene Alters- und Entwicklungsstufen hinweg verglichen werden. Zudem sind auch sprachtypologische Studien möglich.

Aus unserem Datenpool kommen Beispiele in den Sprachen Deutsch, BKS und Türkisch, die im dritten und vierten Projektjahr der eingangs zitierten Langzeitstudie zum bilingualen Spracherwerb in der Migration erhoben wurden. Zudem zitieren wir Beispiele von 24 Mitarbeitern (Durchschnittsalter 44.2 Jahre) des Schweizer *Holcim*-Konzerns. Jeder von ihnen beherrscht im Schnitt 3.92 Sprachen! (Reichholf-Wilscher 2006).

Alle *frog-story* Daten wurden computergestützt nach dem CHILDES Programm (CHAT und CLAN) bearbeitet. Zur Modalität wäre anzumerken, dass die von Kindern erzählten Geschichten auf Audiotapes aufgenommen wurden, während die erwachsenen Probanden schriftlich via *ScriptLog* [1] in ihrem Notebook aktiv wurden. Die Erzähllänge wurde anhand des CLAN-Programms ermittelt, ausgeschlossen wurden Wiederholungen und Selbstkorrekturen. Bei den türkischen Daten ist zu beachten, dass die Länge der Erzählungen vom Sprachtyp beeinflusst wird. Im Türkischen gibt es keine Artikel und alle grammatischen Funktionen werden durch das Anfügen (= agglutinieren) von mehreren Affixen an den Wortstamm ausgedrückt. So hat ein Satz wie *Der Bub kraxelte auf einen Baum* im Deutschen sechs Wörter, im Türkischen hingegen nur drei: *Cocuk agaca timandi*. Dementsprechend sind die von den türkischen Kindern auf Deutsch produzierten Geschichten länger. Tabelle 1 zeigt, wie groß die Streuung innerhalb einer Sprachgruppe sein kann:

Variation L1 (N=62)	tokens minimal	tokens maximal
Deutsch	121	574
BKS	200	561
Türkisch	88	469

Tab. 1: Variation der Erzähllänge in der Erstsprache (9–10 Jahre) (Peltzer-Karpf et al. 2006: 137–155)

Bei den erwachsenen Bilingualen schwankt die Variationsbreite zwischen 196-1201 in der Erstsprache und 217-1359 in der Zweitsprache (Reichholf-Wilscher (2006: 102)

Welche Fortschritte die von uns untersuchten Kinder in beiden Sprachen erzielen konnten, ist aus Tab. 2 zu ersehen. Sie zeigt die im dritten und vierten Schuljahr ermittelten Werte für Kinder mit den Erstsprachen Türkisch, BKS und anderen Muttersprachen (MS) wie Arabisch, Hebräisch oder Tagalog im Vergleich zur deutschen Kontrollgruppe.

---

[1] *Scriptlog* wurde an den Universitäten Lund und Stavanger von S. Strömqvist und H. Karlsson entwickelt.

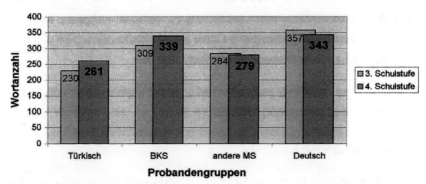

Tab. 2: Durchschnittliche Erzähllänge in der Erst- und Zweitsprache Deutsch

Wir haben somit zehnjährige Kinder, die sowohl in ihrer Erstsprache Türkisch als auch in der Zweitsprache Deutsch Geschichten mit 173–399 bzw. 262 *tokens* erzählen können. Die entsprechenden Werte für BKS liegen zwischen 160–550 in der Erstsprache bzw. 339 in der Zweitsprache. Wie die Ergebnisse zeigen, gibt es zumindest pauschal gesehen keine Korrelation zwischen Erzähldauer und Qualität. So wurden die qualitativ hochwertigsten Geschichten in 74.5 Minuten für L1 und 61.3 Minuten für L2 produziert; andererseits gab es – wie bei den jungen Probanden – gesteigerte Zeitwerte durch sprachliche Probleme. Wir illustrieren das mit dem *Frosch alla turca*. Das Zitat beginnt mit einem Ausschnitt aus der deutschen Version, gefolgt von der türkischen Fassung mit lexikalischer Klärung seitens der Testleiterin (INV). Diese Erzählung ist mit 246 Wörtern die längste der türkischen Gruppe.

L2 Deutsch

*K46: dann rief er aus dem Fenster: „Froschi, Froschi, wo bist du?"

L1 Türkisch

*K46: bir dişardan çağırıyo ördeğim nerdesin, ama görmüyo.
      es ruft dann nach draußen, „wo bist Du meine Ente?", aber es sieht ihn nicht
INV: bu ne?
      was ist das?
*K46: ördek
      Ente

INV: ördek mi iyice, bak!
     Ist es eine Ente? Schau genau hin!
*K46: Frosch ama türkcesini bylmiyom
     Frosch, aber ich weiß es nicht, wie es auf Türkisch heißt
INV: onun icin ördek diyorsun, tamam
     deswegen sagst du Ente, gut

Die dramatische Suche nach einem verloren geglaubten Frosch stellt natürlich nicht nur Anforderungen an die Textkompetenz, sondern fordert auch Intuition ein (Näheres dazu unter den Stichwörtern *theory of mind* und *frames of mind* in Bloom 2004; Küntay & Nakmura 2003). Dazu ein Auszug aus der Erzählung einer Neunjährigen aus der monolingualen Kontrollgruppe:

L1 Deutsch

*C04: und hmm weil er so neugierig war, <ist er> [//] hat er sich nach vor gebeugt und ist aus dem Fenster gefallen, mitsamt dem Glas am Kopf.
*C04: und plumps! Als er am Boden lag, ist das Glas zerbrochen.
*C04: der kleine Junge war nicht besonders glücklich darüber, doch sein Hund gab ihm ein Bussi auf die Backe.

Die 172 bilingualen Versionen der *frog-story* zeugen nicht nur von unterschiedlicher Professionalität, sondern auch von Phantasie und Humor. Zu beobachten ist, dass es (bei unterschiedlicher sprachlicher und kognitiver Entwicklung) viele Gemeinsamkeiten zwischen Kindern und Erwachsenen gibt. Dazu gehört die Tendenz, den Protagonisten Namen zu geben und evaluierende Elemente zu verwenden (Snitzer Reilly 1992). Auch Erwachsene gehen durchaus kreativ und emotional zur Sache (Reichholf-Wilscher 2006:128):

L1 Deutsch

[...] und Cedric, anstatt zu schlafen, amüsiert sich mit Dackel und Frosch. „Pass mal auf, Dack, dass du deine lange Schnauze nicht zu tief ins Glas steckst! Quakie ist sowieso schon eingeengt, er könnte einen Herzkollaps kriegen und zudem hast Du ja bereits einen zu großen Bauch; du willst ihn doch nicht etwa auffressen?" (409 tokens)

L2 Französisch

Fait attention Nezpointu, tu fait peur á Qoakie en plus t'es déjà fort bien nourri. Regarde ton ventre! (426 tokens)

Besonders interessant wird die *on-line* Produktion von Texten, wenn zwei Sprachen involviert sind. Das folgende Beispiel stammt von einem Sprecher des Schwyzertütsch, der es vorzog, Deutsch zu schreiben (Reichholf-Wilscher 2006: 132):

L1 Schwyzertütsch

Croa hat genug von sein bocal und geht raus. Am morgen, Max und Filu sind überrascht. Croa ist verschwunden. (217 tokens)

L2 Französisch

Max et Filou dorment du sommeil du juste, lorsque Croa decide de quitter son bocal. Le matin nos deux compères se réveillent et sont tout surpris de constater la disparition du Croa. (311 tokens)

4.2   Kreativität an der Klippe

Psycholinguisten setzen die *frog-story* vor allem deshalb gerne als Testinstrument ein, weil die Beschreibung der dynamischen Szenen die Produktion vieler Verben erfordert. Wir zählten 123 für Türkisch, 149 für BKS und 182 für Deutsch. Im Folgenden sehen wir uns an, wie junge und erwachsene Testpersonen mit der *journey off the cliff* Sequenz (Bilder 15–18) kognitiv und sprachlich zurande kommen. Hier kommt sie im Kleinformat:

Fig. 4:   The journey off the cliff (Bilder 16–18) aus *Frog, Where Are You?* (Mercer Mayer 1969).

Diese häufig zitierte Szene ist nicht nur bewegungsintensiv, sondern erfordert auch das Erkennen und Erklären der Strauch-Hirsch-Mutation. Ob und wie dies in den verschiedenen Gruppen geschieht, kann aus den unten aufgelisteten Beispielen ersehen werden. Die Daten der Kinder (Alter 9–10 Jahre) in der Erst- und Zweitsprache (jeweils mit kursiv geschriebener Übersetzung) zeigen, dass die Fehlinterpretation des Hirschgeweihs als Strauch nicht immer erkannt wird. Interessant zu beobachten ist der Umgang mit lexikalischen Lücken. Wir starten mit drei erfolgreich wiedergegebenen Passagen in der jeweiligen Erstsprache; mit orientalischem Gepränge in der türkischen Variante:

L1 Deutsch

★C04: da kraxelte der kleine Junge auf den Stein und hielt sich bei einem Ast fest und rief den Namen des Frosches. Doch er bemerkte, dass es kein Ast war, sondern von einem Hirsch das Geweih. Auf einmal sauste der Hirsch wütend [/] wütend herum. Der kleine Junge hang hilflos auf dem Kopf des Hirsches oben und <sein kleiner Hund> [//] der kleine Hund bellte # den Hirsch an. Beim Graben blieb der Hirsch stehen, und die beiden purzelten ins Wasser hinunter. Plumps! Und pitschl patschl nass waren sie!

L1 BKS

★K05: Dječko se popne na kamen i stoji tu. Drži se za rogove od Hirsch. Hirsch njega odnese, cuko laje na njega i on njiha baci u vodu
Der Bub klettert auf den Stein und steht da. Er hält sich an den Hörnern vom Hirsch an. Der Hirsch trägt ihn weg, der Hund bellt ihn an und er schmeißt sie ins Wasser hinein.

L1 Türkisch

★K70: Taştan bilane deve olyo. Ondan sonra koşyo. Köpeği de kızyo deveye. çocuk çocuğun ondan sonra ikisini de yere atyo. Oğlanlan köpeği yere atyo deve. Yere suya.
Aus dem Stein wird ein Kamel. Dann läuft das Kamel. Der Hund schimpft dann mit dem Kamel. Dann wirft das Kamel beide runter. Das Kamel wirft dann den Buben und den Hund runter. Auf den Boden, ins Wasser.

★K69: Nachher kam ein .... Nachher fielen der Bub und der Hund ins Wasser.

L1 BKS

*K91: Dečak otišo na taj veliki kamen i zove žabu. Drvo otišo sa dete na glavu.
Dete i kuca pali su u vodu.

*Der Bub ist auf diesen großen Stein gegangen und ruft den Frosch. Der Baum ist
gegangen mit dem Bub auf dem Kopf. Das Kind und der Hund sind ins Wasser
hineingefallen.*

Die schwierige sprachliche Umsetzung der Szene reflektiert sich bei Erwachsenen
in den markanten Unterschieden zwischen L1 und L2:

L1 Deutsch, L2 Englisch

Doch das Abenteuer war noch nicht zu Ende. Beim Durchstreifen eines
vermeintlichen Strauches schreckte Peter einen hinter einem großen Stein
kauernden Hirschen auf, der mit Peter im Geweih verfangen im Park davon
sprang. Pfiffi folgte bellend: ab ging die Hatz, doch an einem Überhang
vor einem kleinen Bach stoppte der Hirsch so plötzlich das Peter und Pfiffi
kopfüber in das hier nicht tiefe Wasser fielen.

When searching through it suddenly an elk jumped up and Peter became
caught helplessly between the multiple horns of the animal, which ran away
in panic. Pfiffi followed barking. When reaching the bank of a small river the
elk made a sudden stop and due to this Peter and Pfiffi fell head over into
the water.

L1 Schwyzertütsch, L2 Französisch

Plöstlich etwas bewagt. Ein cerf hat im gefang und trage im bis im ein loch.
Zum glug es gabe Wasser im Loch und Max und Filou aben sich nicht ver-
letz.

Tout à coup un cerf apparaît et Max se fait soulever puis emporter par ce
cerf sous l'oeil apeuré de Filou. Le cerf s'arrête brusquement et fait basculer
Max et Filou dans un fossé. Heureusement le fond du fossé est en fait une
mare. L'eau a bien amorti la chute de nos deux amis.

Das erfolgreiche Ende der Froschjagd kommt von einer Neunjährigen in ihrer
Erstsprache Deutsch:

Und hinter einem Baumstamm, der <im Wasser> [//] neben dem Wasser lag am Ufer, hörte der kleine Junge etwas. Er sagte zu seinem Hund: „Sei leise! Da hinten ist was." Gemeinsam kraxelten sie aus dem Wasser und schauten hinter dem Baumstamm nach, wer da sein könnte. Der kleine Junge war glücklich, als er seinen kleinen Frosch mit einem schönen Froschweibchen sah. Der kleine Hund sah sehr verdutzt drein. Hinter dem Gebüsch kamen <kleine> [//] viele kleine Frösche hervor. Und am Schluss sagte der kleine Junge 'Auf Wiedersehen mein kleiner Freund! Es hat mich gefreut, dich kennen zu lernen. Viel Glück!'

Wir haben mit einem Exkurs zur Kreativität gestartet und in weiterer Folge versucht, uns dem Thema über die Textlinguistik und den bilingualen Spracherwerb zu nähern. Bleibt noch zu klären, welche Antworten die Hirnforschung auf sprachliche Kreativität geben kann. Wir werden versuchen, drei Forschungsfragen zu beantworten.

5   Das Gehirn hat drei Gehirnhälften (Salih, 11 Jahre)

Die Überschrift zu diesem Kapitel birgt keine biologische Sensation, sondern ist nur ein Beispiel dafür, wie großzügig Kinder mit Wortbedeutungen jonglieren.

Frage 1: Welche Teile unseres Gehirns sind an der Verarbeitung von Texten beteiligt?

Hier hat die Orientierung an den klassischen Sprachzentren wenig Informationswert, denn Texte sind mehr als aneinander gereihte Sätze. Wir können somit die Hypothese aufstellen, dass noch weitere Areale des Gehirns an der Verarbeitung von Texten beteiligt sind. Tatsächlich lässt sich bei Patienten mit frontalen und rechtshemisphärischen Läsionen nachweisen, dass sie Probleme mit der Ableitung der Hauptgedanken eines Textes oder nicht explizit genannter Informationen (= Inferenzen) haben (siehe dazu www.uni-leipzig.de/~tk).

Weitere Information zur Textverarbeitung kommt aus einem ungewöhnlichen Eck, der noch raren neurokognitiven Erforschung von Humor. Ein Forschungsteam am *California Institute of Technology* in Pasadena (Watson, Matthews & Allman 2006) hat durch funktionelle Magnetresonanz (fMRI) ermittelt, dass das Gehirn auf visuellen und sprachlichen Humor unterschiedlich reagiert. Wir zitieren die Studie deshalb, weil die Autoren nicht nur über Reaktionen im Sehzentrum bzw. im Schläfelappen berichten, sondern auch über verstärkte Resonanz im Vorderhirn, im Zwischenhirn und im limbischen System (siehe dazu auch Russell 2005; Rolls 2005). Kurz, ein guter Witz kann aufwühlen.

Interessante Befunde gibt es auch zur sprachlichen Markierung von Bewegung, wie sie so häufig in der *frog story* gefordert wird. Aktuelle MEG-Daten[2] legen nahe, dass körperliche Aktivitäten reziprok mit „ihren" Lexemen neuronal verknüpft sind, d.h. dass die Wahrnehmung von Bewegungsverben selektiv das jeweilige motorische System aktiviert.

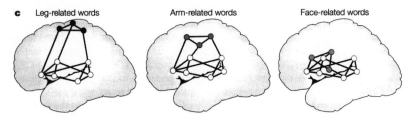

c Leg-related words   Arm-related words   Face-related words

Fig. 5:   Räumliche Verteilung von Informationen über Wortformen mit den ihr semantisch zugeordneten Aktivitäten (Pulvermüller 2005: 577).

Halten wir also fest, dass nach derzeitigem Wissen an der Verarbeitung von Texten – unabhängig von der Sprache – folgende Bereiche des Gehirns beteiligt sind: (i) die klassischen Sprachareale, (ii) der präfrontale Cortex der rechten Hemisphäre, (iii) in Abhängigkeit von der Modalität die sensorischen oder motorischen Zentren und (iv) je nach Emotionsgehalt auch das limbische System. Organisiert wird das Zusammenspiel im Assoziationscortex, der in Millisekundenschnelle neue Verbindungen herstellt.

Interessant im Zusammenhang mit Bilingualität ist der Befund, dass sich sogar die kortikale Organisation an die Muster genuiner Bilingualer anpasst. Hinzuzufügen wäre noch, dass bei relativ nahe verwandten Sprachen eher die Kompetenz als das Einstiegsalter für die kortikale Repräsentation ausschlaggebend sind (Mehler & Christophe 2000; Mehler, Sebastián-Gallés & Nespor 2004).

Frage 2: Was zeichnet kreative Menschen aus?

Um festzustellen, wie viel Energie das Gehirn zur Lösung bestimmter kognitiver Aufgaben benötigt, kann durch Bild gebende Verfahren der jeweilige Glukoseverbrauch gemessen werden. Von Kindern wissen wir, dass ihr Metabolismus bis zum Beginn der Pubertät die dreifache Glukosemenge eines Erwachsenen verbraucht. Die Werte von Neugeborenen liegen mit 30 % unter jenen von Erwachsenen,

---

[2] MEG = Magnetoencephalographie.

steigen bis zum Alter von 2−3 Jahren rasch an und bleiben ca. 15 Jahre auf diesem hohen Plateau, um sich mit 16−18 Jahren auf die Erwachsenenwerte einzupendeln. Diese steil ansteigende, lang gestreckte Kurve symbolisiert nicht nur den intensiven Energieverbrauch für Lernprozesse bis in das frühe Erwachsenenalter, sondern reflektiert auch die Stabilisierung neuronaler Netze und die Entwicklung neuer Verhaltensmuster (Details in Chugani 1994). Der logische Gedanke wäre nun, dass kreative Menschen einen sehr hohen Energieverbrauch haben sollten − aber genau das Gegenteil ist der Fall. Bei kreativen Menschen wurde − im Vergleich zu Kontrollpersonen − ein niedrigerer Glukoseumsatz festgestellt. Es scheint, dass ein Hochleistungsgehirn weniger Glukose verbraucht und dennoch mehr leistet (Haier et al, 1992; Posner & Raichle 1994). Offensichtlich arbeitet das Gehirn von hochbegabten Menschen besonders energiesparend.

Frage 3: Welchen Einfluss hat die neuronale Reifung
auf die narrative Kompetenz?

Um verstehen zu können, warum Kinder vorerst noch Probleme mit kognitiv komplexen Strukturen haben, muss man wissen, dass erst bis zur Pubertät alle Teile des Gehirns funktionell verbunden sind. Der Prozess beginnt bei den sensorischen, limbischen und medial-temporalen Strukturen und setzt fort mit der funktionellen Andockung des Vorderhirns. Damit nicht genug, verlagert sich die Blutströmung vom rechten Schläfe- und Scheitellappen zu ihrem Gegenüber. Die Zahl der abgebauten neuronalen Kontaktstellen (= Synapsen) übersteigt bei Zehnjährigen jene der neu gebildeten, weil sich die Systeme stabilisieren, zuerst in den sensorischen Arealen und zuletzt im Vorderhirn (mehr dazu in Kagan & Baird 2004). Wie aus den bisher zitierten Forschungsergebnissen hervorgehen sollte, spielen genau diese Hirnteile eine wichtige Rolle in der Textverarbeitung. Jugendliche entwickeln somit unter enormen Glukoseverbrauch ein voll funktionsfähiges Vorderhirn und verbesserte Verbindungen innerhalb des Gehirns.

6   Didaktische Konsequenzen

Dieser Beitrag ist als eine Zeitreise durch verschiedene Facetten der Textproduktion zu verstehen. Wir haben zu zeigen versucht, dass die jeweilige Textkompetenz und Diskursfähigkeit wichtige Indikatoren für Fortschritte im Spracherwerb sind. Hinsichtlich der Kreativität blieben wir im kognitiven Rahmen von Bildgeschichten, die den Vorteil der Vergleichbarkeit verschiedener Erwerbssituationen bieten, verbunden mit dem Nachteil, dass sie wenig Freiraum für Kreativität auf der Makroebene gewähren. Wie der Parcours quer durch verschiedene Disziplinen gezeigt hat, ist es sinnvoll, die Produktion von Texten aus unterschiedlichen Perspektiven zu beleuchten und auch einen Blick auf die Forschungsergebnisse der kognitiven Neurowissenschaften zu riskieren.

Die Texteinblendungen sollten zeigen, dass es viele Gemeinsamkeiten zwischen verschiedenen Sprachen und Altersgruppen gibt und dass die Produktion durch die Themenwahl dramatisch gesteigert werden kann. Wie die Daten der jüngsten Probanden beweisen, ist sprachliche Kreativität prinzipiell auch im Anfangsstadium möglich, kommt jedoch erst nach dem Erreichen eines bestimmten kognitiven und sprachlichen Schwellenwertes voll zum Ausdruck. Zur Förderung der Textkompetenz empfiehlt sich prinzipiell die Einbettung lexikalischer Elemente in einen Kontext (= Kontextualisierung), die Betonung und Wiederholung von Schlüsselwörtern und die Korrektur morphosyntaktischer oder lexikalischer Fehler durch Wiederholung sowie der Ausbau und die Ergänzung fehlerhafter Passagen. Erfolg muss sich allerdings nicht immer in korrekten Strukturen ausdrücken. Vor allem bei bilingualen Kindern geht die zunehmend differenzierte Textproduktion zunächst mit der Umschreibung lexikalischer Lücken und *code-switching* einher.

Ein Ansatz, der sehr gut in diesen Kontext passt, ist das Model of *Tricky Mix Conditions*, das von Nelson und seinen Mitarbeitern an der Pennsylvania State University entwickelt wurde (Nelson et al 2001). Das Modell wurde an sich für Kinder und Jugendliche mit Kommunikationsproblemen entwickelt, könnte aber auch sehr gut für die Förderung der kommunikativen Fähigkeiten und der Textkompetenz im Spracherwerb eingesetzt werden. Es hat sich deutlich gezeigt, dass Input zwar wichtig ist, aber auch die internen und externen Faktoren stimmen müssen, um den Erwerb zu verbessern bzw. zu beschleunigen. Kurz gefasst lässt sich sagen, dass Fortschritte dann erzielt werden, wenn das Kind dort abgeholt wird, wo es sich befindet. Erfolge stellen sich dann ein, wenn:

a) der Input dynamisch auf die jeweiligen bereits erworbenen Strukturen reagiert

b) besonders im Anfangsunterricht auf Transparenz und das Akzentuieren von Konturen geachtet wird

c) auf altersspezifische Interessen eingegangen wird (Stichwort: Motivationsförderung)

d) die emotionale Komponente (Stichwörter: positive Verstärkung, Fehlerkorrektur) in der Interaktion berücksichtigt wird.

Kurz gefasst hängt erfolgreiches Lernen von der richtig dosierten Mischung, dem *tricky mix*, von sprachlichen, kommunikativen, kognitiven, emotionalen und sozialen Faktoren ab. Der *tricky mix* entsteht dann, wenn die jeweils richtigen Strategien so eingesetzt werden, dass sie Synergieeffekte erzielen. Wichtig ist, dass der jeweilige Entwicklungsstand berücksichtigt wird. Daraus ergibt sich auch ein ständiges Fließen des Inputs, ein Kommen, Gehen und Verstärken von Faktoren; eine Komplexität, die sozusagen mitwächst. Es ist eine andere Geschichte, die richtige Mischung aus Unterforderung und Überforderung zu finden. Jedenfalls sollte das Wissen um die Grundbedingungen des Spracherwerbs dabei helfen, den jeweils positiven *tricky mix* zu finden. Als mnemotechnische Hilfe kann ein Akronym angeboten werden, das LEARN-Schema, das für folgende Grundbedingungen des Lernens steht (siehe dazu die ausführliche Diskussion in Nelson et al. 2001).

LAUNCHING	neue Herausforderungen stellen
ENHANCING	Verstärkung bzw. Betonung von bereits erworbenen Fähigkeiten
ADJUSTMENT	Anpassung an neue Situationen
READINESS	Bereitschaft für neue Herausforderungen
NETWORK	Einbau in das bereits vorhandene Netzwerk

Durch die Vorrückung der Altersschiene im Fremdsprachenunterricht haben sich zwei Änderungen ergeben: ein riesiges Untersuchungsterrain für die interdisziplinäre Forschung sowie ein neues und anspruchsvolles Betätigungsfeld für alle Lehrer, die mit dem frühen Fremdsprachenunterricht betraut werden. Früher Fremdsprachenerwerb bringt massive Dynamik in die Entwicklung eines Kindes. Die Intensität des Wechselspiels vieler Systeme hängt nicht nur von den Startbedingungen ab, sondern auch von der Quantität und Qualität des Inputs. Zwei Langzeitstudien an Grundschulen (Peltzer-Karpf & Zangl 1998; Peltzer-Karpf et al. 2006) legen folgende Strategien für den erfolgreichen Anfangsunterricht nahe:

- die Form des Kontakts/Unterrichts und das Material sollten sich an den Mustern des Erstsprachenerwerbs orientieren und so natürlich wie möglich sein, um einen positiven Start in eine neue Sprache und Kultur zu garantieren,
- Betonung der natürlichen Kommunikation; langsam starten und Abwechslung in das Programm bringen; die Kommunikation durch Gesten, Handlungen und Blicke unterstützen,
- Orientierung der behandelten Themen an den Interessen der Kinder,

- Rollenspiele, rhythmische Aktivitäten (Lieder und Reime), Ausführen von Aufträgen (zunächst mit *Total Physical Response/ TPR*),
- den Input an die jeweilige Kompetenz des Kindes anpassen, um ihm das Herausarbeiten von Einheiten und Regeln zu erleichtern (= fine-tuning); Wiederholen, Erweitern und Ergänzen von Aussagen des Kindes,
- prinzipiell Einbettung von Elementen in einen Kontext; Betonung und Wiederholung der Schlüsselwörter; Korrekturen morphosyntaktischer oder lexikalischer Fehler durch Wiederholung, Ausbau, Ergänzung der fehlerhaften Passagen,
- Sprachmuster (mit Variationsmöglichkeiten) können in der Anfangsphase als Sprungbrett in die Kommunikation und die Musterverarbeitung dienen
- Forcierung des Inputs bei Problemen mit dem Herausfiltern von Regeln und dem Entdecken von Gesetzmäßigkeiten,
- Wertung von Fehlern als *windows into the mind,* die Information über den jeweiligen Stand der Systementwicklung geben; positive Verstärkung von Wortmeldungen; Konzentration auf den informativen Wert,
- Förderung der Textkompetenz und der Diskursfähigkeit, Motto: das Kind als Kommunikationspartner.

Chaostheoretisch gesprochen zeigt bilingualer Spracherwerb in der Migration sehr viel Bewegung in der Entwicklung verschiedener Systeme. Menschlich gesehen stellt er klar unter Beweis, dass eigentlich Migrantenkinder Vorreiter in der Erfüllung der EU-Forderung nach mehrsprachiger Kompetenz sind, vorausgesetzt sie werden rechtzeitig gefördert und durch gesellschaftliche Akzeptanz motiviert. In vielen Fällen verlagert sich die aktive Sprachkompetenz sehr bald in die neu übernommene, dominante Erstsprache. Es gibt aber auch Befunde, dass es in Phasen des Sprachwechsels durchaus zu einem Kompetenz-Vakuum kommen kann, in dem keine der beiden Sprachen gut beherrscht wird (siehe dazu Brizić 2007: 140 ff.). Für pädagogische Akademien und Universitäten mag weiterhin gelten, dass zukünftige Lehrer und Lehrerinnen schon während des Studiums auf den Sprach- und Kulturmix im Klassenzimmer vorbereitet werden sollten, denn die multikulturelle Gesellschaft ist in vielen Schulen längst Wirklichkeit.

*INV:	Hizbullah, wie viele Sprachen sprichst Du eigentlich?
*CHI:	Ich kann Arabisch
*INV:	Wow!
*CHI:	Arabisch kann ich schreiben und lesen, aber ich kann nicht sprechen.
*INV:	Ja.

*CHI:	Kann Kurdisch, Türkisch, Englisch und Deutsch.
*INV:	Wow!
*CHI:	Englisch kann ich nicht so gut.
*INV:	Du bist schon stolz darauf, dass Du so viele Sprachen kannst, oder?
*CHI:	[=schmunzelt] *mmhm. Waren auch schwer. # die waren auch schwer
*INV:	Und in der Schule lernst Du Englisch?
*CHI:	Englisch und Deutsch. Also Fremdsprache ist Englisch.

Literaturhinweise

Andreasen, Nancy C. (2005): *The creative brain. The science of genius.* London: Penguin. A Plume book.

Baker, Colin (42006): *Foundations of Bilingual Education and Bilingualism.* Clevedon: Multilingual Matters.

Berman, Ruth A./Slobin, Dan I. (eds.) (1994): *Relating events in narrative. A crosslinguistic developmental study.* Hillsdale, NJ: Lawrence Erlbaum.

Berman, Ruth A./Nir-Sagiv, Bracha (2006). „Modality-driven vs. modality-neutral features of developing text construction across adolescence". St. Petersburg: Российская Академия Hayk/*Cognitive Science Society*, 25–26.

Bischof-Köhler, Doris (2006): „Theory of mind and mental time travel: specifically human abilites". St. Petersburg: Российская Академия Hayk/*Cognitive Science Society*, 27.

Bloom, Harold (2002): Genius. *A mosaic of one hundred exemplary creative minds.* New York: Warner Books.

Bloom, Paul (2000): *How children learn the meanings of words.* Cambridge, MA: MIT Press.

Bloom, Paul (2004): *Descartes' baby: how the science of child development explains what makes us human.* New York: Basic Books.

Bourdin, B/Fayol, M. (1994): „Is written language production more difficult than oral language production? A working memory approach". In: *International Journal of Psychology*, 29, 591–620.

Bowerman, Melissa/Levinson, Stephen C. (eds.) (2001): Language acquisition and conceptual development. Cambridge: Cambridge University Press.

Brizić, Katharina (2007): *Das geheime Leben der Sprachen. Gesprochene und verschwiegene Sprachen und ihr Einfluss auf den Spracherwerb in der Migration.* Münster: Waxmann.

Chugani, Harry T. (1994): „Development of regional brain glucose metabolism in relation to behavior and plasticity". In: Dawson, G./Fischer, K. W. (eds.):

Human behavior and the developing brain. New York: The Guilford Press, 153–175.

Csikszentmihalyi, Mihaly (1996): *Creativity: Flow and the Psychology of Discovery and Invention*. New York: Harper Collins.

Csikszentmihalyi, Mihaly (1999): „Creativity". In: Wilson, R. A./Keil, F. C. (eds.): *The MIT encyclopedia of the cognitive sciences*. Cambridge, MA: MIT Press, 205–206.

Davidson, J. E./Sternberg, R. J. (eds.) (2003): *The psychology of problem solving*. New York: Cambridge University Press.

Friederici, Angela D. (2004): „The neural basis of syntactic processing". In: Gazzaniga, M. S. (ed.): *The cognitive neurosciences III*. Cambridge, MA: MIT Press, 789–801.

Haier, R. J./Siegel, B. V./MacLachlan, A./Soderling. E./Lottenberg, S./Buchsbaum, M.S. (1992): „Regional cerebral glucose metabolic changes after learning a complex visuospatial task/motor task: A positron emission tomographic study." In: *Brain Research*, 570, 134–143.

Kagan J./Baird, A. (2004): „Brain and behavioral development during childhood". In: Gazzaniga, M. S. (ed.): *The cognitive neurosciences III* . Cambridge, MA: MIT Press, 93–103.

Kauschke, C./Hofmeister, C. (2002): „Early lexical development in German: a study on vocabulary growth and vocabulary composition during the second and third year of life". In: *Child Language, 29* (4), 735–57.

Küntay, Aylin/Nakamura, Keiko (2003): „Linguistic Strategies serving evaluative functions in Japanese and Turkish picture book narratives". In: Strömqvist, S./Verhoeven, L. (eds.), 329–358.

Leuckefeld, Kerstin/Bornkessel, Ina/Friederici, Angela (2005): „Neurocognitive constraints on the acquisition of argument hierarchies". *Vortrag bei der 27. Konferenz der Deutschen Gesellschaft für Sprache (DGfS), 23.–25. Febr. 2005*, Köln.

Mayer, M. (1969): *Frog, where are you?* New York: A Puffin Pied Piper.

Mehler, Jacques/Christophe, Anne (2000): „Acquisition of languages: infant and adult data". In: Gazzaniga, M. S. (ed.): *The new cognitive neurosciences*. Cambridge, MA: MIT Press, 897–908.

Mehler, Jacques/Sebastián-Gallés, Núria/Nespor, Marina (2004): „Biological foundations of language acquisition: evidence from bilingualism". In: Gazzaniga, M. S. (ed.): *The Cognitive Neurosciences III*. Cambridge, MA: MIT Press, 825–836.

Nelson, Keith E./Welsh, Janet M./Caramata, Stephen M./Tjus, Thomas/ Heiman, Mikael (2001): „A Rare Event Transactional Model of Tricky Mix Conditions Contribution to Language Acquisition and Varied Communicative Delays". In: Nelson, K.E./Aksu-Koç, A./Johnson, C.E. (eds.), *Children's language. Inter-*

actional contributions to language development. Mahwah, NJ: Lawrence Erlbaum. 165–196.

Peltzer-Karpf, Annemarie/Zangl, Renate (1998): *Dynamik des frühen Fremdsprachenerwerbs.* Tübingen: Narr.

Peltzer-Karpf, Annemarie/Griessler, Marion/Wurnig, Vera/Schwab, Barbara/ Piwonka, Dijana/Akkuş, Reva/Lederwasch, Klaus/Brizic, Katharina/Blazevic, Tina (2006): *A kući sprecham Deutsch. Sprachstandserhebung in multikulturellen Volksschulklassen: bilingualer Spracherwerb in der Migration.* Wien: bm: bwk.

Posner, M.I./Raichle, M.E. (1994): *Images of Mind.* New York: Scientific American.

Pulvermüller, Friedemann (2005): „Brain mechanisms linking linking language and action". In: *Nature Reviews Neuroscience,* vol. 6, 7, 576–582.

Ravid, D./Tolchinsky, L. (2002): „Developing linguistic literacy. A comprehensive model". In: *Journal of Child Language,* 29, 417–447.

Reichholf-Wilscher, Daniela (2006): *Bilingualism across the lifespan. A cross linguistic and cross cultural approach.* Dissertation. Universität Graz.

Rolls, Edmund (2005): *Emotion explained.* Oxford: Oxford University Press.

Russell, Susan R. (2002): *The verbal communication of emotions. Interdisciplinary perspectives.* London: Lawrence Erlbaum.

Sager, Sven (2001): „Intertextualität und die Interaktivität von Hypertexten". In: Klein, J./Fix, U. (eds.): *Textbeziehungen. Linguistische und literaturwissenschaftliche Beiträge zur Intertextualität.* Tübingen: Narr, 109–123.

Snitzer Reilly, J. (1992): „How to tell a good story: The intersection of language and affect in children's narratives". In: *Journal of Narrative and Life History,* 2, 355–377.

Strömqvist, Sven/Verhoeven, Ludo (eds.) (2003): *Relating events in narrative. Typological and contextual perspectives.* London: Lawrence Erlbaum.

Tomasello, Michael (2003): *Constructing a language: a usage-based theory of language acquisition.* London: Harvard University Press.

Vihman, M. M. (1999): „The transition to grammar in a bilingual child: positional patterns, model learning, and relational words". In: *International Journal of Bilingualism,* 3, 267–301.

Watson, Karli K./Matthews, Benjamin J./Allman, John M. (2006, Advance Access): „Brain activation during sight gags and language-dependent humor". In: *Cerebral Cortex,* 2007, 17, 2, 314–324 (doi:10.1093/cercor/bhj149).

Zweitsprachliche Produktivität von Migrantenkindern im Übergang vom Kindergarten zur Grundschule

CHARLOTTE RÖHNER, ANDRÉS OLIVA HAUSMANN

In allen Bundesländern wird der Sprachförderung von Kindern aus Einwandererfamilien hohe bildungspolitische Priorität eingeräumt. In der pädagogisch-didaktischen Umsetzung werden dabei unterschiedliche Ansätze und Wege verfolgt, um Migrantenkinder in Deutsch als Zweitsprache zu fördern. In vielen Fällen liegt diesen Bemühungen ein Ansatz zugrunde, wonach Strukturen der deutschen Sprache in einem zeitlich begrenzten Sprachförderkurs in Ergänzung des Angebots der Schule bzw. des Kindergarten vermittelt werden (Penner 2003, Rösch 2003, Koenen 2006 u.a.). Eine erfolgreiche Umsetzung derartiger Ansätze erfordert allerdings, dass die Sprachlernenden das im Kurs vermittelte Wissen innerhalb alltäglicher Kommunikationssituationen anwenden und damit in sprachliches Handlungswissen transferieren können.

Genau an dieser Stelle offenbart sich jedoch das Dilemma der Sprachförderung von Kindern mit Einwanderungshintergrund: Die Schwierigkeiten dieser Kinder im Erwerb der deutschen Sprache konzentrieren sich überwiegend auf die Nutzung von hochsprachlichen Registern der deutschen Sprache, während ihr Umgang mit informellen Sprachregistern eher als unauffällig anzusehen ist. Dies steht mit der sprachlichen Situation in vielen Einwandererfamilien im Zusammenhang. Auf der einen Seite sind in diesen Familien viele Eltern selbst nicht mit hochsprachlichen Registern des Deutschen vertraut (Maas 2005: 103-108) und können diese deshalb selbst nicht an ihre Kinder weitergeben. Zudem ist in vielen Einwandererfamilien auch nur ein geringer Zugang zur Schriftsprache gegeben (Kaufmann 2000, Leseman & de Jong 1998), weshalb die Kinder auch auf dem Weg früher Vorleseerfahrungen nicht mit hochsprachlichen Registern vertraut gemacht werden. Entsprechend wachsen gerade diejenigen unter den Einwandererkindern, auf deren Förderung Sprachfördermaßnahmen abzielen, in der Mehrheit in einem sprachlichen Umfeld auf, in welchem hochsprachliche Register der deutschen Sprache, auf die sich Sprachförderung mit Blick auf den Schriftspracherwerb überwiegend konzentriert, nicht verwendet werden (Maas 2005: 103–108).

Wo aber sollen Kinder, die an Sprachfördermaßnahmen teilnehmen, das in den Kursen vermittelte Wissen anwenden und festigen, wenn dies in ihrem familiären Umfeld nicht möglich ist? Diese Frage lenkt die Aufmerksamkeit unmittelbar auf die Institutionen, an denen Sprachförderung zumeist stattfindet. Es gilt zu hinterfragen, ob die geförderten Kinder an Kindergarten und Schule regelmäßig die Möglichkeit haben, außerhalb konkreter Sprachfördermaßnahmen die deutschen Sprache in sinnvollen Kommunikationssituationen so häufig selbst einzusetzen, dass hierdurch sprachliches Lernen unterstützt wird.

In diesem Beitrag wollen wir die ersten Ergebnisse einer Längsschnittstudie zur Entwicklung von Sprachhandlungen in Kommunikationssituationen von Kindergarten und Grundschule darstellen, die vor dem Hintergrund dieser Problemstellung durchgeführt wurde und wird. Im Weiteren sollen nun zwei Aspekte des Problems näher ins Auge gefasst werden, zu denen in deskriptiver Form erste Ergebnisse aus diesem Forschungsprojekt vorliegen. Dies betrifft zunächst einen Vergleich der Sprachproduktivität von Kindern in Kommunikationssituationen aus dem letzten Jahr des Kindergartens und dem ersten Jahr der Grundschule, der zur Vorbereitung eines der Analyseschwerpunkte des Projekts, der Beschreibung individueller Sprachentwicklungsprogressionen, durchgeführt wurde. Ausgangspunkt dieses Vergleichs war die Beobachtung, dass die Sprachproduktivität von Migrantenkindern im Übergang vom Kindergarten zur Grundschule erkennbar abnimmt.

Im Anschluss sollen dann die ersten Ergebnisse einer qualitativen Betrachtung des Sprachlernens in wiederkehrenden Kommunikationssituationen an Kindergarten und Grundschule dargelegt werden, in deren Zusammenhang der Frage nachgegangen worden ist, welche Gesprächssituationen besonders sprachproduktiv sind und welche Konsequenzen sich daraus für die didaktische Gestaltung des Anfangsunterrichts und der Sprachförderung ziehen lassen.

Zweitsprachliche Produktivität von Migrantenkindern in Kindergarten und Grundschule

In einer Langzeitstudie an Wuppertaler Kindertagesstätten und Grundschulen untersuchen wir die zweitsprachliche Produktivität von Migrantenkindern in drei Kohorten (N = 150), die vom letzten Kindergartenjahr bis zum Ende des 2. Schuljahres begleitet werden (Röhner 2005). Die betrachteten Einwandererkinder sind überwiegend in Wuppertal geboren und aufgewachsen. In ihren Familien sind verschiedene Erstsprache anzutreffen, darunter am häufigsten türkisch (42%), russisch (8%), tamilisch (6%) sowie Sprachen aus dem arabischen Raum (12%). Zumindest zu Beginn der Untersuchung sind diese Sprachen für den alltäglichen Sprachgebrauch der Kinder von erheblicher Bedeutung: Eine deutliche Mehrheit

(73 %) offenbart im letzten Kindergartenjahr in Gesprächen mit ihren Eltern eine vorwiegend erstsprachliche Sprachwahl.

Die Sprachdaten, die hier in einer Teilauswertung vorgestellt werden, sind über teilnehmende Beobachtung und Protokollierung von Gesprächen der beobachteten Migrantenkinder im Kindergarten und im Unterricht der Grundschule erhoben. Die methodische Einschränkung, die damit verbunden ist, ist der Erhebungssituation in den Einrichtungen geschuldet, die Audioaufzeichnungen nicht zuließen. Die studentischen Beobachterinnen waren in der Gesprächsprotokollierung geschult, einschränkend muss konzidiert werden, dass in der dynamischen Beobachtungssituation sprachlich-linguistische Feinheiten der Äußerungen der beobachtenden Kinder und die Äußerungen ihrer Gesprächspartner nicht immer protokolliert und erhoben werden konnten.

Die in einer ersten, explorierenden Auswertung betrachtete Teilstichprobe umfasste 21 Kinder der ersten Kohorte. Pro Kind wurden etwa 7 Stunden protokollierte Sprachbeobachtung ausgewertet, wobei Beobachtungen aus dem letzten Kindergartenjahr und aus dem ersten Schuljahr berücksichtigt wurden. Nachfolgend sollen nun zunächst die Ergebnisse eines quantitativ-deskriptiven Vergleichs der sprachlichen Produktivität in Kindergarten und Grundschule dargestellt werden. Im weiteren Verlauf des Beitrags sollen dann besonders sprachproduktive Kommunikationssituationen im Kindergarten vertieft betrachtet werden.

Sprachliche Produktivität: Äußerungen in Kindertagesstätte und Grundschule pro 45 Minuten

In einem ersten Vergleich der Sprachbeobachtungsdaten zu Kindergarten und Grundschule soll betrachtet werden, wie Entwicklungen der sprachlichen Produktivität am Übergang von Elementar- zum Primarbereich bei Kindern mit Migrationshintergrund beschrieben werden können. Zu diesem Zweck wurde die Quantität, die Nutzung des Verbwortschatzes und die Komplexität des Satzbaus der protokollierten Kindesäußerungen analysiert. Als Indikator der Äußerungsquantität diente die Anzahl der sprachlichen Äußerungen und als Indikator der Nutzung des Verbwortschatzes die Anzahl der unterschiedlichen einfachen Verblexeme, jeweils bezogen auf einen Beobachtungszeitraum von 45 Minuten. Als Indikator der Komplexität des Satzbaus wurden vollständige und unvollständige Satzäußerungen einander gegenübergestellt.

In diese erste Analyse ging als unabhängige Variable zunächst nur der Beobachtungszeitraum ein: (1) vorletztes Halbjahr des Kindergartens, (2) letztes Halbjahr des Kindergartens, (3) erstes Halbjahr der Grundschule, (4) zweites Halbjahr der Grundschule. In der Analyse des Satzbaus wurden darüber hinaus auch der Gesprächspartner (Pädagogische Bezugsperson, Kind, Protokollantin) und das Gesprächsthema (unterrichtsbezogene, situationsbezogenes und außerschulisches Thema) als unabhängige Variabeln berücksichtigt. Aufgrund des explorativen Charakters dieser Auswertung erfolgte die statistische Analyse rein deskriptiv.

In Abbildung 1 sind Mittelwert und Standardabweichung zur relativen Anzahl der Äußerungen und der unterschiedlichen Verblexeme in den vier Beobachtungszeiträumen dargestellt. In der Äußerungsmenge und der Nutzung des Verbwortschatzes zeigt sich gleichermaßen, dass die Einwandererkinder im Grundschulunterricht eine deutlich geringere sprachliche Produktivität offenbaren als während ihres Kindergartenaufenthalts. Dieser Trend verändert sich auch im zweiten Jahr an der Grundschule nur unwesentlich. Allerdings scheint die Nutzung des Verbwortschatzes vor allem von der Häufigkeit der Äußerungen abzuhängen: Sowohl im Kindergarten als auch in der Grundschule gebrauchten die untersuchten Kinder etwa alle zweieinhalb Äußerungen eine neues einfaches Verblexem (vgl. Abbildung 1)

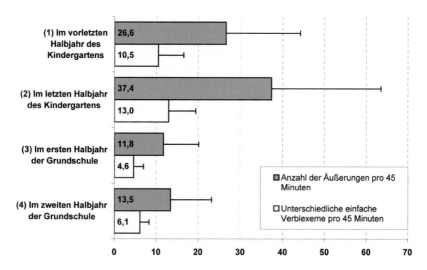

Abb. 1: Durchschnittliche Äußerungsquantität und Nutzung des Verbwortschatzes in vier Beobachtungszeiträumen an Kindergarten und Grundschule

Aus der Analyse der Komplexität des Satzbaus wird deutlich, dass Kinder in der Grundschule nicht nur weniger sprechen, sondern auch nicht unbedingt komplexere Strukturen gebrauchen als in ihrem letzten Kindergartenjahr (Abbildung 2). Dabei zeigt eine nähere Differenzierung nach Partner und Thema der jeweiligen Gesprächssituation markante Unterschiede auf.

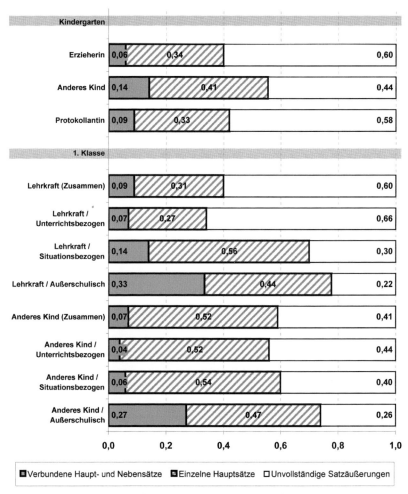

Abb. 2: Anteil vollständiger bzw. unvollständiger Satzäußerungen in Kindergarten und Grundschule nach Gesprächspartner und -thema

Sowohl im Kindergarten als auch in der Grundschule hatten die Äußerungen der Einwandererkinder in Gesprächen mit Erwachsenen einen weniger komplexen Satzbau als in Gesprächen mit anderen Kindern. Äußerten sich die Kinder im Schulunterricht über das Thema des Unterrichts, geschah dies zwar generell mit einem weniger komplexen Satzbau, als wenn sie sich zu einem situationsbezogenen oder außerschulischen Thema äußerten, dies hing jedoch ebenfalls von dem Gesprächspartner ab: Sprachen sie mit anderen Kindern über das Unterrichtsthema, nutzten sie dabei überwiegend einen komplexen Satzbau. Sprachen sie mit ihrer Lehrerin über das Unterrichtsthema, gebrauchten Sie dabei vorherrschend unvollständige Sätze. Gerade in der für den Unterricht prägnantesten Kommunikationssituation, dem Gespräch zwischen Lehrkraft und Schüler über den Unterrichtsinhalt, war somit eine außergewöhnlich inkomplexe Satzbaunutzung zu beobachten.

In dieser ersten quantitativen Verkennung unserer Untersuchung ist somit ein Trend zu erkennen, wonach sich die untersuchten Einwandererkinder in den Gesprächssituationen der Grundschule seltener äußerten als in denen des Kindergartens und dabei gerade in unterrichtsbezogenen Gesprächen mit Lehrerinnen kaum einen komplexen Satzbau verwendeten. Dies dürfte mit den verschiedenen Kommunikationsformen im Zusammenhang stehen, die in beiden Institutionen vorherrschen. Festzuhalten ist, dass die beobachteten Kinder ihre sprachlichen Kompetenzen im Kindergarten deutlich häufiger einsetzen konnten als in der ersten Schulklasse. Offenbar führt die Form des fragend-entwickelnden Unterrichts, die in den beobachteten Grundschulen den Unterricht dominiert, zu einem sprachlich restriktiveren Sprachgebrauch der Einwandererkinder als dies im Kindergarten der Fall ist.

Sprachproduktive Kommunikationssituationen im Kindergarten

Innerhalb der alltäglichen Kommunikationssituationen des Kindergartens, die eine hohe sprachliche Interaktion zwischen Kindern erfordern, sind es die Spiel-, Mal- und Bastelphasen, die ein Feld vielfältiger sprachlicher Erprobung unter den Kindern bereitstellen und spezifische sprachliche Muster und Formen evozieren. An ausgewählten Beobachtungsbeispielen soll nun analysiert werden, welche sprachlich-syntaktischen, morphologischen wie sprachlich-semantischen Fähigkeiten und Kompetenzen in natürlichen Gesprächen zwischen gleichaltrigen Peers erworben werden können und welche Konsequenzen man daraus für die sprachliche Förderung im Unterricht der Grundschule ziehen kann und sollte.

Sprachproduktivität und sprachliche Anforderungen in der Kommunikationssituation des Brett- und Kartenspiels

Das nachfolgende Sprachbeobachtungsprotokoll zeigt eine typische Sprachhandlungssituation bei Brett- und Kartenspielen, wie sie im Kindergarten alltäglich vorkommt. Um ein Tisch- oder Brettspiel erfolgversprechend durchführen zu können, bedarf es der sprachlichen Interaktion der beteiligten Spielpartner, ohne die ein Regelspiel nicht denkbar ist: Über das gemeinsame Spiel muss man sich verständigen, man muss es aufnehmen, regulieren, aufrechterhalten und schließlich beenden.

Sprachbeobachtungsprotokoll Viktoria, Muttersprache polnisch, seit 2,5 Jahren Zweitspracherwerb im Kindergarten, 20.1.2004

Antje (studentische Beobachterin) spielt mit Viktoria und Alissa Halli Galli.

Viktoria sagt zu Antje: „**Du fangst an.**" Bei dem Spiel zeigen die Karten fünf gleiche Früchte. Viktoria haut auf die Klingel: „**Jetzt krieg ich die, alle Karten.**" Alissa klingelt an der falschen Stelle, es sind nicht die gleichen Früchte. „**Geht nicht! Das ist eine Erdbeer!**" Alissas Karten sind zu Ende gegangen. Viktoria erklärt: „**Jetzt musst du die alle Karten nehmen.**" Antje unterbricht: „Das sind aber nicht die gleichen." „**Da kann man aber auch klingeln**", erklärt Viktoria. „**Du bist dran**", sagt sie zu Antje. Wieder liegen fünf gleiche Früchte auf dem Tisch. Viktoria zählt: „**Fünf! Eins, zwei, drei, vier, fünf.**" (...) Während des Spiels verabschiedet sich Viktoria kurz: „**Ich geh nur was trinken, ich tomm gleich.**" Zum Spielende zählt jeder seine Karten. „**Ich hab zwölf**", sagt Viktoria. Riccarda fragt: „Nochmal? Oder spielen wir was anderes?" „**Was anderes! Aber nur wir beide**", antwortet Viktoria ihr. Riccarda sagt: „Ich geh mal was trinken." „**Und ich hol Memory**", antwortet Viktoria. Nun spielen sie Memory. „**Setzt euch hin**", fordert Viktoria die anderen auf. „**Du bist dran, Alissa.**" Dann sagt sie zu Antje: „**Du spielst jetzt auch mit.**"

Das Sprachbeobachtungsprotokoll setzt zu dem Zeitpunkt ein, bei dem die Verabredung zum Spiel bereits stattgefunden hat. Julia (L1 Polnisch) eröffnet das Spiel mit dem Aufforderungssatz „Du fangst an.", der syntaktisch und morphologisch richtig gebildet ist, sieht man einmal davon ab, dass die Umformung des schwachen Verbs in der 2. Person Singular noch nicht geleistet wird, während das Präfix des Verbs bereits abgetrennt und an das Satzende gestellt ist. Den weiteren Spielverlauf kommentiert und reguliert Julia mit einfachen Aussage-, Aufforderungs- und Befehlssätzen, die für solchen Sprachhandlungssituationen konstitutiv sind und den Spielablauf aufrechterhalten: „Geht nicht! Das ist eine Erdbeer!...Jetzt musst du alle Karten nehmen...Da kann man aber auch klingeln... Setzt euch hin! Du bist dran, Alissa... Du spielst jetzt auch mit... Ich bin wieder dran."

Zwar kann ein derartiges Regelspiel auch mit viel einfacheren sprachlichen Mitteln bewältigt werden, als dies hier von Julia geschieht. Das folgende Beispiel von Sagaana, in einer vergleichbaren Situation mit dem Kartenspiel „Elfer raus"und dem Brettspiel „Maulwurf-Company" beschäftigt, verdeutlicht allerdings auch, welche Möglichkeiten des sprachlichen Lernens in derartigen Regelspielsituationen gegeben sind.

Protokollauszug Sagaana, Muttersprache tamilisch, Zweitspracherwerb seit 3 Jahren im Kindergarten, 6.5.2004

„**Du auch spielen?**", fragt Sagaana Riccarda. Antje antwortet: „Jetzt spielen wir zusammen und Riccarda guckt zu." Sagaana verteilt die Karten. Antje fragt sie: „Muss ich jetzt die Elfer raussuchen?" „**Ich anfangen!**", entgegnet Sagaana. Nach mehreren Minuten Stille erinnert Antje Sagaana: „Du bist, Sagaana!" „**Ich war schon**", antwortet sie. Nach einer weiteren Weile wundert Antje sich: „Oh...du bist ja schon fertig." „**Hab ich gewonnen?**" „Hhm!", bestätigt Antje. „**Was anderer?**" Sagaana möchte wieder etwas anderes spielen und holt die „Maulwurf-Company". Sie bereitet das Spielfeld vor. „**Okay, ich anfangen.**" „Moment, ich bin doch noch gar nicht fertig!", ruft Antje, „OK, jetzt können wir anfangen." Antje deckt die Karte auf, die sie dazu berechtigt, zwei Schritte zu gehen. Sie geht zwei Schritte und deckt die Karte wieder zu. „**Kannst du gar nicht zu!**" (*zudecken*) wirft Sagaana ein. Auf dem zweiten Teil der Spielfläche gibt es einen Bereich, dessen Untergrund anders aussieht als der Rest. Antje will diese Fläche mit ihrem Maulwurf betreten. Sagaana zeigt auf die Fläche und ermahnt Antje: „**Nich hier, da Kaugummi!**" Das Spiel geht zu Ende. „**Noch mal**", ruft Sagaana, „**diesmal mit ihr!**" und zeigt auf Riccarda. „**Ich anfange!**", sagt Sagaana.

Sprachlich setzt sich Sagaana in diesem Gespräch vor allem mit der Morphologie des zusammengesetzten Verbs *anfangen* auseinander. Sie eröffnet die Gesprächssituation mit der Frage an Riccarda, eine studentische Beobachterin, ob sie mitspielen will: „Du auch spielen?" Über die Intonation wird die sprachliche Äußerung als Frage gekennzeichnet, in der syntaktischen Form ist die Vorform des einfachen Hauptsatzes mit Subjekt und Infinitiv gewählt. Eine Markierung des Verbs wird noch nicht vorgenommen. Die gleiche sprachliche Form wählt Sagaana bei ihrem zweiten Satz: „Ich anfangen". Ein Fortschritt in der Verbmorphologie zeigt sich im weiteren Spielverlauf, als Sagaana sagt: „Ich anfange" und damit die 1. Person Singular markiert. Bis sie das Präfix abtrennen kann, wird sie noch Zeit brauchen.

Die stringente Sprachhandlungssituation des Tischspiels bietet ihr dafür ein täglich verfügbares Erfahrungsfeld. Denn im für Sagaana vertrauten Kontext des Regelspiels erhält sie von sprachlichen Vorbildern in ihrer Umgebung systematische Hinweise auf von ihr noch nicht erworbene Formen der deutschen Sprache. Im genannten Beispiel ist es die studentische Protokollantin Antje, die Sagaana im Kontext des Regelspiels die Präfixendstellung demonstriert („Jetzt spielen wir zusammen und Riccarda guckt zu.") und zugleich sprachliche Umstände markiert, in denen zusammengesetzte Verben in Gänze am Satzende verwendet werden („Muss ich jetzt die Elfer raussuchen?", „Jetzt können wir anfangen.").

Das Sagaana bereits über die Möglichkeiten verfügt, dieses sprachliche Vorbild anzunehmen, tritt ebenfalls in der protokollierten Situation zutage: Neben dem Präsens verwendet Sagaana das Perfekt („Hab ich gewonnen?") sowie das Imperfekt („Ich war schon".) und benutzt das Modalverb *können* in der flektierten Form der 2. Person, Präsens, Singular („Kannst du gar nicht zu…"). Im Bereich der Satzmodelle verfügt sie über den einfachen Hauptsatz („Ich war schon.") und den einfachen Fragesatz („Hab ich gewonnen?").

Je nach Art des Brett- oder Kartenspiels werden auch Zahlwörter (Kardinal- und Ordinalzahlen) sowie Farbadjektive und Steigerungsformen des Adjektivs erprobt und angeeignet. Da man beim Spielen gewinnen will, spielen Vergleiche mit den anderen Kindern eine große Rolle. Gerade in diesem Zusammenhang kommen Modalverben in flektierter Form vielfach zur Anwendung („Du kannst… Du musst jetzt…Ich möchte…") und stehen als sprachliche Muster und Vorbilder für die gleichaltrigen Sprachlerner bereit.

Sprachlich explizites Lernen findet beim häufig gewählten Spiel *Logofix* statt. Bei diesem Spiel geht es darum, unter vielen Bildchen ein verstecktes rotes Plättchen zu finden. Während einer das Plättchen unter einer Bildkarte versteckt, müssen die anderen die Augen verschließen. Jeder Spieler darf nun drei Bildchen umdrehen und muss dabei die Gegenstände benennen (Wortschatzübung Nomen). Liegt ein Plättchen unter einer der aufgedeckten Bildkarten, darf dieses behalten werden. Der folgende Protokollauszug zeigt eine sprachlich anspruchsvollere Variation des Spiels, das aus der Perspektive des fünfjährigen Pascal (Muttersprache polnisch) protokolliert ist:

Protokollauszug Pascal, Muttersprache polnisch, seit 2,7 Jahren Zweitspracherwerb im Kindergarten, 3.3.2004.

Die Mitspieler beschließen, das Spiel nun etwas zu verändern. Zwar wird noch immer ein Plättchen versteckt, jedoch soll es nun durch Fragen zu den Bildern gefunden werden, statt sie einfach nur umzudrehen. Antje versteckt als Erste ein Plättchen und Pascal rät: **„Ist es was zum Essen?"** „Nein." **„Ist es was zum Fliegen?"** „Nein, aber es kann fliegen." **„Dann muss es der... Schmetterling sein."** Daraufhin versteckt Nora das Plättchen und Pascal darf wieder raten: **„Ist es was zum Essen?"** „Nein." **„Ist es was zum Anziehen?"** „Nein." **„Hmm ... was ist das?"**, überlegt Pascal laut. **„Ist es im Wasser?"**, fragt er. „Ja", antwortet Nora. **„Ist es der Pinguin?"** „Ja." Danach versteckt Pascal das Plättchen und Riccarda rät: „Ist es ein Tier?" **„Nein, leider nicht."** Als Pascal wieder das Plättchen verstecken darf, bemerkt er, dass nicht alle seine Mitspieler die Augen geschlossen haben. **„Augen zu! Du auch!"**, fordert er Antje auf. Mittendrin zählt er wieder seinen Gewinn und berichtet Antje stolz, dass er schon vier Plättchen habe. **„Ich habe dich gelogen"**, lächelt er dann, da er schon fünf Stück hat.

Im Fragemuster wird die komplexere Form des substantivierten Verbs erprobt und durch vielfache Wiederholung eingeschliffen. Patrick verwendet diese Form bereits sehr sicher an. Wie Sagaana hat er aber noch Schwierigkeiten mit zusammengesetzten Verben, wie seine Äußerung „Ich hab dich gelogen." zeigt, gleichwohl stellt er in dieser sprachlichen Lösung unter Beweis, dass er das unregelmäßige Partizip bereits richtig bilden kann.

Wie aus diesen Beispielen deutlich geworden sein dürfte, stellen Regelspiele nach dieser ersten Auswertung unserer Sprachbeobachtungen eine Form der sprachlichen Kommunikation im Kindergarten dar, die durch ihren stringenten Rahmen als Erprobungs- und Erfahrungsfeld beim Erwerb der Zweitsprache dienen kann. Unseren Sprachbeobachtungen zufolge können im übrigen auch andere Sprachsituationen des Kindergartenalltags diese Funktion erfüllen. Insbesondere ist hier das handlungsbegleitende Sprechen beim Basteln, Werken und Malen zu nennen, auf dass hier jedoch nicht detailliert eingegangen werden soll.

In derart strukturierten Sprachhandlungssituationen bieten sich dem sprachlernenden Kind die Möglichkeit, sprachliche Vorbilder aufzugreifen und innerhalb eines klaren Rahmens eigenaktiv zu erproben und zu üben. Die spezifische Kommunikationssituation des Regelspiels scheint dabei vor allem auf den Umgang mit Hauptsatzkonstruktionen und Verbkonjugation abzuzielen, wobei neben der ersten und zweiten Person Präsens, auch die Befehlsformen des Verbs in Singular und

Plural im Blickfeld stehen. Demgegenüber steht beim Basteln, Werken und Malen oft ein reflexiver Sprachgebrauch im Vordergrund, im dem Objekte miteinander in Beziehung gesetzt werden, was insbesondere die Verwendung von Konjunktionen und Präpositionen erfordert.

Sprachproduktivität und sprachliche Anforderungen in der Kommunikationssituation des Rollenspiels

Während Brett- und Kartenspiele Regelspiele sind, die den Interaktions- und Sprachrahmen abstecken und begrenzen, sind Rollenspiele, die im Elementarbereich als grundlegender Zugang des Kindes zu Welt betrachtet werden, in ihrem Freiheitsgrad potentiell unbeschränkt. Im Rollenspiel können die Kinder ihre Spielwelt frei und unbegrenzt gestalten und sich mit ihrer äußeren und inneren Welt symbolisch handelnd auseinandersetzen. Die Sprache dient beim Rollenspiel dazu, den äußeren Handlungsablauf zu konstituieren und zu gestalten.

Die am häufigsten beobachtete Variante des Rollenspiels ist das Mutter-Kind-Spiel, das hauptsächlich von Mädchen gepflegt wird. Im Mutter-Kind-Spiel setzen sich die Mädchen mit der Stellung des Kindes in Familie und Gesellschaft und den Anforderungen an die weibliche Rolle auseinander. Das Mutter-Kind-Spiel erfordert ein dialogisches Sprechen, bei dem die Spielhandlung und der symbolische Kontext über die Sprachhandlungen eigenaktiv hergestellt werden müssen. Aufgrund der prinzipiellen Offenheit sind vorgegebene sprachliche Muster nur von untergeordneter Bedeutung. Die kommunikative Verständigung über den Spielsinn und die Aufrechterhaltung des Spiels sind schwieriger als beim Regelspiel. Um die Spielbalance zu gewährleisten, ist eine höhere sprachlich-interaktive Abstimmung erforderlich, die Anforderungen an die Empathiefähigkeit und die Fähigkeit zur Perspektivübernahme der Kinder stellt.

Protokollauszug Sagaana (s.o.) 4.6.2004

Während Tugce baut, legt Sagaana sich auf eine Matratze und sagt zu Rita (studentische Begleiterin): **„Ich schlafe, ich bin ein Mama, okay? Okay. Okay Schatzi.“** **„Wer ist Papa?“**, überlegt sie dann und macht folgenden Vorschlag: **„Der ist tot, okay?“** Sie steht auf, legt sich erneut hin und sagt zu Rita: **„Ich schlafe auch, und du schlaft allein.“** Tugce hat währenddessen die Bude fertig gebaut. Sagaana geht hin und macht sie kaputt. „Oh Mama“, schimpft Tugce. **„Kindchen, was hab ich kaputt?“** entgegnet Sagaana. Sagaana nimmt Ritas Schuhe und stellt sie hinter die Kissen: **„Schwester, ich tu dein Schuhe hier, okay?“** „Ja mach das.“ Tugce bleibt aus Versehen an dem Tuch hängen, welches Sagaana an ihrem Haargummi befestigt hatte. Es löst sich und fällt zu Boden. **„Kindchen, warum hast du geschneidet mein Haare? Schatzi, warum hast du so gemacht?"** fragt Sagaana Tugce. Daraufhin befestigt sie das Tuch wieder und geht zu Rita: **„Wolltest du was essen oder trinken?"** „Etwas trinken." **„Coffee (englisch) oder Saft?"** „Einen Saft bitte." Sie bringt Rita und Tugce einen Saft, Tugce ruft: „Kiou!" **„Kiou? Was ist das?"**, fragt Sagaana. Sie läuft durch den Raum und findet einen Kissenbezug. Sie hebt ihn auf, dreht ihn und fragt: **„Was ist das? Ah … ich weiß. Ein Schlabatt."** Tugce lacht sich kaputt: „Ein Schlabatt." Auch Sagaana und Rita müssen lachen.

Auffällig auf der sprachlich-formalen Ebene ist die Verwendung von Fragesätzen. Auch indirekte Fragesätze werden häufig verwendet, die syntaktisch und grammatikalisch noch nicht vollständig und korrekt formuliert sind. Über die Fragetechnik vermittelt Sagaana ihrer Spielpartnerin ihre Spielintentionen und sichert sie kommunikativ ab. Die Fragen richten sich aber auch an die Spielpartner und deren Absichten („Schatzi, warum hast du so gemacht?"), zum anderen an Sagaana selbst, die den Spielablauf durch lautes Denken strukturiert („Wer ist Papa?" überlegt sie).

Den typischen Mustern des Mutter-Kind-Spiels folgend, fragt Sagaana die erwachsene Mitspielerin im Weiteren, ob sie etwas essen oder trinken will („Coffee oder Saft?"). Auf die Verwendung des englischen Wortes, das Sagaana wahrscheinlich aus dem Familienkontext kennt, reagiert Tugce ebenfalls mit einem fremdsprachigen Wort, das von Sagaana als „kiou" verstanden wird und nach dessen Wortbedeutung sie fragt. Als Tugce nicht antwortet, nimmt Sagaana die sprachliche Inspiration auf und gibt einem Kissenbezug mit einem Ausruf lauten Denkens „Was ist das? Ah … ich weiß. Ein Schlabatt" einen höchst originellen neuen Namen, der Heiterkeit bei den Mitspielerinnen auslöst.

Im Gegensatz zum klaren Rahmen von Regelspiel und Bastelarbeit sind die Kommunikationssituationen in einem derartigen Rollenspiel gerade durch ihre freie Form gekennzeichnet. Entsprechend scheint in dieser Situation das Erproben von sprachlichen Formen im Vordergrund. Nach der ersten Auswertung unserer Sprachbeobachtungen fiel dabei außergewöhnlich häufig ein spielerischer Umgang mit sprachlichen Formen auf. Wie im Beispiel zu Sagaana werden dabei häufig Elemente erwachsener Kommunikation verarbeitet („coffee or tea?") und Wörter neu erfunden („Was ist das? Ah … ich weiß. Ein Schlabatt"). Damit knüpfen Rollenspiele unmittelbar an die besondere Sprachaufmerksamkeit multilingualer Kinder an, die unterschiedliche Sprachen auch spielerisch-kreativ einsetzen, um die Kommunikationssituation zu beleben (Röhner 2005).

Sprachproduktivität und sprachliche Anforderungen in der Kommunikationssituation des Freispiels auf dem Bauteppich

Wie das Rollenspiel ist das Freispiel durch Offenheit und einen hohen Freiheitsgrad gekennzeichnet. Freies Spielen auf dem Bauteppich ist die Domäne der Jungen, bei dem sie über selbstgebaute Spielfiguren, Fahrzeuge und Flugmaschinen Spielhandlungen inszenieren und sprachlich gestalten. Während das Rollenspiel ohne dialogisch konstruktive Kommunikationsakte nicht aufrechterhalten werden kann, kann das Freispiel in der Bauecke auch ohne sprachliche Kooperation und Abstimmung mit den Peers inszeniert werden. Diese Variante des selbstbezogen egozentrischen Spiels ist bei Jungen vermehrt zu beobachten, gleichwohl kann sie sprachlich produktiv in Form eines handlungsbegleitenden Sprechens, Kommentierens und Aufforderns organisiert sein, wie es im folgenden Sprachbeobachtungsprotokoll belegt ist:

**Protokollauszug Cem, Muttersprache türkisch,
seit 2,4 Jahren Zweitspracherwerb im Kindergarten, 4.12.2003**

> Cem befindet sich mit zwei weiteren Jungen auf dem Bauteppich. Sie spielen mit der Carrera-Bahn. Es findet eine angeregte Unterhaltung statt, wobei Cem eher in die Gruppe spricht als mit den Spielpartnern einen Dialog entwickelt:
>
> Cem: **"Gib mal, bin ganz starke."** ... „Das hab ich nur gemacht!" ... „Warte, **wir fahrn mal."** ... „ Darf ich mal denen probieren, den beide, ja, den muss **ganz weg."** ... „Da! Warte, und alle weg, leg mir den und hier, ich probier **den, warte, und ..."** „Noch was!" ... „He, ich habe schon gemacht, guck **mal! Leg mir den** (*Auto*) **mal hier, ich probier den."** ... „Mach mal, mach **mal, mach mal!"**

Im Vordergrund der Sprachhandlungssituation steht der Wille die eigenen Spielideen zu realisieren und sich zu behaupten. Die Spielsituation ist weniger durch Kooperation als durch ichbezogenes Handeln und monologisches Sprechen gekennzeichnet, in das die anderen einbezogen werden. In den sprachlichen Äußerungen dominieren Aufforderungs- und Befehlssätze sowie die entsprechenden Verbformen in der Befehlsform.

Sprachproduktive Situationen in der Kindertagesstätte im Überblick

Aus den Sprachbeobachtungsprotokollen in der Kindertagesstätte lässt sich die sprachlich produktive Anregungssituation in natürlichen Gesprächen zwischen den gleichaltrigen Peers belegen. Die Sprachhandlungssituationen in der Kindertagesstätte stellen ein implizites sprachliches Lernfeld dar, das grundlegende sprachliche Muster und Regularitäten des Deutschen bereithält. Wie dargestellt, unterscheiden sich die verschiedenen Handlungssituationen des Kindergartens allerdings darin, welche sprachlichen Formen jeweils im Mittelpunkt stehen und welche Lernprozesse angeregt werden. In Übersicht 1 sind die Merkmale der in den vorgenannten Abschnitten diskutierten Handlungssituationen noch einmal zusammenfassend dargestellt.

Kommunikationssituation	Sprachliche Kompetenzbereiche
Regelspiele	Dialogisches Sprechen
(Karten-, Brett-, Kim- und Ratespiele)	Aussage-, Aufforderungs-, Frage- und Befehlssatz
	Zahlwörter, Kardinal- und Ordinalzahlen
	Farbwörter und andere Adjektive
	Steigerungsformen
	Konjugation von Haupt-, Hilfs- und Modalverben (regelmäßig und unregelmäßig)
	Präsensformen und Partizip
Basteln, Malen, Werken	Handlungsbegleitendes Sprechen
	Hauptsatzkonstruktionen und einfache Satzreihen
	z.T. Reflexiver Sprachgebrauch
	Verbkonjugation im Präsens (vor allem erste und zweite Person Singular) und in der Befehlsform
	Steigerungsformen
Rollenspiele, Freispiel auf dem Bauteppich	Dialogisches Sprechen
	Handlungsbegleitendes, auch monologisierendes Sprechen
	Aussage-, Aufforderungs-, Frage- und Befehlssatz
	Verbkonjugation im Präsens (vor allem erste und zweite Person Singular) und in der Befehlsform
	Steigerungsformen

Übersicht 1:   Sprachproduktive Situationen im Kindergarten

Im Gegensatz zur gezielten Sprachförderung für Migrantenkinder, die in den untersuchten Kindertagesstätten lediglich zwei bis vier Stunden pro Woche stattfindet, sind die Handlungs- und Kommunikationssituationen des Kindergartens ein Erfahrungsfeld zweitsprachlichen Lernens, das die Zweitsprachlerner täglich zu Sprachhandlungen auffordert und ihnen im Vorbild anderer Sprecher eine Fülle sprachlicher Muster und Formen anbietet.

In den täglichen wiederkehrenden Formen der sprachlichen Interaktion, die an das Spiel- und Aktivitätsbedürfnis der Kinder gebunden sind, werden semantische und morphosyntaktische Kompetenzen *en passant* erworben und durch ständige Wiederholung eingeschliffen.

Sprachproduktive Situationen in der Grundschule

Im Vergleich zur Kindertagesstätte geht die sprachliche Produktivität der Migrantenkinder im Übergang zur Grundschule deutlich zurück. Allerdings lassen sich in den Protokollen auch solche Situationen im Anfangsunterricht identifizieren, die durch sprachlich anspruchsvollere Kommunikation gekennzeichnet sind. Nachfolgend soll dies an Hand zweier Protokollauszüge, in denen die sprachlichen Interaktionen von Tuncay in einer Kunststunde sowie die von Maryam in einer Deutschstunde dargestellt sind, näher ausgeführt werden.

Protokollauszug Tuncay, 1. Schuljahr., Muttersprache türkisch, Zweitspracherwerb in der Kindertagesstätte seit 2 Jahren, 28.1.2005

Nun sollen die Kinder ihre Wasserfarben herausholen und Kittel anziehen. Tuncay meldet sich. **„Ich hab keins!"** und versucht seinen Wasserfarbenkasten auf zu machen. **„Hey, wie geht der auf?"** Ich helfen ihm. „Danke!" Er hat einen Kasten mit 24 Farben dabei und versucht den oberen Teil wieder auf den unteren Teil zu bekommen. **„Mann, wie geht der noch mal zu?"** Der Kasten ist noch ganz neu. **„Schön! Alles glatt."** Fährt mit dem Finger über die Farben. Er bietet einem Jungen seine Hilfe an. **„Soll ich aufmachen?"** **„Ich auch!"** Marvin: „Ich hab den gleichen wie du." **„Ich hab sogar Gold und Silber!"** Ricardo: „Darf ich dein Gold und Silber benutzen?" **„Nein! Nein!"** **„Ey! Isch hab sogar Gold und Silber."** Marvin glaubt, den gleichen Kasten zu Hause zu haben. **„Isch hab den sogar dabei."** **„Marvin ... (*zu leise*) ... Geburtstag...(*zu leise*) ... weil er mein Freund ist."** **„Guck ma Jessica!"** Zeigt ihr seine Farbkasten. **„Ich hab überhaupt keinen Malerkittel."** Alle Kinder sollen nun ihrer Kästen aufmachen. **„Ich hab den zweimal auf."** **„Ich kann noch was vom Kindergarten. Farbe drauf (*spritzen*) ... Blatt zu (*falten*) ... Dann sieht das voll Hammer aus."**

Ähnlich wie in der vergleichbaren Szene aus dem Kindergarten spricht der beobachtete türkische Junge handlungsbegleitend: Er kommentiert, stellt Fragen an seine Nachbarn, bittet sie um Hilfe, bietet Hilfe an und vergleicht den Inhalt seines Farbkastens mit dem seiner Nachbarn. Alle sprachlichen Äußerungen sind in einfachem Hauptsatzstil verfasst.

Demgegenüber zeigt sich zu Beginn des folgenden Protokolls der geringe sprachlichen Komplexitätsgrad, welcher die fachliche Kommunikation eines Schülers mit einer Lehrerin oft kennzeichnet: Der Schüler kommuniziert mit der pädagogischen Bezugsperson auf der Einwortebene.

Protokollauszug Maryam, 1. Schujahr, Muttersprachen polnisch und türkisch, Zweitspracherwerb in der Kita 1 Jahr, 2.12.2004

Thema der Stunde ist der neue Buchstabe „K". Die Schüler haben ein Arbeitsblatt vor sich liegen, auf dem Bilder von Wörtern abgebildet sind, die mit K anfangen oder in denen sich in der Mitte des Wortes ein K befindet. Die Kinder sollen diese Wörter nennen. Maryam meldet sich oft. Als sie an die Reihe kommt sagt sie „Kamel". Nun sollen die Kinder die Wörter schreiben und gucken, ob sich in allen Wörtern ein K befindet. Beim Schreiben nennt Maryam die einzelnen Buchstaben laut. Die Nachbarin fragt: „Wie heißt der hier nochmal?" und zeigt auf einen Drachen. Maryam: „Niko". Maryam fragt den Lehrer: **„Wie schreibt man ein Z wie in Katze?"** Sie zeigt auf das nächste Bild und fragt die Nachbarin: **„Wie heißt das nochmal?"** „Kanne", antwortet die Nachbarin. Maryam ruft aus: **„Ach ja!"** Maryam sagt: **„Ich weiß nicht, wie man *Kindergarten* schreibt!"** Ein Mitschüler sagt: „Ich hab das schon!" Maryam erwidert: **„Du kannst ja auch schon lesen und schreiben!"** Ein wenig später sagt Maryam: **„Jetzt hab ich das rausgefunden! Aber nicht abschreiben!"** Dann legt sie ein Radiergummi auf das geschriebene Wort *Kinderwagen*. Zur Nachbarin, die das große Bild auf der rechten Seite (*die Hausaufgabe*) ausmalt, sagt sie: **„Nicht das, das ist unsere Hausaufgabe!"** Dann sagt sie zur Nachbarin: **„Wenn du malen willst, musst du erst schreiben."**

Gegenüber der Einwortkommunikation mit dem Lehrer zeigt sich Maryam in der anschließenden Stillarbeitsphase als kognitiv, sprachlich und sozial kompetente Schülerin, die den Anforderungen des Sprachunterrichts mit hoher Motivation und Zielstrebigkeit nachkommt, ihren Arbeitsprozess sprachlich strukturiert und ergebnisorientiert gestaltet. Sie beachtet die Arbeitsregeln, ruft sich diese laut ins Gedächtnis („Jetzt hab ich das rausgefunden. Aber nicht abschreiben!") und fordert die Einhaltung dieser bei ihren Mitschülern ein („Wenn du malen willst, musst du erst schreiben").

Im Vergleich zum restriktiven Sprachgebrauch in der fachlichen Kommunikation mit der Lehrkraft zeichnet sich die Kommunikation während einer Stillarbeitphase durch eine sprachlich konstruktive und komplexe Kommunikation zwischen den Peers aus, die im fragend-entwickelnden Unterrichtsgespräch nicht erreicht wird. Der zweitsprachliche Input, der in der Peerkommunikation geleistet wird, stellt ein bislang nicht ausreichend untersuchtes Feld sprachlicher Anregung und Entwicklung dar. Lohnenswert wäre insbesondere ein systematischer Vergleich zwischen gezielter Sprachförderung und impliziten sprachlichen Lernen unter Peers.

Konsequenzen für die Sprachförderung und das sprachliche Lernen in allen Fächern

Wenn Kindergarten und Grundschule Einwandererkindern tatsächlich als ein Raum dienen sollen, in dem sie Impulse aus der Sprachförderung aufnehmen und in ihr sprachliches Handlungswissen übernehmen können, sollte der methodisch/didaktische Rahmen in diesen Institutionen so gestaltet sein, dass die hierfür nötigen Kommunikationssituationen regelmäßig auftreten können. In diesem Beitrag haben wir erste Ergebnisse zweier Auswertungslinien unserer Längsschnittuntersuchung dargestellt. Dabei haben wir einerseits darauf hingewiesen, dass gerade der schulische Alltag von Erstklässlern derartige Situationen (noch) nicht ausreichend bereit hält. Im Vergleich der sprachlichen Produktivität von Migrantenkindern in Kindertagesstätte und Grundschule konnte an unserer Stichprobe ein deutlicher Abfall im Übergang zum 1. Schuljahr aufgezeigt werden, der dem Rückgang freier Gespräche unter den Kindern geschuldet ist. Berücksichtigt man zudem, dass die sprachliche Komplexität unter den Gleichaltrigen größer ist als zwischen Kindern und Erwachsenen, sollte der Kommunikation unter Kindern in der Schule mehr Raum eröffnet werden.

Andererseits konnten wir bereits in diesem frühen Stadium der Auswertung verschiedene Kommunikationssituation an beiden Institutionen herausarbeiten, in denen spezifische Möglichkeiten zum Sprachlernen gegeben sind. Wenn man das sprachliche Potential der Peerkommunikation konstruktiv nutzen will, sind derartige Partner- und Gruppengespräche als pädagogische Regelsituation in allen Fächern zu fördern. Damit schafft man mehr aktive Sprechzeit für Migrationskinder als im fragend-entwickelnden Unterrichtsgespräch, das in der aktuell Schule dominiert. Intensives Sprechen in kleinen Gruppen fördert das sprachliche Lernen erfolgversprechender als Unterrichtsgespräche mit der ganzen Klasse, die nur sehr wenig Sprechzeit für die einzelnen Schülerinnen und Schüler einräumen.

In diesem Zusammenhang haben Bartnitzky & Speck-Hamdan (2005) auf ein Konzept zur Förderung von Literacy an der Universität Nijmegen hingewiesen, bei dem Kleingruppengespräche von Kindern zu Themen ihrer Wahl (Gruppengröße 4–5) durchgeführt werden und die sich als besonders sprachproduktiv erwiesen haben. Unsere Ergebnisse weisen noch auf zwei weitere sprachfördernde Aspekte hin: Das handlungsbegleitende Sprechen während der Aktivitätsphasen des Malens, Bastelns und Werkens in der Kindertagestätte hat eine Entsprechung im kommentierenden Sprechen von Kindern in den (Still-)Arbeitsphasen des Unterrichts, das auch eine sprachliche höhere Komplexität aufweist als die sprachliche Kommunikation mit den pädagogischen Fachkräften. Dieses arbeitsbegleitende Sprechen von Schülerinnen und Schülern in Erarbeitungsphasen des Unterrichts sollte daher nicht unterbunden werden sondern als (zweit-)sprachliches Handlungs- und Erfahrungsfeld geschätzt werden. Auch von den Lehrkräften ist handlungsbegleitendes Sprechen in allen Fächern zu fordern, weil es das fachliche und sprachliche Lernen der Zweitsprachlerner nachhaltig unterstützt.

Aus den Sprachbeobachtungsprotokollen im Anfangsunterricht lässt sich noch eine weitere sprachfördernde Lernsituation identifizieren, die eine höhere sprachliche Komplexität aufweist: Im Morgenkreis sprechen die Kinder in längeren Satzreihen als im Regelunterricht und verwenden dabei das Perfekt sowie unregelmäßige Verben und Partizipien. Ein regelmäßig stattfindender Morgenkreis stellt daher eine Sprach- und Sprechinstitution dar, die auch Zweitsprachlernern Chancen für komplexere Sprachhandlungen bereithält. In der Perspektive sollte der Morgenkreis, in dem Kinder über alltägliche Erlebnisse und Erfahrungen berichten können (Röhner 1998), auch Elemente des anspruchsvolleren literarischen Erzählens aufnehmen, die als eigene Form zu kultivieren sind und eine Brücke zu Literalität und Literatur schlagen (Klank 2006).

Insgesamt sollten die Kommunikationsformen im Regelunterricht wie im Sprachförderunterricht so gestaltet werden, dass die sprachliche Eigenaktivität der Migrationskinder deutlich erhöht wird.

Literatur

Bartnitzky, Horst/Speck-Hamdan, Angelika (2005): *Deutsch als Zweitsprache lernen. Beiträge zur Reform der Grundschule*, Band 120. Frankfurt am Main: Grundschulverband, Arbeitskreis Grundschule.

Klank, Anne (2006): „Erzählen bildet ... Aspekte zur Förderung der Erzählfähigkeit". In: *Die Grundschulzeitschrift*, 20, 32–35

Kaufmann, Yolanda (2000): *Voorlezen: Een onderzoek naar het voorlees gedrag thuis bij leerlingen van groep 7 en 8 van vijf Amsterdams basisscholen.* Amsterdam: Stichting Lezen.

Koenen, Marlies (2006): *„Erzähl doch mal!" Materialien zur Sprachförderung.* Seelze: Kallmeyer.

Leseman, Paul/de Jong, Peter (1998): „Home literacy: Opportunity, instruction, cooperation, and social-emotional quality predicting early reading achievement". In: *Reading research quarterly*, 33 (3), 294–319.

Maas, Utz (2005): „Sprache und Sprachen in der Migration". In: Maas, Utz (ed.): *Sprache und Migration. IMIS-Beiträge,* Band 26. Osnabrück: Institut für Migrationsforschung und interkulturelle Studien, 98–133.

Maas, Utz/Mehlem, Ulrich (2005): *Qualitätsanforderungen für die Sprachförderung im Rahmen der Integration von Zuwanderern. IMIS-Beiträge*, Band 21. Osnabrück: Institut für Migrationsforschung und interkulturelle Studien.

Penner, Zvi (2003): *Neue Wege der sprachlichen Frühförderung von Migrantenkindern.* Berg: Kon-Lab.

Röhner, Charlotte (1998): „Der Morgenkreis und sein Protokoll. Ort sozialer Kommunikation und Spiegel kindlicher Lebenswelt". In: Röhner, Ch./Skischus, G./Thies, W. (eds.): *Was versuchen Versuchsschulen? Einblicke in die Reformschule Kassel*, Baltmannsweiler: Schneider Hohengehren, 42–51.

Röhner, Charlotte (2005) (ed.): *Erziehungsziel Mehrsprachigkeit. Diagnose von Sprachentwicklung und Förderung von Deutsch als Zweitsprache.* Weinheim/München: Juventa.

Röhner, Charlotte (2006): „Sprache(n)lernen im interkulturellen Kontext. Eine Herausforderung an Schule und Gesellschaft". In: *Die Grundschulzeitschrift*, 198, 4-8.

Rösch, Heidi (2003): *Deutsch als Zweitsprache. Sprachförderung. Grundlagen, Übungsideen, Kopiervorlagen zur Sprachförderung.* Braunschweig: Schroedel.

Screening – Diagnose – Förderung: Der C-Test im Bereich DaZ

RUPPRECHT S. BAUR & MELANIE SPETTMANN

1 Einführung

Der C-Test ist in den vergangenen Jahrzehnten vor allem im Bereich des Fremdsprachenunterrichts und damit auch für das Deutsche als Fremdsprache erforscht und eingesetzt worden (vgl. Grotjahn 1992, 1994, 1996, 2002, 2006; Coleman/Grotjahn/Raatz 2002). In adressatenspezifisch adaptierter Form sind im schulischen Bereich Versuche für das Deutsche als Zweitsprache (DaZ) unternommen worden (Süßmilch 1985; Baur/Grotjahn/Spettmann 2006 u.a.). Baur/Meder (1994) haben den C-Test zur Untersuchung zweisprachiger SchülerInnen in zwei Sprachen verwendet.

Im Fremdsprachenunterricht wurde und wird der C-Test häufig als Instrument zur globalen Bestimmung der Sprachfähigkeit eingesetzt. Im Bereich DaZ sehen wir den C-Test dagegen in erster Linie als ein Instrument an, mit dem Lesekompetenz und Textverständnis überprüft und gefördert werden können. Die Schreibfertigkeit spielt dabei eine untergeordnete Rolle, da das Schreiben beim C-Test durch den vorgegebenen (Lese-)Text bestimmt und gesteuert wird. Das schriftliche Ausfüllen der Lücken vermag nur rudimentäre Hinweise auf Schwächen in der Orthografie und in der Morphosyntax zu liefern. Schreibfertigkeit im weiteren Sinn kann durch den C-Test nicht erfasst werden. Unser Ziel ist es in diesem Zusammenhang, den C-Test als Test- und Förderinstrument für das Lesen weiter zu entwickeln. (Auf die technische Seite der Entwicklung der Tests wird in diesem Beitrag nicht weiter eingegangen, vgl. hierzu Baur/Spettmann 2007 a). Ein Schwerpunkt unserer Arbeit liegt dabei im Übergang von der Primarstufe in die Sekundarstufe und im Beginn der Sekundarstufe. Denn hier ist es besonders wichtig zu erkennen, ob die Lesekompetenz ausreichend ausgebildet worden ist, um den Wissenserwerb auf der Basis von geschriebenen Texten zu ermöglichen bzw. Fördermaßnahmen zu ergreifen sind, um diese Fähigkeit auszubilden.

Um Förderbedürftigkeit festzustellen, müssen Anhaltspunkte gewonnen werden. Dies haben wir in der Weise gelöst, dass wir Testsets für die Klassenstufen vier, fünf, sechs und sieben entwickelt und durchschnittliche Lösungsquoten von monolingualen SchülerInnen der jeweiligen Klassenstufe (und der jeweiligen

Schulform) ermittelt haben. Diese Werte stellen keine absoluten Normen dar, können aber als Referenznormwerte dienen. Mit den C-Tests kann auf diese Weise ein Screening durchgeführt werden. Bei Schülern, die schlechte Werte erzielen, können dann weitere diagnostische Tests durchgeführt werden. Hierzu werden von uns Teilfertigkeitstests (TF-Tests) erprobt und eingesetzt, die zusätzlich Aufschluss über die sprachlichen Kompetenzen der Schüler in einzelnen Teilfertigkeitsbereichen (z.b. Wortschatz und Grammatik) geben.

„Ist eine Testung durchgeführt und die Testperson als förderbedürftig eingestuft, stehen die Lehrkräfte in den meisten Fällen ohne konkrete Hinweise da, wie eine auf das individuelle Defizit abgestimmte Förderung aussehen könnte". Diesem berechtigten Einwand Bredels (2005, 117–118) soll entgegengewirkt werden, indem die C-Tests nicht, wie die meisten anderen Tests, nur zur Sprachstandsmessung und/oder Diagnose, sonder auch als Sprachförderinstrumente eingesetzt werden sollen. Zwischen den Tests und den Fördermaßnahmen soll eine enge Verbindung hergestellt werden.

2   Das Diagnoseinstrument C-Test

C-Tests sind schriftliche Tests, die folglich die Lese- und auch die Schreibfähigkeit der Probanden voraussetzen. Die von uns entwickelten Tests bestehen aus jeweils vier kurzen, authentischen Texten (Teiltests), die in sich geschlossen sind und dem vorauszusetzenden Wissen der Adressatengruppe entsprechen. Die Grundlagentexte (aus Schulbüchern stammend) sind einem bestimmen Muster folgend „beschädigt". Beginnend mit dem zweiten Satz ist die hintere Hälfte von jedem dritten Wort gelöscht, so dass jeder Teiltest anschließend zwanzig Lücken enthält. Der erste und der abschließende Satz sowie Eigennamen und Abkürzungen werden nicht mit Tilgungen versehen, um einen ausreichend großen Kontext zu schaffen, der das Lösen der Lücken erleichtert. Somit weist jeder C-Test insgesamt achtzig Testitems (Lücken) auf. In Abb. 1 wird ein Beispiel für einen C-(Teil-)Test der Klassenstufe fünf gegeben.

Um solche nach dem Prinzip der reduzierten Redundanz „manipulierten" Texte zu rekonstruieren, müssen die Testpersonen beim Lesen ihre allgemeine Sprachkompetenz aktivieren, aber auch spezifische Lesestrategien einsetzen (siehe Kap. 5). Je größer die Lese- und Schreibkompetenz eines Probanden ist, desto besser wird der C-Test gelöst. Die Testergebnisse liefern valide Aussagen über den Grad der allgemeinen mit Lesen und Schreiben verbundenen Sprachfähigkeit der

Hobby

Viele Kinder gehen nachmittags in eine Gruppe, zu einem Verein oder einem Kurs. Claudia lernt seit ei_____ Jahr Gitarre. S_____ geht zur Musiksch_____ und zu Ha_____ muss sie je_____ Tag eine Stu_____ üben. Danach t_____ ihr manchmal d_____ Finger weh. D_____ Gitarrenlehrer achtet se_____ auf die rich_____ Haltung. Außerdem mu_____ Claudia die ganzen No_____ gut können u_____ sehr geduldig se_____ . Heute hat Claudia lan_____ geübt und kon_____ ein wirklich schwi_____ Stück am En_ _____ fehlerfrei spielen. I_____ Gitarrenlehrer hat sie dafür sehr gelobt. Claudia ist immer sehr stolz, wenn sie gelobt wird.

Abb. 1: Beispiel für einen Teiltest eines allgemeinsprachlichen C-Tests für die Klassenstufe fünf

getesteten Schülerinnen und Schüler (zur Validität von C-Tests vgl. Grotjahn/ Klein-Braley/Raatz 2002; Eckes/Grotjahn 2006; Kontra/Kormos 2006 u.a.).

Da die individuelle Sprachaneignung, wie auch Ehlich betont, sowohl bei muttersprachlichen (*muttersprachlich* wird im Folgenden grundsätzlich im Sinne von *deutsch monolingual* verwendet) als auch bei zwei- und mehrsprachigen Kindern zufrieden stellend sowie nicht zufrieden stellend verlaufen kann (Ehlich 2005, 15), werden die C-Tests im gesamten Klassenverband durchgeführt. So wird die von Ehlich zu Recht kritisierte „bisherige Fixierung auf Migrantenkinder als „Problemgruppe"" (Ehlich 2005, 16) vermieden. Unsere Ergebnisse belegen, dass durchaus auch bei monolingual deutschen Kindern sprachliche Förderbedarfe bestehen und dass mehrsprachige Kinder sich häufig ohne sprachliche Auffälligkeiten im Bereich des Deutschen entwickeln.

Um die Ergebnisse der Tests im Sinne der schulischen Praxis verwerten zu können, werden die rezeptive Leseleistung und die produktiven orthografischen und morphosyntaktischen Fähigkeiten bei der Testauswertung getrennt erfasst, aber in ihrer Relation zueinander interpretiert. Im Folgenden widmen wir uns der Testauswertung.

3   Die Testauswertung

Bei der Auswertung der C-Tests (vgl. hierzu auch Baur/Spettmann 2007 b) werden zwei Ergebniswerte ermittelt. Der erste ist der so genannte Richtig/Falsch-Wert (im Folgenden RF-Wert), welcher auf einer binären Auswertungsmethode beruht und aus der Menge der semantisch, orthografisch und grammatikalisch korrekt ergänzten Lücken ermittelt wird. Das heißt, wenn ein Wort erkannt und die Ergänzung formal korrekt umgesetzt wird, gibt es einen Punkt. Für inkorrekte Ergänzungen hingegen, die grundsätzlich in der Auswertungstabelle originalgetreu einzutragen sind, um die Bewertung auch zu einem späteren Zeitpunkt noch nachvollziehen zu können, werden keine Punkte vergeben. Nach der Addition der maximal achtzig Richtig/Falsch-Punkte (im Folgenden RF-Punkte) erhält man umgerechnet in Prozent den RF-Wert, der Auskunft über den Grad der allgemeinen sprachlichen Kompetenz eines Probanden im Lesen und Textverstehen, sowie hinsichtlich der grammatikalischen und orthografischen Fähigkeiten gibt. Eine Unterscheidung zwischen den verschiedenen Kompetenzen ist zunächst nicht erreichbar. – Diese Möglichkeit eröffnet erst der danach zu ermittelnde Worterkennungswert (s. u.). In Abb. 2 wird an einem Auszug aus einem C-Test, der auf acht Lücken reduziert ist, veranschaulicht, wie aus den unterschiedlichen Lösungen von drei Schülern der RF-Wert ermittelt wird.

A_____ dem Mond gi_____ es keinen Re_____ und keinen Wi_____ .
Deshalb wird m_____ seine Schuhabdrücke no_____ in Tausenden v_____
Jahren sehen kön_____ .

	Schüler 1	Schüler 2	Schüler 3
Item	RF-Wert	RF-Wert	RF-Wert
Auf	1	1	0 (Aber)
Gibt	1	0 (giebte)	0 (ging)
Regen	1	1	0 (Regeln)
Wind [Winter]	1	0 (Wint)	0 (Willen)
Man	1	0 (mann)	0 (mann)
Noch	1	1	–
Von	1	1	0 (vier)
können	1	0 (könen)	1
RF-Punkte:	8	4	1
RF-Wert in % :	100	50	12,5

Abb. 2: Vereinfachtes Beispiel zur Ermittlung des RF-Wertes. In den Abb. 2 und 3 wird aus Platzgründen auf eine Extraspalte für die Lösungen verzichtet. Abb. 4 zeigt eine Originaltabelle, die alle erforderlichen Spalten enthält

Schüler 1 schrieb: *Auf dem Mond gibt es keinen Regen und keinen Wind. Deshalb wird man seine Schuhabdrücke noch in Tausenden von Jahren sehen können.* Für die vollständig korrekte Rekonstruktion der fehlenden Wortteile erhält er jeweils einen RF-Punkt und erreicht somit einen RF-Wert von 100 Prozent. Die Schüler 2 und 3 hingegen haben einige Lücken fehlerhaft ergänzt und erreichen dementsprechend einen RF-Wert von 50 bzw. 12,5 Prozent.

Betrachtet man die Lösungen dieser beiden Schüler, werden deutliche Unterschiede sichtbar. Obwohl Schüler 2 alle Wörter erkennt und „nur" in der formalsprachlichen Umsetzung Schwächen zeigt, werden dafür in der Kategorie R/F genauso wenig Punkte vergeben wie für die semantisch inkorrekten Lösungen von Schüler 3 (z.B. *Wint vs. Willen*).

Um differenziertere Ergebnisse zu erhalten, wird in Ergänzung zu dem RF-Wert, welcher das absolute Testergebnis repräsentiert, für jede Testperson ein weiterer Wert ermittelt, der Worterkennungswert (WE-Wert). Dieser ergibt sich aus der Menge der semantisch korrekt ergänzten Wörter und erfasst somit die rezeptive sprachliche Kompetenz der Testpersonen (vgl. Abb. 3).

	Schüler 1		Schüler 2		Schüler 3	
Item	RF-Wert	WE-W.	RF-Wert	WE-W	RF-Wert	WE-W
Auf	1	1	1	1	0 (Aber)	0
Gibt	1	1	0 (giebte)	1	0 (Ging)	0
Regen	1	1	1	1	0 (Recht)	0
Wind [Winter]	1	1	0 (Wint)	1	0 (Willen)	0
Man	1	1	0 (mann)	1	0 (Mann)	1
Noch	1	1	1	1	–	0
Von	1	1	1	1	0 (Vier)	0
können	1	1	0 (könen)	1	1	1
RF- und WE-Punkte:	8	8	4	8	1	2
RF- und WE-Wert in % :	100	100	50	100	12,5	25

Abb. 3: Vereinfachtes Beispiel zur Ermittlung der RF- und WE-Werte

In der Kategorie WE wird also folgendermaßen bewertet: Auch wenn die formalsprachliche Umsetzung nicht korrekt ist, das Wort aber erkannt wurde, gibt es einen Worterkennungspunkt (WE-Punkt). Die Lösungen von Schüler 2 zeigen, dass dieser den Text im Gegensatz zu Schüler 3 verstanden hat.

Bei der Bewertung eines Gesamttests ergeben sich damit maximal zweimal achtzig Punkte. Die RF- und WE-Punkte werden, wie in Abb. 4 und 5, in einer Tabelle getrennt ausgewiesen und dürfen nicht addiert werden. Denn es ist die Differenz zwischen beiden Werten, die jeweils für jeden Schüler interpretiert werden muss. In einer zusätzlichen Spalte wird deshalb aus den beiden Werten ein Differenzwert (Dif-Wert) ermittelt (vgl. Abb. 4 und 5). Dieser spiegelt das Verhältnis zwischen den produktiven und rezeptiven sprachlichen Fähigkeiten eines Schülers wider und ermöglicht so Interpretationen hinsichtlich der individuellen Leistungen und ggf. des Förderbedarfes. Bevor näher auf die Interpretation der Resultate eingegangen wird, sollen am Beispiel eines Teiltests (vgl. Abb. 4) weitere den Bewertungen zugrunde liegenden Auswertungsprinzipien erläutert werden.

Um eine objektive Auswertung zu ermöglich, sind in der Erprobungsphase der Tests alle akzeptablen Lösungen zu ermitteln und als korrekt zu bewertende Lösungsvarianten festzulegen. Das Kriterium der Objektivität bedeutet in der Praxisanwendung für Lehrerinnen und Lehrer auch einen geringeren Zeitaufwand bei der Korrektur. In der Praxis hat es sich zudem als äußerst wichtig herausgestellt, dass durch die Festlegung der Lösungsvarianten Interpretationen seitens der Lehrpersonen (*Schüler X kenne ich, der ist eigentlich immer sehr gut, der hat hier nur aus Versehen die falsche Lösung eingetragen ('Flüchtigkeitsfehler'), aber Schüler Y, der ist schlecht, der hat hier garantiert einen 'richtigen' Fehler gemacht*) von vorn herein ausgeschlossen werden können.

Alle in der Kategorie RF als richtig zu bewertende Varianten werden in einem Lösungstext, als auch in der Auswertungstabelle in eckigen Klammern (vgl. Item-Spalte in Abb. 4) ausgewiesen.

Während der Erprobungsphase begegnen den Testentwicklern sehr viele unterschiedliche Lösungen. Von Fall zu Fall ist festzulegen, ob eine mögliche Lösung als Lösungsvariante akzeptiert wird oder nicht. In dem Beispiel warfen vor allem die Lücken 10, 11 und 16 Diskussionsbedarf auf. Auf dem Mond gibt es *keinen Recht, Regeln, Regierung, Rektor* und *Rettung* und auch *keinen Willen, Widerstand, Wilden* und *Widder*. Keine dieser 'Lösungen' wurde akzeptiert, nur der *Winter* wurde als mögliche Lösungsvariante anerkannt, da dieser Wetterphänomen mit sich bringt, die dafür sorgen könnten, dass Fußspuren verwischt werden.

Der erste Mensch auf dem Mond

Am 21. Juli 1969 betrat der erste Mensch den Mond. Es war d_ie_ Amerikaner Neil Armstrong. Und d_er_ sagte damals: „Di_es_ ist ein kle_ines_ Schritt für ei_n_ Menschen, aber ei_n_ großer Schritt f_ür_ die Menschheit." A_n_ dem Mond gi_ebt_ es keinen Re_gen_ und keinen Wi_nt_ . Deshalb wird m_ann_ seine Schuhabdrücke no___ in Tausenden v_ielen_ Jahren sehen kön_en_ . Seit 1969 haben vi_er_ weitere Mondlandungen stattgef_anden_ . Astronauten haben verschi_dene_ Gesteine gesammelt. S_ie_ sind sogar üb_ber_ 30 km mit einem Mondauto gefahren. Deshalb gibt es nun auch Autospuren auf dem Mond.

Test	Item	Lücke	Lösung	RFW	WEW	Dif-Wert
Mond	Der	1	die	0	1	1
Mond	der [dieser]	2		1	1	0
Mond	Dies [Dieses]	3		1	1	0
Mond	Kleiner	4	kleines	0	1	1
Mond	Einen	5	ein	0	1	1
Mond	Ein	6		1	1	0
Mond	für	7		1	1	0
Mond	Auf	8	An	0	0	0
Mond	Gibt	9	giebt	0	1	1
Mond	Regen	10		1	1	0
Mond	Wind [Winter]	11	Wint	0	1	1
Mond	Man	12	mann	0	1	1
Mond	Noch	13	no	0	0	0
Mond	Von	14	vielen	0	0	0
Mond	Können	15	könen	0	1	1
Mond	viele [vier]	16		1	1	0
Mond	Stattgefunden	17	stattgefanden	0	1	1
Mond	verschiedene	18	verschidene	0	1	1
Mond	Sie	19		1	1	0
Mond	über	20	übber	0	1	1
			Ergebnis:	RF:	WE:	Dif:
			Punkte:	7	17	10
			Prozent-werte:	35	85	50

Abb. 4: Beispiel für die Auswertung eines Teiltests

Vier (Lücke 16) wurde neben *viele* als korrekt zu bewerten festgelegt, weil man die genaue Anzahl der Mondlandungen nicht zum angenommen Weltwissen rechnen kann, nicht bei Erwachsenen und noch weniger bei Schülern der Klassenstufen fünf und sechs.

Unsicherheiten tauchen bei Testauswertern auch immer wieder bei der Bewertung von Buchstabenwiederholungen in den getilgten Wortkörpern auf. So wurde von einigen Auswertern argumentiert, *übber* in Lücke 20 müsste als richtig gewertet werden, da ja nur ‚aus Versehen' der schon im Text stehende Buchstabe noch einmal geschrieben worden sei. Andere Korrektoren werteten *übber* als Fehler, weil für sie eine Doppelkonsonanz ein Indiz dafür war, dass der Proband das Wort mit kurzem Vokal ausspricht. Eine ähnliche Diskussion ergab sich für die Bewertung eines Fehlers, als in Lücke 5 *eieinen* geschrieben wurde. Um solche Unsicherheiten und Spekulationen um Fehlerursachen zu vermeiden, müssen alle Falschschreibungen, auch wenn es sich um eine Wiederholung von Buchstaben oder Wortteilen handelt, in der Kategorie R/F strikt als Fehler gewertet werden.

Für die Kategorie WE müssen ebenfalls einige Bewertungsregeln festgelegt werden. Die Grundregel lautet, dass alle Schreibweisen als WE gewertet werden, aufgrund derer vermutet werden kann, dass das passende Wort gemeint war. Das klingt etwas ungenau, in der Praxis ergeben sich mit dieser Regelung aber kaum Schwierigkeiten. Es wäre demgegenüber eher verwirrend, alle möglichen Falschschreibungen eines Wortes als Varianten für eine Wertung als WE anzuführen. Eine eigene Wertung wurde für Fehler im Bereich des Artikels festgelegt. So wird immer ein WE-Punkt vergeben, wenn an einer Stelle ein notwendiger Artikel ergänzt wird – auch wenn es eine falsche Form eines Artikels ist (vgl. Item Nr. 1 in Abb. 4). Diese Wertung ist arbiträr festgelegt und beruht auf der Überlegung, dass es für Lerner mit artikellosen Herkunftssprachen (wie z.B. die slawischen Sprachen und das Türkische) bereits eine Leistung ist zu erkennen, dass an einer bestimmten Stelle im Satz ein Artikel gefordert wird (*Die Amerikaner* vs. *Deutscher Amerikaner*). Anders wird der Gebrauch einer falschen Präposition bewertet. Hier gibt es keinen WE-Punkt, wenn eine falsche Präposition gesetzt wird, weil es sich ja um eine andere Präposition mit einer eigenen Bedeutung handelt (vgl. Lücke Nr. 8 in Abb. 4). Nach unseren Erfahrungen kann mit diesen Regelungen die Objektivität der Bewertung abgesichert werden.

4 Normwerte, Testergebnisse und Ergebnisdarstellung

Nach Abschluss der Erprobungsphase, in welcher verschiedene Teiltests getestet, zu 4er-Sets zusammengestellt und der Adressatengruppe entsprechend weiter adaptiert wurden, entstand jeweils ein C-Test für die Klassenstufen fünf, sechs und sieben. Zur Ermittlung der Normwerte wurden die Testbögen durch eine Kooperation mit dem ehemaligen Landesinstitut für Schule und Weiterbildung in Soest an eine Reihe von Schulen in NRW weitergeleitet. Die Lehrkräfte führten die Tests anhand einer Anleitung durch (Ausschlag gebend für die Sicherstellung gleicher Testbedingungen z.b. Festlegung der Einführung, der Erklärungen, der Bearbeitungszeit usw.) und sandten diese zur Auswertung an uns zurück. Insgesamt wurden die Tests bis Januar 2007 an mehr als dreißig Schulen durchgeführt. Dies waren hauptsächlich Gesamtschulen, für welche sich nach Berechnungen ab 500 Schülern pro Klassenstufe relativ stabile Referenznormwerte für alle drei Klassenstufen nennen lassen.

Die Normwerte werden ausschließlich aus den RF-Werten der muttersprachlichen Kinder ermittelt, da es unserer Meinung nach bildungspolitisch wenig sinnvoll wäre, die Norm für die allgemeine Sprachfähigkeit nicht an die altersgemäß ausgebildeten Sprachkompetenzen der Muttersprachler zu koppeln. Machte man dies nicht, so kämen in Abhängigkeit von dem Anteil mehrsprachiger Kinder in einzelnen Schulen, Kommunen oder Städten sehr unterschiedliche Referenzwerte zustande. Eine nicht anhand der Entwicklung Monolingualer definierte Norm, würde somit auch die Anforderungen an die sprachlichen Kenntnisse und Leistungen der Schüler und Schülerinnen und folglich das Anspruchsniveau hinsichtlich der allgemeinen Sprachkompetenz absenken. Wie wir schon eingangs feststellen, bedeutet das nicht, dass zwei- und mehrsprachige Kinder grundsätzlich schlechtere Ergebnisse erzielen als Muttersprachler, doch ihre Ergebnisse werden von anderen Faktoren beeinflusst, wie z.B. Aufenthaltsdauer in Deutschland, Sprachkontakt zu Deutschen u.a.m.

Den Schulklassen, die ihre Tests von uns auswerten lassen, werden zusammen mit dem Ranking und den individuellen Schülerergebnissen folgende Vergleichswerte zur Verfügung gestellt:

1) der durchschnittliche RF-Wert aller Deutsch-Monolingualen derselben Schulstufe und desselben Schultyps überregional;
2) die durchschnittliche RF-Lösungsquote der Deutsch-Monolingualen der Klasse;
3) die durchschnittliche RF-Lösungsquote aller Schüler der Klasse (was Vergleiche zwischen Parallelklassen erlaubt).

Bereiche	Schülernr.	RF–Wert in %	WE–Wert in %	Dif–Wert
1	21	**88,8**	98,8	10,0
1	22	**86,3**	93,8	7,5
1	26	**86,3**	93,8	7,5
1	8	**83,8**	100,0	**16,2**
1	13	**83,8**	95,0	**11,2**
1	25	**83,8**	98,8	**15,0**
1	27	**81,3**	91,3	10,0
1	6	**80,0**	85,0	5,0
1	20	**80,0**	91,3	11,3
2	9	76,3	87,5	11,2
2	18	76,3	88,8	12,5
2	2	**75,0**	95,0	**20,0**
2	1	73,8	86,3	12,5
2	28	**72,5**	90,0	**17,5**
2	14	**71,3**	86,3	**15,0**
2	23	71,3	82,5	11,2
2	4	70,0	76,3	6,3
2	10	**70,0**	92,5	**22,5**
2	29	70,0	83,8	13,8
3	11	**66,3**	85,0	**18,7**
3	16	**66,3**	83,8	**17,5**
3	17	**66,3**	82,5	**16,2**
3	19	**62,5**	80,0	**17,5**
3	12	**60,0**	77,5	**17,5**
3	24	**60,0**	78,8	**18,8**
4	15	**52,5**	66,3	13,8
4	3	48,8	57,5	8,7
4	5	**47,5**	71,3	**23,8**
5	7	**17,5**	22,5	5,0

Abb. 5:   Beispiel für eine Rankingtabelle, Klasse fünf, Gesamtschule

Erklärungen und Referenzwerte zu Abb. 5

Bereich 1:
Das Ergebnis entspricht bzw. liegt über dem Normwert für Fünftklässer an Gesamtschulen (GS) in NRW = **78,7 %**

Bereich 2:
Das Ergebnis entspricht bzw. liegt über der durchschnittlichen RF-Lösungsquote der Deutsch-Monolingualen (ML) der Klasse 5a der GS x = **69,3 %**

Bereich 3:
möglicher Förderbedarf

Bereich 4:
Förderbedarf

Bereich 5:
Hoher Förderbedarf

Der **Klassendurchschnitt** aller Schüler der 5a liegt bei **69,9 %**

Ergebnisse der **Parallelklassen** im Vergleich:

	ML	alle Schüler
5a:	**69,3 %**	69,9 %
5b:	**73,0 %**	75,5 %
5c:	**80,0 %**	78,3 %
5d:	**75,2 %**	75,5 %
5e:	**71,0 %**	66,0 %
5f:	**71,1 %**	74,0 %

Die Ergebnisse der monolingualen SchülerInnen sind grau hinterlegt.

In der Rankingtabelle sind die Ergebnisse von jedem Schüler enthalten sowie die Norm- und Vergleichswerte. Das Beispiel (vgl. Abb. 5) zeigt, dass sowohl die durchschnittliche RF-Lösungsquote der Monolingualen (69,3 %) dieser Klasse, als auch der Klassendurchschnitt aller Schüler (69,9 %) unter dem erhobenen Normwert für Fünftklässler in Gesamtschulen (78,7 %) liegt.

Ab welcher Lösungsquote eine sprachliche Förderung als notwendig erachtet wird, ist nicht objektiv festzulegen. Die Ergebnisse der Schüler, die im zweiten Bereich verortet sind, liegen zumindest nicht mehr als 10 Prozent unter dem überregionalen Normwert und können hinsichtlich der allgemeinen Sprachkompetenz ggf. als noch zufrieden stellend eingeschätzt werden. Anders verhält es sich bei den Schülern in den Bereichen 3, 4 und 5, die auf der allgemeinsprachlichen Ebene nicht ausreichende bis sehr schwache Ergebnisse erzielt haben. Hier muss die Frage der Förderung bei jedem einzelnen Schüler noch überprüft werden. Um ein klareres Bild von den Fähigkeiten der Schüler zu erhalten, ist auch der Differenzwert zu betrachten und ebenfalls individuell zu interpretieren (vgl. Baur/Spettmann 2007b).

Wie wir bereits erläutert haben, lässt der WE-Wert Aussagen über die rezeptiven schriftsprachlichen Fähigkeiten der Kinder zu. Liegen der RF- und der WE-Wert dicht beieinander, ergibt sich ein niedriger Differenzwert. Allerdings können niedrige Differenzwerte in jedem Bereich auftreten (vgl. Schüler 22, 26, 6, 4, 3 und 7) und müssen den RF- und WE-Werten entsprechend interpretiert werden. Den Schülern 22, 26 und 6 wären somit rezeptiv und produktiv ausgeglichen gute allgemeinsprachliche Fähigkeiten zuzusprechen. Bei den Schülern 3 und 7 lassen sich eher Probleme auf der rezeptiven Ebene (Sinn erschließendes Lesen/Textverständnis) vermuten, da die Lücken, die ergänzt wurden, nur wenige orthographische oder grammatikalische Fehler enthalten. Solche Werte findet man häufig bei Fremdsprachenlernern, so dass es sich bei dem Schüler z.B. um einen Seiteneinsteiger handeln könnte, der in seinem Heimatland Deutsch als Fremdsprache gelernt hat und auf die formale Seite der Sprache achtet. Betrachtet man den RF-Wert von Schüler 5 (47,5 %), so ähnelt dieser dem von Schüler 3 (48,8 %). Erst die Hinzunahme des WE-Werts macht die weit aus höheren rezeptiven Fähigkeiten des Schülers 5 (71,3 %) sichtbar. Aus relativ hohen Differenzwerten lassen sich folglich Schwächen auf der produktiven Ebene (Orthografie/Grammatik) ableiten, die, wie sich bei den Schülern 8 und 25 zeigt, auch bei guten Schülern (Bereich 1) auftreten können.

Die Rankingtabelle verdeutlicht, dass Förderung einerseits nicht nur grundsätzlich bei schwächeren Schülern notwendig ist, sondern dass auch gute Schüler weiter gefördert werden sollten, wenn man Schwächen bei ihnen diagnostiziert. Andererseits zeigt das Klassenergebnis auch, dass Förderbedarfe nicht nur in der Gruppe der zwei- und mehrsprachigen Kinder, sondern auch bei den Muttersprachlern (in Abb. 5 grau hinterlegt) bestehen.

5   Sprachförderung

Wir haben bereits an anderer Stelle darauf hingewiesen, dass beim Lösen von C-Tests allgemeine Lesestrategien eingesetzt werden (Baur/Spettmann 2007 b). Im Folgenden soll anhand des Textes *Hobby* (Abb. 6) beispielhaft gezeigt werden, welche Lese- und Texterschließungsstrategien durch die Bearbeitung von C-Tests aktiviert und trainiert werden.

Hobby

Viele Kinder gehen nachmittags in eine Gruppe, zu einem Verein oder einem Kurs. Claudia lernt seit ei_____ (1) Jahr Gitarre. S_____ (2) geht zur Musik-sch_____ (3) und zu Ha_____ (4) muss sie je_____ (5) Tag eine Stu_____ (6) üben. Danach t_____ (7) ihr manchmal d_____ (8) Finger weh. D_____ (9) Gitarrenlehrer achtet se_____ (10) auf die rich_____ (11) Haltung. Außerdem mu_____ (12) Claudia die ganzen No_____ (13) gut können u_____ (14) sehr geduldig se_____ (15). Heute hat Claudia lan_____ (16) geübt und kon_____ (17) ein wirklich schwi_____ (18) Stück am En_____ (19) fehlerfrei spielen. I_____ (20) Gitarrenlehrer hat sie dafür sehr gelobt. Claudia ist immer sehr stolz, wenn sie gelobt wird.

Abb. 6:   Beispiel für einen Teiltest eines allgemeinsprachlichen C-Tests (Items durchnummeriert)

Legt man Schülern einen C-Test vor, lesen sie zuerst die Überschrift und die tilgungsfreie einleitende Passage des Textes. Bereits an dieser Stelle kommt es zu der *Aktivierung von Hintergrundwissen*: In dem Text geht es um das Thema *Hobby*. Was weiß ich über Hobbys? Welche Hobbys gibt es? Außerdem geht es um ein Mädchen *Claudia*, das ein Hobby hat, was man erlernen muss. Was kann man lernen? In dem Moment, in welchem die Tilgungen einsetzen, aktivieren die Schüler zusätzlich *lexikalische* und *morphosyntaktische Lösungsstrategien*. Sie durchsuchen ihren Wortschatz nach Wörtern, die in die Lücken passen könnten: Welche Wörter kenne ich, die mit *ei* (vgl. Lücke 1) anfangen? *ein, einige, eisig* usw. Ist das vorhandene Wissen über Wortformen ausreichend, so wird erkannt, dass die Präposition *seit* eine Zeitangabe als auch den Dativ impliziert und dementsprechend das Zahlwort *ein* auszuwählen und richtig zu deklinieren *einem* ist. Eine besonders große Rolle spielt die Subjekt-Prädikat-Kongruenz im vierten Satz, da die Lösung der Lücke 8 von der Ergänzung in Lücke 7 abhängig ist. *Danach tun ... die Finger weh* vs. *Danach tut... der Finger weh.* Obschon es wahrscheinlicher ist, dass nach dem Üben mehrere Finger schmerzen, werden beide Varianten als richtig bewertet (bei Über-Kreuz-Lösungen *tun...der Finger weh* werden für Item 8 keine RF-Punkte vergeben). Bei der schrittweisen Erschließung des Textes werden diese Strategien durchgehend angewendet. Hintergrundwissen: Wo lernt man Gitarrespielen? (Musikschule); was muss man gut können? (Noten). Wissen über Satzbau, Satzglieder, Wortformen und morphosyntaktische Zusammenhänge: z.B. Lücke 5: *jeden Tag* vs. *Jedes Tag*; muss hier ein Artikel (Lücke 9: *Der Gitarrenlehrer* vs. *Dummer Gitarrenlehrer*), ein Adjektiv (Lücke 11: *richtige Haltung* vs. *richtung Haltung*) oder ein Verb (Lücke 15: *geduldig sein* vs. *geduldig selber*) eingesetzt werden? Wie bilde ich den Plural von *Note* (Lücke 13)? usw. Wichtig ist auch, dass eine Kombination der Strategien erfolgt. Die alleinige Anwendung z.B. der lexikalischen Strategie kann in die Irre führen. In Lücke 4 wurde der Diphthong *au* durch die Tilgung getrennt. Die Schüler suchen folglich nach Wörtern, die mit *Ha* beginnen und im weiteren Sinne zu dem Thema des Textes passen. So kommt es zu Lösungen wie *Handball* (als Hobby) oder *Harfe* (als Musikinstrument). Das Adverbial *zu Hause* wird nicht auf Anhieb erkannt. (Für Primarstufler hat sich die Trennung von Diphthongen, die als Lauteinheiten wahrgenommen werden, als zu schwierig erwiesen. Ältere Schüler haben i.d.R. keine Probleme damit, Laut und Schrift bei der Lösung der C-Tests voneinander zu entkoppeln). Schwache Ergebnisse werden besonders von Schülern erzielt, die offensichtlich nur einzelne Wörter ergänzen (Lücke 20: *I − ein Wort mit I − Ich − Ich Gitarrenlehrer...*), nicht aber vollständige Sätze in ihrer Struktur und ihrem Sinnzusammenhang erschießen können. Noch schwieriger wird es bei der Lösung von Items, die sich nur durch die Aktivierung von *textbezogenen Strategien* lösen lassen. So kommt es hin und wieder vor, dass in Lücke 2 Mädchennamen, die mit *S* anfangen eingesetzt werden. *Susanne geht zur Musikschule...* stellt isoliert betrachtet einen korrekten Satz dar. Erst durch die Nutzung von Information über die Satzgrenzen hinweg, kann jedoch der Textsinn erschlossen und erkannt werden, dass der gesamte Text nur von dem Mädchen *Claudia* handelt und dementsprechend nur das Personalpronomen *Sie* als richtige Lösung zu betrachten ist. Wurde der Text vollständig von den Schülern bearbeitet, sollte durch ein erneutes Lesen des Textes das eigene Textverständnis und die formale Korrektheit der Ergänzungen überprüft werden. Dabei kommt es zur *Selbstkontrolle*: Passt das Wort in den Text (Lücke 16 *langweilig* vs. *lange*)? Ist das Wort richtig geschrieben (Lücke 18: *schwirieges* vs. *schwieriges*)? Habe ich die richtige grammatikalische Endung gewählt (Lücke 5 *jedes Tag* vs. *jeden Tag*)? Eine weitere Strategie, die Anwendung findet, ist die des *selektiven Lesens*. Dabei suchen Schüler bewusst nach Textelementen z.B. nach linguistischen Hinweisen,

(Schlüssel-)Wörtern oder Begriffen, die bei der Findung der korrekten Lösung helfen (Lücke 10: Das gesuchte Wort ist *sehr*. Ich weiß aber nicht, wie man es schreibt – *seher* oder *sehr*? Nach Lücke 14 kommt *sehr* ungetilgt im Text vor und die korrekte Schreibung wird übernommen).

Durch den Einsatz des C-Tests als Förderinstrument werden Schüler an Lese- und Texterschließungsstrategien herangeführt, wobei verschiedene Formen des (auch gemeinsamen) Lösens von den Schülern durchaus als interessant und motivierend aufgenommen werden. Besonders bei der Diskussion der Lösungen im Klassenverband setzen sich die Schüler mit Lösungsstrategien auseinander. Die Lehrpersonen sollten dabei auch selbst wissen, welche Strategien an welchen Textstellen eingesetzt werden müssen und auf diese aufmerksam machen, d.h. zur Förderung mit C-Tests müssen bei den Lehrenden auch textlinguistische Kenntnisse vertieft werden.

Die Tatsache, dass die „klassischen" C-Tests jeweils aus relativ kurzen Textsegmenten bestehen, erweist sich dabei als Vor- und Nachteil. Der Vorteil ist, dass das Gedächtnis entlastet wird und die herzustellende Textkohärenz überschaubar ist. Der Nachteil ist, dass Leseprozesse sich in der Realität auf längere Texte beziehen, dass also der C-Test diesbezüglich nicht auf komplexere Lesesituationen vorbereitet. Die Frage ist, ob aus diesem Grunde in Zukunft nicht auch längere C-Tests entwickelt werden müssen, um die Fördersituation der Realsituation anzupassen.

Literatur

Baur, Rupprecht S./Meder, Gregor (1994): „C-Tests zur Ermittlung der globalen Sprachfähigkeiten im Deutschen und in der Muttersprache bei ausländischen Schülern in der Bundesrepublik Deutschland." In: Grotjahn, R. (ed.): *Der C-Test. Theoretische Grundlagen und praktische Anwendung (Bd. 2)*. Bochum: Brockmeyer, 151–178.

Baur, Rupprecht S./Spettmann, Melanie (2007a): „Kompetenzen testen – leicht gemacht. C-Tests für die Orientierungsstufe". In: Bainski, Christiane & Krüger-Potratz, Marianne (Hrsg.): *Handbuch Sprachförderung*. Essen: NDS, 123–131.

Baur, Rupprecht S./Spettmann, Melanie (2007b): „Sprachstandsmessung und Sprachförderung mit dem C-Test". In: Ahrenholz, B./Oomen-Welke, Ingelore (eds.): *Deutsch als Zweitsprache (Deutschunterricht in Theorie und Praxis, hg. v. Winfried Ulrich, Band VIII)*. Baltmannsweiler: Schneider Hohengehren.

Baur, Rupprecht S./Grotjahn, Rüdiger/Spettmann, Melanie (2006): „Der C-Test als Instrument der Sprachstandserhebung und Sprachförderung". In: Timm,

J.-P. (ed.): *Fremdsprachenlernen und Fremdsprachenforschung: Kompetenzen, Standards, Lernformen, Evaluation.* Tübingen: Narr, 389–406.

Bredel, Ursula (2005): „Sprachstandsmessung – Eine verlassene Landschaft". In: BMBF = Bundesministerium für Bildung und Forschung (ed.): *Anforderungen an Verfahren der regelmäßigen Sprachstandsfeststellung als Grundlage für die frühe und individuelle Förderung von Kindern mit und ohne Migrationshintergrund.* Bonn/Berlin, 77–119.

Coleman, James A./Grotjahn, Rüdiger/Raatz, Ulrich (eds.) (2002): *University Language Testing and the C-Test.* Bochum: AKS.

Eckes, Thomas/Grotjahn, Rüdiger (2006): „A Closer Look at the Construct Validity of C-Tests". In: *Language Testing*, H. 26 (3), 290–325.

Ehlich, Konrad (2005): „Sprachaneignung und deren Feststellung bei Kindern mit und ohne Migrationshintergrund – Was man weiß, was man braucht, was man erwarten kann". In: BMBF = Bundesministerium für Bildung und Forschung (ed.): *Anforderungen an Verfahren der regelmäßigen Sprachstandsfeststellung als Grundlage für die frühe und individuelle Förderung von Kindern mit und ohne Migrationshintergrund.* Bonn/Berlin, 11–75.

Grotjahn, Rüdiger (ed.) (1992): *Der C-Test. Theoretische Grundlagen und praktische Anwendung (Bd. 1).* Bochum: Brockmeyer.

Grotjahn, Rüdiger (ed.) (1994): *Der C-Test. Theoretische Grundlagen und praktische Anwendung (Bd. 2).* Bochum: Brockmeyer.

Grotjahn, Rüdiger (ed.) (1996): *Der C-Test. Theoretische Grundlagen und praktische Anwendung (Bd. 3).* Bochum: Brockmeyer.

Grotjahn, Rüdiger (ed.) (2002): *Der C-Test. Theoretische Grundlagen und praktische Anwendung (Bd. 4).* Bochum: AKS.

Grotjahn, Rüdiger (ed.) (2006): *Der C-Test: Theorie, Empirie, Anwendungen.* Frankfurt am Main: Lang.

Grotjahn, Rüdiger/Klein-Braley, Christine/Raatz, Ulrich (2002): „C-Tests: an Overview". In: Coleman, J.A./Grotjahn, R./Raatz, U.: *University Language Testing and the C-Test.* Bochum: AKS, 93–114.

Kontra, Edit H./Kormos, Judit (2006): „Strategy use and the construct of C-tests". In: Grotjahn, R. (ed.): *Der C-Test: Theorie, Empirie, Anwendungen.* Frankfurt am Main: Lang, 121–138.

Süßmilch, Edgar: „C-Tests für ausländische Schüler: Sprachdiagnose im Unterricht Deutsch als Zweitsprache". In: Klein-Braley, C./Raatz, U. (eds.): *Fremdsprachen und Hochschulen 13/14: Thematischer Teil: C-Tests in der Praxis.* Bochum: AKS 1985, 72–82.

FÖRDERKONZEPTE UND -MASSNAHMEN
FÜR KINDERGARTEN, VORSCHULE UND PRIMARSTUFE

Das *Kieler Modell*: Sprachliche Frühförderung von Kindern mit Migrationshintergrund *

ERNST APELTAUER

> The thesis is that language when acquired
> changes cognition in important ways and
> opens up knowledge potentials
> not accessible without it.
> Katherine Nelson

Seit der Veröffentlichung der PISA-Ergebnisse wissen wir, dass Schüler mit vergleichbaren Voraussetzungen sehr unterschiedliche Kompetenzen entwickeln. Entscheidend dafür ist offenbar die Qualität der Lernangebote. Ergebnisse der Lernforschung besagen, dass „von der Beschäftigung mit inhaltsarmen, aus dem Kontext gerissenen Problemen (...) keine wirkliche Verbesserung der geistigen Kompetenzen zu erwarten ist." (Neubauer/Stern 2007, 191). Gilt das auch für sprachliche Frühförderung?

Wenn wir davon ausgehen, dass sprachliche Kompetenzen zu den „kognitiven Fähigkeiten" eines Menschen gehören, so folgt nach dem oben Gesagten, dass die Qualität der Sprachfördermaßnahmen mit darüber entscheiden wird, ob und in welcher Weise geförderte Kinder davon profitieren. Und wir dürfen annehmen, dass eine Beschäftigung mit inhaltsarmen, aus dem Kontext gerissenen Problemen wenig wirksam sein wird.

Sprachfördermaßnahmen werden heute an vielen Orten in der Bundesrepublik angeboten. Glaubt man den Erfahrungsberichten, sind alle erfolgreich. Aber: Führen alle Wege nach Rom? Es gibt große qualitative Unterschiede. Nur wenige Sprachfördermaßnahmen wurden oder werden wissenschaftlich begleitet oder evaluiert. Das *Kieler Modell* wurde auf der Grundlage wissenschaftlicher Erkenntnisse

---

* Für Hans Barkowski – nachträglich – zum runden Geburtstag.

konzipiert, über einen Zeitraum von zweieinhalb Jahren wissenschaftlich begleitet und es wird gegenwärtig evaluiert.

Die Ausgangslage

Initiiert und eingerichtet wurde das *Kieler Modell* gegen Ende des Jahres 2002 durch das Jugendamt der Stadt Kiel. Zu diesem Zeitpunkt waren in einer städtischen KITA nur noch Kinder aus Zuwandererfamilien angemeldet worden,[1] die über keine oder nur sehr geringe Deutschkenntnisse verfügten. Es galt also, für diese Kinder ein Förderkonzept zu entwickeln. Einerseits sollte das Fehlen deutscher Spiel- und Gesprächspartnerinnen und -partner ausgeglichen werden, andererseits die sprachliche Entwicklung angeregt und stimuliert werden, damit die Kinder ihre Zweitsprache Deutsch entwickeln und später am Unterricht in deutscher Sprache erfolgreich teilnehmen können.

Als Grundlage für die Konzeption des Modells dienten Forschungsergebnisse aus den Bereichen Hirnforschung und früher Zweitspracherwerb. Die daraus sich ergebenden Überlegungen wurde mit dem Jugendamt der Stadt Kiel erörtert. Statt der ursprünglich gewünschten intensiven *Wortschatzvermittlung* wurde als Schwerpunktthema für die Förderung das *Anbahnen von Literalität* gewählt.[2] Es wurde der Zusammenhang zwischen kognitiver und erst- und zweitsprachlicher Entwicklung herausgearbeitet und auf die Notwendigkeit verwiesen, die Eltern für eine konstruktive Zusammenarbeit zu gewinnen.

Das Förderkonzept sollte mit einer Gruppe von 15 türkischen Kindern im Alter von 3,5 bis 5 Jahren[3] erprobt und entwickelt werden. Es ging also von Anfang an nicht nur um ein am grünen Tisch konzipiertes Modell, das wissenschaftlich begleitet und evaluiert werden sollte, sondern um Überlegungen, deren Effizienz sich in der Praxis zu bewähren hatten und die im Laufe der Zeit überarbeitet und bedarfsorientiert modifiziert werden sollten. Mit anderen Worten: Es sollten konzeptionelle Anregungen umgesetzt und ihre Wirksamkeit in der Praxis überprüft werden. Gleichzeitig sollten Entwicklungsprozesse der Kinder dokumentiert und analysiert werden. Im Sinne der Handlungsforschung sollte auch über Beobachtungen und Einsichten (in beiden Bereichen) Rückmeldungen an die Eltern und an die Erzieherinnen gegeben werden, einerseits, um das Modell zu optimieren,

---

[1] Zehn Jahre zuvor betrug der Anteil an deutschen Kindern in dieser KITA noch 50%.

[2] Vgl. dazu Apeltauer 2003 und 2004a.

[3] Die Gruppe war verkleinert worden, um eine bessere Betreuung zu ermöglichen. Die Betreuung erfolgte sechs Stunden pro Tag, fünf Tage in der Woche.

andererseits, um den Eltern und Erzieherinnen ergänzende Informationen über die Entwicklung der Kinder zu übermitteln und so ein angemessenes Handeln zu ermöglichen.

Die Laufzeit des Modells wurde auf zwei ein halb Jahre (Januar 2003 – Ende Juni 2005) festgesetzt. In dieser Zeit sollten entsprechende Maßnahmen durchgeführt und die sprachliche Entwicklung der Kinder erfasst und dokumentiert werden.[4] Es war uns auch möglich, einen Teil der Kinder nach Abschluss des Modells während ihres ersten Schuljahres zu begleiten, zu beobachten und Daten sowohl im Unterricht als auch im Anschluss an den Unterricht zu erheben.[5] Insgesamt liegen für sechs der 15 Kinder sprachliche Daten über einen Entwicklungszeitraum von dreieinhalb Jahren vor.

Die Ausgangsfragen lauteten:

1. Wie kann man diese Kinder motivieren, Deutsch zu lernen?
2. Wie kann die sprachliche Entwicklung der Kinder angeregt werde?
3. Wie kann die beginnende Zweisprachigkeit für die sprachliche Entwicklung genutzt werden?

Folgende Überlegungen haben bei der Konzeption des Modells eine Rolle gespielt:[6]

- Die Vermittlung der Zweitsprache genügt nicht, um Kinder aus bildungsfernen Familien schulfähig zu machen. Solche Kinder benötigen vor Schuleintritt zusätzliches „Weltwissen". Denn Kinder, die viel wissen, können sich auch an mehr erinnern. Fehlendes Weltwissen erschwert dagegen im Unterricht das Verstehen und Speichern und ist später kaum mehr kompensierbar (vgl. Stern 2003: 11; Kretschmann/Rose 2002: 3).
- Weil Weltwissen über die Erstsprache schneller und differenzierter aufgenommen und verarbeitet werden kann als über eine erst im Aufbau befindliche Zweitsprache, sollte die Erstsprache gezielt zur Vermittlung von Weltwissen genutzt werden. Das bedeutet: Eltern müssen von Anfang an in die Fördermaßnahmen einbezogen und für eine Kooperation gewonnen werden.

---

[4] Daten in einer ursprünglich geplanten Kontrollgruppe (ohne gezielte Sprachförderung) konnten leider aus finanziellen Gründen nicht erhoben werden.

[5] Das sind neben Tonaufnahmen auch Beobachtungs- und Gedächtnisprotokolle sowie Protokolle von Reflexionsgesprächen mit Lehrkräften und Eltern.

[6] Die Konzeption des *Kieler Modells* wurden von mir formuliert. Das Modell wurde nach seiner Einrichtung von Anfang 2003 bis Ende Juni 2005 wissenschaftlich begleitet.

- Im Sinne eines „empowerments"[7] (d.h. einer Erhöhung des Selbstvertrauens und des Selbstwertgefühls der Zuwanderer und ihrer Kinder) sollte die Erstsprache und die Herkunftskultur auch im Kindergarten einen Platz haben, weil Explorations- und Lernverhalten durch Selbstvertrauen und ein hohes Selbstwertgefühl begünstigt werden.[8]
- Eltern sollten durch Aufklärungs- und Fortbildungsarbeit dazu angeregt werden, ihren Kindern Literalitätserfahrungen zu Hause (in der Erstsprache) zu ermöglichen. Dazu wurde ihnen gezeigt, wie man interaktiv vorliest und Kinder durch Fragen und geschicktes Paraphrasieren von Aussagen der Kinder zum Erzählen anregen kann.
- Weil die Erstsprache beim Gebrauch der Zweitsprache immer aktiviert wird,[9] sollten die Sprachen immer wieder aufeinander bezogen und Vergleiche zwischen beiden Sprachen angeregt werden.
- Bei der Vermittlung des Wortschatzes in der Zweitsprache sollte darauf geachtet werden, dass nicht isolierte Wörter mit Einzelbedeutungen vermittelt werden,[10] sondern Wörter mit Interaktions- oder Erzählkontexten, so dass sich „lebendige Bedeutungen" entwickeln können, weil Gedächtnisleistungen durch eine gute Vernetzung und tiefe Verarbeitung verbessert werden können (vgl. Apeltauer 2006c; Beispiele für eine Vermittlung von „lebendigen Bedeutungen" findet man bei Rosten 2002).
- Durch eine Parallelisierung der zu behandelnden Themen (Geschichten) sollten Bedeutungsstrukturen zuerst in der Erstsprache aktiviert und differenziert werden, so dass von den Kindern bei ihrem Zweitspracherwerb auf diese Strukturen und das damit vermittelte Wissen zurückgegriffen werden konnte. Auf dieser Basis würde dann (so hofften wir) eine natürliche Motivation zur Differenzierung von zweitsprachlichen Bedeutung entstehen. Ein solches Vorgehen sollte z.B. dadurch induziert werden, dass Geschichten zu Hause

---

[7] Vgl. dazu Cummins (2000), Apeltauer (2004a, 2006b).

[8] Konkret bedeutete das, dass die Eltern z.B. in der Vorweihnachtszeit in der Modellgruppe türkische Märchen (auf Türkisch!) vorgelesen haben. Sie haben ein Stück für Stabpuppen (Hacivat und Karagöz) selbst geschrieben und im Kindergarten auch inszeniert. Weitere Beispiele findet man in Apeltauer (2006b).

[9] Vgl. dazu Vogelmann (2003); Sundermann/Kroll (2006).

[10] Im Rahmen von Sprachfördermaßnahmen wird häufig ein „Wortschatztraining" durchgeführt, das auf das Memorieren von Einzelwörtern zielt. Dazu werden u.a. *Memorys* oder *Bildkarten* eingesetzt. Wenn Wörter aber isoliert vermittelt und nicht vernetzt werden, werden sie auch nur oberflächlich gespeichert und schnell wieder vergessen. Und auch die Anwendungsmöglichkeiten bleiben eingeschränkt.

zunächst auf Türkisch und später im Kindergarten (leicht modifiziert) auf Deutsch vorgelesen werden.

- Untersuchungen haben gezeigt, dass bei der Kommunikation in einer fremden Sprache mehr sprachliche Formeln verwendet werden als in einer Erstsprache. Mit Hilfe von Formeln können Lerner syntaktische Strukturen und morphologische Besonderheiten der Zielsprache erschließen (vgl. Aguado 2002). Darum sollten lernerspezifische Formeln vorübergehend toleriert und konventionalisierte Formeln auch gezielt vermittelt werden.[11]

- Als Vorbereitung auf die Schule, aber auch aus lernpraktischen Gründen (Wiederholbarkeit, Bewusstmachung von Formaspekten) sollte ein Schwerpunkt der sprachlichen Förderung im *Anbahnen von Literalität* bestehen. Man hat z.B. nachweisen können, dass durch lautes Vorlesen inzidentielles Wortschatzlernen möglich ist und dass dabei Kinder mit einem geringeren Wortschatz mehr profitieren, als Kinder mit einem größeren Wortschatz (vgl. Elley 1989). Ein solcher Wortschatzzuwachs beträgt (bei mehrmaligem Vorlesen) zwischen 15 % und 30 % (ebd. 178 f.).

- Die (mündliche) Rezeption literaler Texte erzeugt sprachliche Strukturen, „die wiederum als Voraussetzung für die weitere Ausdifferenzierung sprachlicher Kompetenzen genutzt werden können." (Pätzold 2005: 70)

- Literalitätserfahrungen haben zudem Rückwirkungen auf die Sprachverarbeitung und den Sprachgebrauch. Stärker als zum Verstehen gesprochener Sprache muss man zum Verstehen von geschriebener Sprache Informationen strukturieren und verknüpfen und man muss Referenzhinweise erschließen können (vgl. dazu auch Schmidlin/Feilke 2005: 10 ff.).

- Durch den übenden Umgang mit einer differenzierteren und abstrakteren (Schrift-) Sprache lernen Kinder auch abstrakter zu denken und abstraktere Vorstellungen zu bilden (vgl. Singer 2001: 7; Senghas/Kita/Özyürek 2004). Kurz: Die Sprachentwicklung treibt die kognitive Entwicklung voran und da die Erstsprache i.d.R. altersgemäß entwickelt ist, sollte die Erstsprache auch so lange als Motor für die kognitive Entwicklung genutzt werden, bis die Zweitsprache das Niveau der Erstsprache erreicht hat und deren Funktion übernehmen kann.

- Vorschulkinder verfügen i. d. R. über eine kürzere Konzentrationsspanne als ältere Kinder. Sie sind aber in der Lage, sich längere Zeit zu konzentrieren,

---

[11] Lernerspezifische Formeln sind oftmals Vereinfachungen, die aber vorübergehend ihren Zweck erfüllen, z.B. *Was das?* statt *Was ist das?* Konventionalisierte Formeln, die von den Kindern aufgegriffen, aber ihnen auch gezielt vermittelt wurden, waren z. B. *sag noch mal, du bist dran, kannst du mir helfen?*

wenn sie eine Sache interessiert. Dann sind sie kaum abzulenken. Darum sollten Interessen der Kinder ermittelt und aufgegriffen und im Rahmen der Fördermaßnahmen entsprechende Angebote (z. B. für Kleingruppenarbeit) gemacht werden.

- Es wurden darum Lernstationen eingerichtet. Diese durften von den Kindern interessengeleitet aufgesucht und genutzt werden. So sollen die Kinder – parallel zu den thematischen Angeboten in der Großgruppe [12] und den Fördermaßnahmen in den Kleingruppen [13] – Themen auch eigenständig bearbeiten und vertiefen können. Durch den Medieneinsatz (insbesondere die „Hörstation") sollten die Kinder auch die Möglichkeit haben, einen vielfältigen sprachlichen „Input" aufzunehmen. Das Fehlen deutscher Kinder sollte dadurch möglichst weitgehend ausgeglichen werden.

Um auf dieser Grundlage eine Konzeption zu entwerfen und einen Konsens zu erzielen, bedurfte es vorbereitender Maßnahmen: Einer vorlaufende Fortbildung, damit über die vorgeschlagenen Ziele (das Anbahnen von Literalität, das Einbeziehen der Erstsprache und die Zusammenarbeit mit Eltern) Klarheit bestand und eine projektbegleitende Fortbildung, in deren Rahmen Beobachtungen und Fragen aufgegriffen und systematisch bearbeitet werden konnten. Im Sinne der Handlungsforschung sollten neue Erkenntnisse auch an die Erzieherinnen und Eltern weitergegeben werden. So ergaben sich drei Entwicklungsphasen:

- Eine **einleitende Fortbildungphase**, in der die am Projekt beteiligten Erzieherinnen und Fachberaterinnen über die Entwicklung von Erst- und Zweitsprache, über den Zusammenhang von kognitiver Entwicklung und Spracherwerb sowie über die Funktion von Literalität beim Spracherwerb informiert wurden. Diese Phase dauerte von November 2002 bis April 2003 (vgl. dazu Apeltauer 2003).

- Eine **zweite, modellbegleitende Phase**, in der Fortbildung teilweise explizit stattfand (im Rahmen von ein-, aber auch mehrtägigen Fortbildungsveranstal-

---

[12] Das waren die üblichen Aktivitäten: Kennenlernspiele (mit Luftballons), Handabdrücke machen, Lieder singen, mit Fingerfarbe malen und Bilder ans Fenster hängen, Körperspiele, Zungenspiele, Geburtstag feiern, Jahreszeiten, Zahnpflege, Besuch in der Stadtteilbücherei (mit Müttern) etc.

[13] An Kleingruppensitzungen nahmen meist zwei (maximal drei) Kinder teil. Sie wurden in einem gesonderten Raum durchgeführt und für Tonaufnahmen genutzt. In solchen Sitzungen wurde vor allem aus Lieblingsbüchern der Kinder (interaktiv) vorgelesen oder der Inhalt von Geschichten nacherzählt oder fabulierend variiert. Kinder berichteten in diesem Kontext auch über ihre Alltagserfahrungen. Und sie brachten auch Spiele mit, die zumeist nach dem Vorlesen gespielt wurden.

tungen), teilweise aber auch implizit (im Rahmen von Reflexionsgesprächen). Diese wurden im Abstand von drei bis vier Wochen durchgeführt. An ihnen nahmen neben den Erzieherinnen und den teilnehmenden Beobachterinnen [14] regelmäßig (in etwas größeren Abständen) auch die Fachberaterinnen teil. Die Reflexionsgespräche dienten einerseits der Absicherung von Beobachtungen und Eindrücken, andererseits aber auch zum Sammeln von Schlüsselsituationen. [15] Daneben wurden aber auch Missverständnisse bearbeitet oder es wurde zu weiteren Aktivitäten (z.B. Einbeziehung von Vätern als Vorleser in der Kita, nachdem mehrere Mütter gewonnen werden konnten) angeregt. Für die Eltern fanden pro Halbjahr zwei Fortbildungsabende statt, an denen Fortschritte der Kinder anhand von Produkten der Kinder aber auch anhand von Videoaufnahmen dokumentiert wurden. Außerdem hatten die Eltern die Möglichkeit, sich an Waldspaziergängen zu beteiligen und in Einzelgesprächen sich über erste Ergebnisse unserer Datenauswertungen und Beobachtungen informiert zu lassen.

• Die dritte Phase (**Evaluationsphase**) dient der Auswertung der erhobenen Daten und der Begleitung eines Teils der Kinder [16] während ihres ersten Schuljahrs. Dazu wurden die Kinder während des Unterrichts beobachtet. In anschließenden Reflexionsgesprächen mit den Kindern und den eingesetzten Lehrkräften wurden Beobachtungen und Eindrücke geklärt oder modifiziert. Zusätzlich fanden ergänzende Elterngespräche statt.

Da das Transkribieren größerer Datenmengen ein zeitaufwändiger Prozess ist, konnten die Transkriptionen aus dem Modellversuch erst im Sommer 2007 abgeschlossen werden. Mit anderen Worten: Die Evaluationsphase dauert gegenwärtig noch an. [17]

---

[14] Die teilnehmenden Beobachterinnen (künftig TB) waren zwei Doktorandinnen und eine Diplomstudentin, die abwechselnd jeweils einmal in der Woche am Gruppenleben teilnahmen und sich während dieser Zeit mit zwei oder drei Kindern in einen gesonderten Raum zurückziehen konnten, um vorzulesen, mit den Kindern zu spielen oder Gespräche zu führen. Die Aktivitäten wurden in der Regel von den Kindern vorgeschlagen. Nach Möglichkeit wurden bei solchen Kleingruppensitzungen auch Tonaufnahmen gemacht.

[15] Unter Schlüsselsituation verstehen wir Situationen, die Aufschluss über Entwicklungsprozesse geben. Wenn ein Kind z.B. neue sprachliche Formen entdeckt oder durch Nachfragen zu erkennen gibt, dass es etwas „ent- deckt" hat (vgl. dazu Carr 2001, Apeltauer 2004b).

[16] Sechs Kinder wurden auf zwei Schulen verteilt und konnte von uns weiter beobachtet werden. Andere Kinder der Gruppe sind mit ihren Eltern weggezogen oder besuchen entferntere Schulen, so dass eine weitere Beobachtung für uns nicht mehr möglich war.

[17] Der Abschlussbericht wird voraussichtlich im Herbst oder Winter 2007 vorliegen.

Ziele und Maßnahmen

Eines der Hauptziele der Fördermaßnahme war es, den Kindern positive Erfahrungen mit Lesen und Schreiben zu vermitteln. Die Kinder sollten merken, dass Lesen Spaß machen kann und dass beim Lesen und Schreiben andere sprachliche Formen gebraucht werden als beim Sprechen. Und weil es in der Gruppe keine deutschen Spielkameradinnen und -kameraden gab, sollte ein deutscher „Patenkindergarten" gefunden werden, in dem überwiegend deutsche Kinder sind. Durch gegenseitige Besuche sollte eine Motivation zum Deutschlernen aufgebaut werden.[18] Außerdem sollten Lern- und Medienstationen eingerichtet werden, die die Kinder interessengeleitet aufsuchen und nutzen können sollten. Eingerichtet wurden

- eine **Bücher- und Leseecke** mit einem Bücherregal und bequemen Sitzgelegenheiten; im Bücherregal waren sowohl türkische als auch deutsche Kinderbücher zu finden; alle Bücher waren ausleihbar,[19]
- eine **CD-Station mit zwei Funkkopfhörern** zum Abhören von Kinderliedern, Reimen, Zungenbrechern und Hörbüchern (vgl. Abb. 1),[20]
- eine **Schreib- und Malecke** mit entsprechenden Utensilien,
- eine **Magnettafel mit Buchstaben,** wo die jüngeren Kinder mit Hilfe der Buchstaben Muster legten und die älteren Kinder damit begannen, ihre Namen zu „schreiben",[21]

---

[18] Eine solche Kindergartengruppe wurde zwar gefunden. Der erwünschte Kontakt kam aber nicht zustande.

[19] In die deutschen Bücher wurde auf jeder Textseite ein türkischer Text eingeklebt, damit Eltern, die in den Kindergarten kamen und Zeit und Lust hatten, auf Türkisch vorlesen konnten. Zusätzlich wurde für Eltern türkische Unterhaltungsliteratur beschafft, so dass auch Eltern Bücher im Kindergarten ausleihen konnten. Wir wollten, dass die Eltern zu Hause eine Vorbildfunktion übernehmen. In den meisten Fällen ist das auch gelungen.

[20] Die CD-Station wurde im März 2003 (nach der Eingewöhnungsphase) eingerichtet. Es wurden CDs mit deutschen und türkischen Kinderliedern, mit Reimen und Rätseln zur Verfügung gestellt sowie Hörbücher, die von den Lieblingsbüchern der Kinder hergestellt worden waren. Die deutschen „Hörbücher" wurden von den Erzieherinnen der Gruppe und deren Bekannten besprochen, die türkischen Versionen der „Hörbücher" von türkischen Eltern, später auch von älteren Geschwistern der Kinder. Die Verweildauer an dieser Station war anfangs nur kurz (ca. 5 Minuten pro Tag). Bereits ein halbes Jahr später stieg die Verweildauer auf 15 bis 20 Minuten pro Tag. Manche Kinder hörten ein Hörbuch mehrmals am Tag. Einige Kinder sprachen dabei halblaut mit, ohne dass sie je dazu aufgefordert worden wären.

[21] Die Magnettafel wurde im Juni 2003 angeschafft. Es dauerte nicht lange, bis die Kinder entdeckt hatten, dass es keine „türkischen Buchstaben" gibt, sie ihre Namen also nicht korrekt „schreiben" konnten. Die Eltern haben schnell Abhilfe geschaffen. Nach kurzer Zeit hatten wir neben den deutschen Buchstaben auch (von den Eltern gefertigte) türkische Buchstaben. Die

- eine **Wandzeitung,** auf der kollektive Diktate (z.B. vom Waldspaziergang oder ein Brief an ein krankes Kind) festgehalten und „besondere Erlebnisse" mit Fotos und Zeichnungen dokumentiert wurden. Diese „Wandzeitung" wurde bis zum nächsten Ausflug im Gruppenraum aufgehängt,
- seit September 2004 auch **Computer** mit dem **Lernprogramm „Schlaumäuse"**,

Abb. 1: Hörstation

- auf Wunsch der Kinder wurden auch **Briefkästen** eingerichtet.[22]
- In einem **Kleingruppenraum** wurden zudem zwei bis drei Kinder an zwei bis drei Vormittagen pro Woche von jeweils einer teilnehmenden Beobachterin (TB) oder von einer Lesepatin betreut. In diesem Kontext wurde vor allem erzählt, interaktiv vorgelesen und über Alltagserfahrungen berichtet, aber auch gesungen und gespielt.

Abb. 2: Brief an ein krankes Kind wird unterschrieben

Neben der Bücher- und Leseecke gab es also einen Kleingruppenraum, in den die TB sich mit einzelnen Kindern oder Kleingruppen zurückziehen konnten, um dort interaktiv vorzulesen oder auch zu spielen und Tonaufnahmen zu machen. An

---

Magnettafel faszinierte alle Kinder, nicht nur die älteren, sondern auch die jüngern. Während die Vier- und insbesondere die Fünfjährigen schon anfingen, einzelne Wörter zu „schreiben" oder Buchstaben zu benennen, die sie schon kannten, hatten die Dreijährigen einfach Freude am anheften von „Buchstabenmustern". Alle Kinder der Gruppe waren stolz auf die von ihnen hergestellten „Produkte".

[22] Kinder hatten gesehen, dass die Eltern einen Briefkasten vor dem Gruppenraum hatten. Sie wollten auch Briefkästen. Nachdem diese (nach ihrer Anweisung!) hergestellt worden waren, malten oder zeichneten sie „Postkarten" und versahen sie mit ihrer Unterschrift, einem (oder mehreren) Buchstaben, teilweise auch schon mit ihrem Namen oder einem Krakel und steckten diese Karte dann in den Briefkasten einer Erzieherin. Diese musste darauf antworten. Wenn sie es vergaß, wurde sie von den Kindern daran erinnert.

einem Vormittag in der Woche übernahm diese Arbeit eine bilinguale (türkisch-deutsche) TB, die sich mit den Kindern (vor allem während der ersten Monate) in der Erstsprache Türkisch unterhielt und auch zunächst in dieser Sprache erzählte und vorlas. Mit zunehmendem Sprachstand in der Zweitsprache Deutsch wurde jedoch mehr und mehr auf Deutsch gesprochen, vorgelesen und kommentiert. An einem zweiten Vormittag in der Woche wurden die Kinder von einer deutschen TB betreut, die über keine Türkischkenntnisse verfügt, so dass die Kinder mit ihr von Anfang an nur Deutsch sprechen konnten. Das Deutschsprechen wurde allerdings dadurch erleichtert, dass die von den Kindern gewählten Geschichten oder Bücher[23] meist schon in der Erstsprache behandelt worden waren. Eine Lesepatin nutzten den Kleingruppenraum an einem dritten Vormittag. Auch sie ging auf Vorlesewünsche der Kinder ein. Und natürlich hatten auch die beiden Erzieherinnen die Möglichkeit, sich bei Bedarf mit einer Kleingruppe in diesen Raum zurückzuziehen.[24]

Über welche Ergebnisse kann berichtet werden?

In den ersten drei Monaten des Jahres 2003 wurden die meisten Bilderbücher auf Türkisch „vorgelesen" und kommentiert. Im April 2003 brachten die älteren Kinder ihre Lieblingsbücher erstmals zur deutschen TB in den Kleingruppenraum und wollten sie nun auf Deutsch vorgelesen bekommen. Die Geschichten waren bis dahin nur auf Türkisch erzählt oder vorgelesen worden.[25] Jedes der Kinder kannte die Geschichten – auf Türkisch. Es war auffallend, dass die Kinder in der Kleingruppe alle aufmerksam zuhörten, wenn auf Deutsch erzählt oder vorgelesen wurde. Sie versuchten wiederzuerkennen. Und sie steuerten ihren Teil zur Geschichte bei, anfangs nur Einzelwörter auf Nachfragen der TB, später spontan z. T. auch schon mehrere Wörter.

---

[23] Die Kinder durften in die Kleingruppe Bücher mitbringen, die gemeinsam betrachtet und aus denen vorgelesen wurde. Bereits Mitte Mai 2003 hat ein Kind die Rollen getauscht und den TBs (anfangs auf Türkisch, ab Mitte Juni 2003 zunehmend auch auf Deutsch) „vorgelesen", wobei es mit seinem Zeigefinger die Zeilen entlangfuhr, wie seine großen Vorbilder und einen „Leseton" annahmen, d.h. langsamer und deutlicher sprach und dabei penibel auf sprachliche Korrektheit achtete.

[24] Eine dieser Erzieherinnen war ebenfalls bilingual (Türkisch und Deutsch), die zweite Erzieherin hatte Grundkenntnisse im Türkischen, konnte also vieles von dem, was die Kinder auf Türkisch sagten, verstehen und so den Anfang erleichtern.

[25] Es handelt sich dabei um *Raupe Nimmersatt*; *Wer hat mir auf den Kopf gemacht?* und *Zilly die Zauberin*.

Die Kinder waren bereits zu diesem Zeitpunkt in der Lage, ihre Erzählung mit einer Eröffnungsformel zu beginnen, z.b. mit der im Türkischen typischen Märcheneröffnungsformel[26] oder mit einem kurzen „okej", wenn sie deutsch sprachen, womit sie signalisierten, dass sie nun die Sprecherrolle übernehmen wollten.

Deutlich erkennbar waren die Vorgaben, an denen sich die Kinder orientierten. Einerseits waren das die Ereignisabfolgen der Geschichten, die sozusagen als roter Faden dienten, andererseits stützten sich die Kinder auf einzelne Wörter und sprachliche Formeln, die sie sich zu einzelnen Szene gemerkt hatten. Dadurch gelangen ihnen beim Erzählen schon längere Äußerungen als z.b. in ihrer spontanen Alltagsrede. Allerdings wurde das gemeinsame Erzählen in dieser Zeit noch durch Fragen der TB eingeleitet und durch Nachfragen weiter entwickelt. Alleine waren die Kinder noch nicht in der Lage, Geschichten auf Deutsch zu erzählen.

Es gab Kinder, die sprachliche Formeln wie „ich hab Hunger" oder „ich hab Bauchschmerzen"[27] im Mai schon flüssig artikulieren konnten und diese Formeln auch schon praktisch erprobten.[28] Es gab daneben aber auch Kinder, die mit der Aussprache deutscher Wörter noch erhebliche Schwierigkeiten hatten und einzelne Wörter oft kaum verständlich artikulierten. Dennoch versuchen auch diese Lerner, ihre Möglichkeiten zu nutzen und – mehr oder weniger – eigenständige Äußerungen zu produzieren. Zweifellos wird hier das gemeinsame Erzählen und das interaktive Vorlesen zum Motor für die Zweitsprachentwicklung und zwar sowohl im Bereich der Artikulation, des Wortschatzes als auch der syntaktischen Entwicklung.

Auffallend war während dieser Zeit, dass Wörter, die scheinbar schon beherrscht wurden, offenbar wieder in Vergessenheit gerieten. So hatten viele Kinder die meisten Obstsorten, die sie im Rahmen einer Raupe-Nimmersatt-Inszenierung nachweislich beherrscht hatten, nach zwei Monaten wieder vergessen. Alle Kinder hatten während dieser Zeit noch große Probleme mit der Aussprache deutscher Wörter. Ein Teil der Kinder scheint diese Phase nach drei bzw. vier Monaten

---

[26] Sie lautete bei einem der Kinder: "bir yokmuş bir varmış, evvel zaman içinde kalbur zaman içinde sihirbaz Zilly yaşıyormuş." Was man übersetzen kann mit: „Es war kein mal, es war einmal, vor langer Zeit, im Sieb der Zeit, da lebte eine Zauberin mit Namen Zilly."

[27] Aus *Raupe Nimmersatt.*

[28] Ein Kind brachte Verwirrung in die Gruppe, als es eines Morgens mit dem wiederholten Ruf „Ich habe Bauchschmerzen" durch die Kita lief und sich dabei vor Schmerz zu krümmen schien, so dass die Erzieherinnen schon überlegten, ob sie das Kind zum Arzt bringen sollten. Die türkische Erzieherin fragte das Kind schließlich auf Türkisch, worauf sich herausstellte, dass es nur gespielt hatte – allerdings überzeugend.

überwunden zu haben. Andere Kinder kämpfen auch noch nach neun und mehr Monaten mit der deutschen Aussprache. Wir führen das rasche Vergessen schon beherrschter Wörter auf das Einhören in die fremde Sprache und die damit verbundene Neukalibrierung der Artikulation zurück.[29] Mit anderen Worten: Wer mit dem Einhören in eine fremde Sprache beschäftigt ist und mit der Neuanpassung seiner Artikulation, hat weniger Kapazitäten für den Wortschatzerwerb.

Mitte April 2003 wurde die Geschichte vom Maulwurf, dem man auf den Kopf gemacht hat, von einem der Kinder mit folgenden Äußerungen erzählt:

(1) hast du mir (auf den) kopf gemacht?

(2) nein ich mach so

(3) geht (zum) maulwurf/geht sie (zum)…vogel/pferd/hase/ziege/Kuh/schwein/fliege/hund[30]

Zusätzlich taucht um diese Zeit erstmals eine Formel bei einem Kind auf, die von den Erwachsenen zur Interaktionssteuerung verwendet wird: „gehen wir weiter?" als Überleitung beim Umblättern.

Parallel zum Erzählen und Lesen lassen sich bereits Mitte März 2003 bei einzelnen (fünfjährigen) Kindern erste Schreibversuche beobachten. Ihre Bemühungen galten zunächst dem eigenen Namen, wobei zumeist mit Vokalen wie E oder A begonnen wird. Angeregt wurden sie dazu offensichtlich durch Feldnotizen der TB, die sie beobachtet hatten.

Um die Kinder an Tätigkeiten für die Gemeinschaft heranzuführen, werden in Kindergärten Wochenpläne erstellt und die Kinder, die eine Tätigkeit ausführen sollen, werden auf einem solchen Plan mit Hilfe von „Klammern" markiert. Für jedes Kind gibt es eine Klammer. Bis dahin hatten die Klammern verschiedene Symbole (z. B. eine Sonne). Jedes Kind kannte sein Symbol und wusste so, wann es an der Reihe war. Mit der Einführung des Literalitätsschwerpunktes wurden diese Symbole in der Gruppe durch die Namen der Kinder ersetzt. Als nun gemeinsam ein Brief an ein krankes Kind geschrieben (bzw. gemeinsam diktiert) worden war, wollten die Kinder „ihren Brief" auch unterschreiben. Die jüngeren Kinder

---

[29] Gerade darum erscheinen uns Fördermaßnahmen, die ein halbes Jahr (vgl. SPRINT in Schleswig-Holstein) oder ein Jahr (vgl. FIT in Deutsch in Niedersachsen) dauern, unzureichend, weil bei solchen Maßnahmen die Einhör- und Artikulationsphase, die übrigens bei monolingualen Kindern über ein Jahr dauert, nicht berücksichtigt wird.

[30] Die Kleinschreibung erfolgt hier, um Leser daran zu erinnern, dass es sich hier um gesprochene Sprache handelt. Die Wörter in Klammern wurden ausgelassen. Sie waren von dem Kind zu diesem Zeitpunkt noch nicht reproduzierbar, d.h. noch nicht in Reichweite seiner Entwicklung.

machten dazu entweder eine Art Kreuz oder ahmten eine Unterschrift, die sie irgendwo gesehen hatten, nach. Einzelne (ältere) Kinder der Gruppe gingen zum Wochenplan und schrieben ihren Namen sorgfältig von einer der Klammern ab, kamen zurück und unterschrieben dann ganz stolz mit ihrem Namen (vgl. Abbildung 2).

Nachdem im Juni 2003 die Magnettafel eingeführt worden war, gab es bald Kinder, die an der Magnettafel versuchten, ihre Namen zu „schreiben" oder sich von einer der beiden Erzieherinnen helfen ließen, um ihren Namen richtig zu schreiben. Wichtig war dabei, dass die Impulse zum Lernen von den Kindern ausgingen und sie nicht zu etwas genötigt wurden, was sie nicht interessierte.

Es dauerte nur wenige Monate, bis Kinder nicht nur ihren eigenen Namen, sondern auch andere Namen der Gruppe lesen konnten. Und es war dann ganz natürlich, dass diese Kinder auch die Namen anderer Kinder „schreiben" wollten. Beobachtet wurde dabei folgender Fall: Ein Junge wollte seinen Namen und den Namen seines Freundes an der Magnettafel schreiben. Da in beiden Namen ein *H* vorkommt und jeder Buchstabe auf der Magnettafel nur einmal vorhanden war, fehlte ein zweites *H* für den Namen des Freundes. Zunächst nahm er das *H* aus seinem Namen heraus und setzte es an die richten Stelle des anderen Namens ein. Doch die Lösung gefiel ihm nicht. Nach kurzem Überlegen ging er in die Schreibecke, „malte" ein *H*, schnitt es aus und klebte es mit Spucke an die Magnettafel, so dass nun beide Namen vollständig zu lesen waren. Stolz zeigte er sein Werk einer Erzieherin.

Im August 2003 wurde folgende Szene aufgezeichnet: Die Gruppe saß in der Morgenrunde. Es sollten Arbeiten auf dem Wochenarbeitsplan verteilt werden. Gewöhnlich zieht eine Erzieherin dazu eine Klammer und liest dann den Namen des Kindes vor. Dasjenige Kind, dessen Name vorgelesen wurde, darf sich dann einen Dienst für die nächste Woche aussuchen. Auch diesmal zieht eine Erzieherin eine „Klammer", bittet aber nun ein Kind aus der Gruppe der älteren Kinder, den Namen vorzulesen.

555.	Erzieherin:	so und wer ist das? (zeigt die Klammer einem neben ihr sitzenden Kind)
556.	Kind (liest langsam):	Orhan
557.	Erzieherin:	das ist richtig, das ist Orhan.
558.	Erzieherin (zu Orhan):	was möchtest du für eine aufgabe machen?

Während beim gemeinsamen Erzählen oder Vorlesen von Lieblingsbüchern (der sprachlichen Rezeption also) der Inhalt der jeweiligen Geschichte im Vordergrund stand und es primär um Unterhaltung ging,[31] erlebten die Kinder in solchen Planungskontexten oder auch im Rahmen von Reflexionsgesprächen am Tag nach Waldausflügen, wenn die Erzieherin die Kommentare der Kinder sammelte und nach ihren Anweisungen vor ihnen auf ein Plakat schrieb, die funktionale und produktive Seite von Schriftsprache.

Ausleihen von Büchern, CDs und Spielen

Von Anfang an waren alle Kinder begeistert darüber, dass Bücher ausgeliehen werden konnten. Nicht alle nutzten diese Möglichkeit in gleicher Weise. Doch die Mehrheit der Kinder entlieh ab April 2003 jedes Wochenende (oft auch während der Woche) ein Buch, später auch „Hörbücher" (CDs). Eltern berichteten, dass sie am Wochenende von ihren Kindern gedrängt wurden, vorzulesen. Und wenn das nicht klappte, dann guckten die Kinder die Bücher alleine an oder hörten die CD zum Buch. Es gab Kinder, die regelmäßig Spiele und Bücher ausliehen und andere Kinder, die vor allem Spiele haben wollten.

Wenn ein Kind an zwei Wochenenden kein Buch ausgeliehen hatte, wurde die Mutter angesprochen. In einem Falle erfuhren wir so, dass ein jüngerer Bruder des Kindes eines der mitgebrachten Bücher zu „essen" versucht hatte. Seither hatte die Mutter jedes ausgeliehene Buch zu Hause sorgfältig weggeschlossen, was dazu geführt hatte, dass ihr älterer Sohn keine Bücher mehr ausleihen wollte. Die Mutter konnte überzeugt werden, dass es für die sprachliche Entwicklung ihres Sohnes wichtig ist, dass an Wochenenden ein Buch angesehen werden kann und daraus vorgelesen wird. Und das hat dann auch geklappt.

Waldausflüge

Vom Juni 2003 an machte die Gruppe regelmäßig Waldausflüge. Immer am darauf folgenden Tag wurde mit den Kindern über die von ihnen gemachten Erfahrungen gesprochen. Gefragt wurde z.B. : *Was haben wir gesehen? Was haben wir gemacht?* Solche Reflexionsphasen sind nichts Ungewöhnliches im Kindergartenalltag. Neu war hier allerdings, dass die Äußerungen der Kinder aufgeschrieben wurden.[32]

---

[31] Bei einer Befragung zu Büchern äußerten sich Kinder aus der Gruppe im März 2004 folgendermaßen über Bücher: „kann man angucken, lesen und gemütlich machen". Bei einer zweiten Befragung im September 2004 ergänzten drei Kinder „kann man lernen"; vgl. Apeltauer (2006c).

[32] Dazu schrieb eine Erzieherin vor den Augen der Kinder mit einem dicken Filzstift auf ein großes Plakat, das später im Gruppenraum aufgehängt wurde, so dass in Morgenrunden wie-

Jede Äußerung eines Kindes wurde von der Erzieherin wiederholt, um sichern zu gehen, dass sie es auch richtig verstanden hat. Dann wurde gefragt, ob man das so oder vielleicht anders schreiben solle. Auf diese Weise wurden die Kinder schrittweise an schriftliche Sprachproduktion in der Zweitsprache herangeführt. Die Kinder prägten sich nicht nur „schöne" Formulierungen ein, sie konnten dabei auch auf formalsprachliche Besonderheiten hingewiesen werden, z.B. auf Pluralformen:

Erzieherin:	was hast du gestern gesehen?
Kind:	schwein
Erzieherin:	nur ein schwein oder viele schweine? (längere Pause)
	(begleitet Äußerungen nonverbal)
Erzieherin:	das waren viele schweine, ne also schreiben wir schweine
	(kurze Pause) (e betont gesprochen)

Nicht alles, was die Kinder erlebt hatten, konnten sie schon benennen. Ihr Bedürfnis, neue Objekte auch benennen zu können, machte sie aber aufnahmefähig für neue „Namen" (Wörter). Ein Kind erzählte z.B. im August 2003: *Wir haben so gemacht.* Es neigte dabei seinen Oberkörper vor und zurück. Die Erzieherin half. *Sag: Wir haben gewippt.* Auch wenn das Kind bei seiner Wiederholung noch die Vorsilbe ausließ (*wir wippt*), darf davon ausgegangen werden, dass sich dieses neue Wort (in seiner von der Erzieherin beiläufig korrekt wiederholten Form) nicht nur diesem einen Kind eingeprägt hat.

Schwierige Wörter waren für die Kinder in dieser Zeit vor allem Funktionswörter (Präpositionen, Pronomen). Teilweise wurden auch noch Verben oder Hilfsverb (z.B. *haben* bei der Bildung des Perfekts) ausgelassen. Auch hier bot das kollektive Diktat eine gute Gelegenheit, um den Kindern bewusst zu machen, wie es korrekt heißen sollte, z.B.

Kind sagt		Erzieherin schreibt auf und liest anschließend laut vor
(1) Pferd geht vier Beine	→	**ein** Pferd geht **auf** vier Beinen
(2) ich Mama spielen	→	ich **habe mit** Mama ge**spielt**
(3) **Eichhörnchen**[33] war Baum	→	**ein** Eichhörnchen war **auf einem** Baum

---

derholt darauf Bezug genommen werden konnte. Vgl. dazu auch Apeltauer (2004a, 150 ff).

[33] Das Wort *Eichhörnchen* war von der Erzieherin während des Waldspaziergangs eingeführt worden, ebenso *Rehe*. Die Kinder hatten die Tiere gesehen und am nächsten Tag, während der Reflexionsphase, noch vor ihren „geistigen Augen".

(4) **Rehe** so Hörner   →   Rehe haben Hörner. Die nennt man
                                  Geweih.

Da die Waldplakate nicht nur geschrieben, sondern in Morgenrunden auch Passagen immer wieder vorgelesen wurden, boten sich den Kindern viele Gelegenheiten, solche Formulierungen aufzunehmen und zu speichern. Dass das Verarbeiten und Speichern in solchen funktionalen Zusammenhängen tiefer und dauerhafter erfolgt, als in fragmentierten Zusammenhängen,[34] weil immer ein Bezug zu existenzunmittelbaren Lernererfahrungen vorhanden war, davon kann ausgegangen werden.

In einer Reflexionsphase nach einem Waldspaziergang kam beim Erarbeiten eines „kollektiven Diktats" einmal die Rede auf Schnecken.[35] Eines der Kinder hatte am Tag zuvor im Wald einige Schnecken entdeckt. Die Erzieherin erinnerte daran, dass eine davon eine ganz besondere Schnecke war.

Erzieherin:	was war das denn für eine schnecke? was hatte die für eine farbe?
Kind:	schwarz
Erzieherin:	und wie waren die anderen schnecken, die du gesehen hast?
Kind:	braun

Diese schwarze Schnecke machte die Kinder neugierig. Plötzlich wollten sie mehr über Schnecken wissen. Daraus entstand ein Kleinprojekt, an dem sich sechs Kinder der Gruppe beteiligten. Sie machten sich auf die Suche nach Schnecken, sammelten mehrere Tage lang Schnecken. Es wurde ein Vergrößerungsglas und eine kleine Glasplatte organisiert und die Schnecken genau betrachtet, von oben, von der Seite und – mit Hilfe der Glasplatte – auch von unten. Die Kinder dieser „Projektgruppe" entfalteten eine Ausdauer und einen Wissensdurst, der selbst die Erzieherinnen überraschte. Drei Wochen lang standen Schnecken auf dem Programm. Am Ende wurden Fotos gemacht und zu den Fotos kurze Texte verfasst (diktiert) und daraus ein Buch gemacht. Stolz präsentierten die Kinder ihr Werk und versuchten nun, ihre Eltern über Schnecken aufzuklären. Auch Kinder aus der eigenen Gruppe und aus Nachbargruppen wurden nun eingehend über Schnecken informiert. Dieser Mitteilungsdrang hat sich zweifellos auch positiv auf ihre sprachliche Entwicklung ausgewirkt. Im Rahmen des Projekts hatten sich die beteiligten Kinder viele neue Wörter (z.B. *Fühler, Schleim, kriechen*) angeeignet und auch Sachkenntnisse (z.B. *Schnecken trocknen in der Sonne aus.*) erworben.

---

[34] Man denke hier etwa an die in „DaZ-Boxen" und Übungsmaterialien gesammelten „fragmentierten Beschäftigungstherapien" (vgl. dazu auch das Zitat von Neubauer/Stern S. 1).

[35] Die Szene wurde im September 2004 videographiert.

Erstmals hatten Eltern Schwierigkeiten, deutsche Äußerungen ihre Kinder zu verstehen und sie ins Türkische zu übersetzen.

Zu einem späteren Zeitpunkt wurde in der Gruppe auch experimentiert. Es wurden z.b.Versuche mit einer Schüssel voll Wasser und mit einem umgestülpten Glas gemacht, in das zuvor trockenes Papier und ein Ball gelegt worden waren, um Luft wahrnehmbar zu machen. Die Kinder schauten zu und lernten die Vorgänge zu beschreiben. Das Experiment wurde zunächst von der deutschen Erzieherin durchgeführt, einige Tage später von der bilingualen (türkischen) Erzieherin. Bei der türkischen Beschreibung fiel ein Wort aus dem Rahmen. Das Schlüsselwort, das die Kinder zuvor beim Experimentieren gelernt hatten, lautete: *Luft*. Obwohl sie den türkischen Ausdruck für *Luft* (*hava*) kannten, verwendeten sie bei der türkischen Beschreibung plötzlich „Luft", sozusagen als Fachausdruck. Hier[36] zeigte sich, wie wichtig es ist, dass neue Begriffe nicht nur auf eine Sprache bezogen werden, dass es notwendig ist, Brücken zwischen beiden Sprachen zu schlagen, so dass Welt- und Erfahrungswissen über beide Sprachen abrufbar wird und beide Sprachen dichter miteinander vernetzt werden. Denn nur so kann das Potential, über das zweisprachige Kinder verfügen, auch nutzbar gemacht werden.

Beobachtungen während des ersten Schuljahres

Was haben die Kinder der Modellgruppe gelernt? Was fiel den Lehrkräften im ersten Schuljahr an diesen Kindern auf? Was konnten wir im ersten Schuljahr beobachten?

Übereinstimmend sagten die beiden befragten Lehrkräfte aus, dass die Kinder zuhören gelernt haben. Positiv vermerkt wurde auch, dass sie andere ausreden lassen. Sie halten sich also an Gesprächsregeln und bringen damit das in die Schule mit, was im ersten Schuljahr oft erst mühselig erarbeitet werden muss.[37] Die Kinder des *Kieler Modells* haben auch gelernt, Fragen zu stellen. Und sie sind in der Lage, selbstständig zu arbeiten. Sie helfen sich gegenseitig, verfügen über eine höhere Leistungsbereitschaft und eine größere Konzentrationsspanne als die meisten anderen Kinder ihrer Klassen. Viele von ihnen konnten ihre Fibel schon nach wenigen Wochen lesen. Sie liehen häufiger Bücher aus als die übrigen Kinder der Klasse. Und sie verbanden Bücher mit *sich unterhalten, gemütlich machen* und *lernen*. Außerdem ist den Lehrkräften aufgefallen, dass die meisten „Modell-Kinder" deutlicher sprechen, als die übrigen Kinder der Klasse.

---

[36] Und an vielen anderen Stellen; vgl. z.B. Apeltauer (2006c).

[37] Vgl. dazu z.B. Brinkmann/Brüggelmann (2005, 6).

Im Unterricht selber stoßen sie dennoch an Grenzen. Es gibt Objekte, die ihnen unbekannt sind und für die sie daher auch keine Bezeichnungen kennen. So sollten sie z.B. auf einem Arbeitsblatt verschiedene Abbildungen benennen und herausfinden, wo ein S-Laut zu hören ist, am Wortanfang, am Wortende oder im Wort. Auf dem Bogen waren u.a. ein *Fuchs*, ein *Schlips* und eine *Raspel* abgebildet. Der *Fuchs* wurde von einem Kind als *Katze* bezeichnet, von einem anderen als *Hund* und von einem dritten als *Wolf*. Eine Überprüfung unserer Daten ergab, dass die Kinder das Wort *Fuchs* etwa ein Jahr zuvor im Kindergarten gelernt hatten.[38] Dennoch war das Wort *Fuchs* offenbar von keinem der Kinder dauerhaft gespeichert worden. Übrigens hatten mit der Bezeichnung *Raspel* auch Lehrkräfte, die wir auf einer Fortbildungstagung befragten, Probleme. Einige bezeichneten das abgebildete Objekt als *Feile*. Und was den Schlips betrifft, so kann man sagen, dass das ein Kleidungsstück ist, das die Kinder aus ihrem häuslichen Umfeld nicht kennen.[39] Hinzu kommen sprachliche Formen und Konstruktionen, die in der zweiten Jahreshälfte in Lesestücken auftauchten, die für die Kinder des *Kieler Modells* noch unbekannt waren, z.B. Präteritumformen (*... wog so viel wie ...*), Steigerungsformen (*Einer der größten ...*), komplexe Wortbildungen (z.B. *Peitschenschwanz*) und für Kinder ungebräuchliche Wörter (z.B. *verteidigen*).

Generell kann man sagen, dass Funktionswörter (Präpositionen, Konjunktionen und Artikel) sowie Genus- und Kasusformen auch nach zweieinhalb Jahren Sprachförderung noch nicht sicher beherrscht werden.[40] Kurz: Die Kinder aus dem *Kieler Modell* stoßen im Unterricht an ihre sprachlichen Grenzen. Ihre Probleme werden zweifellos wachsen, wenn ihnen während der Schulzeit keine zusätzliche sprachliche Förderung angeboten wird.

Zusammenfassung und Ausblick

Sprachfördermaßnahmen werden konzipiert, um Kinder mit Migrationshintergrund, die über keine oder nur geringe Deutschkenntnisse verfügen, sowie deutsche Kinder aus anregungsarmen Familienverhältnissen in ihrer sprachlichen Entwicklung anzuregen und sie schulfähig zu machen. Dazu werden oft kursartige Förderstunden erteilt, in deren Zentrum meist isolierte Wortschatzarbeit steht.

[38] Sie hatten das Lied „Fuchs du hast die Gans gestohlen ..." gelernt.

[39] Keiner der Väter besitzt einen Schlips.

[40] Untersuchungsergebnisse (vgl. z.B. Diehl u.a. 2000; Wegener 1995) zeigen, dass das auch bei älteren Lernern so ist. Becker 2005 berichtet, dass monolinguale deutsche Kinder „selbst in der dritten Klasse noch Schwierigkeiten mit den starken Verben haben und die schwache Konjugation übergeneralisieren." (Becker 2005: 28).

Inzwischen gibt es für diese Zwecke eine Vielzahl von Fördermaterialien auf dem Markt. Über Vorannahmen (z.B. Prämissen, Theorien) sowie über die Effektivität dieser Materialien ist wenig bekannt.[41]

In der angelsächsischen Diskussion um die sprachliche Förderung von Zuwandererkindern werden neben individuellen Voraussetzungen (d.h. fehlenden oder geringen Sprachkenntnissen in der Majoritätssprache) Faktoren des Lebensumfeldes, die Auswirkungen auf die sprachliche Entwicklung und den Schulerfolg haben, stärker gewichtet als bei uns. Auch wir sollten lernen, bei auftretenden Problemen zuerst nach Faktoren zu suchen, die durch unser Erziehungssystem bedingt sein könnten oder die dem anregungsarmen Umfeld geschuldet sind. Denn viele Probleme lassen sich nicht auf individuelle Ursachen bei einzelnen Kinder zurückführen.

Die angelsächsische Forschung und Erziehung (vgl. z.B. Cummins 2000) orientiert sich dazu an dem von Bronfenbrenner bereits in den 70er Jahren entwickelten *Modell ökologischer Sozialforschung* (vgl. Bronfenbrenner 1976: 1981). Bronfenbrenner unterscheidet in seinem Modell vier Ebenen. Die unterste Ebene wird von ihm als „Mikrosystem" bezeichnet, das sich auf die unmittelbare Umgebung eines Individuums bezieht, d.h. auf die Personen, mit denen das Individuum interagiert, auf die verschiedenen Rollen, die es dabei einnimmt oder kennen lernt sowie auf die Beziehungen zu anderen Individuen (z.B. Familie, Kindergartengruppe). Die nächst höhere Ebene wird als „Mesosystem" bezeichnet. Mit ihm wird der weitere Lebensbereich erfasst, an dem sich die entwickelnde Person aktiv beteiligt. Hier geht es z.B. um Beziehungen zwischen Elternhaus und Kindergarten/Schule sowie zwischen Kindergarten/Schule und *peer group*. Daneben unterscheidet Bronfenbrenner noch einen Bereich, in dem Ereignisse stattfinden, die Einfluss auf das Leben eines Kindes haben können (z.B. ein Arbeitsplatzverlust des Vaters oder der Mutter), ohne dass das Kind daran aktiv teilnimmt. Er nennt diesen Bereich das „Exosystem". Die oberste Ebene seines Modells bildet das „Makrosystem", zu dem er das Erziehungssystem rechnet und das gesellschaftspolitische System mit seinen Weltanschauungen und Ideologien.[42]

Die Darstellung des *Kieler Modells* konzentrierte sich auf Aspekte des Mikrosystems. An einigen Stellen wurden auch Aspekte des Mesosystems erfasst, weil das Anbahnen von Literalität gewöhnlich im Elternhaus beginnt und Literalitätserfahrungen in der Zweitsprache meist erst in der Schule – oder wie im

---

[41] Wenn Verlage oder Autoren beteuern, dass Materialien „in der Praxis erprobt wurden", so hat das mit einer wissenschaftlichen Evaluation i.d.R. wenig zu tun.

[42] Das später hinzugefügte Chronosystem wird hier vernachlässigt.

vorliegenden Falle im Kindergarten – gemacht werden. Darum wurden auch die Beziehungen zwischen diesen beiden Bereichen (und insbesondere die Kooperation mit Eltern) thematisiert. Der Einfluss des Exosystems und insbesondere der Einfluss des Makrosystems auf die Sprach- und Literalitätsentwicklung wurden hier bewusst vernachlässigt. Zweifellos hat aber gerade unser Erziehungssystem einen großen Einfluss auf die Entwicklung und den Schulerfolg von Kindern mit Migrationshintergrund. Leider fehlt es an empirischen Untersuchungen, mit denen diese Aspekte genauer erfasst werden könnten.

Deutlich geworden sein dürfte, dass Eltern – entgegen der verbreiteten, anders lautenden Annahme – aktiviert werden konnten. Sie haben den Erzieherinnen der Gruppe beim vorbereitenden Basteln geholfen, haben gemeinsam mit den Erzieherinnen ein zweisprachiges Rätselbuch für ihre Kinder verfasst, von dem jedes Kind ein Exemplar als Geschenk erhielt. Sie haben sich beim Bau von Bücherregalen engagiert, haben an der Produktion von „Hörbüchern" (CDs) mitgewirkt und zwei Väter haben zudem eine ca. drei Meter lange „Tastwand" gebastelt. Drei Mütter haben eine Lesepatinnenausbildung gemacht, sieben haben sich in Deutschkursen angemeldet und drei weitere haben sich als Elternsprecherinnen (eine Mutter sogar als Schulelternsprecherin) wählen lassen. Die Aufzählung ließe sich fortsetzen.

Die Kinder haben – wie ihre Eltern – Selbstvertrauen entwickelt und gelernt, ihre Interessen zu vertreten und zu verfolgen. Sie haben im ersten halben Jahr in ihrer Zweitsprache nur kleinere Fortschritte gemacht und nachweislich viele Wörter, die sie gelernt hatten, wieder vergessen (vgl. Apeltauer 2006d). Wir vermuten, dass das mit der Einhörphase und mit den Schwierigkeiten, die sie während dieser Zeit mit der Artikulation hatten, zu tun hat. Allerdings müsste das noch genauer untersucht werden.

Nachdem die Phase des Einhörens weitgehend abgeschlossen war, beschleunigte sich das Wortschatzwachstum und die sprachliche Entwicklung bei den meisten Kindern zunehmend. Kinder, die bis dahin kaum gesprochen hatten, durchlebten plötzlich eine dramatische Entwicklung und überholten andere Kinder der Gruppe.

Insgesamt haben alle Kinder große sprachliche Fortschritte gemacht und einen bewussten Umgang mit beiden (Schrift-)Sprachen erlernt. Sie haben sich mit sprachlicher Rezeption (Hörverstehen) intensiv auseinandergesetzt und haben auch ihre produktiven Fähigkeiten (z.B. im Rahmen von kollektiven Diktaten oder von „Briefe schreiben") entwickelt. Durch die schriftsprachlich bedingte „Verlangsamung des Sprechens" und die Fokussierung der Form im Rahmen von

Reflexionsgesprächen waren sie auch in der Lage, ihre sprachlichen Kenntnisse zu vervollständigen und den sprachlichen Regeln anzupassen. Dass die Kinder dennoch im ersten Schuljahr mit Wortschatzlücken und mit Schwierigkeiten im Bereich der Funktionswörter sowie der Genus- und Kasusformen zu kämpfen hatten, dass sie differenziertere schriftsprachliche Formen (z.B. Präteritum) noch nicht beherrschten, zeigt, dass eine Frühförderung, die nur ein halbes Jahr oder ein Jahr dauert, unzureichend ist. Aufgrund der uns vorliegenden Daten können wir sogar sagen, dass zwei ein halb Jahre Frühförderung im Kindergarten nicht ausreichen. Daraus folgt: Die Fördermaßnahmen müssten in der Grundschule unbedingt fortgeführt werden.

Literatur

Aguado, Karin (2002): „Formelhafte Sequenzen und ihre Funktion für den L2-Erwerb". In: *Zeitschrift für angewandte Linguistik, 37*, 27–49.

Apeltauer, Ernst (2003): „Literalität und Spracherwerb". In: *Flensburger Papiere zur Mehrsprachigkeit und Kulturenvielfalt im Unterricht*, H. 32 [33 Seiten].

Apeltauer, Ernst (2004a): *Sprachliche Frühförderung von zweisprachig aufwachsenden türkischen Kindern im Vorschulbereich*; Flensburg (Sonderheft 1 der Flensburger Papiere zur Mehrsprachigkeit und Kulturenvielfalt im Unterricht, 180 S.).

Apeltauer, Ernst (2004b): „Sprachlerndispositionen – eine Alternative zu Sprachtests?" In: *Frühes Deutsch*, 1. Jg., H 2, 48–54.

Apeltauer, Ernst (2006a): „Wortschatz- und Bedeutungsvermittlung im Vorschulbereich". In: *Kita spezial,* Nr. 1, 4–9.

Apeltauer, Ernst (2006b): *Kooperation mit zugewanderten Eltern. Flensburger Papiere zur Mehrsprachigkeit und Kulturenvielfalt im Unterricht*, H 40/41.

Apeltauer, Ernst (2006c): „Förderprogramme, Modellvorstellungen und empirische Befunde. Zur Wortschatz- und Bedeutungsentwicklung bei türkischen Vorschulkindern". In: Ahrenholz, B. (ed.): *Kinder mit Migrationshintergrund, Spracherwerb und Fördermöglichkeiten*. Freiburg: Fillibach, 11–34.

Apeltauer, Ernst (2006d): „Bedeutungsentwicklung bei zweisprachig aufwachsenden türkischen Vorschulkindern". In: Ahrenholz, B./Apeltauer, E. (eds.): *Zweitspracherwerb und curriculare Dimensionen, Empirische Untersuchungen zum Deutschlernen in Kindergarten und Grundschule*. Tübingen: Stauffenburg, 31–54.

Apeltauer, Ernst (2007a): „Sprachliche Frühförderung von Kindern mit Migrationshintergrund". In: *Info DaF,* 1/2007, 3–37.

Baur, Rupprecht, S./Meder, Georg (1989): „Die Rolle der Muttersprache bei der schulischen Sozialisation ausländischer Kinder". In: *Diskussion Deutsch* 1989, 106, 119–135.

Becker, Tabea (2005): „Mündliche Vorstufen literaler Textentwicklung: Vier Erzähl-
formen im Vergleich." In: Feilke, H./Schmidlin, R. (eds.): *Literale Textentwicklung*; Frankfurt/M.: Lang, 19–41.

Brinkmann, Erika/Brüggelmann, Hans (2005): „Deutsch". In: Bartnitzky, H./
Brüggelmann, H./Hansecker, U./Schönknecht, G. (eds.): *Pädagogische Leis-
tungskultur, Materialien für Klasse 1 und 2*. Frankfurt/M: Beiträge zur Grund-
schulreform Band 119.

Bronfenbrenner, Urie (1976): *Ökologische Sozialisationsforschung*. Stuttgart.

Bronfenbrenner, Urie (1981): Die *Ökologie der menschlichen Entwicklung*. Stuttgart.

Carr, Margaret (2001): *Assessment in early childhood settings. Learning stories*; London:
Sage.

Cummins, Jim (1986): „Empowering minority students: A framework for intervention". In: *Harvard Educational Review, 56*, 1, 18–36.

Cummins, Jim (2000): *Language, Power and Pedagogy: Bilingual Children in the
Crossfire*. Clevedon: Multilingual Matters.

Diehl, Erika/Christen, Helen/Leuenberger, Sandra/Pelvat, Isabelle/Studer, Thérèse
(2000): *Grammatikunterricht: Alles für der Katz? Untersuchungen zum Zweitspracherwerb Deutsch.* Tübingen: Niemeyer.

Elly, Warwick, B. (1989): „Vocabulary acquisition from listening to stories". In:
Reading Research Quarterly (RRQ); Newark/Del., Vol. 24, No. 2, 174–187.

Kern, Richard (2000): *Literacy and Language Teaching*. Oxford: Uni Press.

Kretschmann, Rudolf/Rose, Maria, A. (2002): „Starthilfen zum Schulanfang – Ein
guter Anfang – eine solide Grundlage für den weiteren Schulerfolg". In:
Schulleitung und Schulentwicklung, 10, 2002 [auch www.kretschmann-online/.
de/Aufsaetze/Kigasu/Starthb.html.de; Zugriff am 03. 05. 2004]

Kucer, Stephen, B. (2005): *Dimensions of Literacy, A Conceptual Base for Teaching
Reading and Writing in School Settings*. Mahwah/NJ: Erlbaum.

Neubauer, Aljoscha/Stern, Elsbeth (2007): *Lernen macht intelligent. Warum Begabung
gefördert werden muss*. München: DVA.

Pätzold, Margit (2005): „Frühe literale Textkompetenz". In: Feilke, H./Schmidlin,
R. (eds.): *Literale Textentwicklung*; Frankfurt/M (Lang), 69–87.

Rehbein, Jochen (1987): „Diskurs und Verstehen. Zur Rolle der Muttersprache
bei der Textverarbeitung in der Zweitsprache". In: Apeltauer, E. (ed.): *Gesteu-
erter Zweitspracherwerb. Voraussetzungen und Konsequenzen für den Unterricht*.
Ismaning bei München: Hueber, 113–173.

Rosten, Leo (2002): *Jiddisch, Eine kleine Enzyklopädie*; München: dtv.

Schmidlin, Regula/Feilke, Helmuth (2005): „Forschung zu literaler Textkompetenz – Theorie und Methodenentwicklung". In: Feilke, H./Schmidlin, R. (eds.): *Literale Textentwicklung*; Frankfurt/M: Lang, 7–19.

Senghas, Ann/Kita, Sotaro/Özyürek, Aslı (2004): „Children Creating Core Properties of Language: Evidence from an Emerging Sign Language in Nicaragua". In: *Science* 305, September 2004, 1779–1782.

Singer, Wolf (2001): *Was kann ein Mensch wann lernen?* [http://www.mpih-frankfurt.mpg.de/global/Np/Pubs/mckinsey.pdf, 10. 08. 2006].

Stern, Elsbeth (2003): „Wissen ist der Schlüssel zum Können". In: *Psychologie Heute*, H. 7 [zitiert nach dem Text im Internet www.ipn.uni-kiel.de/projekte/quiss-prosa/pdf/Tagung_Soltau.pdf, 10. 08. 2006]

Sunderman, Gretchen/Kroll, Judith, H. (2006): „First Language Activation during Second Language Lexical Processing: An Investigation of Lexical Form, Meaning, and Grammatical Class". In: *Studies in Second Language Acquisition*, Vol. 28, 3, 38–422.

Verhoeven, Ludo (2003): „Literacy Development in Immigrant Groups". In: *IMIS-Beiträge*, 2003, H 21, 162–179.

Vogelmann, Katharina (2003): „Die Muttersprache läuft immer mit". In: *Bild der Wissenschaften*; Internetnews vom 21. 10. 2003.

Wegener, Heide (1995): „Das Genus im DaZ-Erwerb. Beobachtungen an Kindern aus Polen, Rußland und der Türkei". In: Handwerker, B. (Hrsg.): *Fremde Sprache Deutsch. Grammatische Beschreibung – Erwerbsverläufe – Lehrmethodik*. Tübingen: Narr, 1–24.

Deutsch für den Schulstart:
Zielsetzungen und Aufbau eines Förderprogramms

ERIKA KALTENBACHER, HANA KLAGES

1 Einleitung

Schulanfänger sind in Deutschland vielfach nicht gut für den Schulstart gerüstet. Das betrifft in besonderem Maße die sprachlichen Voraussetzungen. Nicht nur mehrsprachig aufwachsende Kinder, sondern auch einsprachige verfügen oft nicht über altersgemäße Fähigkeiten in Wortschatz und Grammatik. Sie haben z. T. auch nicht gelernt, Sprache als Mittel zu nutzen, um Erlebnisse zu erzählen, Erfahrungen zu strukturieren, sich Wissen anzueignen und gedanklich Schlüsse zu ziehen. Sie haben damit eine schlechte Ausgangsposition für das schulische Lernen – im Fach Deutsch ebenso wie in den meisten anderen Fächern, da Wissensvermittlung in der Schule primär über Sprache erfolgt und Denkleistungen durch Sprache gestützt werden.

Das Förderprogramm *Deutsch für den Schulstart* hat die Zielsetzung, in dieser Hinsicht unterstützend einzugreifen.[1] Es strebt die Herstellung von Chancengleichheit bei Kindern an, die in ihrem Lebensumfeld keine ausreichenden sprachlichen und kognitiven Anregungen für die Entfaltung ihres Lernpotentials erhalten. Dies betrifft Kinder aus zugewanderten Familien mit unzulänglichen Kenntnissen in der Zweitsprache Deutsch ebenso wie deutsche Kinder aus bildungsfernen Familien.

Das Förderprogramm (FP) hat curricularen Charakter, d.h. für die verschiedenen Teilbereiche werden sprachliche Fähigkeiten in systematischer, aufeinander aufbauender Weise gefördert. Es umfasst die Bereiche Wortschatz, Grammatik, Text, Mathematische Vorläuferfertigkeiten und Phonologische Bewusstheit und eignet sich in erster Linie für Kinder im Übergang zur Schule, d.h. für Kinder im letzten Kindergartenjahr oder in Vorklassen, kann aber auch – gegebenenfalls mit Modifikationen – im 1. und 2. Schuljahr eingesetzt werden. Es besteht wesentlich

[1] Wir danken allen Personen, die mit unserem Förderprogramm arbeiten, für ihren Beitrag bei der Erprobung des Curriculums, sowie der Dürr-Stiftung (Hamburg) und der Günter-Reimann-Dubbers-Stiftung (Heidelberg) für die finanzielle Unterstützung, die unsere Projektarbeit ermöglicht.

aus einer Folge von ca. 400 Spielen, die bei stärkeren Kindern ein Jahr Förderung mit fünf Stunden Förderung pro Woche ausfüllen. Bei schwächeren Kindern ist eine Fortsetzung im ersten Schuljahr sinnvoll.

Das FP selbst, das im Folgenden in Bezug auf Zielsetzungen, didaktische Prinzipien und Inhalte erläutert werden soll, wird durch weitere Komponenten ergänzt: Ein förderdiagnostisches Testverfahren, mit dem der Sprachstand der Kinder erfasst und überprüft werden kann; ein Kurztraining, das der Förderung mit unseren Materialien vorangeht und grundlegendes Wissen zu seinem Einsatz vermittelt; und Vorschläge zur Elternarbeit, die die Arbeit in der Sprachförderung unterstützen sollen.[2]

2   Zielsetzungen des Förderprogramms

Die PISA-Studien haben gezeigt, dass Kinder mit Migrationshintergrund ebenso wie deutsche Kinder aus Familien mit einem niedrigen sozio-ökonomischen Status im deutschen Bildungssystem benachteiligt sind (Esser 2006). Die soziale und ethnische Herkunft stellt damit einen wesentlichen Faktor für den Schulerfolg dar. Aus einer Reihe von Studien ergibt sich, dass Probleme mit der deutschen Sprache eine wichtige Rolle bei dieser systematischen Benachteiligung spielen (vgl. den Überblick in Esser 2006). Dies betrifft insbesondere die schriftsprachliche Fähigkeiten im weiteren Sinne, die sog. konzeptionelle Schriftlichkeit oder Literalität (Apeltauer 2003; Cummins 1986; Siebert-Ott 2001). Damit ist die Verfügung über Gebrauchsweisen des Deutschen gemeint, die die typischen Merkmale geschriebener Sprache aufweisen: monologischer Charakter, Loslösung vom Situationskontext (Dekontextualisierung), satzübergreifende Zusammenhänge (intratextuelle Kohärenz) und distanzsprachliche Ausdrucksweisen in Wortschatz und Grammatik. Ihre Beherrschung ermöglicht es, den Sinn des Gesagten allein aus der sprachlichen Äußerung selbst, ohne Bezugnahme auf die Sprechsituation, zu erschließen.

Literalität in diesem Sinne erfordert gut entwickelte Fähigkeiten in Wortschatz und Grammatik, die eine mühelose Verarbeitung von Satzstrukturen ermöglichen. Nur bei einer Automatisierung dieser „niederen" Ebenen des Verstehens ist gewährleistet, dass genügend Aufmerksamkeit für die tiefere, inhaltliche Verarbeitung des Gehörten bzw. Gelesenen zur Verfügung steht. Diese umfasst die

---

[2] Einen Einblick in das Gesamtprojekt gibt unsere Homepage (www.deutsch-fuer-den-schulstart.de).

Fähigkeit zur Aufnahme von Wissen, seiner Übertragung in neue Kontexte, zu Schlussfolgerung und Bewertungen (Apeltauer 2003).

Einige dieser Kompetenzen können Kindern bereits vor der Alphabetisierung über mündliches Erzählen und das Vortragen bzw. Vorlesen von Geschichten vermittelt werden. Im Umgang mit Geschichten lernen die Kinder zuzuhören, das Geschehen zu erfassen, eine innere Vorstellung (mentale Repräsentation) davon aufzubauen, es in das vorhandene Wissen einzuordnen und so neues, über den Text hinausgehendes Wissen zu erzeugen (Apeltauer 2003; Nelson 1993). Eine Einstiegshilfe bildet dabei das interaktive Erzählen, bei dem die Kinder in das Erzählgeschehen einbezogen sind.

Die genannten Fähigkeiten sind für das schulische Lernen grundlegend und entscheidend für den Schulerfolg (Cummins 1986; Knapp 1999; Siebert-Ott 2001). Sie entsprechen dem, was Cummins als *academic language proficiency* bezeichnet und gegenüber den *basic informal communicative skills* abgrenzt, die in alltäglichen Handlungssituationen eingesetzt werden.

Aus den sprachbezogenen Anforderungen der Schule lassen sich zwei grundlegende Ziele unseres FPs ableiten. Das ist zum einen die Unterstützung der Kinder beim Aufbau des Wortschatzes und der grammatischen Strukturen des Deutschen. Dies geschieht in den Bereichen „Wortschatz" und „Grammatik". Die entsprechenden Fähigkeiten dienen nicht nur der Verbesserung der Alltagskommunikation, sondern stellen auch Basisqualifikationen für ein kompetentes, dekontextualisiertes Textverstehen dar.

Zum anderen werden die Kinder im Bereich „Text" mit verschiedenen Texttypen (Erzählung, Beschreibung, Anweisung) vertraut gemacht. Sie lernen ihre charakteristischen Strukturmuster und die sprachlichen Mittel zum Ausdruck des Textzusammenhangs kennen. Hier werden auch die oben genannten kognitiven Fähigkeiten mit gefördert.

Das FP ist so angelegt, dass die „akademischen" sprachlichen Fähigkeiten, ebenso wie die zur Alltagskommunikation, auf einem dem Alter angemessenen Niveau gefördert werden. Das Programm stellt so einen Versuch dar, schon im Vorschulalter Grundlagen für Fähigkeiten zu schaffen, die im Laufe der Grundschulzeit wichtig werden. Beim gegebenen, sehr beschränkten Forschungsstand können jedoch nur begründete Vermutungen dazu angestellt werden, welche Fähigkeiten dabei besonders relevant sind und welche Basisfähigkeiten dafür bereits im Alter von 5-6 Jahren gefördert werden können.

Neben den Bereichen Wortschatz, Grammatik und Text, die in Abschnitt 5.1 bis 5.3 genauer erläutert werden, enthält das FP zwei weitere Bereiche, in denen die Kinder i.S.v. Vorläuferfertigkeiten auf das schulische Lernen vorbereitet werden: Mathematische Vorläuferfertigkeiten und Phonologische Bewusstheit. Sie werden in den Abschnitten 5.4 und 5.5 näher erläutert.

3 Didaktische Prinzipien

Zur Frage, wie eine Sprache am besten zu vermitteln ist bzw. gelernt werden kann, gibt es eine umfangreiche Literatur und grundlegende Kontroversen (vgl. Ellis 1994). Sie setzt bereits bei der Frage an, ob und in welcher Weise Kindern im Erstspracherwerb durch den Gebrauch von *baby talk* (einer vereinfachten, an den Entwicklungsstand des Kindes angepassten Sprechweise der Eltern) der Erwerb der Sprache erleichtert werden kann (vgl. Szagun 1996). Untersuchungen und Hypothesen zu dieser Frage sind stark theorieabhängig und haben keine eindeutigen Ergebnisse erbracht. Unklar ist u.a., wie viel sprachlichen Input ein Kind für den Aufbau einer altersgemäßen sprachlichen Kompetenz braucht.[3]

Für den Zweitspracherwerb wird davon ausgegangen, dass die Quantität und Qualität des Sprachangebots entscheidende Einflussfaktoren auf die Erwerbsgeschwindigkeit und den erreichten Endzustand sind. Daneben spielen der Antrieb (Motivation) und das vorhandene Sprachwissen (Einfluss der Erstsprache) eine wesentliche Rolle (Klein 1992). Die bislang vorliegenden Untersuchungen beziehen sich, insbesondere für den deutschsprachigen Raum, überwiegend auf den Zweitspracherwerb von Erwachsenen, d.h. den späten Zweitspracherwerb. Für den frühen Zweitspracherwerb deuten die Auswertungen des Wegener-Corpus, das Längsschnittdaten von 6-9jährigen Kindern umfasst, sowie unsere eigenen Testergebnisse darauf hin, dass sich sowohl die Erstsprache als auch die Kontaktintensität auf den Erwerb auswirken (Haberzettl 2005; Kaltenbacher 2006; Wegener 1995b). Viele Studien zeigen, dass die Lernbedingungen der Migrantenkinder bezüglich des sprachlichen Inputs nicht ausreichend sind (vgl. Esser 2006).

Sprachförderung hat in erster Linie die Aufgabe, den Kindern in einem zeitlich begrenzten Rahmen ein angemessenes Sprachangebot zur Verfügung zu stellen. In welcher Weise das geschehen sollte, ist äußerst umstritten. Die Frage kann im Rahmen der für den Fremdsprachenunterricht diskutierten Verfahren reflektiert werden, was im Folgenden geschehen soll.

---

[3] Nativistische Ansätze weisen der Quantität und Qualität des Sprachangebots eine weitaus geringere Rolle zu als kognitivistische und funktionalistische Ansätze, da sie von einer genetisch vorgegebenen Verfügung über grundlegende Strukturmerkmale von Sprache ausgehen (vgl. Mitchell & Miles 1998).

Die Literatur zur Sprachdidaktik im Fremdsprachenunterricht durchzieht die Frage, ob und in welcher Weise Grammatik gezielt vermittelt werden soll und kann. Anders formuliert: Es wird die Frage gestellt, ob und in welcher Weise grammatische Aspekte der Sprache lehrbar sind. In der Geschichte der neueren Sprachdidaktik wurde dabei seit Mitte des letzten Jahrhunderts eine Reihe von Annahmen bezüglich der Steuerung des Lernprozesses vorgestellt und praktisch umgesetzt (vgl. Ellis 1994).

Eine extreme Position nimmt ein rein kommunikativer Ansatz ein, bei dem eine Konzentration auf sprachliche Bedeutungen erfolgt (*focus on meaning*) und davon ausgegangen wird, dass sich die Verfügung über sprachliche Formen (Grammatik) dabei von selber einstellt. Hierzu ist die Input-Hypothese von Krashen (1981; 1985) zu zählen. Krashen postuliert, dass sich die sprachliche Kompetenz auf der Basis eines sprachlichen Inputs, der den Sprachstand der Lerner geringfügig übersteigt (*comprehensible input*) beiläufig auf implizite, intuitive Art ergibt.

Ein weiterer, ebenfalls kommunikativer Ansatz ist dadurch gekennzeichnet, dass der Unterricht aufgabenzentriert erfolgt (*task-based approach*). Die sprachliche Bewältigung einer möglichst realitätsnahen Aufgabe steht im Mittelpunkt (Long 2007). Gleichzeitig wird jedoch auch Aufmerksamkeit auf die Form sprachlicher Ausdrücke gerichtet (*focus on form*). Dies geschieht insbesondere an Stellen, wo das Verständnis gefährdet ist.

Es werden verschiedene Möglichkeiten diskutiert, wie die Aufmerksamkeit in diesem Rahmen auf grammatische Aspekte gerichtet werden kann: durch beiläufige, implizite Modellierungen seitens des Lehrers (*recasts*), durch explizite Korrekturen oder durch metasprachliche Erläuterungen. Charakteristisch für diesen Ansatz ist, dass keine systematische Behandlung grammatischer Strukturen erfolgt, sondern nur ein punktuelles Aufgreifen.

Verschiedene Studien haben gezeigt, dass ein solches Verfahren, das den kommunikativen Ansatz mit einem Fokus auf Formen verbindet, dem rein kommunikativen überlegen ist. Welche Form der Modellierung allerdings den höchsten Erfolg hat, bleibt kontrovers (Housen & Pierrard 2005; Long 2007). Es stellt sich auch die Frage, inwieweit auf diese Weise komplexe grammatische Erscheinungen (wie die Formen der Artikel) effektiv gefördert werden können.

Bei den genannten kommunikativen Ansätzen spielt die Grammatikvermittlung keine bzw. nur eine untergeordnete Rolle. Dazu im Kontrast stehen Ansätze, bei denen die Grammatik über die Inhalte dominiert. Sie werden in der englischsprachigen Literatur mit dem Ausdruck *focus on formS* bezeichnet. Die traditionelle Fremdsprachendidaktik in Deutschland, bei der die grammatischen Gegenstände die Progression bestimmen, lässt sich hier einordnen. Sie geht von der Lehrbarkeit der Sprache aus (d.h., dass der Lernprozess vom Lehrer bestimmt werden kann) und setzt auf explizites, bewusstes Lernen.

Eine Zwischenposition nehmen Ansätze ein, bei denen spezifische Annahmen bezüglich der Steuerbarkeit des Lernprozesses gemacht werden. Hierzu zählen die Vorstellungen von Pienemann und von Achard. Pienemann (1985; 1989) geht in seiner *teachability*-Hypothese davon aus, dass der Lernprozess durch gezielte Grammatikübungen beschleunigt werden kann, wenn die „natürlichen" Entwicklungssequenzen dabei beachtet werden. Der Unterricht sollte dementsprechend so aufgebaut sein, dass die Erwerbsabfolge, wie sie im ungesteuerten Erwerb gegeben ist, vom Lerner nachvollzogen werden kann. Dieser Ansatz baut auf der grundlegenden Erkenntnis der modernen Spracherwerbsforschung auf, dass zentrale Bereiche der grammatischen Kompetenz – wie die Verbstellung – von den Lernern in einer bestimmten Abfolge und über bestimmte Zwischenschritte erworben werden (vgl. für den Erstspracherwerb Clahsen 1988; Tracy 1991; für den späten, ungesteuerten Zweitspracherwerb Clahsen et al. 1983; Klein & Perdue 1992; für den frühen Zweitspracherwerb Kaltenbacher & Klages 2006). Bei diesem Ansatz ist also der sprachliche Entwicklungsstand, bei dem grammatische Strukturen fokussiert werden, entscheidend.

Achards Konzeption, die der *usage-based grammar*, ist in der kognitiven Grammatik verankert und betrachtet die Vermittlung von grammatischen Strukturen in für sie typischen, funktionalen Kontexten als zentral (Achard 2004; Achard & Niemeier 2004). Grammatische Erscheinungen wie Wortstellungsvarianten oder Artikelgebrauch werden in ihren charakteristischen Verwendungskontexten und in repetitiver Weise geübt, so dass sie sich einprägen können. Es liegt also eine systematische Grammatikvermittlung vor, die dabei eng an kommunikative Funktionen gebunden ist. Bei dieser Konzeption wird die Häufigkeit bei der Vermittlung von Sprachstrukturen stark gewichtet.

In den in Deutschland eingesetzten Sprachförderkonzeptionen finden sich Teile dieser sprachdidaktischen Ansätze für den Fremdsprachenunterricht wieder. Ein rein kommunikativer Ansatz wird von den Verfechtern des „Sprachbads" vertreten. Sie gehen davon aus, dass mehrsprachige Kinder ebenso wie Kinder im Erstspracherwerb ihr grammatisches Wissen beiläufig dem sprachlichen Input entnehmen. Die Förderung soll dazu dienen, diesen in ausreichendem Maß zur Verfügung zu stellen. In Anbetracht der begrenzten, für die Förderung zur Verfügung stehenden Zeit ist es allerdings fraglich, ob ein solches „Sprachbad" überhaupt hergestellt werden kann.

Diesem Ansatz, der eine Steuerung völlig ausschließt und intuitives Lernen anstrebt, stehen explizite Zugänge gegenüber, bei denen sprachliche Strukturen über eine Bewusstmachung verdeutlicht werden sollen. Ein solcher Ansatz ist z.b. der von Tophinke (2003), bei dem Vorschulkindern Satzstrukturen durch Karten und Farben vermittelt werden sollen. Auch das Verfahren, das grammatische Geschlecht durch Farben zu signalisieren (wie bei „Kikus" und in der „Sprachförderkiste"), ist hier einzuordnen.

Der in *Deutsch für den Schulstart* verfolgte Ansatz verbindet verschiedene Aspekte der für den Fremdsprachenunterricht vorgestellten Konzeptionen, wobei die besonderen Lernbedingungen der Kinder gegenüber älteren Lernern berücksichtigt werden. Wir gehen davon aus, dass eine Gestaltung des sprachlichen Inputs gegenüber einem – eher wasserarmen – „Sprachbad" vorzuziehen ist. Bei der Gestaltung des Sprachangebots beachten wir zum einen, in Übereinstimmung mit Pienemanns Ansatz, die natürlichen Entwicklungssequenzen. Wir fokussieren sprachliche Erscheinungen in der Reihenfolge, wie sie von Migrantenkindern ungesteuert erworben werden. Im Sinne der kognitiven Grammatik führen wir sie in jeweils typischen, funktionalen Kontexten ein, die durch einen Spielrahmen zusätzlich motiviert sind. Die Förderspiele sind so aufgebaut, dass durch einen wiederholten Gebrauch der Ausdrucksmittel eine Festigung erzielt werden kann. Dabei folgen wir dem Prinzip „Input vor Produktion", d.h. die jeweiligen Ausdrücke werden zuerst vorgegeben, bevor sie von den Kindern aktiv gebraucht werden sollen.

Wie im Ansatz von Long (2007) weisen wir der Modellierung von Leräußerungen durch die Förderkraft eine wichtige Rolle zu: Die Förderkraft hat die Aufgabe, die Äußerungen der Kinder in grammatisch korrekter Form zu wiederholen und den Kindern damit Modelle zu liefern. Wie generell in der Sprachförderung streben wir bei diesen Modellierungen überwiegend ein implizites Lernen an. Der Aufbau von Sprachkompetenz über bewusstes Lernen scheint im Altersbereich unserer Zielgruppe (5-7jährige Kinder) nur eingeschränkt möglich zu sein. Im formal-grammatischen Bereich besteht die Gefahr, dass die Kinder verunsichert und von ihrem natürlichen Erwerbsweg abgebracht werden.

Zusammenfassend ist zu unserem didaktischen Ansatz Folgendes festzuhalten: Wir strukturieren das Sprachangebot, da wir davon ausgehen, dass bei dem beschränkten sprachlichen Input der Kinder bestimmte sprachliche Erscheinungen anders nur schwer erworben werden können. Das betrifft alle Teilbereiche des FPs – die Formen der Artikel ebenso wie Präpositionen und Textmuster. Für etwas ältere Kinder haben die Ergebnisse des Jacobs-Sommercamps gezeigt, dass ein rein kommunikatives Verfahren gegenüber einem, das grammatische Formen fokussiert, unterlegen ist (Rösch 2006)[4].

Wir setzen in den grammatischen Bereichen auf intuitives Lernen und bemühen uns darum, Kinder auf ihrem „natürlichen" Weg zu unterstützen. Dieses Vorgehen wurde bei sprachentwicklungsverzögerten Kindern mit Erfolg eingesetzt (Hansen 1996). Es impliziert, dass mit den einzelnen Spielen insbesondere im grammatischen Bereich keine Lernziele verbunden werden, die nach Abschluss eines Spiels erreicht sein sollten. Der intuitive Erwerb sprachlicher Strukturen vollzieht sich über einen längeren Zeitraum hinweg, und die Förderspiele stellen in dieser Hinsicht ein Angebot an die Kinder dar, das sie dann aufgreifen können und sollen, wenn sie dazu bereit sind. Wir gehen davon aus, dass Sprache zwar nicht lehrbar ist, das Sprachlernen jedoch in diesem Sinne systematisch unterstützt werden kann.

4   Die Inhalte des Förderprogramms

Im FP werden die Lernbereiche in ca. 400 Spielen anhand von Themenbereichen, die für die Kinder grundlegend sind, behandelt. Wir nutzen dabei Lieder,[5] Reime und Geschichten ebenso wie Gedächtnis- und Bewegungsspiele, um die Kinder an die Sprache heranzuführen. Einen Rahmen für die Förderung stellen zwei Handpuppen dar, eine Katze und ein Drache, die bestimmte Funktionen im FP haben und immer wieder auftreten.

Die Auswahl der Inhalte erfolgte einerseits auf der Grundlage von Sprachstandserhebungen, die wir in den letzten Jahren mit unserem Sprachtest durchgeführt haben. Für die Förderung wurden insbesondere solche grammatischen Bereiche ausgewählt, die für die Struktur des Deutschen zentral sind bzw. den Kindern große Erwerbsprobleme bereiten. Zum anderen orientiert sich die Auswahl an den Anforderungen der Schule und unseren Annahmen darüber, wie die Kinder darauf vorbereitet werden können. Bei der Gestaltung der Aufgaben haben wir uns an dem Niveau orientiert, das einsprachige Kinder im entsprechenden Alter unter günstigen Lernbedingungen erreichen.

Die Inhalte des FP sind in den Kapiteln 4.1–4.5 für die Bereiche Wortschatz, Grammatik, Text, Mathematische Vorläuferfertigkeiten und Phonologische Bewusstheit getrennt beschrieben. Im FP sind sie jedoch ineinander verwoben, so dass eine Förderstunde Spiele aus verschiedenen Bereichen umfasst. Sie sind so angelegt, dass häufig mehr als eine sprachliche Erscheinung intensiv geübt werden

---

[4] Dabei wurde ein explizites Verfahren der Grammatikvermittlung eingesetzt.

[5] Zum Förderprogramm gehört eine Lieder-CD.

kann. So dienen die Geschichten z.T. als Rahmen für den Wortschatz, gleichzeitig aber auch der Hinführung zur Literalität. Es ist ein generelles Merkmal des FP, dass Inhalte und Strukturen sich wiederholen; so wird den Kindern die Chance gegeben, ihr sprachliches Wissen zu festigen bzw. Strukturen dann aufzugreifen, wenn sie dafür bereit sind (siehe Abschnitt 3).

Das FP besteht aus vier Förderphasen. Phase I dient als Einstieg für Kinder, die noch nicht sicher über die grundlegenden Satzmuster des Hauptsatzes verfügen. Für die fortgeschritteneren Kinder beginnt die Förderung mit Phase II. Welcher Einstieg zu wählen ist, ergibt sich aus dem Ergebnis des zum FP gehörigen Sprachtests.

Exemplarische Spiele können auf unserer Homepage (www.deutsch-fuer-den-schulstart.de) eingesehen werden.

4.1 Wortschatz

Die geförderten Wortschatzbereiche stellen das inhaltliche Gerüst des FP dar. Sie umfassen den grundlegenden Wortschatz in den wesentlichen Lebens- und in einigen weiteren, für das mathematische Denken wichtigen Bereichen. Sie sind so angeordnet, dass vom Nahbereich (Körper, Familie, Kleidung, Lebensmittel, Wohnen) zu den weiter entfernten Bereichen (Arztbesuch, Stadt, Freizeit, Berufe, Schule) und vom Konkreten zum Abstrakteren fortgeschritten wird. Neben Substantiven werden auch Adjektive und Verben intensiv gefördert. Letztere legen das Grundgerüst des Satzes fest und sind damit wesentlich für den Erwerb differenzierter Satzstrukturen. Bei den Adjektiven werden neben solchen, die Farben und Größenverhältnisse benennen, auch solche, die auf innere Befindlichkeiten verweisen (Gefühlsadjektive), mit berücksichtigt. Bei den Substantiven wurde das wichtigste Verfahren zur Bildung neuer Wörter, die Komposition (Zusammensetzung), mit aufgenommen.

Ausgehend von der grundlegenden sprachdidaktischen Erkenntnis, dass Wörter nicht isoliert, sondern im Verbund mit bedeutungsähnlichen Wörtern und in ihrem sprachlichen und außersprachlichen Kontext gelernt werden, nutzen wir Wortfelder, Substantiv-Verb-Verbindungen, Geschichten und Lieder für die Einführung des Wortschatzes. Auf diese Weise sollen Vernetzungen im mentalen Lexikon (dem Wortspeicher im Gedächtnis) geschaffen werden, die das Wiedererkennen der Wörter beim Sprachverstehen und ihren Abruf beim Sprechen erleichtern. Demselben Ziel dienen auch Klassifikationsaufgaben, bei denen die Kinder Wörter nach bestimmten inhaltlichen Kriterien in Gruppen einteilen sollen.

4.2 Grammatik

Die Förderung grammatischer Strukturen soll die Kinder zu einem korrekten Sprachgebrauch befähigen, ihnen jedoch auch das Sprachverstehen erleichtern (s. Abschnitt 2). So sind Pronomen in Texten leichter interpretierbar, wenn sie in Bezug auf das grammatische Geschlecht den Substantiven richtig zugeordnet werden können (*der Mann – er; die Frau – sie*). Die Verfügung über die zielsprachliche Grammatik ermöglicht ein schnelleres und eindeutigeres Verständnis sprachlicher Äußerungen als ein Verstehensprozess, bei dem das Kind nur nach einem sinnvollen Zusammenhang zwischen Inhaltswörtern sucht.

Im FP sind Spiele zum Satzbau, zur Formenbildung des Substantivs und Verbs und zu den räumlichen Präpositionen (wie *in, auf, an, unter, vor* etc.) enthalten. Diese Bereiche betreffen Aspekte, die für die Lerner erhebliche Schwierigkeiten mit sich bringen können: die Satzstruktur durch die verschiedenen Positionen für Verben (*er hat die Lampe angemacht; sie geht aus dem Zimmer raus*), die Formenbildung des Verbs (Konjugation) durch unregelmäßige Bildungen (*schlafen – er schläft; springen – gesprungen*). Auch bei der Formenbildung des Substantivs (Deklination) erschwert die eingeschränkte Regelhaftigkeit den Erwerb. Das trifft in besonderem Maß auf das grammatische Geschlecht zu: Ob ein Substantiv zu der Klasse der Maskulina, Feminina oder Neutra gehört, ist für die Kinder trotz der vorhandenen Tendenzen bei der Zuweisung (siehe unten) schwer zu erfassen. Mehrdeutigkeiten im System (so steht *der* sowohl für den Nominativ Singular bei Maskulina als auch für den Dativ Singular bei Feminina) behindern den Erwerb zusätzlich. Bei den räumlichen Präpositionen dürften die Erwerbsprobleme durch die andersartigen Raumkonzepte der Herkunftssprachen mitbedingt sein.

Die Förderung in diesen Erwerbsbereichen baut auf den Ergebnissen der vorliegenden Studien zum frühen Zweitspracherwerb auf (Haberzettl 2005; 2006; Kaltenbacher & Klages 2006; Kostyuk 2005; Thoma & Tracy 2006; Wegener 1995b). Die Studien zeigen charakteristische Erwerbsabfolgen. Die grundlegenden Satzmuster werden von einem Teil der Kinder relativ früh und problemlos erworben. Sie erkennen im Gegensatz zu Lernern im Erstspracherwerb und späten Zweitspracherwerb schnell die Positionen für Verben im Satz und damit das strukturelle Gerüst des Satzes. Für einen anderen Teil der Kinder – möglicherweise diejenigen, die einen äußerst eingeschränkten Kontakt mit dem Deutschen haben – ist auch der Erwerb der Satzstruktur mühevoll. Sie bedürfen einer besonderen Unterstützung in diesem Bereich.

Erst nachdem die grundlegenden Satzmuster erworben sind, beginnen die Kinder das Artikelsystem auszuarbeiten. Dabei sind charakteristische Entwicklungssequenzen zu beobachten. Die Kinder differenzieren zunächst beim grammatischen Geschlecht und bei den Kasus (Fällen) nur zwischen zwei der drei Kategorien (Kaltenbacher & Klages 2006). Sie unterscheiden zwischen maskulinen und femininen Substantiven, die Neutra werden als Maskulina behandelt (*der Hund, die Blume, der Buch*). Der frühe Zweitspracherwerb unterscheidet sich in dieser Hinsicht deutlich vom Erstspracherwerb des Deutschen. Ebenso wie bei letzterem reduzieren die Kinder jedoch das Kasussystem in einem Zwischenschritt auf zwei Formen; sie verwenden die Formen des Nominativs für Subjekte und die des Akkusativs für alle Objekte (*der Koch gibt den Hund den Knochen*).

Das FP baut auf diesen Abfolgen auf. In Förderphase I erfolgt eine Konzentration auf den Satzbau; Spiele zum grammatischen Geschlecht dienen der allmählichen Hinführung zu dieser grammatischen Kategorie. Phase II ist auf den Aufbau eines zweigliedrigen Systems beim grammatischen Geschlecht und beim Kasus ausgerichtet (*der, die* für Subjekte; *den, die* für Objekte). Erst in Phase III und IV werden das Neutrum und der Dativ fokussiert.

Die Förderung im Bereich Genus setzt an zwei Zusammenhängen an (vgl. Wegener 1995a): dem Natürlichen-Geschlechts-Prinzip, dem zufolge die Bezeichnungen für männliche Personen Maskulina und die für weibliche Personen Feminina sind; und der lautlichen Regel, der zufolge die überwiegende Mehrheit der Substantive auf unbetontes *-e* Feminina sind (*die Sonne, die Rose, die Banane*), die einsilbigen Substantive dagegen in ihrer Mehrheit Maskulina (*der Mond, der Baum, der Tisch*). Der Einstieg in das Natürliche-Geschlechts-Prinzip erfolgt über die in das FP integrierte Sprachfamilie (*der Opa, der Vater; die Mutter, die Tante*). Der Zusammenhang zwischen der Lautform der Wörter und ihrem grammatischen Geschlecht wird den Kindern u.a. über Reime nahegebracht.

Lieder und Reime werden im FP als Mittel herangezogen, die Kinder für die Lautseite der Sprache zu sensibilisieren und sie dazu zu bringen, genau hinzuhören und sprachliche Modelle auch im Detail wiederzugeben. Diese Fähigkeit dürfte sie dabei unterstützen, sich stark formbezogene Bereiche wie das Genussystem anzueignen.

4.3 Text

Im FP werden die Kinder schrittweise an Literalität herangeführt. Dies geschieht durchgängig im Medium der gesprochenen Sprache, da unsere Zielgruppen noch nicht oder noch nicht ausreichend lesen können. Der Einstieg in die Arbeit mit Geschichten erfolgt für die Kinder durch das interaktive Erzählen: Die Geschichten, die noch Charakteristika der gesprochenen Sprache aufweisen, werden von der

Förderkraft erzählt, nicht vorgelesen. Durch die damit einhergehenden, einfacheren Formulierungen und die stärker auf die Zuhörer abgestimmte Vortragsweise können sie von den Kindern leichter verstanden werden. Begleitende Verweise auf Bilder sowie Gesten unterstützen das Verständnis ebenso wie Fragen, die nach dem Erzählen besprochen werden. Sie sollen die Kinder zusätzlich beim Aufbau von neuem Wissen unterstützen, indem sie sie zum Nachdenken anregen.

Darauf aufbauend werden die Kinder allmählich an eine Textverarbeitung herangeführt, die der in der Schule ähnelt. Die Kinder werden auf diese Weise bereits mit einem Sprachstil vertraut gemacht, der für die Schriftsprache generell kennzeichnend ist und in vielen Situationen – nicht nur in der Schule – die angemessene Sprachwahl darstellt. Beide Formen der Texterarbeitung helfen den Kindern, ein dekontextualisiertes Sprachverständnis und generell eine konzeptionelle Schriftlichkeit aufzubauen, wie sie für das schulische Lernen erforderlich ist (vgl. Abschnitt 2).

Die Texte des FPs stehen in Zusammenhang mit verschiedenen Lernzielen. Sie dienen einerseits als Mittel, Wortschatz und grammatische Strukturen in geeigneten Kontexten zu fördern und werden dabei auch dafür genutzt, Verstehensstrategien zu entwickeln. Dies geschieht u.a. durch strukturierende Fragen zu zeitlichen und sachlogischen Zusammenhängen. Texte mit dieser Funktion sind im FP unter den Rubriken Wortschatz und Grammatik eingeordnet.

Andererseits werden im FP verschiedene Textsorten sowie für sie grundlegende sprachliche Ausdrucksmittel gefördert. Die dazu gehörigen Spiele machen den eigentlichen Textbereich aus. Bei den Textsorten handelt es sich um Erzählen, Beschreiben und Anweisen, für die die jeweiligen Charakteristika (beim Erzählen beispielsweise die narrative Struktur) den Kindern in wiederholter, prägnanter Weise präsentiert werden. Bei den sprachlichen Ausdrucksmitteln geht es um Wörter, die die zeitliche und kausale Abfolge verdeutlichen, sowie um textverweisende Pronomen, Adverbien (wie *zuerst, dann, danach*) und Konjunktionen (wie *weil, wenn – dann, damit*).

4.4 Mathematische Vorläuferfertigkeiten

Dieser Bereich umfasst verschiedene Teilfähigkeiten, die für das algebraische und geometrische Denken grundlegend sind: Kenntnis der Zahlen (Zählfähigkeit), Kenntnis von Mengenbegriffen wie *viel, wenig, mehr* (Mengenvergleich), Kenntnis von Dimensionsadjektiven wie *groß/klein, lang/kurz, hoch/niedrig* (Größenvergleich), Bezeichnung geometrischer Figuren, Kenntnis von räumlichen Präpositionen (Heranführung an die Raumvorstellungen des Deutschen). Neben diesen spezifischen Wortschatzbereichen spielt auch die Arbeit mit Texten eine wichtige Rolle bei den mathematischen Vorläuferfertigkeiten. Die Kinder werden systematisch an zeitliche und kausale Zusammenhänge zwischen Ereignissen herangeführt und lernen so logisches Denken und Schlussfolgern.

Die mathematischen Vorläuferfertigkeiten sind integraler Bestandteil des FP. Die entsprechenden Fähigkeiten werden z.T. in eigenen Spielen, z.T. in Verbindung mit anderen Lernbereichen geübt.

4.5 Phonologische Bewusstheit

Bei der Phonologischen Bewusstheit geht es um eine gezielte Vorbereitung auf Aspekte des Schriftspracherwerbs, die den Zusammenhang zwischen Laut(folg)en und Buchstaben(folgen) betreffen. Die Kinder sollen dazu befähigt werden, ihre Aufmerksamkeit auf die Lautseite der Sprache zu richten (was vom „normalen" Sprachgebrauch abweicht, bei dem es ja um die Kommunikation von Bedeutungen geht), und diejenigen lautlichen Bestandteile der Wörter zu erfassen, auf die sich das deutsche Schriftsystem stützt.

Entgegen der traditionellen Auffassung spielt dabei nicht nur der Einzellaut, sondern die Struktur der Silbe als dehnbare oder nicht-dehnbare und das Betonungsmuster der Wörter eine wichtige Rolle. Bredel (2007) zeigt am Beispiel der *h*-Schreibung die Relevanz des Trochäus (der Folge einer betonten und einer unbetonten Silbe wie in *Hase* und *Becher*) für das deutsche Schriftsystem auf. Wir folgen dieser Sicht und weisen dem Einüben von Betonungsmustern einen hohen Stellenwert im Bereich Phonologische Bewusstheit zu.[6]

Die ersten Spiele dienen der Zielsetzung, die auditive Aufmerksamkeit der Kinder zu schulen. Dabei werden sprachliche und nicht-sprachliche Stimuli verwendet. Im zweiten Schritt wird die Aufmerksamkeit der Kinder mit Versen und Reimen gezielt auf die Lautform von Wörtern gelenkt.

Die darauf folgende Beschäftigung mit Betonungsmustern nimmt einen wesentlichen Teil der Spiele zur Phonologischen Bewusstheit ein. In Orientierung an Tophinke (2003) werden verschiedene Betonungsmuster von Wörtern geübt. Dabei unterscheiden wir bei den betonten Silben systematisch zwischen solchen mit Langvokal (den dehnbaren Silben) und solchen mit Kurzvokal (den nicht dehnbaren Silben). Diese Unterscheidung, die für zweisprachige Kinder beim Fehlen eines entsprechenden Kontrasts in der Herkunftssprache besondere Probleme bereiten kann, ist grundlegend für einen wichtigen Bereich der Schrei-

---

[6] In dieser Hinsicht unterscheidet sich unser Vorgehen deutlich von dem in „Hören, lauschen, lernen".

bung: die Doppelschreibung von Vokalen wie in *See* und die Doppelschreibung von Konsonanten wie in *Ratte*. Die Betonungsmuster werden getrommelt und durch große und kleine Punkte symbolisiert. Die Kinder lernen damit ein visuelles Symbolsystem kennen, das entsprechend der Schreibrichtung des Deutschen von links nach rechts aufgebaut ist.

Im folgenden Teil wird mit dem Wort eine weitere, wesentliche Einheit des Schriftsystems fokussiert. Die Kinder lernen, Sätze als Folgen von Wörtern zu erfassen und mit Karten bildlich darzustellen. Wir beziehen dabei mit Artikeln und Präpositionen solche Wörter mit ein, deren Wortstatus den Kindern oft Probleme bereitet.

Im letzten Schritt lernen die Kinder anhand von Minimalpaaren wie *Maus* und *Haus, packen* und *backen* etc., die Anfangslaute als eigenständige Teile der Wortform zu erkennen und so im Ansatz das Prinzip zu erfassen, dass Wörter in Einzellaute zerlegt werden können. Einige Anfangslaute werden dann exemplarisch mit Buchstaben verbunden.

Bei der Phonologischen Bewusstheit geht es darum, vorhandenes Sprachwissen metasprachlich zu reflektieren, nicht um den Aufbau des Sprachwissens selbst. Der Bereich ist damit nur für Kinder geeignet, die bereits über einen ausreichend gefestigten Wortschatz verfügen. Er stellt eine eigene Komponente im FP dar und kann begleitend, aber auch eigenständig eingesetzt werden. Zusammen mit der Hinführung zur konzeptionellen Schriftlichkeit (siehe Abschnitt 2) bietet er die Möglichkeit, die Kinder umfassend auf den Schriftspracherwerb vorzubereiten.

Literatur

Achard, Michel (2004): „Grammatical instruction in the natural approach: a cognitive grammar view". In: Achard, M./Niemeier, S. (eds.), a.a.O., 165–194.

Achard, Michel/Niemeier, Susanne (eds.) (2004): *Cognitive linguistics, second language acquisition, and foreign language teaching*. Berlin: de Gruyter.

Achard, Michel/Niemeier, Susanne (2004): „Introduction: Cognitive linguistics, language acquisition, and pedagogy". In: Achard, M./Niemeier, S. (eds.), a.a.O., 1–11.

Ahrenholz, Bernt (ed.) (2006): *Kinder mit Migrationshintergrund. Spracherwerb und Fördermöglichkeiten*. Freiburg: Fillibach.

Apeltauer, Ernst (2003): „Literalität und Spracherwerb". In: Apeltauer, E. (ed.): *Flensburger Papiere zur Mehrsprachigkeit und Kulturenvielfalt im Unterricht*, 4–33.

Arslanoğlu, Ayşegül et al. (2004): *Sprachförderkiste*. Stuttgart: Klett.

Bredel, Ursula (2007): „Die literalen Basisqualifikationen". In: Ehlich, K./Bredel, U./Reich, H.: *Basisqualifikationen der kindlichen Sprachaneignung – der Referenzrahmen*. Präsentation auf der Fachtagung des BMBF, Berlin, Februar 2007.

Clahsen, Harald (1988): *Normale und gestörte Kindersprache. Linguistische Untersuchungen zum Erwerb von Syntax und Morphologie*. Amsterdam: Benjamins.

Clahsen, Harald/Meisel, Jürgen/Pienemann, Manfred (1983): *Deutsch als Zweitsprache. Der Spracherwerb ausländischer Arbeiter*. Tübingen: Narr.

Cummins, Jim (1986): „Language proficiency and academic achievement". In: Cummins, J./Swain, M. (eds.): *Bilingualism in education: Aspects of theory, research and practice*. London u.a.: Longman, 138–161.

Ellis, Rod (1994): *The Study of second language acquisition*. Oxford: Oxford University Press.

Esser, Hartmut (2006): „Migration, Sprache und Integration". *AKI-Forschungsbilanz* 4. Wissenschaftszentrum Berlin für Sozialforschung.

Haberzettl, Stefanie (2005): *Der Erwerb der Verbstellungsregeln in der Zweitsprache Deutsch durch Kinder mit russischer und türkischer Muttersprache*. Tübingen: Niemeyer.

Haberzettl, Stefanie (2006): „Progression im ungesteuerten Erwerb und im gesteuerten Erwerb". In: Ahrenholz, B. (ed.): a.a.O., 203–220.

Hansen, Detlef (1996): *Spracherwerb und Dysgrammatismus*. München/Basel: Reinhardt.

Housen, Alex/Pierrard, Michel (eds.) (2005): *Investigations in instructed second language acquisition*. Berlin: de Gruyter.

Kaltenbacher, Erika (2006): „L1-Einflüsse im DaZ-Erwerb". Vortrag im Rahmen des DaZ-Workshops, TU Berlin, 18.11.06.

Kaltenbacher, Erika/Klages, Hana (2006): „Sprachprofil und Sprachförderung bei Vorschulkindern mit Migrationshintergrund". In: Ahrenholz, B. (ed.): a.a.O., 80–97.

Klein, Wolfgang (1992): *Zweitspracherwerb: Eine Einführung*. 3. Aufl. Frankfurt/Main: Hain.

Klein, Wolfgang/Perdue, Clive (1992): *Utterance structure – developing grammars again*. Amsterdam/Philadelphia: John Benjamins Publishing Company.

Knapp, Werner (1999): „Verdeckte Sprachschwierigkeiten". In: *Grundschule* 31/5, 30–33.

Kostyuk, Natalia (2005): *Der Zweitspracherwerb beim Kind. Eine Studie am Beispiel des Erwerbs des Deutschen durch drei russischsprachige Kinder*. Hamburg: Verlag Dr. Kovac.

Krashen, Stephen D. (1981): *Second language acquisition and second language learning*. Oxford: Pergamon Press.

Krashen, Stephen D. (1985): *The input hypothesis: Issues and implications*. London u.a.: Longman.

Küspert, Petra/Schneider, Wolfgang (2000): *Hören, lauschen, lernen*. Würzburger Trainingsprogramm zur Vorbereitung auf den Erwerb der Schriftsprache. Göttingen: Vandenhoeck & Ruprecht.

Long, Michael H. (2007): *Problems in SLA*. Mahwah/New Jersey/London: Lawrence Erlbaum Associates.

Merkle, Stefan/Garlin, Edgardis (2003): *Kikus*. München: Zentrum für kindliche Mehrsprachigkeit.

Mitchell, Rosamond/Miles, Florence (1998): *Second language learning theories*. London et al.: Arnold.

Nelson, Katherine (1993): „Ereignisse, Narrationen, Gedächtnis: Was entwickelt sich?" In: Hilarion G. Petzold (ed.): *Frühe Schädigungen – späte Folgen? Psychotherapie & Babyforschung*, Band 1. Paderborn: Junfermann.

Pienemann, Manfred (1985): „Learnability and syllabus construction". In: Pienemann, M./Hyltenstam, K. (eds.): *Modelling and assessing second language acquisition*. Newbury House., 23–75.

Pienemann, Manfred (1989): „Is language teachable? Psycholinguistic experiments and hypotheses". In: *Applied Linguistics* 10/1, 52–79.

Rösch, Heidi (2006): „Das Jacobs-Sommercamp – neue Ansätze zur Förderung von Deutsch als Zweitsprache". In: Ahrenholz, B. (ed.): a.a.O., 287–302.

Siebert-Ott, Gesa M. (2001): *Frühe Mehrsprachigkeit. Probleme des Grammatikerwerbs in multilingualen und multikulturellen Kontexten*. Tübingen: Niemeyer.

Szagun, Gisela. (1996): *Sprachentwicklung beim Kind. Eine Einführung*. München, Weinheim: Psychologie Verlags-Union. 6., überarbeitete Auflage.

Thoma, Dieter/Tracy, Rosemarie (2006): „Deutsch als frühe Zweitsprache: zweite Erstsprache?" In: Ahrenholz, B. (ed.): a.a.O., 58–79.

Tophinke, Doris (2003): *Sprachförderung im Kindergarten. Materialien und praktische Anleitung*. Weinheim: Beltz.

Tracy, Rosemarie (1991): „The acquisition of case morphology in German". In: *Linguistics* 24, 47–78.

Wegener, Heide (1995a): *Die Nominalflexion des Deutschen – verstanden als Lerngegenstand*. Tübingen: Niemeyer.

Wegener, Heide (1995b): „Das Genus im DaZ-Erwerb. Beobachtungen an Kindern aus Polen, Russland und der Türkei". In: Handwerker, B. (ed.): *Fremde Sprache Deutsch*. Tübingen: Narr, 1–24.

Anhang

Spiel 16	Welche Tiere leben auf dem Bauernhof?

Aufgabe/Tätigkeit:
Tiere benennen und ihrem Lebensraum zuordnen

Arbeitsform:
Plenum

Material:
Bildkarten oder Tierfiguren, Abbildung von einem Bauernhof, Waldplakat aus Spiel 10

Vorbereitung:
Die Förderkraft besorgt ein Bild von einem Bauernhof. Vor der Förderstunde legt sie das Bauernhofbild und das Waldplakat in je eine Ecke des Raums. In die Mitte des Raums legt sie die Bildkarten bzw. Tierfiguren.

Wortschatz
Tiere

Grammatik
Genus (phon. Regel)

Literalität

Mathe
Kategorisierung

Umsetzung
Alle sitzen im Kreis auf dem Boden, die Tiere liegen in der Mitte. Die Förderkraft führt in das Spiel ein.

Förderkraft	„Schaut, Kinder, diese Tiere haben Verstecken gespielt bis es dunkel war, und dann haben sie den Weg nach Hause nicht mehr gefunden. Jetzt sind sie alle hier bei uns. Wer ist denn hier?"
Kinder:	*benennen die Tiere*
	„Die/eine Katze, der/ein Hund, ..."
Förderkraft:	*modelliert die Äußerungen*
	„Wisst ihr was? Wir bringen die Tiere jetzt alle nacheinander nach Hause. Einige von ihnen leben im Wald, und einige auf dem Bauernhof. Da ist der Wald *zeigt in die Ecke mit dem Waldplakat* und da der Bauernhof. *zeigt in die Ecke mit dem Bauernhof* Ich frage euch immer, wo ein Tier wohnt und ihr sagt mir, ob es auf dem Bauernhof oder im Wald lebt. Dann bringt ihr das Tier nach Hause.* sagt den Reim auf*

> Der Bär, der Bär,
> wo wohnt denn der?"

Kinder:	„Im Wald."
Förderkraft:	„Der Bär will nicht gehen.

Phase II

	Aber der Hund. Der Hund, wo wohnt der?"
Kinder:	„Auf dem Bauernhof."
Förderkraft:	„Genau, der Hund, der wohnt auf dem Bauernhof. Ivan, bring ihn hin!"
Kind 1:	*bringt den Hund in die Bauernhofecke*
Förderkraft:	„Jetzt ist der Bär wieder dran. Sprecht alle mit."
Alle:	*im Chor*

> Der Bär, der Bär,
> wo wohnt denn der?"

Alle:	„Im Wald."
Förderkraft:	„Der Bär will nicht gehen. Aber der Fuchs. Der Fuchs, wo wohnt der?"
Kinder:	„Im Wald."
Förderkraft:	„Genau, der Fuchs, der wohnt im Wald."

...

Auf diese Weise werden alle Tiere in der unten angegebenen Reihenfolge nach Hause gebracht, zuletzt der Bär. Anchließend wird ein Gedächtnisspiel gespielt.

Förderkraft:	„Jetzt sind alle Tiere wieder zu Hause und gehen ins Bett. Wer schläft denn jetzt alles auf dem Bauernhof?"
Kinder:	*nennen die Tiere*
Förderkraft:	*modelliert die Äußerungen* „Und im Wald? Wer schläft jetzt alles im Wald?"
Kinder:	*nennen die Tiere*
Förderkraft:	„Genau. Jetzt wisst ihr genau, wo die Tiere wohnen und könnt sie immer nach Hause bringen. Sie brauchen keine Angst mehr zu haben, dass sie den Weg nicht finden. "

Das Spiel sollte an späteren Tagen wiederholt werden.

Wortschatz:
der Hund · der Fuchs · der Hahn
die Katze · die Ziege · die Schlange · die Eule
der Bär

38

Kommentar zum Spiel: Welche Tiere leben auf dem Bauernhof?

Bei dem Spiel geht es um Tiere, die den Heimweg nicht finden können, und von den Förderkindern nach Hause gebracht werden sollen. Wie sich aus den aktivierten (fett gedruckten) Marginalien am rechten oberen Seitenrand ergibt, werden mit dem Spiel insbesondere drei Ziele verfolgt: die Förderung des Wortschatzbereichs „Tiere", der lautlichen Zusammenhänge bei der Zuweisung des grammatischen Geschlechts (phonologische Regeln) sowie mathematische Vorläuferfertigkeiten. In Bezug auf den grammatischen Bereich wird sowohl sprachlicher Input vorgegeben (siehe das Ohr rechts oben) als auch eigenes Sprechen der Kinder verlangt (siehe das Mundsymbol). Die Spielaufgabe ist in einen literalen Kontext eingebettet: Die Kinder müssen auf sprachlicher Basis eine Vorstellungswelt aufbauen und in ihr handeln. Dies ist jedoch ein Grundprinzip der Förderung und trifft in dieser Weise auf viele der Förderspiele zu; auf eine Aktivierung der entsprechenden Marginalie haben wir daher verzichtet.

Die Tierbezeichnungen im Spiel sind so ausgewählt, dass die lautlichen Regeln (siehe Kapitel 4.2) deutlich werden; es kommen vier einsilbige Maskulina und vier zweisilbige, auf unbetontes -e auslautende Feminina vor. Die Kinder hören und produzieren bei dem Spiel die Tierbezeichnungen mit ihren Artikeln (und auch Pronomen), ohne dass ihnen die grammatische Kategorie „Genus" dabei bewusst gemacht wird. Das entspricht unserem Prinzip des impliziten Lernens.

Die Spielgestaltung führt zu einer Fokussierung auf wenige Wörter und die ausgewählten grammatischen Strukturen, was dem Konzept der „Kontextoptimierung" entspricht. Sie werden in dem Reim und in den anderen standardisierten Ausdrücken prägnant angeboten und mehrfach wiederholt, so dass sie leichter im Gedächtnis gespeichert werden können; diesem Zweck dient auch die Wiederholung des Spiels an anderen Tagen. Die vorgesehene Modellierung der Äußerungen der Kinder durch die Förderkraft verstärkt den Wiederholungseffekt.

Im Bereich „mathematische Vorläuferfertigkeiten" geht es um eine Kategorisierungsaufgabe. Durch die Zuordnung der Tiere zu einem der beiden Lebensräume „Wald" und „Bauernhof" wird die Entwicklung der Fähigkeit unterstützt, eine Gesamtmenge nach bestimmten Merkmalen in Untermengen zu teilen – eine Vorläuferfähigkeit für die späteren, komplexeren schulischen Kategorisierungsleistungen.

Das hier vorgestellte Spiel illustriert auch die Einbettung der Förderinhalte in motivierende Kontexte und den Wechsel von Aktivitäten und Arbeitsformen. So müssen die Kinder vom Sitzkreis auf dem Boden in die verschiedenen Ecken des

Raumes laufen und abwechselnd in der Gruppe (im Chor) oder einzeln sprechen und handeln.

Die Position des Spiels im gesamten Förderprogramm ist so gewählt, dass die Voraussetzungen für einen Lernfortschritt gegeben sind. Die Kinder sollten zu diesem Zeitpunkt bereits über das Natürliche-Geschlechts-Prinzip verfügen und auch für die phonologischen Regeln sensibilisiert sein: Dem Spiel geht die Arbeit mit Reimbüchern voraus, bei denen es ebenfalls um die Artikel bei Einsilbern und Zweisilbern auf -*e* geht.

In unserer Homepage [www.deutsch-fuer-den-schulstart.de] sind weitere Spielbeispiele enthalten.

Lernszenarien.
Sprache kann nicht gelehrt, sondern nur gelernt werden

PETRA HÖLSCHER

Wie Kinder Sprache lernen

Kinder lernen Sprache auf robuste Weise, sowohl die Muttersprache als auch eine Zweitsprache. Dieses Phänomen hat jeder schon beobachten können. Voraussetzung dafür ist einzig ein ausreichender Sprachkontakt. Kinder lernen durch Handeln und durch Ausprobieren. Sie brauchen keine grammatischen Erläuterungen, um zu sprechen und zu schreiben. In ihrem ungesteuerten Spracherwerb tasten sie den ganzen sprachlichen Input ständig nach Sinn ab, vergleichen ihn mit ihrem Vorwissen, bilden Hypothesen, probieren sie einfach aus und sortieren die verarbeiteten Eindrücke nach systematischen Kategorien (vgl. Hölscher/Roche 2005: 3 f.). Unbewusste Erwerbsprinzipien, die „in geglückten Verständigungssituationen" aktiviert werden, ermöglichen „einen schrittweisen Aufbau der Sprache" (Butzkamm 2002: 31).

Der handlungsorientierte Sprachunterricht als Form des Sprachenlernens hat sich in der Praxis besonders für Kinder und Jugendliche als höchst effizient erwiesen. Dafür gibt es eine Reihe von Gründen: Wer mit Sprache etwas tut, also handelt, der erfährt Sprache viel direkter und unmittelbarer. Die Parallelinformation begleitet die Sprache in direkter und zweckmäßiger Weise. Der Lerner erfährt dabei, dass Sprache nicht nur beschreibt – was ja der Beobachterperspektive in der dritten Person entspricht – sondern dass man als Akteur mit Sprache handelt, etwas tut und etwas erreichen kann.

Seit Piaget wissen wir, dass sich das Denken vom konkreten über das symbolische und vorbegriffliche Denken zum formalen Denken entwickelt, also nur über Formen der konkreten Erfahrung in Handlungen erworben werden kann.

Die Effektivität des handelnden Lernens ist schon lange bewiesen: Wie eine Studie der American Audiovisual Society schon 1982 belegt hat, behält der Mensch 90 % von dem, was er mit eigenen Händen tun, im Gedächtnis; von dem, worüber wir selbst sprechen, behalten wir immerhin noch 70 %; von der reinen Lektüre eines Buches erinnern wir uns später nur noch an 10 %.

Es besteht kein Zweifel daran: Das ganzheitliche, handelnde Lernen, das alle Sinne einbezieht, fördert den Spracherwerb begleitend zu den Erfahrungen. Dieses Zusammenspiel von Sprachanwendung und konkreter Erfahrung befähigt die Lerner, ihr Sprachkönnen situationsgerecht zu verwenden, steigert die Behaltensleistung beim Sprachlernen immens und bewirkt so ein nachhaltiges und effektives Sprachlernen.

Vom Stellenwert des Fehlers

Der Spracherwerb erfolgt also über das Anwenden und Ausprobieren der sich entwickelnden Sprache. Dabei treten naturgemäß Fehler auf. Fehler sind normaler, unvermeidlicher Bestandteil der sich entwickelnden Sprache und sogar Zeichen des individuellen Lernfortschritts. Je mehr ein Kind sich traut, sich differenziert und komplex zu äußern, desto mehr Fehler muss es machen. Die formale Richtigkeit der sprachlichen Mittel wächst mit der Zeit.

Dazu Werner Bleyhl:

„Nach der Wiedergabe auswendig gelernter Wendungen erfolgt eine „chaotische Phase" der Fehlerproduktion. Der Lerner versucht, selbst entdeckte Sprachregeln auf andere Fälle zu übertragen, die ihm parallel zu verlaufen scheinen; um ein Beispiel aus dem Deutschen zu nennen: *Schühe* als Plural nach dem Modell *Kühe*. […] Zugleich ist hier ein Hinweis abzulesen, dass Sprachenlernen nicht primär über Imitation erfolgt." (Bleyhl 2005: 3).

Wie Bleyhl überhaupt für jene, „die sich nicht von ihrem geistigen Bärenfell erheben" (a.a.O.: 4) vielfache Belege beibringt, welche verheerenden Auswirkungen es auf die Motivation der Lerner hat, wenn Sprachunterricht auf ein grammatikorientiertes Fehler-Suchen reduziert wird. Er führt deshalb weiter aus:

„Und ob es manchen, die in traditionellen Vorstellungen gefangen sind, gefällt oder nicht, ihren alten Überzeugen wird von der neueren Entwicklungs- und Kognitionspsychologie der Boden entzogen, weil sie auf dem unangemessenen Lernverständnis von der Übertragbarkeit des Wissens, d. h. auf dem Glauben an die Macht der Instruktion beruhen" (a.a.O.: 3).

Auch Erika Diehl spricht deutliche Worte:

„Einerseits ist es den Schülern offensichtlich nicht möglich, das im Grammatikunterricht vermittelte Regelwissen direkt in ihrer Sprachproduktion anzuwenden. Andererseits werden durch den schulischen Kontext die natürlichen Erwerbsvorgänge, die eine

Alternative zum schulischen Grammatiklernen bieten würden, geradezu abgeblockt, insbesondere durch die Sanktionierung jeder Fehlleistung." (Diehl 2000: 316)

„Das Fehlertabu der Schule ist für den Zweitsprachenerwerb verhängnisvoll." (a.a.O.: 382).

Daraus muss gefolgert werden, dass in der modernen Sprachdidaktik die Fehlerkorrektur einen gänzlich anderen Stellenwert haben muss als im traditionellen Sprachunterricht. Wenn Sprachwachstum Entdecken und Experimentieren verlangt, kann nicht mit den gleichen Maßstäben Fehlerkorrektur betrieben werden, wie dies bei der linearen Präsentation von Lernstoff im Unterricht der Fall ist. „Es ist im Gegenteil sogar davon auszugehen, dass viele der so genannten „Fehler" gar keine echten und dauerhaften Fehler sind, sondern dass diese Elemente eher einen Lernfortschritt markieren. Aus der Spracherwerbsforschung wissen wir, dass solche „Entwicklungsfehler" im Laufe der weiteren Sprachentwicklung häufig von alleine verschwinden." (Hölscher/Roche 2005: 13). Die Kinder brauchen die Fehler, um Fortschritte zu machen. Man sollte Entwicklungsfehlern dieser Art aus den oben genannten Gründen nicht zu viel Aufmerksamkeit beimessen.

Es scheint so zu sein, als gäbe uns der Mutterspracherwerb wichtige Impulse für effektives Sprachenlernen. Auch über den richtigen Umgang mit Fehlern können wir uns hier orientieren.[1]

Sowohl beim Erstspracherwerb als auch beim Erwerb jeder weiteren Sprache gilt, dass vor dem Gebrauch der Grammatik eine Menge vom Wortschatz verinnerlicht sein muss. Die vom großen Hans-Eberhardt Piepho auf Lehrerfortbildungen oft geäußerte Aufforderung „Gebt den Kindern Wörter, die Grammatik finden sie von alleine" wurde zum geflügelten Wort. Wortschatzerwerb ist das zentrale Element des Spracherwerbs. „Man kann sich mit Wörtern verständigen, aber nicht mit der Grammatik. Wer grammatische Regeln kennt, aber keine (oder zu wenig) Wörter, kann sich in der Regel nicht (oder nicht angemessen) verständigen." (Apeltauer 2004: 97).

Dafür gibt es eine Reihe von Gründen aus der Spracherwerbsforschung, der Erwerbspsychologie und der Pädagogik. „Aus der Spracherwerbsforschung wissen wir, dass im ungesteuerten oder so genannten „natürlichen Spracherwerb" der Wortschatzerwerb gerade in den Anfangsphasen die treibende Kraft des Spracherwerbs ist und die einzelnen Wörter die Träger der Kommunikation schlechthin

---

[1] Die Eltern gehen nicht auf die Fehler des Kindes ein, sondern konzentrieren sich auf den Inhalt des Gesagten und führen die Aussage fort. Sie signalisieren dem Kind vor allem, dass es verstanden wird. Siehe dazu Butzkamm/Butzkamm (2004).

sind. Die ersten Phasen des Erwerbs verlaufen demnach von der Ein-Wort- zur Zwei-Wort- und dann zur Drei-Wort-Phase. Erst in dieser dritten Phase lassen sich überhaupt Ansätze zu einer grammatikalisierten Syntax, also zu grammatischen Strukturen, erkennen. Bis zu diesem Punkt werden sprachliche Strukturen vom Wortschatz mit übernommen beziehungsweise rein nach Aspekten der Informationsverteilung (also pragmatisch) ausgedrückt." (Hölscher/Roche 2003: 17).

Folgerungen für den Sprachunterricht

Für den Sprachunterricht ergibt sich daraus:

* Motivierend und effektiv für den Spracherwerb ist handelndes Lernen mit Redeanlässen und Themen aus der Erfahrungswelt der Kinder.
* Ein linear aufgebauter Kurs ist wenig sinnvoll, weil dieser sich nicht an der individuellen natürlichen Progression orientiert.
* Effektives Sprachlernen erfolgt durch die Anwendung und Erprobung bereits erworbener Handlungs- und Äußerungsmuster. Die Förderung der Motivation zur persönlichen angstfreien Erprobung ist daher eine wesentliche Aufgabe im Unterricht.
* Nicht Subjekt, Objekt oder Akkusativ sind das Thema, sondern der funktionale Gebrauch der Grammatik in der praktischen Sprachanwendung. Die für das Sprachwachstum so wichtige Erprobung und Anwendung steht im Mittelpunkt.
* Fehler gehören zum Sprachlernen. Der richtige Umgang mit den sprachlichen Äußerungen des Kindes ist von enormer Bedeutung.
* Frontaler Unterricht und das Üben von vorgefertigten Dialogen und Sprachmustern bringt für das Sprachwachstum der Kinder wenig Gewinn.
* Wortschatzerweiterung steht im Mittelpunkt beim Sprachlernen.
* Das Spielen als Probehandeln hat einen hohen Stellenwert. Spielerisches Lernen mit Partner-, Gruppen- und Gemeinschaftsspielen ermöglicht lerneradäquates Üben von Wortschatz und sprachlichen Strukturen in lebensnahen Situationen.

Das bestätigt auch der Bildungsbericht von 2007:

> „Grundlegend besteht ein Konsens, dass Unterricht an den individuellen Lernwegen der Schüler ausgerichtet sein muss. Dies bedeutet, dass das bisher vorherrschende Klassengespräch aufgebrochen werden muss. In das Methodenspektrum müssen Lernaufgaben aufgenommen werden, die auf individuelle Ausgangslagen angepasst sind

und gegebenenfalls in Kleingruppen bearbeitet werden. Die Rolle des Lehrenden wechselt dabei von der klassischen Rolle eines Wissensvermittlers zur Rolle eines Lernbegleiters bzw. eines ‚Coaches'. Eine in diesem Sinne ‚erfolgreiche' Lernbegleitung besteht beispielsweise darin, Schüler aktiv zu beteiligen, sie durch interessante und offene Fragen bzw. Aufgaben geistig herauszufordern, Denkprozesse zu modellieren und für verschiedene Kompetenzstufen zugänglich zu machen, individuelle Lernwege zu beobachten, Lernfortschritte rückzumelden, Lerngerüste mit anfänglich höherem Strukturierungsgrad zu später zunehmender Flexibilität und Offenheit bereitzustellen. In diesem Sinne ist Unterricht durch ein Basisgerüst gekennzeichnet, auf dem es den individuellen Schülern möglich ist, ihre eigenen Lernwege zu beschreiten." (Bildungsbericht 2007: 75/76)

Kriterien für einen zeitgemäßen Sprachunterricht

- Das Lernen – nicht das Lehren – bestimmt den Unterricht.
- Der Unterricht ist ideenreich und kreativ: methodisch, medial und sozial.
- Es herrscht ein angenehmes Lernklima.
- Das Lernen lernen und die Vermittlung von individuellen Lernstrategien ist ein wesentlicher Kerninhalt des Unterrichts.
- Der einzelne Lerner und sein Fortschritt stehen im Mittelpunkt.
- Es gibt Angebote für unterschiedliche Begabungen und Lernertypen.
- Die Kinder erweitern ihr sprachliches Wissen individuell und dokumentieren ihr Sprachwachstum.
- Das außerschulische Lernen wird als ein wichtiger Pfeiler des Lernens genutzt.
- Die Lehrkraft hat interkulturelle Kompetenz (und vermittelt sie): Sie hört auf die Verschiedenheit der Lerner schon im eigenen muttersprachlichen Kontext, erzieht zum Respekt vor der jeweiligen Andersartigkeit, überträgt diese Haltungen auf den interkulturellen Kontext und nützt die Anwesenheit von mehrsprachig aufwachsenden Schülern als Lernchance für alle.
- Sie ist geschult in Kommunikation und reversibler Sprache.
- Sie hat fachliches Wissen über den Spracherwerb.
- Sie kooperiert mit Schülern, Kollegen, Eltern und außerschulischen Einrichtungen.

Das handlungsorientierte Lernen in Szenarien setzt diese Kriterien im Sprachunterricht um.

Die Verwirklichung der Postulate durch die Szenariendidaktik

Die Szenariendidaktik ist eine von Hans-Eberhard Piepho für den Englischunterricht begründete Lernform, die derzeit als wohl aktuellste und innovativste Unterrichtsform diskutiert wird. Ursprünglich für den Fremdsprachenunterricht Englisch entwickelt, ist sie generell für alle Schulfächer geeignet. Von allergrößtem Gewinn aber ist die Szenariendidaktik für den Unterricht in Deutsch als Zweit- und Fremdsprache und die Förderung des Deutschen als Muttersprache. Sie macht sogar die gemeinsame Förderung von deutschsprachigen und Deutsch lernenden Kindern möglich.

Für alle Sprachlerngruppen charakteristisch – das gilt für das Inland verstärkt, ist aber auch im Ausland die Regel – ist die Heterogenität der Lernergruppe, die sich auf ganz verschiedenen Ebenen äußert. Diese Heterogenität bezieht sich nicht nur auf immer vorhandene unterschiedliche Sprachfähigkeiten und unterschiedlichen Sprachzuwachs der Kinder im Laufe eines Unterrichtsjahres, sondern ebenso heterogen erweist sich die Lage hinsichtlich der individuellen Lernvoraussetzungen, also Lernerfahrungen und Lerngewohnheiten, der unterschiedlichen Persönlichkeiten und Lerntypen, sowie nicht zuletzt des Weltwissens der Schüler. All diese Bedingungen beeinflussen schließlich Lerngeschwindigkeit und Lernerfolg des einzelnen Schülers im Sprachunterricht.

Davon geht auch der Bildungsbericht (2007: 79 f.) aus:

„Bei heterogenen Lernvoraussetzungen produziert Gleichheit im Unterrichtszugang systematisch Ungleichheit in der weiteren Lernentwicklung. […] Die bisher ausgeführten Problemlagen im Unterricht und zum Umgang mit Heterogenität legen ein grundlegendes Umdenken in Richtung der individuellen Lernwege der Schüler nahe. Die größte Herausforderung für Lehrende dürfte darin liegen, zu akzeptieren, dass individuelle Lernwege unterschiedlich sind und dass nicht alle Schüler mit gleichem Startpunkt, gleichem Tempo, gleichen Lernkurven und – so hart es zu akzeptieren ist – mit gleichem Ergebnis lernen. Die gegenwärtig vorherrschende Unterrichtsphilosophie ist vielmehr, dass jedes neue Unterrichtsthema, jeder neue Inhalt bei jedem einzelnen Lernenden einem „leeren Blatt" gleicht, das es durch den Unterricht zu beschreiben gilt."

Die Szenariendidaktik geht auf diese Unterschiedlichkeiten ein. Das Lernen in Szenarien löst das Problem der Unterforderung bzw. Überforderung der Schüler, das im herkömmlichen Sprachenunterricht ein schier unvermeidbares Phänomen ist. In der Regel führt die Über- oder Unterforderung dazu, dass Schüler „aussteigen", sich nicht aktiv am Unterricht beteiligen – die Motivation schwindet, der

Lernzuwachs stagniert, es kommt zu Disziplinproblemen. Eine individuelle Förderung jedes einzelnen Schülers ist mit herkömmlichen Unterrichtsmethoden von einer einzelnen Lehrkraft aber kaum zu leisten. Die Szenariendidaktik hingegen eröffnet die individuelle Förderung der Schüler ohne aufwändige Vorbereitung der Lehrkraft. Das Lernen setzt dort an, wo das Kind gerade steht: bei seinem Sprachkönnen, bei seinen individuellen Fähigkeiten und Vorlieben und bei seinen Möglichkeiten, sein inhaltliches Wissen zu einem Thema zu erweitern.

Im Mittelpunkt des Unterrichts steht ein Kernthema aus dem Erfahrungs- und Erlebnisbereich der Kinder z.B. das Thema *Ritter, Herbst, Familie* oder auch spannende Literatur sowie Sachtexte. Das Thema wird durch unterschiedliche Aufgaben und Bearbeitungsmöglichkeiten auf verschiedenste Weise von den Kindern selbst erarbeitet und gestaltet.

Graphik 1 bietet ein Beispiel für allgemeine Aufgaben zur Gestaltung eines Lernszenarios mit Texten.

Grafik 1: Allgemeine Aufträge zur Erarbeitung von Texten

Die Schüler wählen je nach Interesse und Kompetenz einzelne Aufgaben, die sie nach Neigung allein, mit einem Partner oder in Gruppen bearbeiten können. Bei der Auswahl der Aufgaben knüpfen die Kinder an ihr Vorwissen an und bearbeiten eine Aufgabe, die ihren Interessen, ihrer Persönlichkeit und ihren Fähigkeiten entspricht (vgl. Foto 1).

Foto 1:   Die Kinder wählen sich zur Bearbeitung des Textes einen Auftrag aus

Diese individuellen Arbeitsweisen sind unabdinglich:

> „Wenn Unterricht in Deutschland nicht darauf ausgerichtet ist, Schüler *individuell* zu fördern, bleiben die individuellen Unterschiede bestehen beziehungsweise vergrößern sich: Schüler mit starken Lernvoraussetzungen lernen immer weiter hinzu, differenzieren und erweitern ihre Kompetenzen. Sie setzen ihre vorhandenen Kompetenzen als Werkzeuge ein, um das im Unterricht bereitgestellte Potenzial optimal zu nutzen. Lernenden mit schwächeren Lernvoraussetzungen dagegen fehlen diese individuellen Werkzeuge und sie scheinen sie im Verlauf der Schulzeit immer weiter zu verlieren." (Bildungsbericht 2007: 79)

Neben der Motivation der Schüler durch die selbst gewählte Aufgabe begünstigt das Mitgestalten und das Nutzen des Vorwissens auch das Lernen selbst. Das neu zu Erlernende – sprachlich und fachlich – wird an bestehendes Wissen angedockt und verankert. Unterschiedliche Arbeits- und Lerntechniken kommen zur

Anwendung, die das selbständige Lernen der Schüler fördern und unterschiedliche Lernwege und Lernstrategien berücksichtigen. Die Heterogenität wird in einem Szenario zu einem positiven Faktor: Die Schüler lernen mit- und voneinander und verknüpfen ihre unterschiedlichen Kompetenzen. Jeder entwickelt individuell seine sprachlichen Ausdrucksmöglichkeiten weiter. Neben dem fachlichen Wissenszuwachs entsteht durch die aktive Umsetzung dieses Wissens in Sprache individueller Sprachzuwachs für jeden Schüler.

Die Versprachlichung der Ergebnisse zu einer Aufgabe ist in einem solchen Lernen nicht abstrakt und verfolgt nicht primär den Erwerb von metasprachlichem Wissen über die zu erwerbende Sprache. Wie bereits in Folgerungen für den Sprachunterricht genannt, sind nicht mehr Subjekt, Objekt oder Akkusativ das Thema, sondern der funktionale Gebrauch der Grammatik in der praktischen Sprachanwendung. Die für das Sprachwachstum so wichtige Erprobung und Anwendung stehen im Mittelpunkt.

Dabei treten – wie bereits gesagt – naturgemäß Fehler auf, die als normaler, unvermeidlicher Bestandteil der sich entwickelnden Sprache und sogar als Zeichen des individuellen Lernfortschritts gewürdigt werden müssen. Je mehr ein Kind sich traut, sich differenziert und komplex zu äußern, desto mehr Fehler wird es machen. Aber in dieser Phase steht der Inhalt des Gesagten im Vordergrund und nicht die formale Richtigkeit.

Die formale Richtigkeit der sprachlichen Mittel für die Dokumentation der erarbeiteten Ergebnisse wird – nach dem Sammeln und Zusammentragen der Informationen und dem ersten Formulieren für die Präsentation – in einer redaktionellen Überarbeitung mit der gesamten Lerngruppe optimiert. Dabei finden Reflexion und Verarbeitung von Wortschatz und Strukturen statt. Die Funktion der verschiedenen Ausdrucksmöglichkeiten, -varianten und die Auswirkung von Abwandlungen werden dem Lerner dabei bewusst.

Jedes Szenario schließt mit der Präsentation der optimierten Ergebnisse, die so zu einem Ganzen zusammengefügt werden. Die durch Bearbeitung der einzelnen Aufgaben erworbene Sprache, der Wortschatz und die Strukturen werden semantisch im Kernthema verankert. Alle Schüler profitieren von der Vielfalt der bearbeiteten Teilaspekte zu einem Thema. Das Zusammenwirken der unterschiedlichen Kompetenzen ist eine Bereicherung für das Lernen und auch das, was Spannung und Interesse erzeugt (vgl. Foto 2).

In Lernszenarien wenden Kinder die Sprache immer zu einem echten kommunikativen Zweck an, sowohl thematisch-inhaltlich als auch zur Koordination

Foto 2:   Die Gruppe arbeitet engagiert an ihrem Auftrag

des gemeinsamen Aufgabenlösens. Sie lernen, neues Wissen auszudrücken und auf ihrem jeweiligen Niveau zu versprachlichen.

Die unterschiedlichen Arbeitsformen, die Methoden- und Medienvielfalt gehen auf unterschiedliche Lernertypen ein und ermöglichen ein aktives wie passives Verarbeiten von Sprache. Wo manche Kinder schon mutig die Sprache anwenden, nehmen andere die sprachliche Information erst einmal nur rezeptiv auf; sie hören ihren Mitschülern zu. So werden sowohl unterschiedliche Lernertypen als auch unterschiedliche kommunikative Verhaltensweisen zugelassen und respektiert.

Durch einen solchen Unterricht werden das selbständige Entdecken von Sprache und die Sprachanwendung angeregt, die wesentlich mehr als formales Lernen das individuelle Sprachwachstum fördern.

„Sprachwachstum" und „Sprachzuwachs" sind Kernbegriffe des Konzepts. Das individuelle Sprachwachstum zu fördern und zu begünstigen, erfordert neue Wege in der Didaktik. Die Szenariendidaktik ermöglicht es, die Lerner selbst zu aktivieren, ihnen zu vermitteln, wie sie ihre Vorerfahrungen für das Sprachlernen nutzen können. Die Möglichkeit zur Mitgestaltung des Szenarios fördert zudem das Bewusstwerden über Lernprozesse und den jeweils eigenen Lernzuwachs.

Wie der Bildungsbericht 2007 deutlich aufzeigt, geht herkömmlicher Unterricht nicht auf die heterogenen Bedingungen des Lernens ein. Noch immer wird Deutsch als Zweitsprache weitgehend mit traditionellen Verfahren vermittelt. Gesellschaftliche Herausforderungen, neue Inhalte und Arbeitsweisen für den Unterricht, Interessen und Bedürfnisse der Lernenden und der Lehrkräfte sowie die Erkenntnisse pädagogischer und zweit- bzw. fremdsprachendidaktischer Forschung werden immer noch viel zu wenig berücksichtigt.

„Die Ergebnisse aller Videostudien in Deutschland zeigen ein gleichförmiges Bild. In den bisher untersuchten Domänen läuft der Unterricht sehr ähnlich ab: Er wird bestimmt durch einen übergeordneten, fragend-entwickelnden Zugang, in dem relativ komplexe Inhalte in kleine Portionen zerlegt und Schritt für Schritt im Klassenverband erarbeitet werden. Individuelle Lernwege sind in dieser übergeordneten Basisstruktur nicht vorgesehen. Es besteht vielmehr die Vorstellung der Entwicklung einer gemeinsamen Denk- und Kompetenzstruktur, die von allen Schülern mit gleichem Ausgangspunkt, gleichem Tempo und gleichem Endpunkt entwickelt wird. […] Der Unterricht in Deutschland ist damit noch weit entfernt von Unterrichtskonzepten, die sich im Bereich der Lehr-Lern-Forschung international als wirksam erwiesen haben." (Bildungsbericht 2007: 74)

Der folgende Katalog[2] von gut gemeinten, aber höchst problematischen Anleitungen, möge zur Gewissenserforschung dienen:

20 Vorschläge, wie man Sprachenlernen verhindert

- Machen Sie einen systematischen Grammatikkurs.
- Differenzieren Sie in Ihrem Kurs nach Leistung.
- Sorgen Sie dafür, dass nur Schüler der gleichen Muttersprache miteinander arbeiten.
- Setzen Sie viele Arbeitsblätter ein.
- Spielen Sie nicht zu oft; Spiele haben nichts mit Unterricht zu tun.
- Bringen Sie dem Schüler die Furcht vor dem Fehlermachen bei.
- Achten Sie weniger auf den Inhalt als auf die Form des Gesagten.
- Machen Sie dem Schüler ständig klar, dass er Fehler macht. Runzeln Sie die Stirn, verziehen Sie Ihr Gesicht und verbessern Sie jeden Fehler.
- Fordern Sie die Mitschüler auf, den Schüler immer zu verbessern, wenn er einen Fehler macht.

---

[2] Entnommen aus: Hölscher, Petra (2006: 7).

- Lassen Sie fehlerhafte Sätze so lange wiederholen, bis der Schüler keinen Fehler mehr macht.
- Vermeiden Sie, dass dem Schüler zu viel Sprache begegnet.
- Arbeiten Sie nicht mit Texten, in denen viele unbekannte Wörter vorkommen.
- Reden Sie mit den Schülern nicht natürlich, sondern in einfachster, reduzierter Sprache.
- Verbieten Sie den Schülern die Muttersprache.
- Lassen Sie jeden Schüler vom ersten Tag an vor allen reden, auch wenn er das nicht so gern will.
- Machen Sie viele solcher Übungen: Lassen Sie beschreiben, was der Schüler sieht, z. B. *Der Stift ist rot. Auf dem Bild ist eine Kuh.* Auch das Nachsprechen von Sätzen ist besonders sinnvoll. Es sollte Sie nicht stören, dass das wenig spannend ist.
- Reden Sie im Kurs viel und lassen Sie die Schüler weniger sprechen. Sie sind das gute Sprachvorbild und nur, was Sie sagen, lernen die Schüler wirklich.
- Lassen Sie die Schüler untereinander nicht unbeaufsichtigt sprechen, denn im Gespräch mit anderen Schülern lernt er nur viele Fehler.
- Lassen Sie den Schüler die Sprache nicht einfach ausprobieren, denn dabei treten Fehler auf.
- Seien Sie sparsam mit Lob. Der Schüler braucht von seinen Fortschritten nichts zu wissen.

Ein Blick in die Praxis: Kinder beim Sprachenlernen

Wie dieses Lernen in der Schule umgesetzt wird, veranschaulicht besser als Worte ein Film mit dem Titel: *Lernszenarien. Die neue Philosophie des Sprachenlernens* (DVD mit Begleitbuch).

Der Film zeigt, wie Kinder Deutsch als Zweitsprache lernen. Der im Jahre 2002 erschienene innovative Lehrplan für Deutsch als Zweitsprache bildet die Grundlage für das Sprachlernen der Kinder. Dieser Lehrplan – das Ergebnis eines zweijährigen Forschungs- und Entwicklungsprojektes am Staatsinstitut für Schulqualität und Bildungsforschung in München – ist zunächst in Bayern in Kraft getreten und wurde inzwischen von vielen Bundesländern übernommen.

Nach dem neuesten Stand der Spracherwerbsforschung stehen bei diesem Sprachlernen im Mittelpunkt:

- der Wortschatzerwerb als treibende Kraft des Sprachwachstums
- Sprachanwendung als wesentliches Element des Spracherwerbs
- interkulturelle Aspekte der Kommunikation und des Sprachlernens
- schüleraktives, individuelles und handlungsorientiertes Lernen
- Ausrichtung auf die Bedürfnisse und Interessen der Kinder unter Berücksichtigung verschiedener Lernertypen und Lernstrategien.

Der Film zeigt die konkrete Umsetzung der Leitgedanken dieses modernen Sprachlernkonzeptes im Unterricht in einer Grundschule.

Die Kinder wählen sich aus einem Angebot eine Aufgabe aus, die ihren Neigungen und Fähigkeiten entspricht. Sie entscheiden, ob sie allein, in Partner- oder Gruppenarbeit arbeiten. Die freie Wahl der Aufgaben und auch der Sozialform nach individuellen Neigungen begründet das interessierte und engagierte Arbeiten der Kinder. Die Szenen im Film zeigen die Kinder bei der Arbeit in einem Lernszenario zum Thema *Ritter* und zeigen die Methodenvielfalt mit der dieses Thema angegangen wird. Dass sich dabei Kinder mit unterschiedlichen Deutschkenntnissen – solche mit Deutsch als Muttersprache und solche, die das Deutsche als Zweitsprache erwerben – in Arbeitsgruppen zusammenfinden, schafft eine besondere Lernsituation mit positiven Auswirkungen. Alle Kinder bringen zunächst ihre Vorerfahrungen und fachlichen Vorkenntnisse zum Thema ein. In der gemeinsamen Beschäftigung mit dem Thema werden einerseits die Inhalte mündlich versprachlicht, andererseits findet notwendigerweise rege Kommunikation rund um die Bearbeitung der gewählten Aufgaben statt. Die so häufig als erschwerend empfundene Heterogenität in den Klassen wird in einem auf diese Weise handlungsorientierten Unterricht zum positiven Faktor für das gemeinsame Lernen. Darüber hinaus profitieren die Kinder von dem natürlichen Vorhandensein anderer Sprachen und nehmen Einblicke in verschiedene Kulturen. In der Auseinandersetzung mit der Verschiedenheit werden interkulturelle Lernprozesse initiiert.

Bei der Bearbeitung der Aufgabenstellungen lernen die Kinder, selbstständig nach Informationen zu suchen. Sie lernen Quellen kennen und nutzen. Sie lernen, ihre Ergebnisse zu ordnen und zu strukturieren und sie lernen, diese auch selbstbewusst zu präsentieren.

Aus den verschiedenen Blickwinkeln entstehen völlig unterschiedliche Zugänge zum Thema – je nach Fähigkeit – und vielfältige Darstellungsformen, die das Gesamtthema auf ihre je eigene Art erhellen und erläutern. Neben den fachlichen Kenntnissen und sprachlichen Fertigkeiten erwerben die Kinder Prä-

Foto 3:   Die Schüler präsentieren ihre Arbeitsergebnisse

sentationstechniken und im Umgang mit unterschiedlichen Materialien auch gestaltendes Geschick (vgl. Foto 3).

Für die Präsentation, die ein wesentliches Element in der Szenariendidaktik darstellt, werden die in den Gruppen erarbeiteten Ergebnisse in eine besondere Fassung gebracht, es entstehen Poster, Texte, Tonaufzeichnungen, grafische Darstellungen etc. Besonders in dieser Phase wird intensiv an der Sprache gearbeitet. In gemeinsamer redaktioneller Überarbeitung werden die Beiträge optimiert. Jedes Kind, ob deutschsprachig oder deutschlernend, erweitert hierbei individuell seine Ausdrucksfähigkeit.

Das Zusammenfügen der Ergebnisse schafft für die Lernenden immer wieder andere Zugänge und Aspekte zum Thema. Dadurch wird den Lernenden auf jedem Sprachniveau ein differenziertes Verstehen von Texten und Inhalten möglich. Obwohl sie sprachlich und inhaltlich intensiven Übungscharakter hat, erzeugt die Präsentation mit ihren vielen Facetten Spannung und Motivation.

Durch entsprechend konzipierte Lernmaterialien werden die natürlichen Erwerbsprozesse gefördert. Die Materialien bieten Anreize zum Wortschatztraining, Modelle für die eigene Sprachproduktion und motivierende Sprechanlässe für unterschiedliche Niveaustufen. Sie ermöglichen jedem Kind Sprachwachstum auf der Basis seiner individuellen Sprachkompetenz. So können sogar deutschsprachige und Deutsch lernende Kinder gemeinsam an einem Thema arbeiten und ihre Kompetenzen erweitern. Über fachliches und sprachliches Können hinaus lernen sie ihr Lernen und ihre Zusammenarbeit selbst zu organisieren, im Team zu verhandeln und ohne Streit den gesetzten Spielregeln zu folgen.

Der Film dokumentiert, wie ein solches Lernen aussieht, wie erfolgreich es ist und wie viel Freude es macht. Wir hoffen, dass die Bilder des Films Anstoß geben für eine Veränderung von schulischem Sprachlernen.

Verwendete Literatur und Literaturtipps

Apeltauer, Ernst (2004): „Sprachliche Frühförderung von zweisprachig aufwachsenden türkischen Kindern im Vorschulbereich". Sonderheft 1 *Flensburger Papiere zur Mehrsprachigkeit und Kulturvielfalt im Unterricht.*

Beauftragte der Bundesregierung für Migration, Flüchtlinge und Integration (ed.) (2003): *Förderung von Migranten und Migrantinnen im Elementar- und Primarbereich.* Dokumentation. Berlin und Bonn.

Bleyhl, Werner (2002): *Was wissen wir über das Lernen von Sprache? Ein Vortrag zum Stand der Forschung zur Sprachaneignung.* Hrsg.: Universität Hamburg, Fachbereich Erziehungswissenschaft, Institut für Didaktik der Sprachen. Hamburg.

Bleyhl, Werner (2005): „Fremdsprachenlernen – ‚gesteuert' oder nach den Prinzipien des Muttersprachenerwerbs? " In: *Praxis Fremdsprachenunterricht*, 3, 2–8.

Butzkamm, Wolfgang (2002): *Psycholinguistik des Fremdsprachenunterrichts. Von der Muttersprache zur Fremdsprache.* Tübingen: Franke.

Butzkamm, Wolfgang/Butzkamm, Jürgen (2004): *Wie Kinder sprechen lernen.* Tübingen: Franke.

Diehl, Erika u.a. (2000): *Grammatikunterricht: Alles für der Katz? Untersuchungen zum Zweitspracherwerb Deutsch.* Tübingen: Niemeyer.

Goethe-Institut/wbv (2005): *Frühes Deutsch. Fachzeitschrift für Deutsch als Fremdsprache und Zweitsprache im Primarbereich*, 2. Jahrgang, Heft 5. Lernszenarien.

Hölscher, Petra (2006): *Unser kleiner Wörterladen. Sprachlernspiel für Kinder im Vorschulalter.* Handbuch. Finken Verlag.

Hölscher, Petra/Roche, Jörg (2003): „ ‚Grenzenlos'. Ein neues Programm zum Deutsch lernen auf der Basis von interkulturellem Erfahrungsaustausch für Kinder auf der ganzen Welt über CD Rom und Internet". *Handbuch: Grenzenlos. Sprachen beherrschen, Grenzen überwinden.* Hrsg: BMW Group.

Hölscher, Petra/Roche, Jörg (2005) „Präambel zum Fernstudienkurs: Kinder lernen anders. Deutsch als Zweitsprache in der Grundschule". In: *Fernstudienkurs „Deutsch als Zweitsprache in der Grundschule"*. München: Goethe-Institut, 3 f.

Hölscher, Petra/Piepho, Hans-Eberhard/Roche, Jörg (2006): *Handlungsorientierter Unterricht mit Lernszenarien. Kernfragen zum Spracherwerb*. Oberursel: Finken Verlag.

Lehrplan Deutsch als Zweitsprache (2003). Ausgaben für Bayern, Niedersachsen und Thüringen beim Maiß Verlag. München.

Piepho, Hans-Eberhard (2003): *Lerneraktivierung im Fremdsprachenunterricht. „Szenarien" in Theorie und Praxis*. Hannover: Schroedel.

Roche, Jörg (2005): *Fremdsprachenerwerb. Fremdsprachendidaktik*. UTB basics. Tübingen: Narr.

Vbw −Vereinigung der Wirtschaft e.V. (ed.) (2007): *Aktionsrat Bildung: Bildungsgerechtigkeit. Jahresbericht 2007*. Wiesbaden: Verlag für Sozialwissenschaften [www.aktionsrat-bildung.de].

Materialien zur Umsetzung von Lernszenarien

Hölscher, Petra/Roche, Jörg u.a. (2006): *Lernszenarien. Die neue Philosophie des Sprachenlernens. DVD mit Begleitbuch*.

Hölscher, Petra/Piepho, Hans-Eberhard (eds.): *DaZ Lernen aus dem Koffer, Lernszenarien für Deutsch als Zweitsprache*.

Hölscher/Piepho/Kreuzer: *Mein Sprach-Tagebuch*.

ISB (2005): *Lernszenarien. Ein neuer Weg, der Lust auf Schule macht*. Teil 1: Deutsch lernen vor Schulbeginn.

ISB (2004): *Lernszenarien. Ein neuer Weg, der Lust auf Schule macht*. Teil 2: Sprachhandeln in den Klassen 1 bis 4 interkulturell − integrativ − interaktiv (2004).

ISB/LISUM (2005): *Lernszenarien. Ein neuer Weg, der Lust auf Schule macht*. Teil 3: Sprachhandeln in den Klassen 5 bis 9 interkulturell − integrativ − interaktiv.

Alle Materialien sind beim Finken Verlag in Oberursel erschienen.

Fort- und Weiterbildungsmöglichkeit

Das Goethe-Institut hat in Kooperation mit dem ISB (Petra Hölscher) und der Universität München (Prof. Jörg Roche) auf der Basis dieses Konzeptes einen Fernstudiengang entwickelt. Nähere Informationen erhalten Sie unter www.goethe.de/fernlernen; www.goethe.de/deutschunterrichten

Veröffentlichungen in der Reihe der LIFE- Materialien,
die das ISB in Kooperation mit der BMW Group München bisher
zum Thema interkulturelles Lernen herausgegeben hat

Das Grundwerk LIFE. Ideen und Materialien für interkulturelles Lernen.

Die erste Ergänzungslieferung: *Verstehen und Verständigung.*

Die zweite Ergänzungslieferung: *Sprachen der Kulturen.*

Die dritte Ergänzungslieferung: *Bilder der Kulturen.*

Die vierte Ergänzungslieferung: *Fremde Sprache Literatur.*

Das Video *REE! Aspekte interkulturellen Lernens.*

Das Spiel in der Reihe Materialien zum handelnden Lernen: *Dil Dominosu* (zur
Zeit leider vergriffen).

Ein Folder mit Informationen zu den BMW Group Awards für interkulturelle
Projekte und für Forschung im Bereich interkulturellen Lernens.

Grenzenlos. Ein neues Programm zum Deutsch lernen auf der Basis von interkulturellem Erfahrungsaustausch für Kinder auf der ganzen Welt über CD Rom
und Internet.

Die dritte CD ROM von *Grenzenlos.* Ein neues Programm zum Deutsch lernen
auf der Basis von interkulturellem Erfahrungsaustausch für Kinder auf der
ganzen Welt über CD Rom und Internet (erscheint demnächst).

Alle LIFE-Materialien sind über BMW (presse@bmw.de) kostenlos zu beziehen.

„Meine Sprachen und ich". Praxis der Portfolioarbeit in Internationaler Vorbereitungsklasse und Förderkurs

YVONNE DECKER

In der Veröffentlichung zum Berliner Workshop *Kinder mit Migrationshintergrund. Spracherwerb und Fördermöglichkeiten* (Ahrenholz 2006) stellte Ingelore Oomen-Welke ihr Konzept zur portfoliogeleiteten DaZ-Förderung vor. Neben allgemeinen Ausführungen zur Portfolioarbeit, deren Ursprüngen und aktuellen Entwicklungen zeigte sie auf, wie sie, inspiriert durch das hessische Pilotprojekt *Mein Sprachenportfolio* für die Grundschule (Legutke & Lortz 2002), gemeinsam mit Studierenden der Pädagogischen Hochschule Freiburg ein Portfolio erarbeitet und innerhalb einer Internationalen Vorbereitungsklasse erprobt hatte.[1] Intention war vor allem, den speziellen Erfahrungen und vielfältigen Sprachkontakten von Kindern mit Migrationshintergrund mehr Aufmerksamkeit zu widmen, diese stärker einzubeziehen und damit deren faktische Mehrsprachigkeit produktiv zu nutzen sowie ihre Ich-Identität zu stärken.

Die folgenden Ausführungen basieren nun auf der Darstellung Oomen-Welkes und können als Produkt unserer Zusammenarbeit betrachtet werden. Um Wiederholungen zu vermeiden und stattdessen der praktischen Umsetzung mehr Raum zu gewähren, wird auf eine erneute Erläuterung theoretischer Aspekte der Portfolioarbeit verzichtet.[2] Aufgezeigt werden zunächst Charakteristika und Zielsetzungen der DaZ-Förderung in Internationalen Vorbereitungsklassen.[3] Daran schließt sich ein Erfahrungsbericht aus der Portfolioarbeit sowohl in einer IVK als auch innerhalb einer speziellen Sprachförderungsgruppe an, der durch Schülerbeispiele veranschaulicht wird. Die Arbeiten entstammen zum einen meiner Tätigkeit als Klassenlehrerin in der IVK, zum anderen einer Nachmittagsgruppe, die ich von Juni 2006 bis Februar 2007 begleitete. Es handelt sich hierbei um ein Kooperationsprojekt des Büros für Migration und Integration Freiburg und des Staatlichen Schulamtes Freiburg. An zwei Nachmittagen in der Woche werden

---

[1] Daneben wurden auch Möglichkeiten zum Portfolioeinsatz im Kindergarten aufgezeigt. Innerhalb dieser Arbeit richtet sich der Fokus jedoch auf die Umsetzung in Vorbereitungsklasse und Förderkurs.

[2] Zur Einführung empfiehlt sich die Lektüre von Oomen-Welke (2006).

[3] Im Folgenden nur noch mit der Kurzform IVK ausgewiesen.

Kinder mit Migrationshintergrund im Alter von acht bis zwölf Jahren, die in der Schule durch massive Defizite in der Zweitsprache Deutsch auffielen, speziell gefördert. Daneben wird der Aufbau eines stadtteilweiten Netzwerks zwischen Schule, Sozialarbeit, Eltern und weiteren Institutionen angestrebt, das zukünftig gemeinsam an Fragen der sozialen sowie sprachlichen Integration von Migrantenkindern arbeiten soll.[4]

Sowohl in der IVK als auch in der Nachmittagsgruppe nutzte ich Oomen-Welkes Portfolio als wesentliches Element zur Förderung in DaZ. Daneben kam ihm eine Art Brückenfunktion zwischen dem Erwerb neuer Sprachkenntnisse und der Bewusstwerdung über bereits vorhandenes Sprachwissen zu. An letzter Stelle dieses Erfahrungsberichts richtet sich der Fokus schließlich noch auf den Umgang mit und die Korrektur von Fehlern im Portfolio. Zunächst erfolgt jedoch eine Darstellung wesentlicher Charakteristika der IVK, anhand derer sich die Bedeutung von Portfolioarbeit aufzeigen lässt.

1 Internationale Vorbereitungsklassen

IVKs sind keine neue Form schulischer DaZ-Förderung, sondern können in den meisten deutschen Bundesländern auf eine lange Geschichte zurückblicken. Bereits zu Beginn der 1970er Jahre wurde die Einrichtung dieser Klassen zum ersten Mal in den bildungspolitischen Beschlüssen empfohlen. (vgl. Krüger-Potratz 2005: 14) Zwar waren die exakten Regelungen weder in der Vergangenheit einheitlich noch sind sie es heute, doch kann festgestellt werden, dass alle deutschen Bundesländer zu bestimmten Zeiten ihre Hoffnungen bezüglich der sprachlichen Förderung von Kindern mit Migrationshintergrund in die Einrichtung von IVKs setzten. Eines derjenigen Bundesländer, in dem diese Klassen auch aktuell noch vorhanden sind, ist Baden-Württemberg.

IVKs können hier sowohl im Eingangsbereich der Grundschule als auch für Seiteneinsteiger der Grund- und Hauptschule eingerichtet werden. Kinder aus unterschiedlichen Herkunftsländern und mit unterschiedlichen Erstsprachen, deren Deutschkenntnisse für die Teilnahme am Regelunterricht nicht ausreichen, werden für die Dauer von ein bis maximal zwei Jahren intensiv in DaZ gefördert. Nach Erwerb einer sprachlichen Basis erfolgt der Übergang in eine altersgemäße Regelklasse (vgl. Ministerium für Kultur, Jugend und Sport 2001: 1).

---

[4] Da das Projekt noch bis zum Schuljahresende 2007 weiterläuft, liegt bislang noch keine Gesamtevaluation vor. Ich selbst musste die Begleitung aus beruflichen Gründen vorzeitig beenden.

Um die Situation innerhalb der Klassen mit einem einzigen Stichwort zu charakterisieren, eignet sich wohl keines besser als das der „Heterogenität".

Neben der Tatsache, dass auch in Regelklassen die Schülerschaft über unterschiedliche Wissens- und Kenntnisstände verfügt, die wiederum nach inhaltlicher sowie methodischer Differenzierung verlangen, liegt in IVKs in der Regel eine sehr heterogene Nationalitäten- und Sprachzugehörigkeit vor. Nur selten verfügen die SchülerInnen über gemeinsame Erstsprachen, und ihr sprachliches Niveau in der Zweitsprache Deutsch variiert je nach Aufenthaltsdauer in Deutschland oder deutschsprachigen Gebieten. Die Kinder treten während des laufenden Schuljahres und somit zu unterschiedlichen Zeitpunkten in die IVK ein. Ein Teil von ihnen ist im Zweitspracherwerb bereits weiter fortgeschritten, während andere noch am Anfang stehen. Sie unterscheiden sich daher auch in ihrem emotionalen, kognitiven und physischen Entwicklungsstand. Nicht selten umfasst die Altersspanne bis zu vier Jahren. IVKs werden nicht an jeder Schule eingerichtet, sondern es gibt zentrale Klassen, in denen Kinder unterschiedlichen Alters gemeinsam unterrichtet werden.

Als primäres Ziel gilt der Aufbau einer sprachlichen Basis in Deutsch, die wiederum ausschlaggebend für eine spätere Teilnahme am Unterricht der Regelklasse und, auf lange Sicht hin, für den Erwerb eines qualifizierenden Schulabschlusses ist. Zum Erreichen dieses Ziels ist es jedoch wesentlich, eine positive Einstellung sowohl zur Zweit- als auch zur Erstsprache der Kinder aufzubauen und deren Selbstbild zu stärken. Wird ausschließlich auf die Vermittlung der Zweitsprache eingegangen, die Erstsprache – welche vielfach auch ‚Sprache des Herzens' ist – jedoch assimiliert, kann sich dies negativ auf die Identitätsbildung sowie das sprachliche Selbstkonzept auswirken.[5] Daneben stehen Erst- und Zweitsprache auch im Hinblick auf beteiligte Erwerbsprozesse in Interdependenz zueinander, und um Sprachlernstrategien aufzubauen, muss das gesamte Sprachwissen und -können einbezogen werden.

All diese Faktoren sind im Unterricht der IVK zu berücksichtigen und die Lehrperson sollte sich, obgleich sie mit Sicherheit nicht über Kenntnisse in allen innerhalb der Klasse vertretenen Sprachen verfügt, bemühen, die vorhandene Sprachenvielfalt als Chance zu betrachten, sie zu nutzen und in der Methoden- und Themenwahl zu berücksichtigen.

Die Arbeit mit einem Sprachenportfolio bietet hierbei unterschiedliche Möglichkeiten, der Heterogenität innerhalb der Klasse gerecht zu werden, die sprach-

---

[5] Zur Bedeutung sozialpsychologischer Einflussfaktoren beim Zweitspracherwerb sowie der Rolle des Selbstkonzeptes vgl. u.a. Kuhs (1989), Fthenakis (1985).

liche Vielfalt produktiv zu nutzen und die Kinder durch Anleitung zu autonomem Lernen und zu Selbstreflexion gemäß ihrem jeweiligen Leistungs- und Kenntnisstand sowohl zu fördern als auch zu fordern. So erhalten die SchülerInnen einen tieferen Einblick in ihre vorhandenen Fähigkeiten, und es kommt ihrer Mehrsprachigkeit Prestige zu. Daneben kann sich auch die Lehrperson ein umfassenderes Bild vom tatsächlichen Können der einzelnen SchülerInnen verschaffen.

In welcher Form dies innerhalb meiner Arbeit in der IVK und der Nachmittagsgruppe geschah, wird im Folgenden aufgezeigt.

2 Ein Sprachenportfolio für Kinder mit Migrationshintergrund

Wie das *Europäische Sprachenportfolio ESP* für Jugendliche und Erwachsene (2003) und Legutkes Version für die Grundschule *Mein Sprachenportfolio* (Legutke & Lortz 2002), weist auch die Erprobungsfassung von Oomen-Welkes Portfolio eine Dreigliedrigkeit auf.

Den ersten Teil bildet, wenn auch nicht explizit als solcher ausgewiesen, der so genannte „Sprachenpass". Er dient der Bestandsaufnahme und Bewusstwerdung eigener Fähigkeiten und Kenntnisse sowie der Selbstbeurteilung. Persönliche Informationen werden erfragt und dokumentiert.

Im zweiten Teil findet sich die „Sprachenbiografie", innerhalb derer bisherige Sprach(lern)erfahrungen und die eigene Sprachlerngeschichte festgehalten werden. Daneben geht es hier um die Beurteilung eigener Fähigkeiten und Fertigkeiten sowie um eine Planung zukünftiger Lerninhalte.

Den dritten und letzten Teil stellt schließlich das „Dossier" dar, welches Oomen-Welke in Anlehnung an Legutke ebenfalls als „Meine Schatztruhe" bezeichnet. Hier werden persönliche Arbeiten gesammelt, dokumentiert, und es findet quasi eine Vergegenständlichung des eigenen Sprachlernprozesses statt. Im Gegensatz zu Legutke, der die Schatztruhe in das eigentliche Portfolioheft integriert, schlägt Oomen-Welke vor, diese als externe Kiste zu konzipieren. Dadurch wird zum einen gewährleistet, dass die Kinder ausreichend Platz haben, die für sie relevanten Dokumente und Materialien zu sammeln. Zum anderen können auch Materialien darin aufbewahrt werden, die aufgrund ihres Formates für einen Ordner oder ein Heft eher ungeeignet erscheinen.

Insgesamt handelt es sich bei den vorgeschlagenen Arbeitsblättern nicht um ein fixes Materialienpaket, dessen Reihenfolge und Inhalte im Unterricht gemäß dem im Folgenden dargestellten Muster eingehalten werden müssen. Vielmehr stellt es eine Auswahl dar, die je nach Situation und Wunsch modifiziert und erweitert werden kann und deren Reihenfolge variabel ist. Je nach Klasse ist die sprachliche Gestaltung der Arbeitsblätter in der vorliegenden Fassung zu einfach oder aber bereits zu schwierig und kann daher angepasst werden. In den Materialien für die IVK wurde bewusst Wert auf sprachliche Vereinfachung gelegt, da der Wortschatz der Kinder in der Regel noch sehr gering ist und sprachliche Hürden die eigentliche Arbeit erschweren. Ebenso lässt das Portfolio Freiräume zur Aufnahme weiterer Blätter, die dem Erfahrungshorizont der SchülerInnen und deren Interessen entsprechen.

2.1 *Meine Sprachen und Ich*: Einstieg in die Portfolioarbeit

Der Einstieg in die Portfolioarbeit erfolgte über das Deckblatt mit dem Titel *Meine Sprachen und ich*. Im Gegensatz zu Legutke oder auch zum ESP wurde auf den Terminus *Portfolio* verzichtet, da er einen hohen Abstraktionsgrad aufweist und zu unnötigen Verwirrungen führt. Der Titel *Meine Sprachen und ich* hingegen birgt den Vorteil in sich, von Anfang an eine Verbindung zwischen Persönlichkeit und Sprache herzustellen und damit auch die Bedeutung von Mehrsprachigkeit für die eigene Identität herauszustellen.

Gemeinsam mit den Kindern der IVK und auch in der Nachmittagsgruppe wurden zunächst Vermutungen angestellt, was sich hinter diesem Titel verbirgt. Da bei allen Kindern eine faktische Mehrsprachigkeit vorlag, dauerte es nicht lange, bis ein Gespräch darüber entstand, welche Sprachen zu Hause, in der Schule, im Fremdsprachenunterricht oder auch im Stadtteil gesprochen werden. Das Mitteilungsbedürfnis der Kinder war groß, und alle konnten aus dem eigenen Alltag berichten.

Anschließend wurden die Titelblätter eigenständig gestaltet. Alle Kinder waren zuvor fotografiert worden und erhielten nun eine Kopie ihres Fotos. In der Sprachfördergruppe hatten die Kinder im Rahmen eines Fotoprojekts Selbstportraits erstellt, unter denen sie schließlich je eines für das Titelblatt ihres Portfolios auswählen und ausdrucken durften. Um das Prinzip der Lernerautonomie, welches als das zentrale Element der Portfolioarbeit gilt, bestmöglich zu realisieren, wurde auf den Titelblattvorlagen ebenso wie bei allen weiteren Arbeitsblättern auf jegliche grafische Gestaltung verzichtet. Stattdessen war den Kindern freigestellt, sich für oder auch gegen eine weitere grafische Ausgestaltung gemäß ihren eigenen Wünschen zu entscheiden. Bei den meisten zeigte sich, dass sie ihr Blatt kolorieren und verzieren oder auch zusätzliche Äußerungen notieren wollten.

Im Anschluss daran wurden Ordner angelegt, in denen zukünftig alle Arbeiten zum Portfolio gesammelt wurden. Auch diese gestalteten die Kinder aus, verzierten sie mit zusätzlichen Materialien und verliehen ihnen damit den Charakter des Besonderen und Wertvollen.

Um die Tatsache, dass es sich bei der entstehenden Sammlung um ein individuelles Produkt jeden Kindes handelt, zu betonen, werden auf dem ersten Blatt *Ich über mich* einige persönliche Informationen erfragt. Neben Namen und aktuellem Wohnort sind Geburtsort, Herkunftsland und bisherige Reise- bzw. Welterfahrungen einzutragen. Anhand einer abgedruckten Weltkarte bietet sich die Möglichkeit, sowohl das Herkunftsland der Kinder als auch weitere Länder, die einen persönlichen Bezug aufweisen oder auch nur interessehalber einen Platz finden sollen, zu markieren. Die Entscheidung darüber, was wie eingetragen und gestaltet wurde, blieb auch in diesem Fall den Kindern überlassen.

Da Angaben zur eigenen Person zu den ersten Lerninhalten der IVK zählen, verlief das eigenständige Ausfüllen des Arbeitsblatts ohne große Probleme oder Verständnisschwierigkeiten. Hilfreich war zudem, die Aufgaben in Lernteams oder Partnerarbeit bearbeiten zu lassen, so dass Kinder mit sehr geringem Wortschatz Unterstützung und Erläuterungen von Fortgeschritteneren erhielten.

Die Arbeit mit der Weltkarte erfolgte schließlich über ein Weltpuzzle.[6] Da dieses eine beeindruckende Größe von ca. 1,5 mal 3 m besitzt und jedes Land der Erde als eigenes Puzzleteil vorhanden ist, musste hierfür viel Zeit eingeplant werden. Einige Teile wie z.B. *Brasilien* sind sehr groß, andere wie *Portugal* hingegen sehr klein. Zu empfehlen ist, als Lehrperson eine Vorstrukturierung vorzunehmen, indem die Teile bereits nach Kontinenten geordnet werden, ehe die SchülerInnen das Gesamtpuzzle auf dem Boden oder auf mehreren aneinander gestellten Schultischen aufbauen. Der Aufwand für diese Arbeit lohnt sich jedoch in jedem Fall, da die Kinder nicht nur geografisch weitergebildet werden und Informationen über Lage, Größenverhältnisse und Entfernungen unterschiedlicher Länder erhalten, sondern zudem eine wichtige Verbindung innerhalb der Gruppe geschaffen wird. Zusätzlich intensiviert wird dieses Zusammengehörigkeitsgefühl, wenn die Herkunft eines jeden Kindes anschließend auf einer Weltkarte markiert wird, die wiederum im Klassenzimmer oder auch im Schulhaus aufgehängt wird.

In der Nachmittagsgruppe schloss sich eine intensive Arbeit mit Atlanten an und es wurde ein Länder-ABC erstellt. Eingeteilt in Gruppen und ausgerüstet mit Atlanten suchten die Kinder nach Ländern mit den Anfangsbuchstaben des Alphabets, was einerseits eine sinnvolle Lese- und Schreibübung darstellte, andererer-

---

[6] Das Puzzle ist bei der Landeszentrale für politische Bildung Baden-Württemberg erhältlich.

seits aber auch den Umgang mit Atlanten und die Orientierung in alphabetischen Registern schulte.

Da insgesamt nur relativ wenige Informationen auf diesem ersten Blatt erfragt werden, können je nach Wunsch und auch Sprachstand der Kinder zusätzliche Informationen gegeben und auf einem separaten Blatt notiert werden. Daneben ist es jedoch auch möglich, die persönlichen Informationen sukzessive zu erweitern und mit Fortschreiten der Portfolioarbeit sowie mit Ausbau der Sprachkenntnisse detaillierter vorzugehen. Nach und nach können zusätzliche Informationen zu Familie, Herkunftsland, Hobbys oder, wie von Legutke vorgeschlagen, zu Haustieren ergänzt und in die Mappe aufgenommen werden. Weder der Fantasie noch der Themenwahl sind hierbei Grenzen gesetzt. Wichtig ist jedoch, dass der Wille des einzelnen Kindes im Vordergrund steht. Kein Kind sollte dazu gezwungen werden, Informationen preiszugeben, über die es nicht berichten möchte oder die je nach Migrationshintergrund auch traumatische Erlebnisse hervorbringen können.

Auf dem folgenden Arbeitsblatt wird schließlich konkret auf die Mehrsprachigkeit der Kinder, ihre Sprachenverwendung in unterschiedlichen Kontexten (zu Hause, in der Schule, mit Freunden) und die Einstellung zu den jeweils verwandten Sprachen eingegangen. Das Blatt trägt den Titel *Meine Sprachen* und hat für die Erfassung der individuellen Sprachenbiografie zentrale Bedeutung. Eventuell reichen nicht alle aufgeführten Sprachdomänen aus, um die tatsächliche Sprachverwendung aller Kinder zu erfassen. In der Arbeit zeigte sich beispielsweise mehrfach, dass die Kinder zu Hause mit den Geschwistern in einer anderen Sprache kommunizieren als mit den Eltern oder Großeltern. Bestätigt wurde dies auch in Befragungen zur Mehrsprachigkeit von Grundschülern, die in Essen und Hamburg durchgeführt wurden (vgl. Fürstenau/Gogolin/Yağmur (2003) sowie Chlosta/Ostermann/Schroeder (2003)). Daher sind auch hier Ergänzungen nicht nur erlaubt, sondern sogar sehr erwünscht.

Wo weitere Differenzierungen notwendig sind, zeigt sich im Unterricht schnell, wenn die Portfolioarbeit nicht als Stillarbeit konzipiert, sondern von zahlreichen Unterrichtsgesprächen begleitet wird. Diese Gesprächsphasen können sowohl als Einführung, Begleitung oder auch anschließende Reflexion stattfinden. Wichtig ist in jedem Fall, dass ein Austausch zwischen den SchülerInnen und auch zwischen ihnen und der Lehrperson angeregt wird, der einerseits gegenseitiges Interesse signalisiert und andererseits wichtige Erkenntnisse in Hinblick auf aktuelle und vergangene Einstellungen, Erfahrungen sowie Kenntnisse liefert.

Um die Arbeit nicht zu theoretisch auszurichten, kann danach eine Aufgabe bearbeitet werden, bei der es weniger ums Schreiben und Sprechen als vielmehr um das Herstellen einer Verbindung zwischen Kreativität, Sprache und Kognition geht. Es handelt sich hierbei um das so genannte „Sprachenmännchen"; eine Silhouette, die sich zwar in anderer Form, dennoch aber als Bestandteil des Portfolios auch bei Legutke und anderen findet. Oomen-Welke verwendet in ihrer Portfoliofassung die Silhouetten nach Krumm (Krumm & Jenkins 2001), bei denen zwischen einer eher femininen oder einer maskulinen Form ausgewählt werden kann. Jedes Kind entscheidet, welche Sprachen es innerhalb seines Körpers wo lokalisieren kann, und trägt diese in einer frei gewählten Farbe dort ein. Es kann sich hierbei, wie von Krumm vorgesehen, um Sprachen handeln, die vom Kind selbst gesprochen werden. Daneben können auch Sprachen aufgenommen werden, die für das jeweilige Kind zwar von Bedeutung sind, die es jedoch selbst nicht oder noch nicht spricht (z.B. Sprachen von Freunden, Sprachen die zukünftig gelernt werden sollen, Sprachen zu deren Ländern eine besondere Verbindung besteht).

Je nach Sprachstand der Kinder bedarf dies einiger Beispiele oder auch zusätzlicher Erläuterungen. Aus meiner Erfahrung kann ich jedoch sagen, dass Kinder diese

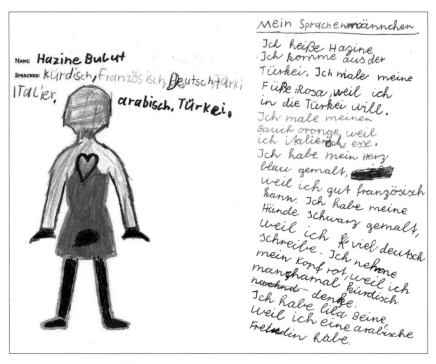

Sprachenmännchen und Text eines 9-jährigen kurdischen Mädchens
aus der Nachmittagsgruppe

Aufgabe sehr schnell verstehen und zu äußerst interessanten und produktiven Ergebnissen kommen. Abhängig vom Sprachstand ist auch die Entscheidung, ob die Kinder anschließend Texte zu ihrem Sprachenmännchen verfassen, in denen sie die Farb- und Lokalisationswahl der Sprachen begründen. Findet dies nicht statt, sollten die Ergebnisse in jedem Fall mündlich präsentiert und die eigene Wahl erläutert werden. Die Begründungen meiner SchülerInnen und deren Fähigkeit zur Selbstreflexion überraschten mich vielfach und zeigten mir, dass ich sie oftmals bei Weitem unterschätzt hatte.

Innerhalb der Nachmittagsgruppe wurde zudem ein Sprachenmännchen in Originalgröße eines Kindes angefertigt, in dem alle in der Gruppe vertretenen Sprachen eingetragen wurden.

Wörter, die ich in _____ kenne

Zahlen — Farben
Tiere — Kleidungsstücke
Essen und Trinken — und sonst ...

Das sind meine Lieblingswörter: _____

Beginn eines Arbeitsblattes auf Türkisch

An dieser Stelle stand nicht mehr so sehr die Lokalisierung der Sprachen in sich selbst im Vordergrund als vielmehr die Tatsache, dass die Arbeit in einer mehrsprachigen Gruppe stattfand, deren Verbindung gerade in der Mehrsprachigkeit aller Kinder bestand.

Für die Entscheidung, wie die einzelnen Sprachen im Körper verteilt werden sollten, wenn alle daran mitarbeiteten, hatten die Kinder die Idee, in jedes Körperteil alle vorhandenen Sprachen einzutragen und damit Gerechtigkeit herzustellen. Wie gesagt, die eigentliche Aufgabe geht hierbei verloren, doch entsteht ein Gemeinschaftsprojekt, das nicht zuletzt durch seine Farbenpracht den Herkunftssprachen und der Mehrsprachigkeit auf eindrucksvolle Weise Prestige verleiht.

Zudem wurde die Arbeit auf den Stadtteil ausgeweitet und mit Unterstützung des zuständigen Sozialarbeiters gemeinsam mit anderen Kindern und Erwachsenen weitere Sprachenmännchen erstellt. Die Kinder der Gruppe fungierten hierbei als Experten und gaben Instruktionen zur Umsetzung. Auf einem weiteren Arbeitsblatt erfolgt eine Art Bestandaufnahme verschiedener Lexikbereiche, die von Legutke übernommen, im Rahmen der IVK und der Nachmittagsgruppe jedoch weiter

Gruppenarbeit zum Thema „Kleidung"
in verschiedenen Sprachen

ausgebaut wurde. Das Blatt trägt den Titel *Wörter, die ich in … kenne* und dient der Erfassung des Sprachstandes im Bereich der Lexik. Zum einen ist es sowohl für die Kinder als auch für die Lehrperson wichtig zu wissen, welcher Wortschatz bereits in der Zweitsprache Deutsch vorhanden ist, zum anderen kommt an dieser Stelle erneut die Mehrsprachigkeit der Kinder ins Spiel, nämlich dann, wenn das Arbeitsblatt nicht nur für Deutsch, sondern auch für alle anderen vom Kind gesprochen Sprachen eingesetzt wird.

Je nach Wunsch durften mehrere Kopien genommen und mit der Lexik der jeweiligen Sprache gefüllt werden. Für mich als Lehrperson zeigte sich hierbei vielfältig das Problem zwischen mündlicher und schriftlicher Sprachkompetenz der SchülerInnen. Viele Kinder verfügten zwar über einen umfassenden Wortschatz in ihrer Erstsprache, konnten diesen jedoch nicht verschriftlichen. In einigen Sprachen konnte ich Hilfestellung geben, in anderen jedoch nicht. Eine gute Lösung zeigte sich schließlich in der Verwendung zweisprachiger Wörterbücher oder auch Bildwörterbücher. Die Kinder konnten selbstständig nachschlagen und erhielten somit einen Einblick in das Schriftsystem ihrer Herkunftssprachen. Mit Begeisterung schrieben sie die Wörter auf und empfanden dabei großen Stolz. Eine weitere Möglichkeit wäre an dieser Stelle, die Arbeit gemeinsam mit Eltern oder anderen Experten im Rahmen eines Projekts oder Nachmittagstreffens durchzuführen.

Schließlich kann auch hier die Sprachbewusstheit angeregt und erweitert werden, indem verschiedene Lexikbereiche, die den Interessen der Kinder entsprechen, erneut auf großen Plakaten in verschiedenen Sprachen festgehalten werden. So arbeitet nicht nur jedes Kind an seinen eigenen Sprachen, sondern durch den Vergleich der Sprachen findet ein wichtiger Austausch statt, bei dem neue Erkenntnisse über Gemeinsamkeiten und Unterschiede gewonnen, die Sprachaufmerksamkeit geschult und Sprachwissen aufgebaut werden kann. Innerhalb der Sprachförderungsgruppe wurden z.b. die Bereiche *Essen und Trinken, Kleidung* sowie *Internationale Namen* ausgewählt und damit konkret in Gruppen daran gearbeitet. Zur Überprüfung der Schreibweisen erwies sich erneut der Einsatz mehrsprachiger Wörterbücher als äußerst hilfreich.

Ein entsprechendes Arbeitsblatt muss ebenso wenig wie die anderen innerhalb einer einzigen Unterrichtsstunde vollständig bearbeitet werden, sondern kann sich im Laufe der Zeit füllen oder auch erweitert werden. In der IVK könnte beispielsweise jedes Mal nach Behandlung einer neuen Themeneinheit ein Arbeitsblatt angefertigt, und mit eigenem Wissen und Neugelerntem angereichert werden. So besteht eine kontinuierliche Verbindung zwischen dem regulären Unterricht einerseits und der Portfolioarbeit andererseits. Zudem wird ständig über das Gelernte reflektiert, eigenes Wissen bewertet und der eigene Leistungsstand sowie individuelle Fortschritte bewusst beobachtet und damit auch besser einschätzbar. Daneben bleibt eine ständige Verbindung zur Erstsprache erhalten.

2.2 „Sprachenbiografie"

Wie Oomen-Welke sehr treffend feststellte, ist die „Sprachbiografie von Migrantenkindern sehr eng mit Sprachlernerfahrungen verknüpft" (Oomen-Welke 2006: 122). Diese sollen mittels des Portfolios explizit gemacht und ihre Bedeutung aufgezeigt werden. Zu diesem Zwecke existieren zwei Arbeitsblätter mit den Titeln *Wie ich Deutsch lerne* und *Wie ich meine Sprachen gelernt habe.* Auf den ersten Blick mögen einem diese Fragen sehr abstrakt erscheinen, doch erfahrungsgemäß sind Kinder sehr wohl dazu in der Lage, über ihr Sprachenlernen zu sprechen, und verfügen dazu über unterschiedliche subjektive Theorien. Diese in der Gesamtgruppe vorab zu thematisieren ist nicht nur höchst interessant, sondern in Bezug auf den Aufbau von Sprachbewusstheit und Sprachwissen auch sehr fruchtbar. Den meisten Kindern ist klar, dass sie ihre Mutter- bzw. Erstsprache anders gelernt haben als beispielsweise die Zweitsprache Deutsch. Sie sprechen über Schwierigkeiten beim Sprachenlernen allgemein, über Unterschiede und Fehlerquellen in der Erst- und Zweitsprache. Nicht selten thematisieren sie, dass ihnen der Erwerb der Erstsprache weitaus unproblematischer erschien als der der Zweitsprache, und sie äußern ihre persönlichen Theorien zur Begründung der Ergebnisse.

Die Erfahrung zeigt, dass Kinder bei eben diesen Themen sehr viele Beiträge bringen und damit auch zahlreiche neue Anstöße für die weitere Erarbeitung liefern. Wichtig ist, die subjektiven Theorien der Kinder nicht als naive Äußerungen abzutun, sondern deren Wahrheitsgehalt zu erkennen und durch Anknüpfung daran die Theorien zu modifizieren, zu erweitern und einen erneuten Beitrag zum Aufbau von Sprachwissen zu leisten.[7]

Neben den genannten beiden Arbeitsblättern kann, um den Lernfortschritt zu dokumentieren, auch festgehalten werden, wo zu unterschiedlichen Zeitpunkten konkrete Schwachstellen und Probleme vorliegen. Beispielsweise damit, die Genera unterschiedlicher Wörter im Deutschen zu memorieren oder auch im Bereich Phonetik bei der Aussprache bestimmter Lautkombinationen und Wörter. Daneben können Schwierigkeiten bei der Orthografie vermerkt und damit explizit gemacht und reflektiert werden. In Auseinandersetzungen wie diesen zeigt sich, dass Portfolios zwar etwas sind, das der Einzelne für sich anfertigt, das der Selbstreflexion dient und damit Möglichkeiten zur Dokumentation bietet. Parallel dazu stellt sich der individuelle Gewinn jedoch gerade durch die Interaktion mit anderen heraus, indem implizites Wissen im gegenseitigen Austausch explizit gemacht wird.

2.3 „Meine Schatztruhe"

Die Schatztruhe bzw. deren Inhalte bilden den persönlichsten Teil des Portfolios. Hier können Arbeitsergebnisse gesammelt und dokumentiert werden, die von den Kindern aufgrund ihrer sprachlichen, grafischen oder auch inhaltlichen Gestaltung als besonders gelungen bewertet werden. Zudem findet sich Platz für persönliche Fotos aus der Heimat, Postkarten, geschriebene Texte in der Erst- oder auch der Zweitsprache sowie für Audio- und Videodateien, Liedtexte, Souvenirs und andere persönliche Dinge, die für das einzelne Kind im Zusammenhang mit den eigenen Sprachen und der Herkunft von Bedeutung sind.

Die Schatztruhe besitzt damit sowohl Produkt- als auch Prozesscharakter, da die Arbeitsergebnisse einerseits dokumentiert und präsentiert werden, andererseits jedoch auch der Lernfortschritt des Einzelnen sichtbar wird.

Um ihren besonderen Charakter zu betonen, empfiehlt es sich, sie tatsächlich als Kiste, z.B. aus einem alten Schuhkarton, herstellen und von jedem Kind gemäß eigenen Wünschen und Vorstellungen kreativ gestalten zu lassen. Zudem bleibt die Entscheidung darüber, welche Elemente schlussendlich hier aufgenommen werden, bei den Kindern selbst. Ich empfehle, in keinem Fall steuernd einzugreifen oder als Lehrperson Dinge für ungeeignet zu deklarieren. Wesentlich sinnvoller ist

---

[7] Beispiele hierzu finden sich ebenfalls in dem Beitrag von Oomen-Welke (2006) sowie bei Jampert (2005).

es, die Kinder nach ihren Gründen für die Aufnahme bestimmter Dinge innerhalb der Schatzkiste zu befragen und immer wieder einen Austausch über die Inhalte sowohl zwischen den Kindern als auch zwischen der Lehrperson und einzelnen Kindern zu initiieren.

Der persönliche Charakter eines jeden Produktes muss gewürdigt und dessen private Seite respektiert werden. Abwertende Kommentare oder zu starke Steuerung von Seiten der Lehrperson können sehr schnell Auswirkungen in die Gegenrichtung haben und damit zu Demotivierung und einem Verlust der Freude, des Stolzes und eben der Lernerautonomie führen. Da es Lehrpersonen dennoch oft schwer fällt, sich vollkommen aus den Arbeiten ihrer SchülerInnen herauszuhalten, sollen im Folgenden Wege aufgezeigt werden, die trotz geübter Zurückhaltung eine Kontrollfunktion und damit auch eine gewisse Lenkung und Zielbestimmung ermöglichen.

3 Umgang mit Fehlern und Fehlerkorrektur im Portfolio

Es wurde bereits mehrfach darauf hingewiesen, dass es sich beim Portfolio um ein persönliches Produkt jedes Kindes handelt, dessen Ziele neben der Dokumentation eigener Kenntnisse, Fertigkeiten und Fortschritte vor allem Selbstreflexion und Lernerautonomie sind. In diesem Zusammenhang kommt man als Lehrperson nicht umhin, sich Gedanken darüber zu machen, inwiefern ein Eingriff in die Arbeitsergebnisse gewünscht bzw. ob überhaupt erlaubt ist.

Im regulären Unterricht ist die Kontrolle der Arbeitsergebnisse ihrer SchülerInnen von Seiten der Lehrperson ein wesentliches Element. Es gilt nicht nur Wissen zu vermitteln, sondern letztendlich auch zu kontrollieren, inwiefern das vermittelte Wissen von den SchülerInnen aufgenommen und angewandt werden kann. Nach obigen Ausführungen kann schnell der Eindruck entstehen, die Möglichkeiten der Kontrolle und damit einhergehend auch der Korrektur seien bei der Portfolioarbeit nicht gegeben. Dieser Eindruck entspricht jedoch nur bedingt der Wahrheit.

Mit Sicherheit ist es nicht ratsam, innerhalb des Portfolios wie bei der herkömmlichen Diktat- oder auch Aufsatzkorrektur mit einem Rotstift vorzugehen, als Lehrperson Fehler anzustreichen und die SchülerInnen zur Korrektur aufzufordern. Es empfiehlt sich, sich anderer Methoden zu bedienen, die jedoch am Ende weitaus fruchtbarer sein können und zudem nicht verletzend oder stigmatisierend sind. Aus meinen eigenen Erfahrungen kann ich zunächst einmal sagen, dass ein Großteil der Kinder bereits von sich aus darauf bedacht ist, die Arbeitsblätter des

Portfolios möglichst fehlerfrei auszufüllen. In der Regel kamen die Kinder auf mich zu, fragten nach der korrekten Schreibweise von Wörtern oder baten mich, zunächst Konzeptblätter anfertigen zu dürfen, die ich anschließend korrigieren sollte, so dass die Portfolioblätter an sich weitgehend fehlerfrei blieben.

Daneben regte ich die Kinder dazu an, sich einerseits Wörterbücher zur Hilfe zu holen, und sich andererseits mit Klassenkameraden darüber auszutauschen, wie ein Wort geschrieben oder ein bestimmter Satz formuliert wurde. Hierbei kamen nicht nur interessante, sondern vor allem äußerst produktive Gespräche auf. Die Kinder formulierten gemeinsam die Antworten für ihr Portfolio, gingen Schritt für Schritt vor, korrigierten sich gegenseitig und baten mich um Hilfe, wenn sie nicht mehr weiter wussten.

Eindrucksvoll war vor allem die Arbeit an Texten. Die Kinder waren bereits darin geschult, sich vor der Arbeit an einem Text zunächst Mindmaps anzulegen, in denen sie Stichworte sammelten, die später in ihrer Geschichte vorkommen sollten. An diesen hangelten sie sich schließlich entlang und produzierten die Erstfassung ihrer Texte. Im Anschluss daran wurden die Texte vorgelesen und mündlich korrigiert. Bereits beim lauten Lesen fielen den Kindern Schwachstellen in den eigenen Produkten auf, und weitere Hinweise erfolgten durch die Klassenkameraden. Natürlich ist es auch der Lehrperson an dieser Stelle nicht verboten, ihre Meinung kundzutun. Wichtig ist nur, dass Korrekturen oder Verbesserungsvorschläge nicht abwertend wirken, sondern Fehler produktiv genutzt werden. Nach den Feedbackrunden wurde erneut individuell an den Texten gearbeitet, wobei ich stets Hilfestellung gab. Als noch effektiver hat sich in diesem Zusammenhang erwiesen, wenn die Kinder in Lerngruppen oder in Paaren an ihren Texten weiterarbeiteten, sich gegenseitig kontrollierten und auf Fehler aufmerksam machten oder z.B. gemeinsam nach bestimmten Wörtern im Wörterbuch suchten.

Je nach vorhandenem Sprachwissen und erlangtem Sprachstand müssen Korrekturen der Lehrperson keine Verbesserung enthalten, sondern können durch Tipps auf Fehlerstellen aufmerksam machen (z.B. Hinweise auf Kasusfehler durch die Stichworte „wen/wem" oder Merksprüche, Markierungen zur Wiederholung von Satzanfängen etc.). Inwiefern die SchülerInnen durch Tipps auf Fehlerquellen aufmerksam gemacht werden können, hängt von der Gesamtstruktur des Unterrichts und der Art und Weise, in der Unterrichtsinhalte vermittelt werden, ab.

All diese Vorschläge sind mit einem erhöhten Zeit- und Arbeitsaufwand verbunden, doch bin ich davon überzeugt, dass sie letztendlich weitaus konstruktiver sind als die herkömmliche Vorgehensweise, bei der die Lehrperson Fehler der

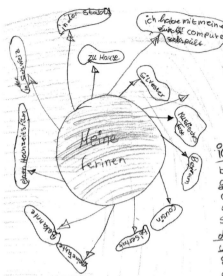

Ein 11-jähriges kurdisches Mädchen schreibt über ihre Ferien

Schritt 1: Erstellen eines Mindmaps

Meine Ferine

Ich war mit mein Bruder
bei Serhat haben wir computer
gespielt und dann haben wir
aufgehört dann sind wir in
die Stadt dah haben wir
Silvester gefeiert das war sehr schön
dan sind wir noch haus gegangen
und dann sind wir in die Schweiz
gegangen dan haben das Hochzeit feier
angeschaut und dann sind wir gegangen
und dann waren wir bei mein cousin
dann sind wir in das Kurdische Fest
gegene das war sehr sehr schön
und dann sind wir zu mein
bekannten gegangen und dann
haben wir ein tag geschlafen
und dann sind wir zürück noch
hause gegen das war aber
schönn so viel Reise

aber das war schönn.

Schritt 2: Entwurf der Feriengeschichte

Ire Meine Ferien

Ich war mit meinem Bruder
bei Serhat. Wir haben Computer
gespielt. Nach einer Stunde haben wie
aufgehört. Dann sind wir in die
Stadt gegangen

Schritt 3: Sukzessive Korrektur des Textes gemeinsam mit einem Lernpartner

SchülerInnen korrigiert und ohne zusätzliche Erläuterung, jedoch mit der Bitte um Verbesserung, an die SchülerInnen zurückgibt.

Wichtig ist es auch beim Sprachenlernen, ein Verständnis für den Lerngegenstand zu entwickeln. Nur was verstanden wurde, kann letztendlich auch verinnerlicht und in der Zukunft korrekt angewandt werden. Wenn SchülerInnen die eigenen Fehler erkennen und einen tieferen Einblick in die Struktur der Sprache erlangen, so sind sie eher dazu in der Lage, diese in Zukunft zu vermeiden. Dennoch ist damit nicht endgültig sichergestellt, dass die Arbeitsblätter des Portfolios im Anschluss vollkommen fehlerfrei sind. Ein Problem sehe ich darin jedoch nicht, denn schließlich handelt es sich beim Portfolio um ein Produkt, das immer wieder durchgesehen, überarbeitet, ergänzt und erweitert werden soll. Insofern ist es Aufgabe der Lehrperson, ihre SchülerInnen auch tatsächlich dazu anzuhalten, die eigenen Produkte immer wieder zur Hand zu nehmen, zu reflektieren, was wann geschrieben wurde, ob sich Meinungen verändert und Fertigkeiten weiterentwickelt haben. Bei dieser nochmaligen Durchsicht stoßen die SchülerInnen mit Sicherheit auch auf Stellen, an denen ihnen zu einem früheren Zeitpunkt Fehler unterlaufen sind. Diese können schließlich korrigiert oder auch kommentiert werden.

In der Parallelität von Prozess und Produkt liegt eben der Vorteil der Portfolioarbeit. Alle Ergebnisse werden dokumentiert und gesammelt. Es handelt sich nicht um lose Blätter, die mit der Zeit verloren gehen oder um Hefte, die, nachdem sie voll sind, im Regal abgelegt und nicht mehr durchgesehen werden. Die gesammelten Dokumente sind hier immer wieder greifbar, können und sollen aktualisiert oder ergänzt werden. Nur dadurch werden persönliche Fortschritte und auch Schwachstellen bewusst, und aus der Reflexion kann eine gezielte Lernplanung folgen.

Im Idealfall wird das Portfolio schließlich nicht nur innerhalb einer speziellen Klasse geführt, sondern vor allem für Zweitsprachelerner ist es wichtig, dass es zu einem Lernbegleiter wird, der auch weiteren Lehrpersonen Einblicke in das Sprachenlernen ihrer SchülerInnen ermöglicht, ihnen die Bedeutung von Mehrsprachigkeit aufzeigt und einen Eindruck über das tatsächliche Wissen und Können ihrer SchülerInnen vermittelt. Angestrebt werden muss daher, dass Portfolioarbeit keine Einzelerscheinung bleibt, sondern als fächer-, klassen und auch schulübergreifendes Arbeitsmaterial eingesetzt wird, das Lernerautonomie fördert und Lehr- sowie Lernprozessen zu mehr Transparenz verhilft.

Literatur

Ahrenholz, Bernt (2006): *Kinder mit Migrationshintergrund. Spracherwerb und Fördermöglichkeiten*. Freiburg: Fillibach.

Chlosta, C./Ostermann, T./Schroeder, C. (2003): „Die ‚Durchschnittsschule' und ihre Sprachen. Ergebnisse des Projekts ‚Spracherhebung Essener Grundschulen' (SPREEG)". In *ELISE*, Jg. 3, H. 1, Essen.

Europarat (ed.) (2003): *Europäisches Sprachenportfolio für Jugendliche und Erwachsene.* Bern: Berner Lehrmittel- und Medienverlag.

Fthenakis, Wassilios et al. (1985): *Bilingual-bikulturelle Entwicklung des Kindes.* München: Hueber.

Fürstenau, S./Gogolin, I./Kutlay, Y. (2003): *Mehrsprachigkeit in Hamburg. Ergebnisse einer Spracherhebung an den Grundschulen in Hamburg.* Münster: Waxmann.

Jampert, Karin (2005): „Bedeutung und Funktion von Sprache/n für Kinder. Eine wichtige Voraussetzung für Förderkonzepte". In: Röhner, Charlotte (ed.): *Erziehungsziel Mehrsprachigkeit. Diagnose von Sprachentwicklung und Förderung von Deutsch als Zweitsprache.* Weinheim/München: Juventa, S. 41–53.

Krüger-Potratz, Marianne (2005): *Migration als Herausforderung für Bildungspolitik.* [http://egora.uni-muenster.de/ew/personen/medien/migrationalsherausforderung-mkp.pdf].

Krumm, Hans-Jürgen/Jenkins, Eva-Maria (2001): *Kinder und ihre Sprachen – lebendige Mehrsprachigkeit: Sprachenportraits gesammelt und kommentiert.* Wien: eviva.

Kuhs, Katharina (1989): *Sozialpsychologische Faktoren im Zweitspracherwerb. Eine Untersuchung bei griechischen Migrantenkindern in der Bundesrepublik.* Tübingen: Narr.

Landeszentrale für politische Bildung Baden-Württemberg (o.J.): *Lernspiel Weltpuzzle.* o.O.

Legutke, Michael K./Lortz, Wiltrud (2002): *Mein Sprachenportfolio.* Braunschweig: Westermann Schroedel Diesterweg; Version 2005.

Ministerium für Kultus, Jugend und Sport (2001): „Unterricht für ausländische Schüler an den allgemein bildenden und beruflichen Schulen in Baden-Württemberg. Verwaltungsvorschrift vom 24. November 2000". In: *Kultus und Unterricht* 2001.

Oomen-Welke, Ingelore (2006): „ ‚Meine Sprachen und ich'. Inspiration aus der Portfolio-Arbeit für DaZ in Vorbereitungsklassen und Kindergarten". In: Ahrenholz, Bernt (ed.): *Kinder mit Migrationshintergrund. Spracherwerb und Fördermöglichkeiten.* Freiburg: Fillibach, 115-131.

FÖRDERUNG IN DER SEKUNDARSTUFE I

Das Modellprogramm FörMig (Förderung von Kindern und Jugendlichen mit Migrationshintergrund): Konzept und Beispiel aus der Praxis im Länderprojekt Sachsen [1]

INGRID GOGOLIN, WIEBKE SAALMANN

Vorbemerkung

Das Modellprogramm FörMig hat ein bewegtes Schicksal hinter sich. Es wurde im Jahr 2004 – als letztes Programm der gemeinsamen Bildungsanstrengungen von Bund und Ländern im allgemeinbildenden Bereich – von der Bund-Länder-Kommission für Bildungsplanung und Forschungsförderung aus der Taufe gehoben. Die Programmlaufzeit beträgt fünf Jahre. Nach den Verhandlungen der Förderalismusreform wird das Programm seit 2007 in der Zuständigkeit der Kultusminister der Länder zu Ende geführt. Wir können in unserem Beitrag somit eine Halbzeitbilanz vorstellen. Sie besteht aus einer Darstellung der Grundzüge und Zielsetzungen des Programms im ersten Teil und aus dem Portrait des Länderprojekts Sachsen, mit dem wir illustrieren möchten, wie sich die allgemeinen Grundsätze des Programms praktisch realisieren lassen.

FörMig ist ein heterogenes Programm. Es vereinigt Projekte in zehn Bundesländern, die mit sehr unterschiedlichen Zugriffsweisen versuchen, eine systematische Sprachbildung von Kindern mit Migrationshintergrund so zu etablieren, dass sie nachhaltig wirksam werden kann. Programmträger von FörMig ist das Institut für International und Interkulturell Vergleichende Erziehungswissenschaft der Universität Hamburg; eine Gesamtdarstellung der Aktivitäten findet sich auf der Website www.blk-foermig.uni-Hamburg.de.

---

[1] Der nachfolgende Beitrag beruht zum Teil auf bereits publizierten Texten, insbesondere auf dem Eröffnungsvortrag zum Programm: FörMig – ein Portrait" von Ingrid Gogolin (Sprecherin des Programmträgers). Hinzugekommen sind vor allem die von Wiebke Saalmann, Projektleiterin von FörMig-Sachsen beigesteuerten Einblicke in die Praxis des Programms.

1   Prolog

Der Beitrag zur feierlichen Eröffnung des Programms FÖRMIG begann mit den folgenden Worten:

„Dass wir uns heute hier versammelt haben, geschieht, ganz objektiv betrachtet, aus Anlass eines Trauerspiels. Dieses dreht sich darum, dass Kinder und Jugendliche mit Migrationshintergrund im deutschen Bildungssystem nicht recht zum Zuge kommen. Und das schmerzt – ganz besonders in der Nation der Dichter und Denker; in der Nation, zu deren Fundamenten die Vision, dass Bildung ungeachtet von Herkunft, Stand und Klasse möglich sei, gehört. Wir erinnern uns: Der ,allgemeine Schulunterricht' – so hat es etwa einem der Miterfinder, Wilhelm von Humboldt, vorgeschwebt – ,geht auf den Menschen überhaupt'. Allgemeine Bildung schließe einen jeden ein, den Fürsten wie den gemeinen Tagelöhner. Und ob seine Herkunft Inland oder Ausland war, war für die Visionäre allgemeiner Bildung keine relevante Frage.

,Allgemeine Bildung', die deutsche Erfindung, und ein Schulsystem, das sie gewährleisten sollte, waren lange Zeit unser Exportschlager. Vielleicht war es deshalb für die hiesige Öffentlichkeit so überaus schockierend zu erfahren, dass unsere Schule gar nicht hält, was sie verspricht. Kinder und Jugendliche mit Migrationshintergrund fungieren hierbei gleichsam als Metapher für nichteingelöste Hoffnungen und Versprechungen. An ihnen offenbart sich auf die eindringlichste Weise, dass es der deutschen Schule nicht gelingt, Leistungsmöglichkeiten von den Zufällen der Herkunft zu entkoppeln. Für Kinder und Jugendliche, die nicht auf Rosen gebettet sind, und ganz besonders für die Kinder und Jugendlichen mit Migrationshintergrund bedeutet es bis heute nicht selbstverständlich Chance, sondern mit hoher Wahrscheinlichkeit Risiko, in Deutschland zur Schule zu gehen.

So weit, so schlecht – der Anlass unseres Treffens heute. Der Zweck der Übung aber ist es nicht, hier passiv oder fassungslos auf der Tragödie nächsten Akt zu warten. Nein; wir sind heute hier, damit das Blatt – so rasch es geht – sich wendet. Wir alle übernehmen ab jetzt Dichter-, Denker- und Akteursrolle. Gemeinsam werden wir den nächsten Akt des Stückes schreiben, proben, auf die Bühne bringen und auf Applaus hoffen. Und dabei werden wir die Gattung wechseln: Nicht als Tragöde wird das Stück vorangeschrieben werden, sondern in der viel passenderen Form des Ideendramas: des Dramas, das einer positiven Vision Ausdruck verschafft, das ein gutes Ende nimmt und dessen frohe Botschaft überdauert.

Willkommen also in der Gemeinschaft der Gestalterinnen und Gestalter, der Produzenten, Regisseure, Dramaturgen und Akteure eines neuen Ansatzes zur Verbesserung

Abb. 1:   Die Startseite der *FÖRMIG*-Website

der allgemeinen Bildungschancen in der deutschen Schule – herzlich Willkommen bei *FÖRMIG*." (Gogolin 2005)

Das Eingangsstatement sollte die ambivalente Lage zum Ausdruck bringen, in der das *FÖRMIG*-Programm startete. Auf der einen Seite stand der offenkundige Misserfolg des deutschen Schulsystems dabei, Kinder und Jugendliche mit Migrationshintergrund so zu fördern, dass ihnen kein Nachteil aufgrund ihrer Herkunft erwächst. Auf der anderen Seite aber war ein durchaus optimistischer Ausblick zu wagen, denn es lag eine Analyse vor, in der Fehler der Vergangenheit, aber auch erfolgversprechende Ansätze sichtbar wurden (vgl. Gogolin/Neumann/Roth 2003). Es erschien somit nicht zu gewagt, ein Programm zu initiieren, in dessen Rahmen erfolgreiche Maßnahmen entwickelt, erprobt und in ihrer Wirkung überprüft werden konnten.

Das besondere *FÖRMIG*-Profil ergibt sich aus inhaltlichen Hauptakzenten, die im Programm gesetzt wurden, aus Strukturmerkmalen, die realisiert werden sollen.

2 Inhaltliche Merkmale von *FöRMiG*

Die Reproduktion von in höchstem Maße ungleichen Bildungschancen ist kein unabwendbares Schicksal, sondern das Produkt von nicht vollständig ausgenutzten Handlungsmöglichkeiten in einem Bildungssystem. Dies haben Studien wie TIMSS, PISA 2000 und 2003 oder IGLU klar zutage gefördert. Diese Studien enthalten – neben allen beklagenswerten Resultaten, die sie herausgebracht haben – auch die Botschaft, dass es möglich ist, die enge Abhängigkeit zwischen sozialer, sprachlicher, kultureller Herkunft und Bildungserfolgschancen zu lockern. Relevant für die Frage nach Ansatzpunkten, die im Programm *FöRMiG* mit Aussicht auf Erfolg in die Praxis gebracht werden sollten, waren Analysen zu den Fragen,

- was die ungleichen Bildungserfolgschancen von Kindern und Jugendlichen mit und ohne Migrationshintergrund verursacht;
- und was anderswo offenbar deutlich besser gemacht wird als in Deutschland.

Das knappe Fazit der entsprechenden Analysen lautet, dass die größten Aussichten auf Erfolg – aber nach Lage der Dinge: auch die größten Herausforderungen – mit hoher Wahrscheinlichkeit darin liegen, einen systematischen Versuch der Neuformatierung sprachlicher Bildung in Deutschland zu unternehmen (vgl. Gogolin/Neumann/Roth 2003).

In Deutschland wurden seit den 1960er Jahren zahlreiche Anstrengungen unternommen, die Schlechterstellung Zugewanderter im Schulsystem zu verringern. Zugunsten der Integration und Förderung von Kindern und Jugendlichen mit Migrationshintergrund wurde eine Vielzahl von Maßnahmen in die Wege geleitet. Aber die Erfolge, die erzielt wurden, können niemanden zufrieden stellen. Ungeachtet aller konstruktiven bildungspolitischen Rhetorik, ungeachtet der zweifellos großartigen Leistungen vieler Einzelschulen, vieler Pädagoginnen und Pädagogen und anderer engagierter Menschen sind die Chancen von Kindern und Jugendlichen mit Migrationshintergrund im deutschen Bildungssystem nach wie vor weit geringer als die der nichtgewanderten Gleichaltrigen. Besonders alarmierend sind folgende Beobachtungen:

1. Schon seit längerem bessert sich die Bildungsbeteiligung der Zugewanderten nicht mehr. In vielen Bereichen – insbesondere im Feld der beruflichen Bildung – stagnieren die Erfolgschancen bzw. sind sie sogar wieder gesunken (vgl. Konsortium Bildungsberichterstattung 2006).

2. Nach den Ergebnissen der PISA-Studien ist zu fürchten, dass die Jugendlichen mit Migrationshintergrund umso schlechtere Erfolgschancen besitzen, je län-

ger sie eine Schule in Deutschland besucht haben. Jugendliche, die erst in höherem Lebensalter zugewandert sind, schneiden in ihren Leistungen besser ab als jene, die von Anfang an in Deutschland zur Schule gegangen sind (vgl. OECD 2006). Dies darf gewiss nicht unvorsichtig interpretiert werden, aber zumindest liegt es nahe anzunehmen, dass der Unterricht in der deutschen Schule keine uneingeschränkt segensreichen Wirkungen entfaltet.

Es ist bekannt und unbestreitbar, dass sozio-ökonomische Faktoren – Faktoren also, die sich der pädagogischen Handlungsmacht weitgehend entziehen – für die Schlechterstellung der Kinder und Jugendlichen mit Migrationshintergrund mitverantwortlich sind. Weil zugewanderte Familien überdurchschnittlich häufig in prekären sozialen Verhältnissen leben, wirkt sich die hohe soziale Selektivität des deutschen Schulsystems bei Kindern mit Migrationshintergrund besonders gravierend aus, wobei der frühe Zeitpunkt der Selektion massiv verstärkend wirkt (vgl. Gogolin 2007a).

Dieses Faktum aber entlässt die Bildungseinrichtungen nicht aus der Verantwortung. Da man (nicht erst seit PISA) von dem massiven Einfluss der Herkunft auf Bildungschancen weiß, wird es zur Kernaufgabe öffentlicher Bildungseinrichtungen in Deutschland, Merkmale der Herkunft beim professionellen pädagogischen Handeln nach allen Regeln der Kunst zu berücksichtigen und dafür zu sorgen, dass sie nicht wirkmächtiger werden als das pädagogische Handeln selbst.

Hiermit ist ein erstes leitendes Prinzip der Arbeit in *FöRMiG*-Projekten ausgesprochen; es lautet: Die pädagogischen Maßnahmen berücksichtigen bestmöglich die Bedingungen, unter denen die Kinder und Jugendlichen leben und lernen, zu deren Vorteil das Handeln sein soll. Dies setzt voraus, dass diese Bedingungen zunächst einmal so genau wie möglich bekannt werden. Für die Praxis der *FöRMiG*-Projekte bedeutet dies, dass am Anfang ihrer Aktivitäten eine Bedingungsanalyse stehen muss. Diese schließt ein:

- eine Bestandsaufnahme zur sozialen, sprachlichen und kulturellen Lage der Klientel sowie zu den Ressourcen, die zur Deckung des Bedarfs – neben der eigenen Expertise – zur Verfügung stehen; und
- eine Diagnose der Sprachfähigkeiten, die die Kinder und Jugendlichen, die gefördert werden sollen, in die geplante Maßnahme hineinbringen.

Pädagogisches Handeln hat in dieser Hinsicht viel gemein mit der Arbeit des Architekten: Man muss den Untergrund kennen, auf den man bauen will, um abschätzen zu können, wie Fundament und Statik gebildet sein müssen, damit das

Gebäude sicher steht. Im pädagogischen Kontext kann dies als Faustregel gelesen werden: Förderung muss auf den Fähigkeiten der Geförderten aufbauen.

Das zweite Profilmerkmal der FÖRMIG-Projekte ist ihre Konzentration auf das Feld der sprachlichen Förderung. Die Entscheidung dafür beruht auf der Analyse der einschlägigen Forschungsergebnisse und dem Vergleich der Praxis im deutschen Schulsystem mit Praxis in anderen Systemen, die bessere Erfolge bei der Förderung von Zugewanderten erzielen.

Die internationalen Schulleistungsvergleichsstudien haben gezeigt, wie eng die Abhängigkeit zwischen schulischer Leistungsfähigkeit und der Beherrschung sprachlicher Mittel ist. Diese Befunde arrondieren Forschungsergebnisse aus der interkulturellen Bildungsforschung, die unter anderem darauf deuten, dass hiesige Traditionen der sprachlichen Förderung weniger erfolgreich sind als Konzepte anderer Länder, in denen auf eine vergleichbare sprachliche und kulturelle Heterogenität in der Schülerschaft zu reagieren war.

Die Frage nach Ursachen für Bildungsbenachteiligung lässt spezielle schul- und bildungsrelevante sprachliche Fähigkeiten in das Zentrum der Aufmerksamkeit rücken; für ihre Bezeichnung wurde im Kontext der Vorbereitungen des Programms FÖRMIG der Terminus „bildungssprachliche Fähigkeiten" entwickelt, der sich an den von Cummins vorgeschlagenen Begriff „Cognitive Academic Language Proficiency" anlehnt (vgl. Cummins 2000. Zur genaueren Beschreibung des deutschen Begriffs vgl. Gogolin 2007b; siehe auch Bourne 2007). Forschungsergebnisse zeigen, dass ein potentieller Bildungserfolg nur in geringem Maße vom Verfügen über allgemeinsprachliche Fähigkeiten abhängt. Lediglich am Anfang einer Bildungskarriere – also im vorschulischen Bereich bzw. dem Eingang in die Grundschule, oder bei der Ankunft in einem neuen Sprachraum – sind allgemeinsprachliche Fähigkeiten von großer Bedeutung für die Chance, zu lernen. Je weiter aber eine Bildungsbiographie fortschreitet, desto mehr unterscheiden sich die bildungsrelevanten sprachlichen Anforderungen vom Repertoire der alltäglichen Rede. Etwas salopp gefasst, aber als Faustregel brauchbar, ist die Formel, dass die bildungsrelevante Sprache der Schule über weite Strecken mehr mit den Merkmalen von Schriftsprache gemeinsam hat als mit mündlichem Sprechen. Dies gilt auch dann, wenn es um die gesprochene Sprache des Unterrichts geht.

Deutlicher wird dies bereits, wenn man sich mit dem Anforderungsspektrum beschäftigt, das die Sprache(n) der Unterrichtsfächer im Laufe der Zeit eröffnet. Mit einem Beispiel aus einem Forschungsprojekt soll dies illustriert werden (vgl. Gogolin/Kaiser/Roth 2004). In dem Projekt ging es um die Frage, ob sich einsprachige und mehrsprachige Schülerinnen und Schülern in der Art und Weise unterscheiden, wie sie mathematische Aufgabenstellungen bewältigen. Den Probanden – es waren Siebtklässler – wurde u.a. die Aufgabe gestellt, eine Paraphrase der folgenden Mathematikaufgabe zu liefern:

> „Im Salzbergwerk Bad Friedrichshall wird Steinsalz abgebaut. Das Salz lagert 40 m unter Meereshöhe, während Bad Friedrichshall 155 m über Meereshöhe liegt. Welche Strecke legt der Förderkorb zurück?"

Dies ist eine typische Textaufgabe mit geringer mathematischer Schwierigkeit, die einem gängigen Lehrwerk für die 6. Klasse entnommen wurde. Sie enthält jedoch allerhand sprachliche Raffinessen. Um die Aufgabe lösen zu können, müssen die Schülerinnen und Schüler mathematische Termini kennen, aber auch Termini, die eher aus anderen Fächern stammen (*Förderkorb; Strecke*). Für unsere Problemstellung der sprachlichen Förderung von Kindern und Jugendlichen, die mit mehr als einer Sprache leben, ist besonders bedeutsam, dass die Möglichkeit einer erfolgreichen Mathematisierung der Aufgabe nicht von der Kenntnis der Termini abhängig ist, sondern von der richtigen Auslegung einiger für sich genommen inhaltsleerer Wörter – nämlich der Konjunktion *während* und der Präpositionen, die die Beziehung der Zahlen dirigieren. Die Schülerinnen und Schüler müssen unter anderem von der im Alltagssprachgebrauch häufigen temporalen Bedeutung der Konjunktion *während* absehen und darauf kommen, dass es hier um die Herstellung einer Relation geht. Und sie müssen darüber hinaus begreifen, dass ein Kontext hergestellt wurde – der Salzbergbau –, der für die geforderte mathematische Modellierung ganz belanglos ist.

Dies ist ein klassisches Beispiel von bildungssprachlicher Anforderung, zu deren Merkmalen Wohlgeformtheit und Textförmigkeit gehören. Eine bildungssprachliche Leistung geht über die fachsprachliche hinaus. Sie umfasst zum einen die Fähigkeit, die das Bildungsgeschehen insgesamt durchdringenden Repertoires tendenziell textförmiger, wohlgeformter Rede zu verstehen und mit der Zeit auch selbst zu gebrauchen. Eine weitere bildungssprachliche Kompetenz ist es, differenziert zu erfassen, in welcher Domäne des Lernbereiche- oder Fächerspektrums man sich gerade befindet und welche spezifischen sprachlichen Erfordernisse mit dieser Domäne verbunden sind.[2] Gelingt einem Schulkind eine solche Einordnung nicht, so kann ein sprachliches Produkt wie das folgende entstehen – ein Produkt, das der geforderten Mathematisierung eher im Wege steht, als dass es ihr näherbringt.

---

[2] Sehr hilfreich für die Differenzierung dieser spezifischen Anforderungen sind die Arbeiten M.A.K. Hallidays, vgl. etwa Halliday/Martin 1993 [2004].

Edda:	es steht also hm – die wollen Steinsalz abbauen – Bad Frieshalle oder wie das hier steht
Interviewerin:	hm Bad Friedrichshall
Edda:	hm - Bad Friedrichshall ja – hm – und das liegt aber vier/vierzig Millimeter unter des Meeres vierzig Meter – ne – und jetzt wissen sie nicht – welche Strecke sie nehmen sollen.[3]

Um diese sprachliche Leistung angemessen würdigen zu können, muss man wissen, dass es sich bei Edda um ein Mädchen ohne Migrationshintergrund handelt; sie ist eine Siebtklässlerin, die in Deutschland geboren und aufgewachsen ist – und zwar in der einzigen Sprache Deutsch. Auch ihr gelingt der von Aufgabe und setting geforderte Übertritt in die bildungssprachliche Domäne der Mathematik nicht; sie verharrt in einem alltagssprachlichen Modus und beschäftigt sich eingehend mit der für die geforderte Umschreibung der mathematischen Modellierung irrelevanten Kontextualisierung der Aufgabe: Sie lässt Akteure auftreten, die etwas wollen und dieses Ziel nicht erreichen. Ihre Versprachlichung wäre womöglich – sieht man von den formalen Schwächen einmal ab – für ein der sozialwissenschaftlichen Domäne zugehöriges Fach adäquat gewesen; im gegebenen Kontext aber ist ihre sprachliche Kompetenz unzureichend für eine Lösung der sachlichen Aufgabe.

Eddas Beispiel weist auf zweierlei: Zum einen darauf, dass die Aneignung bildungssprachlicher Kompetenz auch für einsprachig aufwachsende Kinder eine Hürde ist, und zwar insbesondere dann, wenn sie aus einem Elternhaus mit geringer Bildungsnähe kommen. Schlagwortartig gefasst, bezeichnet bildungssprachliche Kompetenz die Fähigkeit zum differenzierten Umgehen mit Produkten der Welt der Schrift, und zwar im geschriebenen ebenso wie im gesprochenen Modus. Kinder, die von ihren Eltern nicht gründlich und anhaltend in diese Welt eingeführt werden können, haben keinen anderen Zugang zu ihr als durch die Institutionen der Bildung. Zum zweiten weist Eddas Beispiel darauf, dass es der expliziten Einführung von Kindern in die Differenziertheit der sprachlichen Anforderungen bedarf, die sich im Verlaufe einer Bildungsbiographie stellen. Zur Beherrschung der bildungsgangdurchdringenden sprachlichen Kompetenzen einerseits, der je spezifischen Ausformungen in den Domänen des Bildungsgangs andererseits kommt ein Kind nicht von allein, sondern nur durch explizite und den Bildungsgang kontinuierlich begleitende professionelle Anleitung.

---

[3] Gekürzter Interviewauszug; vgl. die Originalversion in Gogolin/Kaiser/Roth 2004.

3   Strukturmerkmale von *FöRMIG*

Das Kernanliegen von *FöRMIG*-Projekten soll daher der kumulative Aufbau jener besonderen bildungssprachlichen Fähigkeiten sein, die die Voraussetzung für einen kompetenten Umgang mit den Gegenständen sind, die in einem Bildungsgang angeeignet werden sollen. Dabei gilt es, die vorhandene Mehrsprachigkeit nicht nur als unvermeidliche Bedingung zu beachten, sondern ebenso ernsthaft als Ressource – als reiche Quelle für den Ausbau eines differenzierten sprachlichen Vermögens, wie es für die Chance auf Bildungserfolg letztendlich ausschlaggebend ist.

Zu den markanten Merkmalen des *FöRMIG*-Profils gehört es, die strukturellen Voraussetzungen dafür herzustellen, dass es zur gewünschten Förderung sprachlicher Fähigkeiten kommen kann. Ein Element dessen ist die kooperative Gestaltung aller Maßnahmen. Das ehrgeizige Ziel eines kumulativen Aufbaus sprachlichen Vermögens wird nicht erreicht werden können, wenn es nicht in gemeinsamer und konzertierter Anstrengung der verschiedenen Instanzen verfolgt wird, die – mit unterschiedlichen Aufgaben und Rollen – am Sprachbildungsprozess zusammen wirken.

In dieser Hinsicht besteht in Deutschland größter Nachholbedarf. Anders als in anderen Bildungssystemen hat sich hier keine Tradition der kooperativen Sprachbildung entwickelt. Dies gilt zum einen für das Feld der sprachlichen Bildung in der Schule. Die deutsche Schule besitzt kaum Ansätze, wie sie etwa aus England unter dem Stichwort „language across the curriculum" bekannt sind. Zur hiesigen Tradition gehört es, Sprachförderung als spezifische Aufgabe des Sprachunterrichts anzusehen, nicht aber als grundsätzliche Aufgabe eines jeden Unterrichts.

Zum anderen ist eine institutionenübergreifende Zusammenarbeit bei der Sprachförderung hierzulande nicht üblich. Unüblich ist es beispielsweise, Eltern als willkommene und kompetente Partner in die Sprachbildungsanstrengungen der Institutionen einzubeziehen. Eher abgrenzend als kooperativ gestaltet sich traditionell auch die Beteiligung der verschiedenen Erziehungs- oder Bildungseinrichtungen am Sprachbildungsprozess; dies hat nicht zuletzt strukturelle Gründe, unter anderem die unterschiedliche Trägerschaft von Schulen und anderen Institutionen des Bildungssystems. Weder ist es selbstverständlich, dass abgebende und aufnehmende Institution miteinander kooperieren (also etwa Kindergarten und Schule; Grundschule und Sekundarschule), noch gibt es allzu viele praktische Beispiele der systematischen horizontalen Zusammenarbeit – etwa zwischen einer Schule und der benachbarten Kindertagesstätte oder Bibliothek.

Diese Desiderata soll FÖRMIG überwinden helfen, indem in den beteiligten Projekten Gesamtkonzepte sprachlicher Bildung entwickelt werden. In diesen Konzepten

- werden einerseits die je spezifischen Beiträge der verschiedenen Bereiche und Fächer des Bildungsangebots explizit ausgewiesen,
- ist andererseits die Zusammenarbeit zwischen der Schule und außerschulischen Instanzen – von Elternhaus über Migrantencommunity bis zu Bibliothek und Förderverein oder Ehrenamtlichen – konstitutiv. Auch hier geht es darum, den Beitrag jeder Instanz explizit zu definieren und zu einem gemeinsam getragenen Ansatz zu kommen, dessen Teile zusammenpassen und deshalb kumulative Wirkungen entfalten können.

Inhaltlich sollen die FÖRMIG-Ziele durch Beiträge zu Modulen realisiert werden. Diese sind zu folgenden Themenschwerpunkten zusammengefasst: Sprachdiagnose und an den Diagnoseergebnissen anschließende Förderung sowie „Durchgängige Sprachförderung" (mit Beiträgen zu den Aspekten der intensivierten Sprachförderung an den Übergängen im Bildungssystem: von der Elementar- in die Primarstufe, von der Grundschule in die Sekundarstufe sowie von der Sekundarstufe in den Beruf; Sprachförderung im gesamten Curriculum; Aufbau von Sprachfördernetzwerken und Förderung von Zwei- bzw. Mehrsprachigkeit). Dimensionen aller Aktivitäten sind die Qualifizierung des beteiligten Personals, die systematische Qualitätskontrolle und die Anbahnung von Transferprozessen, mit denen Praxis, die sich als gut erweist, auf weitere Bildungseinrichtungen übertragen werden kann.

Organisatorisch werden die Merkmale des FÖRMIG-Profils durch die Errichtung von Basiseinheiten realisiert. Darunter wird ein lokaler Verbund von Institutionen verstanden – beispielsweise eine Grundschule als federführende Institution, die zuliefernden Kindergärten, eine lokal aktive Elterninitiative, eine Kindertagesstätte und ein Stadtteilbüro –, die eine Kooperationsvereinbarung über ihren Ansatz der sprachlichen Förderung miteinander abschließen. Darin sind auch die Wege verabredet, die man für die Erreichung der Ziele beschreiten will. Und es wird darüber hinaus vereinbart, auf welche Weise man von Beginn an kontinuierlich überprüfen prüfen will, ob man die selbstgesteckten Ziele tatsächlich erreicht – eine begleitende Evaluation also, die Auskunft darüber gibt, ob die ergriffenen Maßnahmen so wirken, wie es intendiert ist.[4]

---

[4] Das Gesamtprogramm wird vom Programmträger evaluiert; das Evaluationskonzept ist unter www.blk-foermig.uni-hamburg.de zu finden. Erste Evaluationsergebnisse werden Ende 2007 publiziert; vgl. hierzu Klinger/Schwippert 2007 bzw. die Reihe FÖRMIG Edition im Waxmann-Verlag, Münster/New York.

Gemeinsam sollen die zusammenarbeitenden Institutionen dafür sorgen, weitere Partner zur Mitwirkung zu gewinnen: beispielsweise eine örtliche Bibliothek, ein Frühförderzentrum, eine in der Region angesiedelte Fachschule für Sozialpädagogik oder eine Universität mit interkulturell orientierten Ausbildungsangeboten für Lehrkräfte oder Sozialpädagogen. Die Basiseinheiten und ihre strategischen Partner bilden Entwicklungspartnerschaften. Durch diese Partnerschaften sollen nicht nur die Ressourcen und Kompetenzen der verschiedenen unmittelbar an *FÖRMIG* Mitwirkenden verstärkt werden, sondern darüber hinaus von Anfang an Strukturen etabliert werden, die geeignet sind, für einen Transfer der Praxis zu sorgen, die sich als gut und tragfähig erweist. In der fünfjährigen Laufzeit des Programms sollen also Strukturen etabliert werden, die dazu beitragen, dass über die Laufzeit von *FÖRMIG* hinaus verstetigt werden kann, was sich bewährt hat.

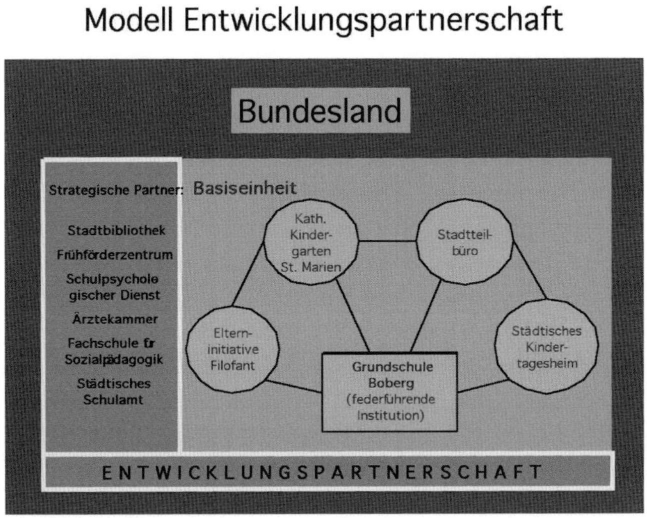

Modell Entwicklungspartnerschaft

Abb. 2: Entwicklungspartnerschaft

Zusammengefasst ergibt sich das *FÖRMIG*-Profil

1) aus der Konzentration auf eine Sprachförderung, die beste Qualitätsansprüche im Kontext sprachlicher und kultureller Heterogenität erfüllt;

2) daraus, dass die sorgsame Analyse der Bedingungen für die Sprachförderung und die Beachtung der Ergebnisse dieser Analyse den Ausgangspunkt des pädagogischen Handelns darstellt;

3) daraus, dass die Förderung sich auf die Fähigkeiten und mitgebrachten Ressourcen der Kinder und Jugendlichen stützt, um deren Wohl das Programm sich bemüht – einschließlich, in aller Selbstverständlichkeit, ihrer Kompetenz zur Zwei- oder Mehrsprachigkeit;

4) und schließlich daraus, dass gemeinsame, aufeinander abgestimmte Anstrengungen kompetenter Partner nicht nur die Wirksamkeit der Förderkonzepte selbst erhöhen, sondern auch dazu beitragen, dass das die gelungenen Ansätze das Programm selbst überleben.

4   *FÖRMIG* in Sachsen

FÖRMIG Sachsen ist eines der zehn beteiligten Länderprojekte. Es besteht aus fünf Basiseinheiten. *FÖRMIG* Sachsen ist als ein Element der Umsetzung der Sächsischen Konzeption zur Integration von Migranten zu verstehen – ein Teil allerdings, der eine neue Qualität in das Konzept einführt: die Sprachfördernetzwerke in Gestalt der fünf Basiseinheiten, die jeweils federführend von einer Mittelschule geleitet werden.

Der Freistaat Sachsen hat folgende Gründe, sich an *FÖRMIG* zu beteiligen: Seit 2004 wird im Land eine neue Lehrplangeneration (vgl. hierzu http://www.sachsen-macht-schule.de/apps/lehrplandb/lehrplaene/listing/0) eingeführt. Diesen Lehrplänen liegen sog. Eckwertepapiere zugrunde (z.B. „Gesamtkonzept Sprachliche Bildung" mit seinen Bestandteilen „Theoretische Positionen zur sprachlichen Bildung in allen Fächern", „Sprachliche Bildung von Migranten" von 2003 und z.B. „Interkulturalität" von 2003, vgl. http://www.sachsen-macht-schule.de/apps/lehrplandb/lehrplaene/search/1). Des Weiteren gibt es Rahmenbedingungen zur Umsetzung der Sächsischen Konzeption zur Integration von Migranten und einen evaluierten Lehrplan für das Fach Deutsch als Zweitsprache. Andere günstige Voraussetzungen für die Beteiligung liegen in bereits eingeführten schulaufsichtlichen Strukturen (Koordinatoren für Migration). Weiterhin verfügt das Land über ausgebildete Betreuungslehrer, die für den schulischen und außerschulischen Integrationsprozess von Schülern mit Migrationshintergrund verantwortlich sind. Sie haben u.a. die Aufgabe, neuzuwandernde Kinder oder Jugendliche, die in Vorbereitungsklassen aufgenommen werden, im Prozess der schrittweisen individuellen Integration in die Regelklassen zu begleiten. Damit bot sich für Sachsen eine gute Ausgangslage dafür, der sprachlichen Bildung als Aufgabe jedes Fachlehrers besondere Aufmerksamkeit zu schenken.

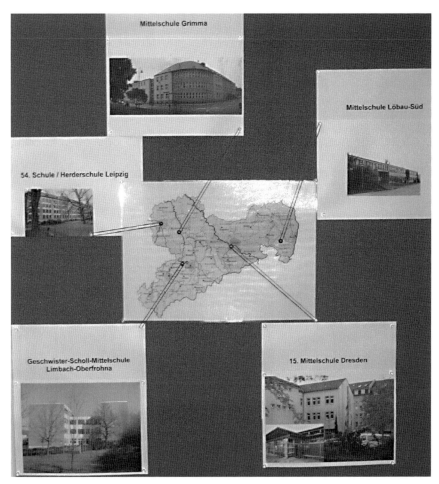

Abb. 3: Sachsenkarte

Die am Programm *FörMig* beteiligten Projekte konnten sich Themenschwerpunkten und Modulen zuordnen (vgl. hierzu www.blk-foermig.uni-hamburg.de). Sie konnten zudem bestimmen, auf welche der sog. bildungsbiografischen Schnittstellen sie sich konzentrieren wollten: auf den Übergang vom Kindergarten oder der Vorschule in die Schule; von der Grundschule in die Sekundarstufe oder von der Sekundarstufe in den Beruf. *FörMig* Sachsen hat sich für die Schnittstelle des Übergangs vom Primar- in den Sekundarbereich und für die kontinuierliche Sprachbildung in der Sekundarstufe entschieden. Folgende Ziele wurden gesetzt:

- während der gesamten Bildungsbiografie soll Sprachförderung für Kinder und Jugendliche mit Migrationshintergrund sichergestellt sein;
- es sollen viele Beteiligte eingebunden werden;
- neue Partner sollen gefunden werden und
- die Sprache der Schule soll in allen Fächern systematisch vermittelt werden.

Im Kern des Projekts steht es, Modi zu finden, in denen sich der Anspruch einer kooperativen Sprachbildung realisieren lässt – und zwar einerseits in der Form der Zusammenarbeit von Lehrkräften, andererseits in institutionenübergreifenden Formen der Kooperation. Damit wird *FörMig* Sachsen einen Beitrag dazu leisten, dass sich in Deutschland eine Tradition der kooperativen Sprachbildung entwickeln kann.

Seit dem Schuljahr 2005/2006 sind fünf Mittelschulen mit Vorbereitungsklassen am Programm beteiligt und streben den Ausbau von Sprachfördernetzwerken an. Noch während der Programmlaufzeit soll es gelingen, sachsenweit alle Schulen mit Vorbereitungsklassen mit auf diesen neuen Weg zu nehmen. In einer längerfristigen Perspektive ist intendiert, auch Schulen ohne Vorbereitungsklassen, aber mit Schülern mit Migrationshintergrund einzubeziehen.

Inhaltlich geht es in *FörMig* Sachsen um einen bildungsbiografiebegleitenden Auf- und Ausbau bildungssprachlicher Fähigkeiten unter Nutzung des vorhandenen Bildungspotentials der Zwei- und Mehrsprachigkeit und um die entsprechende Qualifizierung von Lehrkräften aller Fächer. Dabei ist es nicht zuletzt erforderlich, auf Irrtümer und Missverständnisse einzugehen. Zu solchen gehört die gängige Meinung, dass derjenige, der „richtig Deutsch" sprechen kann, auch gut in der Schule zurechtkomme. Man hört etwa Meinungen wie diese: „Schüler X kann sich im Alltag wunderbar mit anderen unterhalten – warum kommt er dann im Fachunterricht nicht klar?" Oder: „Schüler Y kann erst zu mir in den Biologieunterricht kommen, wenn er perfekt Deutsch kann." Solche Äußerungen zeigen an, dass die Spezifika der bildungssprachlichen Anforderungen nicht bewusst zu sein scheinen. Hier ist erneut auf die Differenz zwischen Alltagssprache und Bildungssprache hinzuweisen: Gut ausgebaute alltagssprachliche Fähigkeiten sind kein verlässlicher Indikator für bildungsbezogene Sprachkompetenz, und sie zeigen insbesondere nicht an, ob eine Schülerin oder ein Schüler die notwendigen fachbezogenen sprachlichen Mittel beherrscht. Je weiter eine Bildungsbiografie fortschreitet, desto mehr unterscheiden sich die bildungssprachlichen Anforderungen vom Repertoire der Allgemeinsprache.

Im Rahmen von *FörMig* Sachsen werden Wege erprobt, wie sprachliche Bildung in allen Fächern im Sinne von durchgängiger Sprachförderung („Spra-

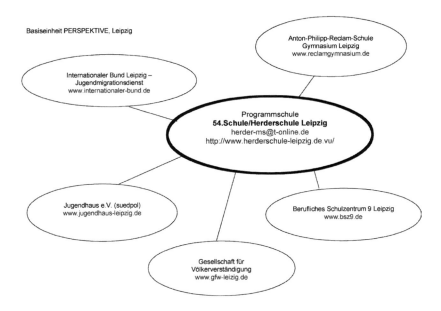

Abb. 4: Beispiel der Basiseinheit PERSPEKTIVE Leipzig

che lernen in jedem Unterricht") im Schulalltag verwirklicht werden kann. Eine besondere Herausforderung dabei ist die Sensibilisierung der Fachlehrer dafür, dass sprachliche Bildung in allen Fächern stattfinden muss.

FörMig Sachsen beteiligt sich im Rahmen des Gesamtprogramms an einer länderübergreifenden Arbeitsgruppe zum Thema „Durchgängige Sprachförderung", in der an insgesamt sieben Fallschulen bundesweit in einem quasi-experimentellen Design Ansätze der Sprachbildung in allen Fächern erprobt und evaluiert werden. In diesen Schulen wird zunächst eine Bestandsaufnahme in den Klassenstufen 5 und 6 gemacht, mit der die Kompetenzen und Ressourcen des jeweiligen Kollegiums und der Partner der Schulen einerseits ermittelt werden, andererseits die besondere sprachliche Lage der Schülerschaft erkundet wird. Es erfolgt eine spezifische Qualifikation der beteiligten Lehrkräfte, in der es zum einen um die Aneignung theoretischer Positionen zum Thema der Arbeitsgruppe geht, zum anderen darum, praktische Ansätze aus Deutschland, vor allem aber anderen europäischen Bildungssystemen kennenzulernen, die bereits jetzt konstruktiver mit sprachlicher Heterogenität umzugehen gelernt haben, als dies hier der Fall ist. Ein Beispiel hierfür sind die sog. Baseler Sprachprofile: eine Schweizer Entwicklung, die dem Zweck dient, dass Jahrgangsgruppen in Schulkollegien sich über die sprachlichen Anforderungen der verschiedenen Fächer oder Lernbereiche verständigen und verabreden, wer in welche Redemittel einführt und in welchem Unterricht Redemittel vertieft werden (vgl. Nodari 2007). Dies ist eine prototypische Entwicklung für die Erleichterung einer kooperativen Sprachbildung, wie sie oben als Profilmerkmal von FÖRMIG beschrieben wurde.

Eine Besonderheit von FÖRMIG Sachsen ist es, möglichst viele der Beteiligten an den entstehenden Sprachfördernetzwerken für die Aufgabe der sprachlichen Bildung in allen Fächern fortzubilden. Dabei gilt es nicht zuletzt, die Aufmerksamkeit der Beteiligten für sprachförderliche Konstellationen zu erhöhen – sei es im Unterricht unmittelbar, sei es in eher privaten Konstellationen. Zugleich sollen mit den Sprachfördernetzwerken erste Schritte des Transfers der Erfahrungen, die sich bewähren, in die Fläche getan werden. Beabsichtigt ist, aus den erprobten Ansätzen praktikable und erfolgreiche Maßnahmen herauszufiltern, die in adäquater Weise – also nicht als bloße Rezepte – auf andere Standorte übertragen werden können. Beabsichtigt ist, während der Programmlaufzeit – das heißt in Sachsen: bis Juli 2009 – Antworten auf Fragen geben zu können wie: Wer kann oder sollte sich wie in die Prozesse von Sprachbildung und Sprachförderung aktiv einbringen? Wie können die Aktivitäten aller Beteiligten sinnvoll miteinander verknüpft werden? Hierbei ist einerseits an schulinterne und schulartübergreifende Zusammenarbeit gedacht. Andererseits sollen Formen der Zusammenarbeit von Schulen mit außerschulischen Partnern gefunden werden. Bereits nach etwas mehr als einem Jahr Programmarbeit haben die Aktiven zahlreiche und vielschichtige Erfahrungen und Erkenntnisse beim Aufbau und Ingangsetzen der Sprachfördernetzwerke gesammelt. Sie haben sich über sehr verschiedene Arbeitsweisen, Arbeitszeiten und Herangehensweisen der schulischen und außerschulischen Partner verständigt und auch solche einbezogen, die nicht unmittelbar mit Migration betraut sind. Eine der Herausforderungen der aktuellen Programmarbeit ist es, das Prozesswissen, das die Beteiligten sich aneignen, so zu dokumentieren, dass es für einen Transfer genutzt werden kann – auch wenn eine 1:1-Übertragung auf andere Konstellationen kaum jemals möglich sein wird.

Entsprechend der Sächsischen Konzeption zur Integration von Migranten in Verbindung mit dem sächsischen Lehrplan für Deutsch als Zweitsprache richtet sich im Rahmen von FÖRMIG Sachsen die Aufmerksamkeit darauf, Brüche in der Sprachförderung zu vermeiden, die sich gerade im Übergang von einer Bildungsstufe zur anderen ereignen können. Für das Land spezifisch sind dabei in der Sekundarstufe die Übergänge von der Grundschule an die Mittelschule; von der Grundschule an das Gymnasium; von der Mittelschule an das Gymnasium;

von der Vorbereitungsklasse in die Regelklasse in allen Schularten. Die Vielfalt der möglichen Übergänge zeigt an, dass auch eine klassen- und schulartübergreifende Zusammenarbeit erforderlich ist. Im Rahmen von *FöRMiG* Sachsen wird nach Wegen gesucht, wie die aufnehmende Seite (Klasse oder Schule) mit der sprachpädagogischen Arbeit der abgebenden Seite bekanntgemacht wird, damit darauf aufgebaut werden kann.

So sollen beide Seiten Kontinuität in der Sprachförderung gewährleisten. Mit der Anforderung der Kontinuität ist unter anderem verbunden, dass die spezifischen sprachlichen Fähigkeiten „zu ihrer Zeit", nämlich dann, wenn sie im Bildungsprozess gefordert sind, Gegenstand der Förderung werden. Um die damit verbundenen Tätigkeiten zu erleichtern, leistet *FöRMiG* Sachsen einen weiteren spezifischen Beitrag zum Gesamtprogramm. Gemeinsam mit dem Programmträger und dem Land Schleswig-Holstein geschieht die Erarbeitung und Erprobung von „Niveaubeschreibungen" für das Fach Deutsch als Zweitsprache. In Anlehnung an die Bildungsstandards des Faches Deutsch sollen diese Niveaubeschreibungen die Etappen sprachlicher Leistung auf dem Weg zu bildungssprachlicher Kompetenz anzeigen, mithin den kooperierenden Personen eine wichtige Orientierungshilfe für ihr Planen und Handeln geben.

Bis jetzt kann *FöRMiG* Sachsen eine positive Zwischenbilanz ziehen. Im Schuljahr 2005/2006 nahmen 123 Schüler mit Migrationshintergrund an den spezifischen umfangreichen Sprachstandserhebungen teil, die zur Evaluation des Programms gehören. Diese Erhebungen wurden sowohl in verschiedenen Herkunftssprachen (Arabisch, Russisch, Türkisch) als auch in Deutsch durchgeführt. Des Weiteren wurden Informationen zur familialen Lage sowie zur Migrationsbiografie erhoben. Diese sind notwendig, um die Sprachdaten fair interpretieren zu können. Alle Erhebungen werden vom Programmträger an der Universität Hamburg ausgewertet. Im Ergebnis werden Hinweise auf den Erfolg und die Effizienz der Maßnahmen stehen.

FöRMiG Sachsen, wie das Programm *FöRMiG* insgesamt, wird einen Beitrag zur Verbesserung der sprachlichen Bildung und damit zur Unterrichts- und Schulentwicklung sowie zur Qualitätsentwicklung im Bildungssystem leisten.

Zitierte Literatur:

Bourne, Jill (2007): „Making the Difference: Teaching and learning strategies in multi-ethnic schools". Erscheint in: Gogolin, I./Lange, I. (eds.): *Durchgängige Sprachförderung*. Münster/New York: Waxmann, *FöRMiG* Edition Band 4.

Cummins, Jim (2000): *Language, Power and Pedagogy*. Clevedon: Multilingual Matters.

Gogolin, Ingrid (2005): FÖRMIG – *ein Portrait. Beitrag zur feierlichen Eröffnung des Modellprogramms* FÖRMIG. [www.blk-foermig.uni-hamburg.de].

Gogolin, Ingrid (2007a): *Institutionelle Übergänge als Schlüsselsituationen für mehrsprachige Kinder. Expertise für das Deutsche Jugendinstitut.* Hamburg. Elektronische Publikation in Vorbereitung: [www.dji.de].

Gogolin, Ingrid (2007b): „Was ist durchgängige Sprachförderung? " In: Gogolin, I./Lange, I. (eds.): *Durchgängige Sprachförderung – das Konzept des Modellprogramms* FÖRMIG. Münster/New York: Waxmann (Reihe FÖRMIG edition, im Erscheinen).

Gogolin, Ingrid/Kaiser, Gabriele/Roth, Hans-Joachim, u.a. (2004): *Mathematiklernen im Kontext sprachlich-kultureller Diversität.* Hamburg (Universität Hamburg, Mimeo). [http://www.erzwiss.uni-hamburg.de/personal/gogolin/mathe/Bericht-Mathe.pdf].

Gogolin, Ingrid/Neumann, Ursula/Roth, Hans-Joachim (2003): *Förderung von Kindern und Jugendlichen mit Migrationshintergrund. Expertise für die Bund-Länder-Kommission für Bildungsplanung und Forschungsförderung.* BLK- Materialien zur Bildungsplanung und Forschungsförderung, Heft 107.

Halliday, M.A.K./Martin, J.R. (1993; reprint 2004): *Writing Science. Literacy and Discursive Power.* London/New York: Routledge/Taylor and Francis Group.

Klinger, Thorsten/Schwippert, Knut (eds.) (2007): *Erste Ergebnisse der Evaluation des Modellprogramms* FÖRMIG. Z.P.v.: Münster/New York: Waxmann (Reihe FÖRMIG edition, im Erscheinen).

Konsortium Bildungsberichterstattung (2006): *Bildung in Deutschland. Ein indikatorengestützter Bericht mit einer Analyse zu Bildung und Migration.* Bielefeld: W. Bertelsmann.

Nodari, Claudio (2007): „Die Baseler Sprachprofile: ein Ansatz kooperativer Sprachbildung". In: Gogolin, I./Lange, I. (eds.): *Durchgängige Sprachförderung – das Konzept des Modellprogramms* FÖRMIG. Münster/New York: Waxmann (Reihe FÖRMIG edition, im Erscheinen).

OECD (2006): *Where Immigrant Students Succeed.* Paris (OECD), [http://www.pisa.oecd.org/document/44/0,2340,en_32252351_32236173_36599916_1_1_1_1,00.html]. „Die sächsische Konzeption zur Integration von Migranten". In: *Ministerialblatt des Sächsischen Staatsministeriums für Kultus*, Nr. 8/2000.

Lehrplan für Deutsch als Zweitsprache. [http://www.sachsen-macht-schule.de/apps/lehrplandb/lehrplaene/listing/0].

Bessere Bildungschancen für Kinder und Jugendliche mit Migrationshintergrund.
Das Projekt „Förderunterricht" der Stiftung Mercator

DOREEN BARZEL, AGNIESZKA SALEK

> „Jeder Einzelne, ob Zuwanderer oder deutsches Kind oder
> eingebürgertes Kind zugewanderter Eltern, ist uns wichtig.
> Jedes braucht eine optimale Förderung, und das geht nur mit Sprache.
> Und deshalb ist dieses Projekt so bedeutend,
> das die Stiftung Mercator hier anstößt."
> Armin Laschet – Minister für Generationen, Familie, Frauen
> und Integration des Landes Nordrhein-Westfalen
> anlässlich der Filmpremiere „Ohne Deutsch kann man hier nichts machen"
> am 18.01.2007 in der Vertretung des Landes NRW in Berlin

Schulklassen mit einem hohen Anteil von Schülern[1], die nicht auf muttersprachliche Deutschkenntnisse zurückgreifen können, sind längst Realität in deutschen Klassenzimmern. Fast 1.050.000 Kinder und Jugendliche ohne deutsche Staatsangehörigkeit im Alter von 6 bis 18 Jahren (Statistisches Bundesamt, 2005)[2] leben in Deutschland. Aussiedler und Migrantenkinder deutscher Nationalität sind in dieser Zahl nicht enthalten, da sie statistisch (noch) nicht erfasst werden. Viele von Ihnen haben mit den gleichen Problemen zu kämpfen: Mangelnde Kenntnisse der deutschen Sprache erschweren ihnen den Zugang zum deutschen Bildungssystem. In der Regel konnten diese Kinder und Jugendliche nicht in ihrer frühen Lebensphase sprachlich gefördert werden, da es kaum entsprechende Fördersysteme im deutschen Schulsystem gab bzw. die Schüler erst zu einem späteren Zeitpunkt in ihrem Leben nach Deutschland eingereist sind. Und genau hier setzt das Projekt „Förderunterricht für Kinder und Jugendliche mit Migrationshintergrund" an. Außerschulischer Unterricht soll die Bildungschancen dieser Zielgruppe verbessern. Dabei liegt der Fokus nicht nur auf den Schülern, denn im Förderunterricht

---

[1] Im Beitrag werden die Bezeichnungen „Schülerinnen" und „Schüler" unter dem Begriff „Schüler" zusammengefasst.

[2] http://www.destatis.de/jetspeed/portal/cms/Sites/destatis/Internet/DE/Content/Statistiken/Bevoelkerung/AuslaendischeBevoelkerung/Tabellen/Content100/Altersgruppen,property=file.xls

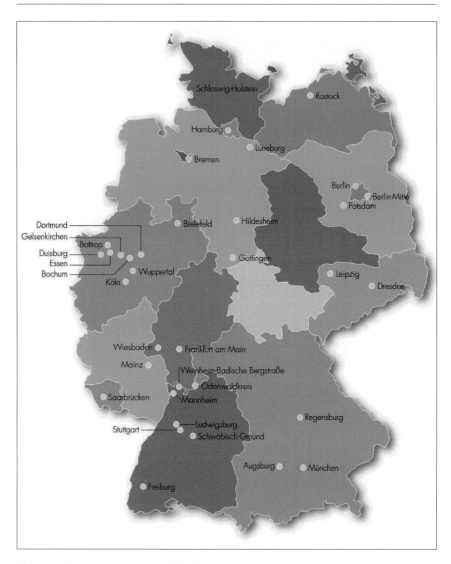

Abb. 1: Mercator Förderunterricht Standorte

werden gleichzeitig Studierende ausgebildet. Mit dem „Förderunterricht" werden sowohl Schüler unterstützt, als auch Studierende, die zumeist für ein Lehramt ausgebildet werden. Damit hat das Förderkonzept zwei Zielgruppen gleichzeitig im Blick: Die Schüler mit Migrationshintergrund und die Studierenden.

An mittlerweile 35 Standorten in ganz Deutschland wird Förderunterricht angeboten. Über 6.000 Schüler mit Migrationshintergrund und 1.000 Studierende aus 14 Bundesländern nehmen inzwischen am Projekt teil (vgl. Abbildung 1)

1   Das Konzept

1.1   Der Förderunterricht und die Förderschüler

Schüler mit Migrationshintergrund, die aufgrund fehlender sprachlicher Kenntnisse schlechtere Lernerfolge erzielen als ihre Mitschüler, werden im Förderunterricht zusätzlich zum regulären Schulunterricht individuell gefördert. Dies geschieht zumeist am Nachmittag in der Schule oder Universität. Die Förderdauer umfasst in der Regel 2–4 Stunden pro Woche. In Kleingruppen von 3–7 Schülern werden anhand des Unterrichtsstoffs sprachliche Strukturen erläutert und geübt, wobei die Gruppen Kinder und Jugendliche aus unterschiedlichen Altersstufen, Herkunftsländern und Schulformen umfassen.

Im Unterricht werden sprachliche und fachliche Förderung miteinander kombiniert, der Förderunterricht ist also kein reiner Deutsch- oder Nachhilfeunterricht. Die Förderung der Sprachkompetenz erfolgt über die Vermittlung der Fachsprache, d.h. Inhalte aus den Schulfächern werden als Lernbeispiele herangezogen. Vielen Schülern mit Migrationshintergrund fehlt das Fachvokabular, so dass sie Textaufgaben in Mathematik oder Biologie nicht verstehen und lösen können. Sie scheitern aber nicht an der reinen Rechenaufgabe oder dem Wissen über den biologischen Vorgang, sondern an der Formulierung der Texte bzw. am Verstehen der Aufgabenstellung. Anhand von Textaufgaben der Mathematik oder Aufgabenstellungen des Biologieunterrichts wird deshalb im Förderunterricht die Bearbeitung eines Textes geübt, werden sprachliche Strukturen erklärt und Fachbegriffe erläutert.

Als Unterrichtsmaterial dienen neben den Schulbüchern häufig selbst erstellte Arbeitsbögen, aber auch Spiele und Rätsel, die von den Studierenden und ihren Betreuern an der Hochschule den Bedürfnissen ihrer Schüler entsprechend erarbeitet werden.

Ergänzt wird der reguläre fachliche Förderunterricht in vielen Standorten durch zusätzliche Angebote. Theater-, Kunst- oder Museumsprojekte bieten zusätzliche Möglichkeiten, die Sprachfähigkeit zu fördern. So hat der Standort Köln z.B. ein eigenes Modul mit dem Thema „Deutsch lernen im Museum" entwickelt und in Berlin werden theaterpädagogische Konzepte zur Sprachförderung eingesetzt.[3] Ob in Augsburg, Köln, Berlin, Hamburg, Regensburg oder an anderen Standorten – auch während der Ferienzeit haben die Schüler im Rahmen von Feriencamps vielerorts die Möglichkeit, ihre sprachlichen Fähigkeiten weiter zu verbessern. Am Standort Augsburg werden z.b. nach dem SIOP-Modell[4] Sommerschulkonzepte erstellt und durchgeführt.

Die Schüler werden aber nicht nur sprachlich und fachlich gefördert, sondern auch in ihrer persönlichen und familiären Situation unterstützt. Gespräche über ihre Schullaufbahn und auf Wunsch auch über private Angelegenheiten sind ebenso möglich wie Kontakte zu den Lehrern und Eltern.

Das Förderkonzept richtet sich bewusst an Schüler der Sekundarstufen I und II. Wenngleich eine möglichst frühe sprachliche Förderung wichtig und sinnvoll ist, zeigen die oft langen Schülerwartelisten der Projekte, welch hoher Bedarf auch noch in diesem Schulalter besteht. Die meisten der jungen Migranten haben zu diesem Zeitpunkt einen Förderbedarf, da bislang nicht oder nur unzureichend auf ihre sprachlichen Schwierigkeiten eingegangen wurde. Mithilfe der professionellen Unterstützung durch den Förderunterricht können diese Schüler mit Migrationshintergrund, die unter den bisherigen Umständen keinen bzw. nur einen Hauptschulabschluss erlangen würden, bessere Leistungen erzielen und einen höheren Schulabschluss bis hin zum Abitur erreichen.

Das Angebot des Förderunterrichts wird durch die Projektpartner an den beteiligten Schulen ausgeschrieben. Die Schüler können sich selbst melden oder werden von ihren Fachlehrern oder den Schulen für den Unterricht vorgeschlagen. Das Förderangebot ist für die Schüler freiwillig und kostenfrei. An vielen Standorten schließen die Schüler Lernverträge ab und verpflichten sich zu einer regelmäßigen Teilnahme. Bei wiederholtem Fehlen können Schüler vom Förderunterricht ausgeschlossen werden.

1.2 Die Förderlehrer

Das Projekt „Förderunterricht" beschreitet neue Wege: Es zielt nicht nur auf eine Verbesserung der Schülerleistung, sondern auch auf eine praxisorientierte Lehrerausbildung. Durch das Projekt erhalten Lehramtsstudierende die so wichtige Lehrpraxis und können Methoden im Umgang mit heterogenen Schülergrup-

---

[3] Vgl. Literaturhinweise am Schluss.

[4] SIOP, „Sheltered Instruction Observation Protocol". Ein Modell aus den USA zur Beschulung von Schüler/innen mit „English as a second language" [http://www.siopinstitute.net/].

pen erproben. Alle beteiligten studentischen Förderlehrer erwerben intensive Praxiserfahrungen im Umgang mit mehrsprachigen, bikulturellen Kindern und Jugendlichen. Sie lernen die Vielfalt und die unterschiedlichsten Traditionen von Bevölkerungsgruppen kennen, die für Deutschland immer wichtiger werden. Die Förderlehrerin Nicole Spannagel aus Dortmund kommentiert dies folgendermaßen:

> „Ich muss den Förderunterricht in eigener Verantwortung vorbereiten und kann die Themen selbst wählen – das ist eine gute Ergänzung zum theoretischen Studium. Außerdem habe ich in der Arbeit mit Migrantenkindern gelernt, sensibler mit Schwierigkeiten umzugehen, die die deutsche Sprache mit sich bringt."

Häufig sind die Förderlehrer aber auch durch ihren eigenen Lebens- und Bildungsweg motiviert, denn viele haben selbst eine Migrationsbiographie und möchten andere Jugendliche auf ihrem Weg begleiten. Die Beteiligung gerade dieser Studierenden am Projekt erhöht die Identifikationsmöglichkeiten für die Schüler in hohem Maße. Sie gelten als Vorbild für positive Bildungskarrieren und spornen zum Nachahmen an.

Prof. Dr. Maria Böhmer, Staatsministerin im Kanzleramt und Beauftragte der Bundesregierung für Migration, Flüchtlinge und Integration, betonte die zentrale Rolle der Ausbildung zukünftiger Lehrer bei einer Projektveranstaltung im Januar 2007 in Berlin:

> „Ich will noch einmal einen Punkt hervorheben von dem Projekt, den ich weit über den aktuellen Sprachunterricht und den Sprachförderunterricht hinaus für wichtig halte, nämlich dass Lehramtsstudierende erstmals die Erfahrung machen, wie es ist, wenn sie Kinder aus Zuwanderungsfamilien zukünftig unterrichten.
> Denn in der Tat, in unserer Lehrerausbildung ist das (...) noch nicht systematisch verankert und viele stehen vor einer Klasse und sind mit einer Situation konfrontiert, auf die sie überhaupt nicht vorbereitet sind."
>
> Prof. Dr. Maria Böhmer anlässlich der Filmpremiere *Ohne Deutsch kann man hier nichts machen* am 18.01.2007 in der Vertretung des Landes NRW in Berlin

1.3 Fachliche Begleitung der Förderlehrer

Damit der Förderunterricht professionell durchgeführt wird und für Schüler wie Lehrende eine fachliche und soziale Bereicherung darstellt, werden die Förderlehrer von den beteiligten Hochschulen pädagogisch geschult und begleitet. In Seminaren und Workshops zum Fachbereich „DaZ/DaF" (Deutsch als Zweitsprache/Deutsch als Fremdsprache) sowie zu allgemeinen methodischen und praktischen Themen lernen die Studierenden, sprachliche Defizite und andere Probleme der Schüler zu erkennen und richtig darauf zu reagieren. Sie erstellen individuelle Förderpläne für die Jugendlichen und halten deren Lern- und Entwicklungsfortschritte schriftlich fest.

Das Führen von Lerntagebüchern oder Portfolios hält die Studierenden dazu an, ihre eigenen Lehr- und Lernerfahrungen zu dokumentieren und zu reflektieren. Zudem erhalten sie während ihrer Tätigkeit eine begleitende fachliche Beratung in Form von Kursen und Coachings durch die Hochschulen.

Die beteiligten Hochschulen nutzen die Erkenntnisse des Förderunterrichts, um die Lehrerausbildung den derzeitigen Erfordernissen anzupassen, neue Lehr- und Weiterbildungsveranstaltungen zu konzipieren, Forschungsergebnisse zu gewinnen und praxisnahe Lehr- und Unterrichtsmaterialien zu entwickeln.

2 Die Förderunterrichtsstandorte

Alle 35 Standorte des Förderunterrichts in Deutschland arbeiten nach dem soeben beschriebenen Grundmodell. Starke regionale Unterschiede machten es jedoch notwendig, das Förderkonzept an die Gegebenheiten vor Ort anzupassen. Dies bezieht sich sowohl auf die Organisation selbst als auch auf die inhaltliche Ausgestaltung. So setzen die Projektverantwortlichen z.B. unterschiedliche inhaltliche Schwerpunkte (Begrenzung auf bestimmte Fächer, Dauer der Förderung, Auswahl bestimmter Schulformen der Sek I/II und Altergruppen, Gruppenzusammenstellung usw.). An vielen Standorten bestimmten die räumlichen Gegebenheiten den Ort der Durchführung des Förderunterrichts. Entgegen dem „Muttermodell" an der Universität Duisburg-Essen (vgl. Baur/Benholz 2000; Benholz/Jordanidou 2004), bei dem die Schüler zur Förderung an die Hochschule kommen, findet der Förderunterricht an vielen anderen Standorten an Schulen oder in Jugendzentren statt.

An jedem Standort wird das Projekt von verschiedenen Institutionen als Projektgemeinschaft durchgeführt. Neben kommunalen und regionalen Einrichtungen, Vertretern der Landesebene, freien Wohlfahrtsverbänden, Migrantenselbstorganisationen sowie weiteren Organisationen ist an jedem Standort zumindest eine Hochschule am Projekt beteiligt, oftmals als Projektträger. Die Hochschule übernimmt die Ausbildung und Betreuung der Studierenden, die anderen Partner sind für die Organisation, unterstützende Betreuung der Studierenden usw. zuständig.

An 13 Standorten in sieben Bundesländern ist es gelungen, eine Verbindung der Förderunterrichtsprojekte mit Projekten des BLK-Programms „FÖRMIG" zu etablieren.[5] So können Synergien sowie Erkenntnisse und Erfahrungen beider Projekte genutzt werden. Denn beide Programme haben dasselbe Ziel vor Augen: Die Verbesserung der Bildungschancen von Kindern und Jugendlichen mit Migrationshintergrund. Um diese Zusammenarbeit auch finanziell zu unterstützen und zu stärken, hat das Bundesministerium für Bildung und Forschung zusätzliche Mittel in Höhe von rund 800.000 € (Stand 6.12.2005) für diese Standorte bereitgestellt.

3 Die Finanzierung

Das Förderunterrichtskonzept bietet einen Lösungsweg an, der es erlaubt, schnell, effektiv und kostengünstig Fördermöglichkeiten vor Ort zu schaffen und dabei unterschiedliche Partner zusammenzuführen. Neben den Kosten für die Organisation und Verwaltung des Projektes fallen vor allem Honorarkosten für die studentischen Förderlehrer an.

Im Rahmen des Förderunterrichtsprogramms der Stiftung Mercator erhält jede Initiative für die Dauer von 3 Jahren Mittel in Höhe von bis zu 180.000 Euro (Sek I) bzw. 90.000 Euro (Sek II). Dabei dürfen diese Mittel ausschließlich für die Honorare der studentischen Förderlehrer (max. 10 Euro pro Stunde) verwendet werden. Die Finanzierung aller weiteren Kosten zur Durchführung des Projektes erfolgt durch die Partner an den jeweiligen Standorten.

Halbjährliche Tagungen, die die Stiftung Mercator organisiert, bieten den Projektverantwortlichen der Standorte zudem die Möglichkeit zum fachlichen Austausch und zur Weiterbildung.

4 Evaluation des Projekts

Um die Wirkungen des Projektes sowohl bei den Schülern als auch bei den Studierenden noch besser zu dokumentieren, evaluiert das europäische forum für migrationsstudien (efms), ein Institut an der Universität Bamberg, über einen Zeitraum von zwei Jahren im Auftrag der Stiftung Mercator das Projekt „Förderunterricht" an allen 35 Standorten.

---

[5] Die Projekte der Stiftung Mercator arbeiten in Berlin, Bielefeld, Bochum, Bremen, Dortmund, Dresden, Duisburg, Essen, Gelsenkirchen, Hamburg, Köln, Potsdam, Saarbrücken mit FÖRMIG-Projekten zusammen; weitere Informationen unter: www.blk-foermig.uni-hamburg.de oder www.mercator-foerderunterricht.de.

Aufgrund der individuell unterschiedlichen Verweildauer der Förderschüler im Projekt hat das efms ein Paneldesign mit vier Erhebungswellen entwickelt. Im Gegensatz zu einem Evaluationsdesign, das mit zwei festen Erhebungszeitpunkten arbeitet (quasi-experimentelles Design), werden beim Paneldesign während des gesamten Evaluationszeitraums Daten zu mehreren Zeitpunkten erhoben. So ist gewährleistet, dass die Entwicklung aller Schüler verfolgt werden kann. Um den Erfolg des Projekts bei den Förderschülern noch besser einschätzen zu können, werden zusätzlich einige Klassenlehrer zum Lern- und Leistungsfortschritt der Schüler befragt. Als weitere Kontrolle der Ergebnisse werden Schüler einer Kontrollgruppe befragt, die nicht am Förderunterricht teilnehmen, aber auch einen Förderbedarf ähnlich den Förderschülern aufweisen. Die Ergebnisse der einzelnen Evaluationswellen helfen darüber hinaus bei der stetigen Weiterentwicklung der Förderunterrichtskonzepte an den jeweiligen Standorten.

Zurzeit befindet sich das Projekt „Förderunterricht" in der dritten Evaluationswelle. Schon jetzt bezeugt die von der Stiftung Mercator und vom efms durchgeführte Evaluation die Effizienz und Effektivität des Projekts: Die Verbesserung der schulischen Leistungen der Kinder und Jugendlichen mit Migrationshintergrund wurde bereits nach kurzer Förderdauer sichtbar. Darüber hinaus wurde deutlich, dass die am Projekt beteiligten Lehramtstudierenden die zusätzliche praktische Qualifizierung als einen wichtigen Baustein in ihrer Ausbildung einschätzen.

5 Ausblick

Im Jahr 2009 endet die Finanzierung des Projekts „Förderunterricht für Kinder und Jugendliche mit Migrationshintergrund" durch die Stiftung Mercator. In der fast fünfjährigen Projektphase sind dann an 35 Standorten in ganz Deutschland Modelle entstanden, die an die regionalen Gegebenheiten angepasst eine individuelle Förderung von Schülern mit Migrationshintergrund ermöglichen und eine qualitativ hochwertige Ausbildung von Studierenden gewährleisten.

Aktuell befinden sich ca. eine Millionen Kinder und Jugendliche mit Migrationshintergrund in der Sek. I und II im deutschen Bildungssystem. Für diese Gruppe gibt es einen dringenden Handlungsbedarf an Unterstützungskonzepten, die die gesellschaftliche Integration und Chancengleichheit für diese Kinder und Jugendlichen sicherstellen.

Die bisherigen Erfahrungen mit dem Projekt „Förderunterricht" zeigen, dass Unterstützungsmöglichkeiten nicht nur im frühkindlichen Bereich, sondern auch in den Sekundarstufen I und II dringend notwendig sind. Sie zeigen auch den

Erfolg einer individuellen Förderung in diesen Altersgruppen nach dem Konzept des Förderunterrichts.

Zur wirksamen Förderung von Migrantenkindern muss eine flächendeckende, durchgängige Sprachförderung vom Kindergarten bis zum Übergang in die Berufsausbildung eingeführt werden. Es gilt, noch eine ganze Reihe von Aufgaben in Angriff zu nehmen: Etwa die individuelle Förderung von Schülern zu stärken, die Aus- und Fortbildung von Lehrkräften zu den Themen Sprachförderung, individuelle Förderung und Interkulturalität zu verbessern, die Elternkompetenz zu stärken sowie regionale Netzwerke zu schaffen, die in der Förderung von jungen Migranten zusammenarbeiten.

Denn erst, wenn ein flächendeckendes Angebot an individueller Förderung gewährleistet ist, werden sich die Bildungschancen von Kindern und Jugendlichen mit Migrationshintergrund in Deutschland nachhaltig verbessern.

Weitere Informationen finden sich unter: www.mercator-foerderunterricht.de.

Literaturhinweise

Kniffka, Gabriele (2007): „Sprachförderung zwischen Theorie und Praxis: Neue Wege in der Lehrerausbildung". In: Hug, M./Siebert-Ott, G. (eds.): *Sprachbewusstheit und Mehrsprachigkeit*. Baltmannsweiler: Schneider Verlag Hohengehren.

Kniffka, Gabriele/Siebert-Ott, Gesa (2007): *Deutsch als Zweitsprache. Lehren und Lernen*. Paderborn: Schöning.

RAA Köln/Forschungsstelle Sprachdidaktik der Universität zu Köln (eds) (2007): *Deutsch als Zweitsprache. Lernen im Museum.* Köln.

Heints, Detlef/Müller, Jürgen Eugen/Reiberg, Ludger (2006): „Mehrsprachigkeit macht Schule". In: Becker-Mrotzek, M./Bredel, U./Günther, H. (eds.): *KöBeS – Kölner Beiträge zur Sprachdidaktik,* KöBeS (4) 2006. Köln: Gilles & Francke (zum download unter: [http://www.koebes.uni-koeln.de/koebes_04_2006.pdf)].

Seipp, Bettina (2007): „Sprache fördern - Kulturvielfalt erleben. Lehrerausbildung praxisnah". In: Zentrum für Lehrerbildung der Universität Dortmund (ed.): *Fokus Lehrerbildung* (1) 2007. Dortmund.

Schaefer, Christin/Schründer-Lenzen, Agi (2006): „Vernetzung von Forschung, Lehre und regionaler Schulentwicklung in dem Projekt: Förderung der Exzellenz und sprachlich- kulturellen Integration von Schülerinnen und Schülern mit Migrationshintergrund". In: Universität Potsdam (ed.): *Qualitätssicherung und Reformansätze in der Lehrerbildung. Tagungsband zu den Tagen der Lehrerbildung 2006 an der Universität Potsdam*. Potsdam: Universitätsverlag Potsdam.

Benholz, Clausia./Iordanidou, Charitini (2004): *Sprachliche Förderung von Schülerinnen und Schülern mit Migrationshintergrund in der Sekundarstufe I. Allgemeine Überlegungen und Literaturempfehlungen*. Soest: Landesinstitut für Schule NRW.

Baur, Rupprecht/Benholz, Clausia (2000): „Bericht über das Projekt ‚Qualifizierung von Lehramtsstudierenden mit Migrationshintergrund'". In: Universität GH Essen (ed.): *Uni Kompass*. Essen: Universität GH Essen.

Benholz, Claudia/Lipkowski, Eva (2007): *Fehler und Fehlerkorrektur bei schriftlichen Arbeiten von mehrsprachigen Schülerinnen und Schülern*. Essen: NDS-Verlag (erscheint im September 2007).

Politik im Förderunterricht Deutsch als Zweitsprache: Ein positiver Erfahrungsbericht

BEATRIX HINRICHS

1   Einleitung

Das Bielefelder Projekt *Förderunterricht für Schülerinnen und Schüler nicht deutscher Herkunftssprache*, von dem hier berichtet wird, ist Teil eines Förderprogramms der Stiftung Mercator GmbH in Essen. Die Stiftung unterstützt in ganz Deutschland insgesamt vierunddreißig Standorte mit Projekten zur Sprachförderung von Kindern und Jugendlichen mit Migrationshintergrund; die Standorte haben jeweils eigene Konzepte entwickelt (vgl. auch Barzel & Salek, in diesem Band).

In Bielefeld ist das Projekt an der Universität im Fach Deutsch als Fremdsprache angesiedelt und arbeitet mit der finanziellen Unterstützung der Stiftung, der Universität, der Stadt Bielefeld und einer Vielzahl regionaler Sponsoren. Es ist in Bielefeld Teil eines sich konstant ausweitenden Netzwerks mit verschiedenen sozialen Einrichtungen der Jugendhilfe, mit Behörden, Bildungsträgern und kommunalen Angeboten bürgerlichen Engagements. Innerhalb dieser Strukturen besteht eine enge Zusammenarbeit.

In meinem Artikel möchte ich ein Charakteristikum des Bielefelder Standortes näher beleuchten: die Verknüpfung von Förderunterricht in Deutsch als Zweitsprache (DaZ) mit politischem Handeln. Es geht mir darum zu zeigen, dass Förderunterricht in DaZ ein effektives Mittel sein kann, Jugendliche mit Migrationshintergrund kompetent in Deutsch und gleichzeitig politisch handlungsfähig zu machen und ihnen Möglichkeiten gesellschaftlicher Teilhabe anzubieten. Ich greife dabei einen Gedanken von Auditor (2003) auf. Gestützt vor allem auf die Ausführungen von Han (2000) und Diehm/Radtke (1999) zur Soziologie von Integration versteht Auditor den pädagogischen Auftrag der Lehrenden des Deutschen als Zweitsprache als Auftrag zur Mitgestaltung einer pluralistischen Einwanderungsgesellschaft.

Im folgenden Abschnitt werde ich zunächst den situativen Kontext beschreiben, in welchem das Bielefelder Projekt seine enorme Dynamik entwickelte. Unter drei und vier skizziere ich kurz den Nutzen des Projekts für die studentischen Förderlehrer und die Vorgehensweise im Basisangebot des Förderunterrichts, um dann ab fünf die Verknüpfung von Förderunterricht und politischem Handeln darzustellen.

2 Das Projekt *Förderunterricht für Schülerinnen und Schüler nicht deutscher Herkunftssprache* in Bielefeld – der situative Kontext

Als ich 2001 das Projekt *Förderunterricht für Schülerinnen und Schüler nicht deutscher Herkunftssprache* übernahm, war mein Auftrag, nach dem Modell eines Projektes der Universität Essen [1] Nachmittagsunterricht für Jugendliche mit Migrationshintergrund aus den Sekundarstufen I und II aller Schulformen einzurichten, in dem sie ihre Kenntnisse in der deutschen Sprache und in den schulischen Hauptfächern Deutsch, Mathematik und Englisch verbessern konnten. Der Unterricht sollte von Studierenden des Faches Deutsch als Fremdsprache und in der Lehrerausbildung gegeben werden. Die Universität Bielefeld hatte dabei im Sinn, in Kooperation mit der städtischen Kommune bürgernahe und praxisorientierte Strukturen zu schaffen. Der Unterricht sollte für die Schülerinnen und Schüler freiwillig und kostenlos sein und in den Räumen der Universität stattfinden. In kleinen Lerngruppen von fünf Schülern sollten die Studierenden die Kinder und Jugendlichen in der deutschen Sprache und in den Inhalten der Fächer fördern.

Bereits kurz nach dem Start des Projektes wurden die Organisatoren und Mitarbeiter von der großen Nachfrage auf Seiten der Kinder und Jugendlichen förmlich überrollt. Seit Beginn des Projekts nahmen die Anmeldungen in einem nicht mehr zu bewältigendem Ausmaß zu. Bis zu 400 Schülerinnen und Schüler finden Aufnahme im Projekt, doch am Ende des Jahres 2006 musste die Anmeldeliste mit über 500 Schülerinnen und Schülern ohne Aussicht auf einen Platz im Projekt geschlossen werden.

Wie dieser zunehmende Ansturm zu erklären ist, wird aus bildungspolitischen Veröffentlichungen und den sich anschließenden Debatten verständlich: Ein Jahr nach Beginn des Projekts wurden die Ergebnisse der ersten PISA-Studie (Deutsches PISA-Konsortium 2000) bekannt gegeben, und damit rückten Schülerinnen und Schüler mit Migrationshintergrund in den Fokus der Aufmerksamkeit; die Studie belegte, dass sie in dramatischer Weise mit im Vergleich zu deutschsprachigen Jugendlichen viel häufiger schlechten oder gar keinen Schulabschlüssen zu den Bildungsverlierern des deutschen Schulsystems gehörten; die Förderung in der deutschen Sprache war in den vergangenen Jahrzehnten ebenso wenig gelungen wie die soziale Integration: In keinem anderen Industrieland gibt es eine ähn-

---

[1] http://www.uni-essen.de/foerderunterricht/

lich starke Korrelation zwischen sozialer Herkunft und Bildungserfolgen wie in Deutschland. Möglicherweise liegt die Ursache darin, dass Schulen sich an den Lebensformen bürgerlicher und stabiler Kleinfamilien orientieren, bei denen sie mit gebildeten Eltern, ausreichendem Wohnraum mit Zeit und Ruhe, einem eigenen Schreibtisch zur Erledigung der Hausaufgaben und gegebenenfalls den nötigen finanziellen Mittel zur Finanzierung von Nachhilfe rechnen können, und entsprechende Erwartungshaltung an ihre Schüler haben. Dagegen stehen die realen Lebensverhältnisse von Jugendlichen, die mit zahlreichen Familienangehörigen in sehr beengten Wohnverhältnissen leben, für jüngere Geschwister und nicht Deutsch sprechende und daher hilflose Eltern sorgen, in großen Familienverbänden verschiedene Aufgaben übernehmen und das beschwerliche Leben mit staatlichen Sozialleistungen und einem ungesicherten Aufenthaltsstatus bewältigen müssen.

Wie weitere Untersuchungen zeigen, ist es schwierig, unter solchen Umständen ohne Unterstützung in der Schule erfolgreich zu sein: Gomolla/Radtke veröffentlichten 2002 ihre heftig diskutierte Studie über institutionelle Diskriminierung. Grundschüler mit Migrationshintergrund bekommen, so die Studie, signifikant häufiger eine Hauptschulempfehlung ausgesprochen als deutsche Kinder. Die Lehrer sehen bei höher qualifizierenden Schulformen Schwierigkeiten mit der deutschen Sprache voraus und befürchten das Scheitern der Kinder. In der Tat gibt es in den Sekundarstufen I und II kaum wirkungsvolle Angebote zur sprachlichen Förderung mehrsprachiger Schülerinnen und Schüler, so dass diese Befürchtungen durchaus berechtigt erscheinen. Verschärft wird die Situation aktuell durch die Schulreformen, die das Schulministerium von Nordrhein-Westfalen als Konsequenz aus der PISA-Studie durchführte und die seit dem Jahr 2006 wirksam sind. Mit Leistungsstandards und Kerncurricula, zentralen Abschlussprüfungen nach der 10. Klasse und Zentralabitur sollen die Leistungen der Schülerinnen und Schüler auf ein gemeinsames vergleichbares Niveau gebracht werden. Die Schüler der ersten betroffenen Jahrgänge hatten wenig Zeit, sich auf diese neuen Anforderungen vorzubereiten und sehen sich in den Status von unfreiwilligen „Versuchskaninchen" versetzt. Schulische „Seiteneinsteiger", die erst in den höheren Klassen der Sekundarstufen in die Schule eingegliedert werden müssen, haben kaum Chancen, unter diesen Bedingungen den Anschluss zu finden.

Als aktuelles Thema im bildungspolitischen Diskurs kommt im Zusammenhang mit der Diskussion um Ganztagsschulen ein weiterer Aspekt hinzu: Gefragt sind familiengerechte Bildungssysteme, die Eltern von der schulischen Mitarbeit entlasten. Auch hier sind Familien mit Migrationsbiografien besonders benachteiligt: Die partiell explizit geforderte, häufig unausgesprochen erwartete Beteiligung der Eltern an schulischen Belangen und an der Überwachung der Hausaufgaben kann von zugewanderten Eltern noch weniger geleistet werden als von deutschen. Ein Verständnis für das komplizierte deutsche Schulsystem, die Kenntnis des schulischen Curriculums, der deutschen Sprache und der Schriftsprache kann nicht ohne weiteres vorausgesetzt werden. Zudem prägen immer noch in höherem Ausmaß als bei deutschen Familien belastende Arbeitsverhältnisse mit Schicht- und Nachtarbeit den Alltag der Familien. Sie benötigen daher ein qualitativ hochwertiges Angebot mit professionell arbeitenden pädagogischen Kräften und der Möglichkeit positiver sozialer Erfahrungen für ihre Kinder. Vor diesem Hintergrund wird verständlich, dass ein Projekt, das ein solches Angebot macht, in diesem Ausmaß in Anspruch genommen wird.

3 Lerneffekte für Studierende

Die Schule als Institution hat sich immer gesellschaftlichem Wandel anpassen müssen. Zu Beginn des 20. Jahrhunderts begann die Mädchenbildung sich durchzusetzen; in den 60er und 70er Jahren starteten die Bildungsoffensiven, mit denen Arbeiterkinder an die Gymnasien geholt wurden und ihnen der Weg zum Studium gebahnt wurde – um nur zwei Beispiele zu nennen. Nun sind es die zugewanderten Kinder und Jugendlichen, denen die Partizipation an Bildung und sozialem Leben ermöglicht werden muss. Das Angebot des Projekts soll dazu beitragen, gleichzeitig aber auch der Lehrerbildung dienen. Angehende Lehrer sollten sich der bildungspolitischen Agenda bewusst sein, die Situation analysieren und reflektieren können und über eine Theorie- und Methodenkenntnis verfügen, die sie in die Lage versetzt, ihren Unterricht adäquat gestalten zu können. Der pädagogische Umgang mit Kindern und Jugendlichen, deren Lebenswege und Lebensverhältnisse, deren sprachliche und kulturelle Ausstattung sich häufig erheblich von denen ihrer Lehrerinnen und Lehrer unterscheiden, muss frühzeitig geübt und professionalisiert werden. Auch die Studierenden profitieren also davon, dass sie in dem Projekt unter Anleitung und Aufsicht den Umgang mit den Kindern und Jugendlichen, mit kulturell und sprachlich inhomogenen Lerngruppen lernen und darin Sicherheit gewinnen können.

4   Vorgehensweisen im Förderunterricht

Das methodische Vorgehen im Förderunterricht unterscheidet sich natürlicherweise von Fach zu Fach. Die Förderlehrer in Mathematik haben es zu je etwa 30 % bei den Jugendlichen mit mathematischen Verständnisproblemen, mit Schwächen im logischen Denken und mit der mathematischen Fachsprache zu tun. Die Unterrichtskommunikation im Sinne einer Experten-Laien-Kommunikation (vgl. Leisen 2003), in der „Sprachnot" zugelassen wird und die Beherrschung der Spezifika der (mathematischen) Fachsprache nicht Voraussetzung, sondern Ziel des Unterrichts ist (vgl. ebenda), ist ausschlaggebend für den Lernerfolg.

In Englisch wird weitgehend allgemeinen fremdsprachendidaktischen Vorgehensweisen gefolgt. Allerdings muss dabei die besondere Ausgangslage der Jugendlichen Berücksichtigung finden: Im Förderunterricht kann nachgeholt werden, was bislang versäumt wurde. Einige Jugendliche, die als Seiteneinsteiger das siebte, achte oder neunte Schuljahr besuchen, hatten in ihren Herkunftsländern kein Englisch und müssen nun den Anschluss finden. Gleichzeitig müssen sie Deutsch lernen und sind damit mehrfach gefordert. Auch diejenigen Schülerinnen und Schüler, die Deutsch als Zweitsprache schon länger oder von Geburt an lernen, sind im langwierigen Prozess des mehrsprachigen Aufwachsens einer Mehrfachbelastung ausgesetzt. Sich zwischen den verschiedenen sprachlichen und kulturellen Umfeldern der Familiensprachen, des Deutschen als Landessprache und der schulischen Fremdsprachen zu bewegen, erfordert ein hohes Maß an Flexibilität und an Sprachbewusstsein („language awareness", zum Begriff siehe Edmondson/House 1997). Das Angebot an Deutsch besteht zum Teil aus Unterricht für Zugereiste ohne Deutschkenntnisse, wobei auch bei diesen Schülern versucht wird, möglichst bald den Bezug zum Deutschunterricht an den Schulen herzustellen; darüber hinaus gibt es Deutschgruppen mit Kindern und Jugendlichen, die in Deutschland geboren sind, Kindergärten und Schulen besucht haben und scheinbar hohe Sprachkompetenzen aufweisen. Sie haben jedoch häufig Defizite in der Schriftsprache und in der akademisch gefärbten Schulsprache („verdeckte Sprachschwierigkeiten"; zum Begriff vgl. Knapp 1999; Siebert-Ott 2000a greift diesen Begriff zur Beschreibung der Sprachschwierigkeiten beim Übergang von der Alltagskommunikation zum Fachdiskurs im dritten Schuljahr auf; zum Problem der schriftsprachlichen bzw. schulsprachlichen Kompetenz vgl. Cummins Ausführungen zu BICS und CALP 1986). Im Deutschunterricht des Projekts spielt die Unterrichtskommunikation eine entscheidende Rolle (vgl. Hinrichs 2003). Das methodische Grundkonzept sieht eine Mischung aus kreativem Umgang mit der Schriftsprache und systematischem Aufarbeiten grammatischer Aspekte vor (vgl. Pommerin 1996, Behlke 1999), eng orientiert an den jeweiligen schulischen Anforderungen. Als Materialien werden die gängigen Unterrichtswerke zur Lehre von Deutsch als Fremd- und Zweitsprache benutzt, die auf dem Markt sind. Jedoch ist es kaum möglich, diese Materialien zu verwenden, ohne sie zu modifizieren und mit selbst erstellten Materialien zu ergänzen.

5 Deutsch als Zweitsprache und politisches Handeln

Ich komme nun zu dem besonderen Charakteristikum des Projekts, der Verknüpfung von Sprachförderung und politischem Handeln.

Die Schülerinnen und Schüler, die das Projekt besuchen, sind einem massiven Lerndruck ausgesetzt: Von dem erfolgreichen Erlernen der deutschen Sprache hängt viel ab: schulischer Erfolg, Integration im Ausbildungs- und Arbeitsmarkt, soziale Kontakte zur Aufnahmegesellschaft, ein verständiger und selbstbewusster Umgang mit den Behörden, politische Mitwirkung und gesellschaftliche Teilhabe. Eine dies berücksichtigende Didaktik sollte daher mit einbeziehen, dass die Zweitsprache für diese Jugendlichen zu keinem Zeitpunkt nur Lerngegenstand, sondern von Beginn des Lernprozesses an auch das Medium ist, um ihren sozialen Platz zu erobern und ihr Leben zu gestalten. Jugendlichen bleibt die gesellschaftliche Teilhabe an Bildung und politischer Mitbestimmung verschlossen, wenn sie die nötigen Sprachkompetenzen nicht erwerben. Dann sind Isolation und Benachteiligung, Frustrationen und Rückzugstendenzen zu erwarten, mit allen sozialen Folgen auch für die Aufnahmegesellschaft.

Im Projekt gibt es genügend zeitliche Ressourcen, um neben dem konstanten an der Schule orientierten Förderunterricht mit Grammatik-, Schreib- und Leseübungen, Mathematik und Englisch mit offenen Unterrichtsformen zu experimentieren, die positive Sozialerfahrungen ermöglichen und gleichzeitig die Sprachkompetenzen durch wirkungsvolles sprachliches Handeln in situativ bedeutungsvollen Kontexten auszubauen. Ein solches bedeutsames Handlungsfeld für die Jugendlichen ist die politische Mitwirkung. Die Schulen, insbesondere Hauptschulen und Förderschulen, sehen ihre Aufgabe vor allem darin, Jugendliche ausbildungsfähig zu machen; so habe ich es zumindest in Lehrerfortbildungen erfahren. Lesen, Schreiben, Mathematik und Englisch und in den letzten Schuljahren Kompetenzchecks und Bewerbungstrainings dominieren im Unterricht. Wenn Bildungsangebote Jugendliche nicht nur auf den Arbeitsmarkt vorbereiten, sondern darüber hinaus zu Persönlichkeiten machen sollen, die dem Leben in den unterschiedlichsten Verhältnissen gewachsen und ein "starkes Subjekt und gutes Mitglied

der Gemeinschaft" (von Hentig 2002: 243) darstellen, so muss der Erziehungs-
auftrag weiter gefasst werden als bei einer solchen ökonomischen Orientierung.
Aus pädagogischer Sicht scheint es mir sinnvoll, auch die schwierigen Lebenslagen der Jugendlichen und die Beschränkungen durch den Arbeitsmarkt ebenso
wie die Möglichkeit des Scheiterns von Lebensentwürfen offen zu thematisieren
– und damit zu signalisieren, dass auch Gescheiterte zur Gemeinschaft gehören
und Solidarität erfahren.[2] Ich halte es für wichtig, eine pädagogische Haltung zu
entwickeln, die Jugendlichen hilft, biografischen Herausforderungen gewachsen
zu bleiben, sich zu artikulieren und ihren gesellschaftlichen Platz selbstbewusst zu
erobern und zu verteidigen. Dieses Ziel verfolgt das Projekt mit Initiativen zur
Annäherung der teilnehmenden Jugendlichen an die Kommunalpolitik.

Besonders interessant sind Treffen zwischen dem Oberbürgermeister der Stadt
Bielefeld und Jugendlichen mit Migrationshintergrund, an denen Schülerinnen
und Schüler aus dem Projekt teilnehmen. Die Jugendlichen sind aufgefordert, dem
Oberbürgermeister ihre Lebenssituationen zu schildern, Anliegen zu formulieren
und mit ihm zu diskutieren. Es wird ihnen in Aussicht gestellt, dass die anschließenden Aktivitäten des Oberbürgermeisters im Sinne der Jugendlichen im Laufe
eines Jahres verfolgt und die Ergebnisse überprüft werden.[3]

Das lässt sich gut mit Sprachförderung verbinden: Die Jugendlichen finden sich
zunächst zu einem vereinbarten Termin zusammen. Gemeinsam werden Themen
gesammelt und es wird geklärt, für welche Probleme ein Oberbürgermeister
zuständig ist und welche in andere Zuständigkeitsbereiche, zum Beispiel der Lan-
despolitik, fallen. Dabei wird diskutiert, ob Politik auf bestimmte gesellschaftliche
Zustände Einfluss nehmen kann, wie zum Beispiel Diskriminierung im öffentlichen Raum. Am Ende dieser Diskussion werden einige Themen ausgewählt;
als Themenschwerpunkte kristallisieren sich in der Regel schulische und soziale

---

[2] Ein eindrucksvolles Beispiel für pädagogischen Beistand auch in extremen Lebenslagen
schildert Riegel (2004) in ihrem Buch über die Helene-Lange-Schule in Wiesbaden, deren
Schulleiterin sie war: Ein Schüler kann nicht von seiner kriminellen Karriere abgehalten
werden und muss wegen Diebstahls und Erpressung eine Jugendstrafe antreten. Aber noch
im Gefängnis bekommt er von seiner Lehrerin den Auftrag, ein von der Klasse erwartetes
„Gefängnistagebuch" zu schreiben. Nach der Entlassung aus dem Gefängnis wird der Schüler
in der Klasse wieder aufgenommen und darf seine Gefängniserfahrung auch in der Deutsch-
arbeit thematisieren. Gleichzeitig muss er vor der Klasse durchaus die Verantwortung für seine
Handlungen übernehmen und sich dafür moralisch beurteilen lassen.

[3] Diese Treffen werden regelmäßig durch das Interkulturelle Büro der Stadt Bielefeld initiiert. Es
verfolgt damit das Anliegen, Kommunalpolitiker und Jugendliche mit Migrationshintergrund in
einen unmittelbaren Dialog treten zu lassen, um so die politischen Mitwirkungsmöglichkeiten
dieser Jugendlichen zu erhöhen.

Probleme heraus. Im nächsten Schritt werden die Anliegen zunächst stichwortartig schriftlich festgehalten als Grundlage für eine abschließende schriftliche Ausformulierung. Bei der letzten redaktionellen Ausarbeitung werden die Schülerinnen und Schüler unterstützt.[4] Die Ausarbeitungen werden bei Bedarf im Förderunterricht durchgenommen; die Schüler üben mit ihren Förderlehrern die Texte, spielen mit verteilten Rollen und setzten sich mit den sprachlichen und situativen Anforderungen der Veranstaltungen auseinander. Sie werden darauf vorbereitet, dass sie sich zu Wort melden, aufstehen und ihren Namen und ihre Schule nennen müssen; sie müssen sich überwinden, in ein Mikrofon zu sprechen und dabei ihre Aufregung zu bekämpfen, und nicht zuletzt sind sie darauf vorbereitet, dass der Bürgermeister antworten und auch widersprechen kann und dass sie in der Lage sein müssen, mit ihm zu diskutieren. Alle Schüler bekommen ein Papier mit den Ausarbeitungen zur Stütze mit in die eigentliche Veranstaltung.

Die Schüler, die teilnehmen, besuchen alle Schulformen. Es sind Schüler von Förderschulen dabei, Gesamtschüler, Hauptschüler und Gymnasiasten. Der Ertrag für sie besteht in folgenden Erfahrungen:

- sie erfahren, dass sie sich in ihrer Zweitsprache Deutsch tatsächlich Gehör verschaffen können; und darüber hinaus, dass in funktionierenden demokratischen Verhältnissen Politiker, in diesem Fall der Bürgermeister einer Stadt, Gesprächsbereitschaft aufbringen und die Anliegen von Bürgern zur Kenntnis nehmen und entsprechend handeln muss, unabhängig vom sozialen Status und der ethnischen Herkunft dieser Bürger (gesellschaftliche Teilhabe);
- sie lernen die Pflichten und Möglichkeiten eines Oberbürgermeisters realistisch einzuschätzen;
- sie erfahren, dass sie in einem ihnen bis dahin fremden sozialen Kontext mit Achtung und Respekt behandelt werden;
- sie begreifen die entscheidende kommunikative Bedeutung der richtigen Wortwahl und der angemessenen Formulierungen für das Erreichen ihrer persönlichen Interessen und Ziele.

Im Ergebnis erhalten die Jugendlichen also nicht nur Einblicke in die Lokalpolitik und in demokratische Verhältnisse, sonder sie erweitern ihre Sprachkompetenz und ihre kommunikativen Fähigkeiten in authentischen und bedeutsamen Situa-

---

[4] Ein Auszug befindet sich im Anhang

tionen; und sie gewinnen durch ihre Mitwirkung an solchen Veranstaltungen an Selbstbewusstsein und Selbstvertrauen.[5]

5   Schluss

Wer sich mit Deutsch als Zweitsprache befasst, kann nicht umhin, sich mit Migrationspolitik und der sozialen Organisation einer Einwanderungsgesellschaft auseinander zu setzen. Auditor (2003) verweist darauf, dass sich die Kultur eines Landes in einem dynamischen Prozess immer wieder neu erschafft und dass sich gesellschaftliche Systeme aus einem wechselvollen Zusammenspiel unterschiedlicher Interessen herausbilden. Integrationsprozesse, so Auditor, werden durch interaktives soziales Handeln zwischen Migranten und den Mitgliedern der Aufnahmegesellschaft bestimmt; sie schlagen fehl, wenn sie konzeptuell als einseitig zu erbringende Anpassungsleistungen der Zuwanderer an bestehende gesellschaftspolitische Systeme verstanden werden. Folglich muss auch im pädagogischen Auftrag von Lehrerinnen und Lehrern, von Erzieherinnen und Erziehern im Bereich Deutsch als Zweitsprache eine Verknüpfung zweitsprachendidaktischer und pädagogischer Aspekte mit der gesellschaftlichen Dimension der Integrationsprozesse vorgesehen sein. Eine solche Auffassung hat für Auditor Konsequenzen für die konkrete Unterrichtsgestaltung: Interaktionsprozesse, die sich aus den jeweiligen lokalen Gegebenheiten bestimmen, müssen in den Zweitsprachenunterricht integriert werden. Den Lernenden müssen offene, forschende Lernprozesse ermöglicht werden in der Gestalt von Lernprojekten, deren thematisches Feld sich aus der Lebenswirklichkeit der Migranten konstituiert; und Migranten, ihre Lehrer und die beteiligten pädagogischen Institutionen sollten ihre Interessen in den politischen Gremien artikulieren (vgl. ebd.); eben dies will das Bielefelder Projekt erreichen, wie ich versucht habe zu zeigen.

Möchte man Auditor folgen, so muss man einräumen, dass Schulen derartige Ansprüche nur schwer verwirklichen können. Sie haben vor allem damit zu tun, die Anweisungen der Ministerien umzusetzen, die, wie ich im Abschnitt 2 versucht habe zu zeigen, aktuell als Folge des PISA-Schocks stark leistungsorientiert und in der Tendenz normierend und standardisierend ausgerichtet sind. Schulen sind in dieser Situation auf außerschulische Unterstützung, auch in Form von

---

[5]   Weitere politische Veranstaltungen, an denen Schüler des Projekts mit großem Erfolg mitwirkten, waren eine Sitzung des Migrationsrates und der SPD-Fraktion im Bielefelder Rathaus. Aus diesen Erfahrungen heraus hat sich inzwischen unter Anleitung von zwei Studierenden der Politikwissenschaften der Universität Bielefeld eine praktisch ausgerichtete Politik-AG entwickelt, an der sich viele Schülerinnen und Schüler des Projekts beteiligen.

bildungsbezogener Freizeitgestaltung, angewiesen, um denjenigen Kindern und Jugendlichen Bildungsteilhabe zu ermöglichen, die aus ihren Familien und ihrem sozialen Umfeld keine Unterstützung beim sprachlichen und fachlichen Lernen erwarten können. Die Schule kann bei diesen Kindern, so Siebert-Ott (2000b: 98), „ihrem Bildungsauftrag mit einem vertretbaren personellen und materiellen Aufwand nur dann gerecht werden (...), wenn sie hierbei eine systematische Unterstützung durch andere, in der vor- und außerschulischen Bildung und Erziehung tätige Institutionen erfährt."

Ein Blick in die Geschichte zeigt, dass „Bildungskatastrophe" schon einmal ein Schlagwort in Deutschland war. In den 60er Jahren führte die Einsicht in die Schwachstellen des Bildungssystems zu einer Bildungsoffensive, um schichtspezifisch die Chancengleichheit zu erhöhen. Dieses Beispiel zeigt, dass mit politischem Willen Bildung von unten gedacht und in wirkungsvollen Reformen umgesetzt werden kann. Mit einer gemeinsamen Anstrengung wäre das wieder möglich.

Literatur

Auditor, Markus (2003): „Sie sprechen fließend Deutsch, haben aber nichts zu sagen." Integrationsförderung zwischen Politik und Pädagogik. In: *Deutsch als Zweitsprache*, 2, 24–23.

Belke, Gerlind (1999): *Mehrsprachigkeit im Deutschunterricht : Sprachspiele, Spracherwerb und Sprachvermittlung*. Baltmannsweiler: Schneider-Verlag Hohengehren.

Cummins, James (1986): „Language proficiency and Academic achievement". In: Cummins, James/Swain, Merrill. (eds.): *Bilugalism in education: Aspects of theory, Research and practice*. London u.a.: Longman.

Deutsches PISA-Konsortium (ed.) (2000): *Schülerleistungen im Internationalen Vergleich. Eine neue Rahmenkonzeption für die Erfassung von Wissen und Fähigkeiten*. Max-Planck-Institut für Bildungsforschung.

Diehm, Isabell/Radtke, Frank-Olaf (1999): *Erziehung und Migration. Eine Einführung*. Stuttgart: Kohlhammer.

Edmondson, Willis J./House, Juliane (eds.) (1997): „Themenschwerpunkt: Language awareness." In: *Fremdsprachen lehren und lernen*. Tübingen: Narr.

Gomolla, Mechthild/Radtke, Frank-Olaf (2002): *Institutionelle Diskriminierung: die Herstellung ethnischer Differenz in der Schule*. Opladen: Leske und Budrich.

Han, Petrus (2000): *Soziologie der Migration: Erklärungsmodelle, Fakten, politische Konsequenzen, Perspektiven*. Stuttgart: Lucius & Lucius (UTB).

Hentig, Hartmut von (2002): *Der technischen Zivilisation gewachsen bleiben*. Weinheim und Basel: Beltz.

Hinrichs, Beatrix (2003): „Deutsch lernen durch Interaktion; Förderunterricht für Kinder für MigrantInnen." In: *Deutsch als Zweitsprache,* 2, 35–40.

Hinrichs, Beatrix/Riemer, Claudia (2004): „Das Bielefelder Projekt ,Förderunterricht für Schülerinnen und Schüler nicht deutscher Herkunftssprache' und sein Potential innerhalb der Reform der Lehrerausbildung." In: Wolf, A./Ostermann,T./Chlosta,Ch. (eds.): *Integration durch Sprache.* (Materialien Deutsch als Fremdsprache 73), 223–235.

Knapp,Werner (1999): „Verdeckte Sprachschwierigkeiten". In: *Die Grundschule* 5/99, 30–33.

Leisen, Josef (ed.) (2003): *Methoden-Handbuch deutschsprachiger Fachunterricht.* Bonn: Varus.

Pommerin, Gabriele (1996): Kreatives Schreiben : *Handbuch für den deutschen interkulturellen Sprachunterricht in den Klassen 1–10.* Weinheim u.a.: Beltz.

Riegel, Enya (2004): *Schule kann gelingen! Wie unsere Kinder wirklich fürs Leben lernen.* Frankfurt a.M.: Fischer.

Schriftenreihe des Bundesministeriums für Familie, Senioren, Frauen und Jugend (ed.) (2002): *Die bildungspolitische Bedeutung der Familie – Folgerungen aus der PISA-Studie / Wissenschaftlicher Beirat für Familienfragen.* Stuttgart.

Sieber-Ott, Gesa (2000a): „Der Übergang von der Alltagskommunikation zum Fachdiskurs." In: *Deutsch lernen,* 2, 127–142.

Siebert-Ott, Gesa (2000b): „Deutsch als Arbeitssprache – eine neue Konzeption für den Deutschunterricht mit sprachlich heterogenen Lerngruppen." In: *Info DaF,* 27, 75–101.

Anhang

Eine Auswahl der Themen der Jugendlichen

Praktikumsplätze: Von den Schulen gibt es Druck, sich sinnvolle Praktikumsplätze zu suchen; aber auf der anderen Seite gibt es kaum oder keine guten Angebote. Schon gar nicht für nicht-deutsche Jugendliche. Das wird aber den Schülern angelastet. Als Schüler muss man sich dann immer Vorwürfe von den Lehrern anhören. Der Bürgermeister könnte einen Aufruf vor allem an Sparkassen, Banken und an den öffentlichen Dienst machen, mehr Praktikumsplätze zur Verfügung zu stellen und ausdrücklich Schülerinnen und Schüler mit Migrationshintergrund als Praktikanten zu nehmen. Gerade die Sparkasse würde davon auch profitieren, denn sie hat sehr viele nicht deutsche Kunden.

Die neuen Schulgesetze: Die neuen Schulgesetze sind schlecht für Schülerinnen und Schüler mit Migrationshintergrund. An den Anweisungen aus dem Ministerium kann man nichts ändern. Aber es kann dafür gesorgt werden, dass diese Schüler besonders gefördert werden, damit sie nicht noch mehr als sowieso schon in der Schule benachteiligt werden. Es sollte auch noch mehr Organisationen zur Unterstützung dieser Schüler geben.

Wohnungen: Der Wohnungsmarkt ist ein Problem für große ausländische Familien. Wenn eine Familie fünf oder sechs oder noch mehr Kinder hat und dann noch nicht mal deutsch ist, ist es sehr schwierig, eine passende Wohnung zu finden, die groß genug ist. Der Bürgermeister könnte eine Kampagne starten, um Vermieter und Nachbarn offener für diese Familien zu machen.

Abschiebungen: Es ist sehr schwierig, als Jugendlicher Entscheidungen für die Zukunft zu treffen, wenn der Aufenthaltsstatus entweder von einem selber oder von den Eltern nicht geklärt ist. Es wäre schön, wenn sich Ausländerbehörden in diesen Fällen sensibler und lösungsorientierter zeigten

Einzelerfahrungen

Ich möchte die Probleme mit den Praktikums- und Ausbildungsplätzen im öffentlichen Dienst und bei Sparkassen und Banken ansprechen. Nicht deutsche Jugendliche bekommen bei diesen Stellen kaum Plätze. Ich zum Beispiel bin sehr gut in Mathe und habe in einem Kompetenzcheck empfohlen bekommen, mich bei Banken und Sparkassen zu bewerben. Aber da bin ich immer abgelehnt worden. Und die Schule hat mir dann noch gesagt, ich habe mich nicht richtig bemüht. Ich möchte später in den öffentlichen Dienst, am liebsten möchte ich bei der Polizei eine Ausbildung machen, und jetzt befürchte ich schon, dass das nicht klappen wird, obwohl ich sehr gute Noten habe. Aber ich bin eben kein Deutscher. Es wäre schön, wenn Sie als Oberbürgermeister hier eingreifen könnten, vielleicht indem Sie einen Aufruf an diese Stellen gehen lassen, nicht deutsche Jugendliche stärker zu berücksichtigen. Gerade bei der Polizei, aber auch bei Sparkassen und Banken können Mitarbeiter, die auch andere Sprachen und Kulturen kennen, sehr nützlich sein!

Die Gewalt unter Jugendlichen ist zum Teil sehr hoch. Vielleicht könnte man einen internationalen Jugendtreff einrichten, in dem Leute arbeiten, die sich auskennen. Das könnte die Gewalt unter den Jugendlichen mindern und dadurch auch das manchmal sehr schlechte Image der Jugendlichen verbessern.

Im Unterricht werden oft Klischeebilder von unseren Herkunftsländern vermittelt. Es werden negative, unausgewogene Darstellungen der Länder in Erdkunde und Geschichte vermittelt. Und dann sollen wir immer etwas dazu sagen, als ob wir Vertreter dieser Länder oder von deren Politik wären. Vielleicht könnte man mit mehr Lehrerfortbildungen oder besseren Lehrerausbildungen etwas daran ändern.

Wir finden, Förderschulen sollten abgeschafft werden. Als Schüler von Förderschulen werden wir überall schlecht behandelt. Wir werden ausgelacht und beleidigt. Außerdem kriegen wir nur ganz schwer Praktikumsplätze und Ausbildungsplätze. Wir fühlen uns benachteiligt, weil wir diese Schulen besuchen müssen. Man sollte wenigstens mehr Menschen erklären, was Förderschulen sind und dafür sorgen, dass sie mehr Verständnis für uns haben, wenn wir Förderschulen besuchen. Und uns mehr Chancen geben. Wenn man erst mal auf einer Förderschule ist, kommt man da kaum wieder runter. Der Wechsel von der Förderschule auf die Hauptschule ist total schwierig. Überhaupt sollte es nur eine Schule für alle geben.

Der Stress mit den Markenklamotten nervt total. Vielleicht könnten sich die Schulen für Schuluniformen entscheiden!

Ich finde, mehr politische Bildung für ausländische Jugendliche wäre gut! Wir kommen zum Teil aus ganz anderen politischen Systemen und brauchen Aufklärung über das deutsche und europäische politische System. Ich zum Beispiel würde auch gerne politisch mitarbeiten, und zwar nicht unbedingt in Migrantenorganisationen, sondern in deutschen Parteien oder politischen Gruppierungen. Aber ich habe keine Ahnung, wie ich das machen soll. Da brauchen wir mehr Informationen und mehr Unterstützung!

DaZ-Förderung in Feriencamps

HEIDI RÖSCH

2004 startete das **Jacobs-Sommercamp** in Bremen, das erste Feriencamp für Schüler mit (und ohne) Migrationshintergrund, das sich die Förderung deutscher Sprachkompetenzen zur Aufgabe gemacht hat. In diesem mittlerweile fast schon legendären Projekt des Max-Planck-Instituts für Bildungsforschung Berlin wurde untersucht, welche der Sprachförderkomponenten (die explizite und/oder implizite) effektiver ist. Ich war in diesem Projekt für die Konzeption der expliziten Sprachförderkomponente zuständig und habe die „DaZ-Reise" als dreiwöchigen Lehrgang mit insgesamt 15 Etappen von je zwei Zeitstunden konzipiert, die sechs DaZ-Lehrkräfte geschult und die DaZ-Reise vor Ort begleitet. An zwei der drei Standorte fand jeden Vormittag die DaZ-Reise als explizite und jeden Nachmittag implizite Sprachförderung in Form eines Theaterprojekts statt. An einem dritten Standort wurde nur implizit gefördert. Das Ergebnis bestätigt, dass die Kombination aus expliziter und impliziter Förderung bei weitem erfolgreicher ist als eine nur implizite Förderung (vgl. Stanat/Baumert/Müller 2005). Leider hatten wir keine Gruppe, die nur explizite DaZ-Förderung erhalten hat, sonst hätte sich zeigen können, ob der Lernerfolg tatsächlich durch die Kombination oder vielleicht alleine durch die explizite Förderkomponente erzielt worden ist. Ergänzend zur Begleituntersuchung des MPI fand eine Lernerfolgskontrolle statt, d.h. die Lehrkräfte werteten Texte, die die Kinder am Anfang und am Ende der DaZ-Reise zu einer Bildergeschichte geschrieben hatten, mit Hilfe eines von mir entwickelten Diagnoserasters aus, um individuelle Lernfortschritte zu ermitteln. Dabei zeigte sich, dass alle Kinder sich während des 30-stündigen DaZ-Kurses in den geübten Sprachphänomen deutlich verbessert hatten (vgl. Rösch 2006).

Das Konzept der DaZ-Reise wurde im Rahmen von Schulungsmaßnahmen in weitere **Feriencamps in Nordrhein-Westfalen**, *Der Igel ist los* (Gelsenkirchen 2004), einem Projekt des Ministeriums für Schule in Nordrhein-Westfalen, und *Bärenstark durchs Neuland* (Ostwestfalen-Lippe 2005 und 2006), einem Projekt der Arbeiterwohlfahrt, eingebracht. Auch in diesen Camps gab es neben der DaZ-Förderung ein Theaterprojekt. Sie richteten sich im Unterschied zum Jacobs-Sommercamp nur an Kinder mit Migrationshintergrund. Der DaZ-Unterricht wurde nicht von ausgebildeten Lehrkräften, sondern von Studierenden durchgeführt, denen im Gelsenkirchener Camp ein Materialpaket, nicht aber ein strukturierter

Lehrgang zur Verfügung gestellt wurde. Hier erfolgte die evaluative Begleitung durch die Arbeitsstelle Interkulturelle Pädagogik der Universität Münster (vgl. Krüger-Potratz 2005), die allerdings den Sprachzuwachs nicht untersucht hat. In Ostwestfalen-Lippe gab es keine wissenschaftliche Begleitung; im ersten Durchgang fand eine vage Orientierung am Konzept der DaZ-Reise statt, im zweiten kamen die Etappen der DaZ-Reise tatsächlich zum Einsatz, was nach Aussagen der Organisatoren aufgrund der höheren Strukturiertheit zu besseren Lernleistungen führte. Das Herbstferienprojekt *Reise um die Welt* (Stadt Essen 2007) orientierte sich sehr eng am Konzept der DaZ-Reise und wurde von der Universität Duisburg-Essen wissenschaftlich begleitet. Die Lernleistungen wurden mit einem C-Test überprüft, der zeigte, dass sich die Sprachkompetenz der Kinder nachweisbar verbessert hat (vgl. Stadt Essen 2007).

Neben diesen Camps für Grundschüler werden seit 2006 in Berlin im Rahmen des **Mercator-Projekts** *Förderunterricht für Schüler mit Migrationshintergrund der Sekundarstufe I* Feriencamps durchgeführt: ein Schreibprojekt für Schüler der 7./8. Jahrgangsstufe und ein Berufsprojekt für Schüler der 9./10. Jahrgangsstufe. Ich habe für beide Projekte die Konzeption und Planung der zehn dreistündigen Etappen erarbeitet, dieses in einer 4-tägigen Schulung implementiert und die Förderstudierenden angeleitet, eine ähnliche Lernerfolgskontrolle durchzuführen wie im Jacobs-Sommercamp: In den Mercator-Feriencamps wurde zu Beginn und am Ende der zwei Wochen (d.h. nach 30 Zeitstunden DaZ-Förderung) ein freier Text zum Thema „Lernen in den Ferien – was wird es bringen?" und „Lernen in den Ferien – was hat es gebracht?" geschrieben und von den Förderstudierenden mit Hilfe eines von mir erstellten Diagnosebogens ausgewertet. Für einen Teil der Lernenden wurden die Texte mit einem leicht variierten Bogen erneut ausgewertet und Lernerporträts erstellt (vgl. weiter unten), um die individuellen Lernerfolge zu dokumentieren.

Die Mercator-Feriencamps finden entweder als Tagescamps in der Gelben Villa, einem Berliner Kreativhaus für Kinder und Jugendliche, oder außerhalb Berlins als Ferienfahrten mit Ars Vivendi, einem Anbieter von Ferienfreizeiten, statt und dauern in der Regel zwei Wochen.

Die drei Säulen der Sprachcamps: Sprache, Kreativworkshops und Freizeit

Da immer wieder zur Diskussion steht, DaZ-Kurse in den Ferien in der Schule anzubieten, möchte ich betonen, dass erst das Gesamtkonzept der drei Säulen und auch ein Ort außerhalb der Schule es rechtfertigt, von einem Camp zu sprechen. Diese sollte mindestens als ganztägiges, mindestens von Montag bis Freitag stattfindendes Angebot realisiert werden. Intensiver wird die Camperfahrung für alle Beteiligten, wenn tatsächlich verreist und im Camp auch übernachtet wird. Das gilt in besonderem Maße auch für das Personal, vorausgesetzt alle (DaZ-, KreativkursleiterInnen und Freizeitpädagogen) fühlen sich gemeinsam verantwortlich. Sie lernen die Kinder und Jugendlichen sehr viel intensiver kennen als im Unterricht, ihre Teamfähigkeit und Konfliktlösungskompetenz ist in hohem Maße gefragt.

Die einzelnen Bereiche müssen dem Alter und der Gruppenkonstellation angepasst werden. Für Kinder hat sich seit dem Jacobs-Sommercamp die Kombination Sprache, Theater und Freizeit bewährt, wobei sowohl die Bereiche DaZ als auch Theater einen Beitrag zur Sprachförderung leisten: DaZ einen expliziten und Theater einen impliziten. Für Jugendliche wurden im Berliner Mercator-Projekt verschiedene Workshops angeboten (Streetdance, Modedesign, Foto, Keramik u.a.), aus denen die Jugendlichen einen wählten und während der gesamten Zeit besuchten (Gelbe Villa). Eine andere Variante war, dass im Laufe der zwei Wochen verschiedene jeweils 2–3tägige Workshops angeboten wurden (Radiobauen, Ernährung, Führerschein etc.), an denen alle teilnahmen (die Fahrten von Ars Vivendi an verschiedene Standorte).

Der Freizeitbereich spielt vor allem in Camps eine tragende Rolle, in denen übernachtet wird. Doch auch in Tagescamps leisten Ausflüge und Erkundungen, Sport und andere Aktivitäten einen wichtigen Beitrag zum Gelingen des Camps.

Idealerweise werden die drei Säulen gleichgewichtig gestaltet, d.h. alle Bereiche entwickeln zeitlich und inhaltlich gleich anspruchsvolle Angebote, dokumentieren und evaluieren ihre Arbeit – z.B. durch das Ausfüllen und Auswerten eines Fragebogens für die Teilnehmenden und die Betreuungspersonen. In den von mir betreuten Camps waren die einzelnen Bereiche nur locker miteinander verzahnt, auch wenn es gerade in den NRW-Camps und auch in den Mercator-Feriencamps mit Übernachtung deutliche Bestrebungen zu einer engeren Verbindung gegeben hat. Für die Zukunft sollte meines Erachtens verstärkt an einer systematischen Verzahnung der expliziten und impliziten Sprachförderung gearbeitet werden.

Gruppenkonstellation

Die Gruppen sollten einigermaßen altershomogen und soweit wie möglich ethnisch gemischt sein. Meines Erachtens sollten sich die Camps an Kinder und

Jugendliche mit und ohne Migrationshintergrund richten, um DaZ-Schüler zur Sprachverwendung und zum ungesteuerten Spracherwerb anzuregen und beiden Gruppen im Kreativ- und Freizeitbereich die Möglichkeit zu geben, sich außerhalb der Schule zu begegnen und gemeinsame Projekte durchzuführen.

Entscheidend ist aber, dass die Sprachförderung getrennt nach Schülern mit DaZ und DaM (Deutsch als Muttersprache) erfolgt, um zielgruppenspezifisch arbeiten zu können. Beobachtungen in den Berliner Mercator-Camps haben gezeigt, dass DaZ-Lernende in DaZ-homogenen Gruppen viel effektiver lernen als in gemischten, weil sie dort unter sich sind und ihre spezifischen Probleme mit der deutschen Sprache lösen können. Lernangebote, die bei dieser Klientel zu Erfolgen führt, wirkt auf DaM-Schüler nicht in gleicher Weise, manchmal zeigen sich sogar Rückschritte, weil ihre bereits ausgebildeten Routinen in der Sprachverwendung durch die Bewusstmachung von Sprachstrukturen aufgebrochen werden, was zu Verunsicherungen führt. Daraus folgt, dass für Camps mit DaZ- und DaM-Teilnehmenden zwei Konzepte für die Sprachförderung erarbeitet werden müssen. Als ungünstig haben sich Angebote wie Mathematik oder Englisch für die DaM-Schüler erwiesen, da solche Angebote natürlich auch für DaZ-Schüler interessant, vielleicht sogar interessanter erscheinen. Um eine Konkurrenzsituation zwischen den Angeboten für DaZ- und DaM-Teilnehmende zu vermeiden, können DaM-Kinder Leseförderung (wie im Jacobs-Sommercamp) oder DaM-Jugendliche (Recht-) Schreibförderung erhalten.

Im Unterschied zu den Sprachförderangeboten sollten die Kreativ- und Freizeitangebote dagegen konsequent in gemischten Gruppen stattfinden. Auch dies ist ein wichtiger Grund für das Mehrsäulenkonzept, das im Tagesablauf nicht nur unterschiedliche Lernbereiche anspricht, sondern auch unterschiedliche Gruppenkonstellationen ermöglicht.

Optimal scheint mir, wenn die DaZ-Schüler möglichst viele unterschiedliche Herkunftssprachen sprechen, um die Verwendung der deutschen Sprache zu unterstützen und gerade auch Schülern einer ethnischen Gruppe, die in und außerhalb der Schule oft unter sich sind, die Begegnung mit anderen Minderheiten zu ermöglichen. Allerdings zeigten sich in einem Mercator-Camp, das vorwiegend von russischsprachigen Jugendlichen besucht wurde, in dieser erstsprachlich homogenen Lerngruppe ähnliche Lernerfolge wie in den bezogen auf die Erstsprachen gemischten Gruppen.

Betreuerteam und Schulung

Besteht das Personal im Camp aus Fachkräften, d.h. ausgebildeten Lehrkräften, Kunst- und Sozialpädagogen, so sollte Zeit für die Konzeptentwicklung eingeplant werden. Hierbei scheint eine gemeinsame monoprofessionelle Planung zumindest für die DaZ-Förderung sinnvoll – einerseits aus Zeitgründen, andererseits, um das Konzept für alle verbindlich und die Ergebnisse vergleichbar zu gestalten. Darüber hinaus ist eine multiprofessionelle Kooperation zu sichern.

Arbeiten Studierende in den Feriencamps, so sollte die Konzeptentwicklung zumindest für Deutsch als Zweitsprache durch ‚Profis' erfolgen und das Konzept in einer intensiven Schulung implementiert werden. Phasenweise können daran auch die Freizeit- und KreativpädagogInnen teilnehmen, um eine Vorstellungen von einer Sprachförderung auch in diesen Bereichen zu entwickeln und die schon angesprochene Verzahnung zwischen expliziter und impliziter Sprachförderung zu forcieren. Die Schulung sollte v.a. in multiprofessionellen Phasen auch pädagogische Grundkompetenzen entfalten, die auf einer positiven Grundhaltung gegenüber den Kindern und Jugendlichen basieren und eine Vorstellung entwickeln hilft, wie man Regeln positiv formuliert, Tagesabläufe regelt und Zuständigkeiten (Organisation während der Kurse, Tischdienste etc.) klärt. Schwieriger sind die Überwindung destruktiver Verhaltens- und Lernstrategien auf Seiten der Kinder und Jugendlichen und der konstruktive Umgang mit Konflikten mit oder zwischen den Kindern und Jugendlichen und auch im Team. Hier lässt sich aus den Erfahrungen vorangegangener Camps schöpfen, in denen immer wieder auch interkulturelle Konflikte zu Tage traten, die es vor Ort zu lösen galt.

Kultur des Sprachlernens als gemeinsame Aufgabe

Die schon genannten Ergebnisse des Max-Planck-Instituts zum Jacobs-Sommercamp legen die Kombination von expliziter und impliziter DaZ-Förderung nahe. Doch selbst wenn sich nachweisen ließe, dass der Sprachzuwachs (nur) durch die explizite Förderkomponente erzielt wird, würde ich an dem ganzheitlichen Campkonzept festhalten, das **Angebote von explizitem und implizitem Sprachlernen** bereithält. Damit erreicht man unterschiedliche Lernertypen bzw. ermöglicht unterschiedliche Lernerfahrungen, die sich gegenseitig stützen und nicht in Konkurrenz zueinander treten sollten. Die Basis dafür ist eine Verzahnung von beiden Lernangeboten, die sich auf einer sehr einfachen Ebene dadurch ergibt, dass alle Bereiche bereit sind, ihre Arbeit an die Sprachförderung anzubinden.

Für die Umsetzung hat sich ein gemeinsames Rahmenthema (z.B. Reisen in den Camps mit Grundschülern oder Beruf in den Camps mit Jugendlichen) bewährt, an dem alle Bereiche gleichermaßen arbeiten. Hinzu kommen sprachintensive Rituale wie ein Morgen-/Abendkreis mit Kindern, die tägliche gemeinsame Zeitungslektüre mit Jugendlichen oder das Führen eines Camplogbuchs etc.

Alle Bereiche schaffen **sprachintensive Situationen**, delegieren Schreibaufgaben (Regeln, Zeitpläne, Infos etc.) an die Kinder und Jugendlichen, bieten auch außerhalb von Krisensituationen Gesprächsrunden und Einzelgespräche an. Für Kinder können Vorleserunden, für Jugendliche Gespräche über aktuelle Themen, Filme etc. angeboten werden. Auch bei kreativen, sportlichen oder anderen Aktivitäten lassen sich (fach-)sprachliche Akzente setzen, wenn beim Sport auch über Techniken gesprochen wird und mögliche Auswirkungen diskutiert werden, bevor man sie ausführt; wenn beim Designen oder Theaterspielen Fachbegriffe nicht nur fallen, sondern auch geklärt werden; wenn bei Erkundungen auch über nicht unmittelbar Sicht- bzw. Erfahrbares gesprochen wird und nicht nur Erfahrungen ausgetauscht, sondern auch Weltwissen einbezogen und etwa durch (Internet-)Recherchen entfaltet wird.

Dazu gehört auch, dass sich die Betreuenden während des gesamten Camps einer angemessenen Sprache, d.h. gerade in Camps mit Älteren einer an schulischen Anforderungen orientierten Sprache, bedienen und auf eine angemessene Sprachverwendung bei den Kindern und Jugendlichen achten.

Zu klären ist außerdem der **Umgang mit den unterschiedlichen Sprachen**. Konkret sollte sowohl im Team als auch mit den Kindern und Jugendlichen eine allgemeingültige Regel gefunden werden, wer wann mit wem welche Sprache spricht. Nach meinem Verständnis sollte in einem DaZ-Feriencamp Deutsch die dominante Sprache sein und Kinder und Jugendliche, die außerhalb der Schule kaum Deutsch sprechen, angeregt werden, sich dieser Sprache verstärkt zu bedienen. Wie weit die Regel „Wir sprechen im Camp Deutsch" ausgedehnt wird, ist Verhandlungssache. Sollten die Kinder (wie im Gelsenkirchener Camp) einen Strafkatalog für das Übertreten der Regel verabschieden wollen, so gilt auch hierfür: Statt des Androhens von Strafen sind Anreize für das Einhalten des gemeinsam verabschiedeten Gebots zu schaffen. Der Eindruck, Deutsch zu sprechen käme einem Verbot der anderen Sprachen gleich, sollte offen diskutiert werden. Während des Camps sollte über die verabredete Sprachpraxis reflektiert, die damit unter Umständen verbundenen Schwierigkeiten und Lernerfolge klar benannt und ggf. möglichst einvernehmlich gelöst werden.

Eine **gemeinsame Abschlussveranstaltung** (z.B. die Theateraufführung in Bremen, die Präsentation von Arbeitsergebnissen aus allen Teilbereichen in der Gelben Villa in Berlin) unterstützt zielführendes Arbeiten bereits während des Camps, rundet es für die Beteiligten ab und schafft auch eine gewisse Öffentlichkeit, zumal wenn die Eltern, ggf. auch die Lehrkräften aus den Schulen, Vertreter der Bildungsverwaltung bzw. der Träger der Camps eingeladen werden. Auch in der Abschlussveranstaltung sollte der Sprachaspekt betont werden, d.h. wenn die Jugendlichen eine Modenschau mit ihren selbstgeschneiderten Kappen veranstalten, sollten sie abwechselnd moderieren und dies auch vorher üben.

Die **Kooperation mit der Schule** kann dadurch realisiert werden, dass die Lehrkräfte mit den KursleiterInnen den Förderbedarf absprechen und über die Fortführung der Camp-Angebote gemeinsam nachdenken. Entscheidend ist, dass die Eigenständigkeit des Camps, das nicht als verlängerter Arm der Schule fungiert, gewahrt bleibt und – um überzogene Erwartungen zurückzuweisen – die Maßstäbe für den Lernerfolg mit der Konzeption des Camps abgestimmt bleiben.

Szenario der DaZ-Kurse im Camp

Das Szenario der DaZ-Kurse variiert je nach Konstellation: Leiten Studierende die Kurse, sollten die Gruppen mit 5 bis 10 Teilnehmern gebildet werden; ausgebildete Lehrkräfte können bis 15 Kinder und Jugendliche betreuen. Die Gruppen sollten bezogen auf ihren DaZ-Stand möglichst homogen, bezogen auf die Erstsprache möglichst heterogen zusammengesetzt werden. Der DaZ-Kurs sollte für Kinder täglich 2 Zeitstunden, für Jugendlich 3 bis 4 Zeitstunden umfassen und mindestens 2, besser 3 bis 4 Wochen dauern.

Die **Konzeptentwicklung** kann in Absprache mit der Schule erfolgen und sollte einer thematischen Akzentuierung folgen. Um einen Austausch anzuregen ist es sinnvoller, mehrere Gruppen an einem Standort gleichzeitig zu betreuen. Der Kurs sollte für alle Gruppen eine einheitliche Verlaufsplanung vorsehen, aber differenzierende Lernangebote enthalten. **Ritualisierte Aufgaben** (wie das Sprachlerntagebuch für Kinder im Jacobs-Sommercamp, das freie Schreiben für 13- bis 14-Jährige im Mercator-Schreibprojekt oder die Zeitungslektüre für Jugendliche im Mercator-Berufsprojekt) geben dem Kurs einen Rahmen. Sie werden spiralcurricular angeleitet, um die Bildung von Routinen zu unterstützen.

Die Lernenden erhalten **Arbeitsmaterialien** (für den Kurs erarbeitete oder adaptierte Arbeitsblätter mit Texten, Grafiken etc. und verschiedenen Aufgabenformaten, Grammatik-Infoblättern, Schablonen zum Texterschließen, Textverfassen,

Sprechen über Texte, Anregungen für das Erstellen eigener Arbeitsblätter), die sie im Kurs bearbeiten und auch darüber hinaus verwenden können.

Die DaZ-Kurse basieren auf **drei didaktischen Prinzipien:**

- Sprachentfaltung, d.h. dass die mündlichen umgangssprachlichen Kompetenzen im Sinne schulsprachlicher Anforderungen entfaltet werden. Die Basis bildet eine funktionale Grammatikarbeit, die nur ‚brauchbare' Regeln vermittelt und ihren Nutzen verdeutlicht, Sprachreflexionen anregt, Analogiebildung unterstützt und Automatisierung systematisch herbeiführt.
- Vermittlung von Sprachlernstrategien, wozu der Umgang mit Wort-, Satz- und Texterschließungsstrategien genauso gehört wie die Förderung von Sprachbewusstheit, indem die Aufmerksamkeit von der inhaltlichen Seite auf sprachliche Erscheinungen als solche gerichtet wird (vgl. Andresen/Funke 2003: 439).
- Spachlernerfolge ermöglichen durch eine sanfte Progression, bei der Basales im Schriftlichen gefestigt und anschließend auch im Mündlichen eingefordert wird, sowie durch die Anregung zur Selbstkontrolle sprachlicher Äußerungen und zur Experimentierfreude im Sprachgebrauch.

Der Kurs wird dokumentiert und soweit wie möglich auch evaluiert.

- Dazu verfassen die KursleiterInnen unter Verwendung eines Rasters zu jeder Etappe ein **Unterrichtsprotokoll.** Die Protokolle dienen als Grundlage für die Überarbeitung des Konzepts bzw. einzelner Sequenzen, Arbeitsmaterialien etc. Wird das Camp wissenschaftlich begleitet, so erfolgt die vergleichende Auswertung der Protokolle durch die wissenschaftliche Begleitung und wird in einem abschließenden Gespräch mit den KursleiterInnen diskutiert.
- Die Lernenden beurteilen den Kurs mittels eines **Schülerfragebogens,** für den ebenfalls eine Vorlage existiert (s.u.).
- Darüber hinaus wird eine **Lernerfolgskontrolle** durchgeführt, d.h. am Anfang und Ende des Kurses schreiben die Lernenden freie Texte, die die KursleiterInnen mit Hilfe eines Diagnosebogens bezogen auf die im Kurs vermittelten Sprachphänomene auswerten und zu einem individuellen Lernerporträt verwenden (s.u.).

Sinnvoll ist, diese Materialien als Grundlage für den Abschlussbericht zu verwenden und ihm als Anlage beizufügen.

Beispiele aus dem Mercator-Camp Berufsorientierung

Im Berufsorientierungsprojekt erhalten die Jugendlichen, nachdem sie sich bereits anhand eines Textes mit dem Beruf des Polizisten befasst haben, Karten mit Bildern und Informationen zu verschiedenen Berufen – z.b. stehen unter dem Bild eines Kochs die Aufgaben: Vor- und Zubereitung von kalten und warmen Speisen aller Art, Zusammenstellung von Menüs sowie die Arbeitsorte: Großküche, Restaurant, Kantine. Die Jugendlichen nehmen sich eine der Berufskarten, lesen die Aufgaben und formulieren, was die Leute in dem Beruf machen. Fällt das schwer, suchen sie zunächst das Wort, in dem die Tätigkeit versteckt ist, formulieren die Tätigkeiten als Verben und versehen die Arbeitsorte mit Artikeln. Schließlich formulieren sie ganze Sätze.

Berufe

1. Was tun die Personen in ihrem Beruf?
Die Bankkauffrau / der Bankkaufmann erstellt Rechnungen.
Der Mechatroniker / die Mechatronikerin _____ etc.

2. Welche Eigenschaften braucht man für deinen Wunschberuf? Kreuze an.
♦ zuverlässig ♦ kreativ ♦ handwerklich begabt ♦ kommunikativ ♦ flexibel etc.

3. Welche Tätigkeiten wirst du in deinem Wunschberuf ausüben?

4. In welchen Bereichen kannst du dir vorstellen zu arbeiten?
                                        Berufe
♦ Baugewerbe   _____
♦ Elektro- und Kfz-Wesen   _____
♦ Gesundheit / Krankenpflege _____ etc.

5. Wie möchtest du arbeiten? Kreuze an.
♦ allein ♦ im Team ♦ drinnen ♦ früh ♦ spät ♦ im Schichtdienst ♦ halbtags etc.

Karte 1:   Arbeitsblatt zum Thema Berufe

Die Jugendlichen nennen ihren bevorzugten Beruf und begründen ihre Wahl. Die/der Kursleiter/in schreibt einige Begründungen mit *Weil*-Sätzen an, fragt nach der Stellung des Verbs im *Weil*-Satz und hält das Nebensatzschema (ergänzend zu den bereits erarbeiteten Aussage- und Fragesatzschemata) fest. Fällt die Bildung von *Weil*-Sätzen schwer, kommt das Arbeitsblatt *Begründen* zum Einsatz, mit dem

(Glied-)Sätze mit *weil, da* und *denn* geübt werden und über die Verwendung von *Weil*-Sätzen im Mündlichen und Schriftlichen nachgedacht wird.

Die Jugendlichen sammeln berufsrelevante Eigenschaften an der Tafel; sie schreiben die notwendigen Eigenschaften in ganzen Sätzen auf und vergleichen, welche spezifisch für den Beruf sind und welche generell gelten. Die einzelnen Berufe werden Berufsfeldern zugeordnet. Nur wenn dies schwer fällt, bearbeiten die Jugendlichen das Arbeitsblatt Berufe ergänzend auch noch schriftlich, um den Fachwortschatz zu festigen.

Abschließend erstellen sie zu ihrem Traumberuf eine (Bild-)Karte mit Aufgaben, Arbeitsort, Eigenschaften und Arbeitsbedingungen, stellen sie vor und präsentieren ihr Ergebnis, indem sie vollständige Sätze verwenden. Bereitet dies Schwierigkeiten, wird die Präsentation entsprechend vorbereitet (vgl. Karte 1).

Auswertung der Schülerfragebögen

Im Jacobs-Sommercamp füllten die Kinder einen Fragebogen zu ihren Erfahrungen im Camp aus. Der Fragebogen wurde für die Mercator-Camps entwickelt und kam dort auch bereits mehrfach zum Einsatz. Er enthält neben Angaben zur Person (Alter, Geschlecht, Herkunftssprache, Schule, Zeit des Schulbesuchs in Deutschland) die Angaben, die auch in der Auswertungstabelle (vgl. Tabelle 1) enthalten sind und für die die Jugendlichen Noten von 1 (sehr gut) bis 5 (mangelhaft) geben konnten, sowie folgende allgemeine Fragen: *Würdest du an so einem Camp noch einmal teilnehmen? Sollte so ein Sprachunterricht auch in der Schule stattfinden? Was hat dir am besten / am wenigsten gefallen?*

Da die Veranstalter eigene Fragebögen zum Camp allgemein ausgeben, werden hier (fast) ausschließlich Daten zu den DaZ-Kursen ermittelt. Die Angaben in Tabelle 1 beziehen sich auf die von den Jugendlichen gegebenen Noten. Ermittelt wurden die Durchschnittswerte zunächst pro Frage und Gruppe und ergänzend für alle Gruppen am Standort. Auffällig sind die guten Noten, die allerorten verteilt wurden.

Die besten Noten erhielten die Kursleiter/innen und ihre Lernunterstützungskompetenz. Die schlechteste Durchschnittsnote – eine Drei – bezog sich auf die Zeitungslektüre, wobei zu berücksichtigen ist, dass die Bewertung der täglichen Aufgabe durchaus kontrovers eingeschätzt wurde. Eine gewisse Differenz zeigt sich auch bei der Selbst- und der Einschätzung der Lernendenmitarbeit, wobei sich Mädchen selbst schlechter bewerten als das Jungen tun. Überrascht hat mich die positive Bewertung der (vielen) Arbeitsblätter und des Unterrichtstempos, wobei

	Gelbe Villa Sommer 2006		Grebenhain Sommer 2006		Gelbe Villa Herbst 2006	
Wie war der Unterricht allgemein?	A 1,7 B 1,3 C 1,7	Ø 1,7	E 1 F 1,3 G 1,5	Ø 1,2	A2 2,4 B2 2,0 C2 1,6 D2 1,8	Ø 1,9
Wie waren die Schreibaufgaben am Computer? / Wie war die tägliche Zeitungslektüre?	A 2,3 B 1,7 C 2	Ø 2	E 1,2 F 2,4 G 3	Ø 2,1	A2 1,8 B2 1,2 C2 1,4 D2 1,8	Ø 1,6
Wie waren die Arbeitsblätter?	A 2,3 B 1,7 C 1,7	Ø 2	E 1,6 F 1,6 G 2,5	Ø 1,9	A2 3,2 B2 1,9 C2 1,6 D2 1,5	Ø 2,1
Wie war das Unterrichtstempo?	A 2 B 2,3 C 2,3	Ø 2,3	E 1,2 F 1,8 G 1	Ø 1,3	A2 2,8 B2 2,1 C2 1,8 D2 2,1	Ø 2,2
Wie war deine Kursleiterin / dein Kursleiter?	A 0,7 B 1,3 C 1	Ø 1	E 1 F 1 G 1,5	Ø 1,2	A2 1,1 B2 1,0 C2 1,3 D2 1,1	Ø 1,1
Wie hat sie /er dich beim Lernen unterstützt?	A 1 B 1,3 C 1,7	Ø 1,3	E 1 F 1,4 G 1,3	Ø 1,2	A2 1,1 B2 1,1 C2 1,0 D2 1,1	Ø 1,1
Wie haben die anderen Schüler und Schülerinnen gearbeitet?	A 1,7 B 1,7 C 2,3	Ø2	E 1,2 F 1,8 G 2,1	Ø 1,7	A2 2,9 B2 2,0 C2 2,4 D2 1,9	Ø 2,3
Wie hast du selbst gearbeitet?	A 2,3 B 2 C 1,7	Ø 2	E 2 F 2,9 G 2,1	Ø 2,4	A2 3,0 B2 1,8 C2 1,4 D2 1,8	Ø 2

Tabelle 1: Auswertung der Schülerbefragung

sich schlechte Noten in den Kommentaren sowohl auf zu schnell als auch auf zu langsam beziehen.

Schüler/in: Kursleiter/in:	1. Text	2. Text	
Wortebene	absolut (alle Wörter) / einmalig (mehrfach verwendete Wörter zählen nur einmal)		Kommentar
Verben: einmalig / absolut			
... davon im Präsens / normgerecht			
... davon im Präteritum / normgerecht			
... davon im Perfekt / normgerecht			
... davon in Futur / normgerecht			
... Passiv / normgerecht			
... Konjunktiv / normgerecht / fehlt			
Nomen: einmalig / absolut			
... davon mit (best. oder unbestimmtem) Artikel / normgerecht			
... davon mit Pronomen (mein-, dies-) / normgerecht			
... davon mit Nullartikel / normgerecht			
Adjektive: einmalig / absolut			
... davon gesteigert / normgerecht / fehlt			
... davon attributiver Gebrauch / normgerecht dekliniert			
Adverbien: einmalig / absolut / davon semantisch korrekt			
Präpositionen: einmalig / absolut / davon semantisch korrekt			
Konjunktionen: einmalig / absolut / davon semantisch korrekt			
Pronomen (nicht als Begleiter): einmalig / absolut			
... davon semantisch korrekt / normgerecht dekliniert			

Satzebene	a) wird verwendet b) davon normgerecht		
Aussagesätze	a) b)	a) b)	
… davon mit Inversion	a) b)	a) b)	
Nebensätze	a) b)	a) b)	
Verbklammer (z.B.: Ich will dann schon einmal gehen.)	a) b)	a) b)	
Nominalgruppe: Begleiter (+Adjektiv) + Nomen	a) b)	a) b)	
… davon im Nominativ (der gelbe Hut / ein gelber Hut)	a) b)	a) b)	
… davon im Akkusativ (den / einen gelben Hut)	a) b)	a) b)	
… davon im Dativ (dem / einem gelben Hut)	a) b)	a) b)	
… davon im Genitiv (des / eines gelben Hutes)	a) b)	a) b)	
Präpositionalphrase: Präp.+ Begleiter (+Adjektiv) + Nomen	a) b)	a) b)	
… davon im Akkusativ (ohne die / eine / meine Tasche)	a) b)	a) b)	
… davon im Dativ (mit der / einer / meiner Tasche)	a) b)	a) b)	
… davon im Genitiv (wegen der / einer / meiner Tasche)	a) b)	a) b)	
Textebene	Beispiele	Beispiele	
Gliederungssignale (z.B. zu Beginn, plötzlich)			
Textverknüpfungen (z.B. Proformen, Satzanschluss)			
Registerwahl (Mündlich-/Schriftlichkeit, Fachsprache)			

Tabelle 2: Diagnosebogen

Hoch war auch die allgemeine Zustimmung zum Camp: Im Sommercamp (2006) in der GelbenVilla würden 100% der Jugendlichen an so einem Camp noch einmal teilnehmen und für 86,6% sollte so ein Sprachunterricht auch in der Schule stattfinden. Im Sommercamp (2006) in Grebenhain möchten dagegen nur 52,9% der Jugendlichen noch einmal an so einem Camp teilnehmen, wobei die Mädchen deutlich positiver reagieren als die Jungen. Deutlich mehr Zustimmung (76,5%) findet die Art des Sprachunterrichts, wobei es keine einzige Nein-Stimme gibt, sondern insgesamt 3 Jugendliche eine dritte Kategorie („Weiß nicht") eröffnet haben. Im Herbstcamp (2006) in der GelbenVilla wollen 69% noch einmal an so einem Camp teilnehmen und 80% wünschen sich so einen Sprachunterricht auch in der Schule. (Für einige Jugendliche war es bereits das zweite Sprachcamp.)

In Gesprächen machten die Jugendlichen deutlich, dass sie sich in den Kursen ernst genommen fühlten (was ich auf die DaZ-homogene Gruppenkonstellation zurückführe) und Dinge, die sie eigentlich schon gemacht hatten, endlich verstanden haben (was ich als Bestätigung der didaktischen Prinzipien werte).

Lernerfolgskontrolle

Der Diagnosebogen, mit dessen Hilfe die Förderstudierenden die frei geschriebenen Schülertexte auswerten, ist wie in Tabelle 2 aufgebaut.

Die Auszählung der Wörter nach Wortarten soll den Fokus vom Inhalts- auf den Strukturwortschatz lenken und zeigt den in der Regel geringen Anteil vor allem an Adverbien und Konjunktionen in denTexten der DaZ-Jugendlichen, der noch einmal deutlich abnimmt, wenn man die absolute und die einmaligeVerwendung desselben Wortes unterscheidet. Die positiv formulierte Kategorie „normgerecht" bzw. „semantisch korrekt" offenbart neben diesbezüglichen Leistungen auch die Lücken und gibt damit einen wichtigen Hinweis auf Förderbedarf. Die Problembereiche entsprachen auch in unseren Camps den empirisch ermittelten in den Bereichen Zeitformen bei unregelmäßigen Verben, Adjektivdeklination und durch die Auswertung der Nominal- und Präpositionalphrasen im Bereich der Kasusrektion. Weniger Probleme fanden sich in der Markierung des Genus und im Satzbau.

DieTextebene wurde nicht in gleicherWeise ausdifferenziert, weil der Förderschwerpunkt der DaZ-Kurse im Bereich der Syntax lag und auch um die Studierenden nicht mit einem noch komplexeren Auswertungsraster zu überfordern.

Leider ist in dem Projekt keine Personalkapazität für die Auswertung der Schülertexte vorgesehen und die Förderstudierenden kamen dieser Aufgabe in unterschiedlicher Weise nach, sodass nur für einen Teil der Camp-Gruppen eine Auswertung vorliegt. Punktuelle Stichproben offenbaren die unterschiedlichen Kompetenzen der Förderstudierenden im Umgang mit dem Auswertungsbogen. Durch diese Erfahrung wurde in der Schulung der zweiten Gruppe von Förderstudierenden besonderer Wert auf den Umgang mit dem Diagnosebogen gelegt. Des Weiteren wurde unter Mitarbeit von Michaela Hartmann eine Anleitung zum Umgang damit erarbeitet.

Um verlässliche Aussagen über den erreichten Sprachzuwachs zu erhalten, wurde ein Teil der Schülertexte von Michaela Hartmann, studentische Mitarbeiterin der TU Berlin, erneut ausgewertet. Die Ergebnisse der beiden Auswertungen zeigen allerdings nur graduelle Unterschiede, d.h. die Angaben über den Grad der Zuwächse variieren und sind auf die einzelnen Kategorien unterschiedlich verteilt, was auf Unsicherheiten bei der Zuordnung von Wörtern zu den Wortarten (v.a. bei Konjunktionen und Präposition) und der Kasusbestimmung bei den Nominal- und Präpositionalphrasen (v.a. bei Dativ und Akkusativ) zurückzuführen ist. Bislang liegen 14 Lernerporträts aus dem ersten Schreibprojekt im Sommer 2006 vor. An diesen zeigen sich wie schon im Jacobs-Sommercamp deutliche Lernzuwächse in den geübten Bereichen, wobei sich – und dies ist eine durchgängige Beobachtung – die Lernzuwächse oft tatsächlich erst auf Basis des Auswertungsbogens offenbaren, wie die Texte eines 13-jährigen Mädchens mit asiatischem Hintergrund, das ein Gymnasium besucht, zeigen (vgl. Textbeispiel 1 und 2):

Textbeispiel 1: Lernen in den Ferien – was wird es bringen?

Wenn man z.B. schlechte Noten auf dem Zeugnis hat, könnte man sich dafür bemüen, sie zu verbessern. das man etwas von Bibliothek oder von Lexika nach schaut oder ausleith, wenn man was nicht versteht oder weiß. Mann kann sich ja auch überlegen was das nächste Thema sein wird. Man kann sich hier unser Noten verbessern. In den Ferien hätte ich so wie so nichts zu tun, also bin ich hier gekommen um zu kucken wie es hier ist und unsere Schuldirektorin sagte ihr wird sehr viel Spaß dort haben. Ich wollte auch gerne hier her kommen, es ist als Langeweile zu haben. Vielleicht gehe ich noch schwimmen nach diesen 2 Wochen wenn ich will. Man sollte nicht nur zu Hause sitzen sondern auch ein bischen Spaß haben und etwas erleben.

> **Textbeispiel 2: Lernen in den Ferien was hat es gebracht?**
>
> Es gab's ein bisschen Wiederholung, aber auch neue Sachen habe ich gelernt! Ich glaube ich habe mich verbesserte!
> Nächste Woche werden meine Langeweile anfangen!
> Hatte sehr viel Spaß beim Lernen! Macht mehr Spaß als in der Schule!
> Würde gerne wissen, ob es auch Cam für Mathe gibt?
> Kann man was über fahrrad was reparieren lernen?
> Wir haben über Text, Verben, Zeitformen, Präposiotionen, Nomen, Andjektive und über andere Sachen gelernt.
> Es war mir eine Freude hier her zu kommen!

Während sich die Anzahl der verwendeten Nomen vom ersten zum zweiten Text erhöht, bleibt die Anzahl der Adjektive gleich, wobei im ersten Text an einer Stelle ein Adjektiv (*besser*) fehlt, im zweiten aber ein Komparativ (*mehr*) vorkommt. Die Anzahl der Verben, Adverbien, Präpositionen und Konjunktionen verringert sich teilweise um die Hälfte. Die Schreiberin gebraucht im ersten Text sieben Nebensätze, wovon zwei nicht normgerecht sind, im zweiten nur noch einen, den aber normgerecht. Sie setzt im Unterschied zum ersten Text, wo kein Konjunktionalsatz mit einem Komma abgetrennt wird, ein Komma. Ähnliches lässt sich im Umgang mit Nominal- und Präpositionalgruppen feststellen: Ihre Zahl verringert sich zwar, allerdings werden diese im zweiten Text normgerecht gebildet, während im ersten Text drei der Nominalgruppen Normabweichungen offenbaren, wobei zwei davon im Dativ stehen und eine im Akkusativ. Der zweite Text enthält weniger Ergänzungen im Dativ und mehr im Akkusativ. Dies kann als Hinweis auf Tilgung von Formen, in denen sich die Schreiberin unsicher fühlt, und gleichzeitig Orientierung an den Formen, in denen sich die Schreiberin sicherer fühlt, interpretiert werden.

Die Anzahl der Aussagesätze ist in beiden Texten gleich; sie verwendet in beiden Texten die Inversion korrekt, lässt allerdings im zweiten Text in drei Sätzen das Subjekt weg und beginnt den Satz mit dem finiten Verb. Die Satzzeichen am Ende dieser Sätze deuten darauf hin, dass sie diese Sätze als Ausruf bzw. Frage versteht, aber noch nicht in der Lage ist, diese Satzmuster auch korrekt zu bilden.

Beide Texte sind mündlich konzipiert, obwohl sie sich im zweiten um die Verwendung der Fachsprache (Text, Verben etc.) bemüht und der letzte Satz auch als Schlusskommentar zu verstehen sein könnte. Die unpersönlichen Formulierungen, die den ersten und letzten Teil des ersten Texts prägen, gibt sie weitgehend auf und spricht im zweiten Text (bis auf einen Satz) von sich. Dies werten wir positiv, denn es zeigt, dass sich die Jugendlichen im Laufe des Camps mit sich und damit mit ihrem eigenen Lernprozess beschäftigen und nicht hinter allgemeinen Formulierungen verstecken.

Die Ergebnisse der Lernerfolgskontrollen zeigen, dass 30 DaZ-Stunden im Sprachcamp durchaus etwas leisten, aber keinesfalls ausreichen, um die sprachlichen Schwierigkeiten zu beheben. Allerdings ermöglicht der dargestellte Förderansatz die Entfaltung der Sprachkompetenz, was in der Regel bedeutet, dass die geübten Sprachphänomene sicherer verwendet werden. Es kann unter Umständen auch passieren, dass die Lernenden sich scheinbar zurückentwickeln, weil sie sich auf ihnen sicher erscheinendes Terrain zurückziehen. Dies ist eine durchaus effektive Sprachlernstrategie, die auf keinen Fall zu einer längerfristigen Stagnation führen (muss), sondern den Lernenden – so hat es eine der Förderstudierenden formuliert – „festen Halt gibt, damit sie zum Sprung auf die nächste Stufe anheben können". In diesem Sinne vermittelt das Förderkonzept nicht nur basale Sprachkompetenzen, sondern hilft auch Sprachlernbewusstheit zu entfalten.

Ausblick

Sprachcamps können, auch wenn sie in den genannten Bereichen erfolgreich sind, die Defizite der Bildungspolitik und schulischen Praxis nicht wirklich kompensieren. Sie zeigen (im Falle des Jacob-Sommercamps empirisch überprüft, im Falle der Mercator-Camps auf der Basis von Fallbeispielen), wie DaZ-Förderung funktionieren (kann). Nun ist die Schule gefordert zu prüfen, ob ein solch erfolgreicher Sprachunterricht auch in der Schule stattfinden kann und soll. Dabei sind schulintern nicht nur externe Angebote zur DaZ-Förderung denkbar. Vielmehr kann auch diese Art der DaZ-Förderung zum integralen Bestandteil von Fachunterricht werden.

Zitierte Literatur

Andresen, Helga/Funke, Reinold (2003) „Entwicklung sprachlichen Wissens und sprachlicher Bewusstheit". In: Bredel, U. u.a. (eds.): *Didaktik der deutschen Sprache. Ein Handbuch.* Zwei Bände. Paderborn: Schöningh, 438–451.

Krüger-Potratz, Marianne (Leitung) (2005) *„Der Igel ist los". Herbstsprachcamp, Theater, Spaß und Sprache(n). Sprachförderung für Kinder mit Migrationshintergrund in Gelsenkirchen. Evaluative Begleitung der Arbeitsstelle Interkulturelle Pädagogik der Universität Münster.* Unveröffentlichtes Papier (Bezug: Jugendamt der Stadt

Gelsenkirchen, Abt. Jugendhilfe/Regionale Arbeitsstelle zur Förderung von Kindern und Jugendlichen aus Zuwandererfamilien in NRW).

Rösch, Heidi (2006) „Die DaZ-Reise im Rahmen des Jacobs-Sommercamps". In: Sasse, A./Valtin, R. (eds.): *Schriftspracherwerb und soziale Ungleichheit. Zwischen kompensatorischer Erziehung und Family Literacy.* Berlin: Deutsche Gesellschaft für Lesen und Schreiben, 170–185.

Rösch, Heidi (2007) „Fachdidaktik und Unterrichtsqualität im Bereich Deutsch als Zweitsprache". In: Arnold, K-H. (ed.): *Unterrichtsqualität und Fachdidaktik.* Bad Heilbrunn: Klinkhardt, 177-204.

Stadt Essen (ed.) (2007): *Reise um die Welt – von Kontinent zu Kontinent. Ein Sprachförder- und Theaterprojekt für Essener Kinder mit Migrationshintergrund.* Stadt Essen: Geschäftsbereich Bildung, Jugend und Kultur.

Stanat, Petra/Baumert, Jürgen/Müller, Andrea G. (2005) „Förderung von deutschen Sprachkompetenzen bei Kindern aus zugewanderten und sozial benachteiligten Familien: Evaluationskonzeption für das Jacobs-Sommercamp Projekt". In: *Zeitschrift für Pädagogik*, 51, 856–875.

Förderunterricht in der Sekundarstufe. Welche Lese- und Schreibkompetenzen sind nötig und wie kann man sie vermitteln?

Der Schwerpunkt des Beitrags liegt auf der elementaren Förderung des Lesens und besonders des Schreibens. Ausgehend von empirischen Ergebnissen zur Schreib- und Lesekompetenz, zur Entwicklung der Schreibfähigkeiten und zu Kompetenzen, die in der Berufsausbildung von Hauptschulabsolventen nötig sind, wird die Notwendigkeit einer elementaren und nachhaltigen Förderung aufgezeigt. Daraus werden für das Lesen und Schreiben Förderschwerpunkte entwickelt.[1]

1   Stand und Entwicklung der Lese- und Schreibkompetenzen

1.1   Unzureichende Lese- und Schreibkompetenzen und die Folgen

Die Ergebnisse der PISA- und der DESI-Studie machen deutlich, dass vor allem im unteren Bereich des Leistungsspektrums die Fähigkeiten beim Lesen und Schreiben weit hinter den Erwartungen liegen. Als Lesekompetenz (Reading Literacy) wird in der PISA-Studie definiert, „geschriebene Texte zu verstehen, zu nutzen und über sie zu reflektieren, um eigene Ziele zu erreichen, das eigene Wissen und Potenzial weiterzuentwickeln und am gesellschaftlichen Leben teilzunehmen" (OECD, zit. nach Deutsches PISA Konsortium 2000: 80). Um die Lesekompetenz zu messen, werden in der PISA-Studie zu 62 % kontinuierliche Texte (Erzählung, Darlegung, Beschreibung, Argumentation, Anweisung) und zu 38 % nicht kontinuierliche Texte (Diagramme/Graphen, Tabellen, schematische Zeichnungen, Karten, Formulare, Anzeigen) herangezogen. Diese Zusammenstellung entspricht weitgehend den Textsorten, mit denen Auszubildende konfrontiert werden (vgl. Abschnitt 2). 9,9 % der Schüler/innen in Deutschland erreichen nicht die (unterste) Kompetenzstufe I und gehören damit zur Risikogruppe (a.a.O.: 103). Das bedeutet erstens, dass 10,5 % der Schüler/innen (a.a.O.: 104) „eine oder mehrere unabhängige, aber ausdrücklich angegebene Informationen" (a.a.O.: 89) nicht lokalisieren können, auch wenn sie sehr leicht auffindbar sind. Das bedeutet

---

[1] Für wertvolle Hinweise danke ich Cordula Löffler.

251

zweitens, dass 9,3 % der Schüler/innen (a.a.O.: 104) den Hauptgedanken „des Textes oder [die] Intention des Autors bei Texten über bekannte Themen" (a.a.O.: 89) nicht erkennen, auch wenn der Hauptgedanke auffallend formuliert wird. Das bedeutet drittens, dass 13 % der Schüler/innen (a.a.O.: 105) „eine einfache Verbindung zwischen Information aus dem Text und weit verbreitetem Alltagswissen" nicht herstellen (a.a.O.: 89).

Auffällig ist, dass 24,9 % der Jugendlichen, die selbst und von denen mindestens ein Elternteil im Ausland geboren sind, und 14,3 % der Jugendlichen, die in Deutschland geboren sind und von denen mindestens ein Elternteil im Ausland geboren sind, zur Risikogruppe gehören. Dagegen gehören nur 5,8 % der Jugendlichen, die selbst und von denen beide Elternteile in Deutschland geboren sind, zur Risikogruppe (a.a.O.: 117 ff.).

Ähnlich alarmierend sind die Ergebnisse der DESI-Studie zu Schreibkompetenzen in der 9. Jahrgangsstufe: „Etwa die Hälfte der Schülerinnen und Schüler im Bildungsgang der Hauptschule und in Integrierten Gesamtschulen schreibt Brieftexte, die nicht situations- und adressatengerecht formuliert sind, und vermag einfache grammatische Fehler nicht sicher zu erkennen" (Klieme 2006: 3).

Allgemein wird die mangelnde Qualifikation der Hauptschüler/innen für eine erfolgreiche Lehrstellensuche und für einen Erfolg in der Lehre beanstandet. Nach Aussagen des Konsortiums Bildungsberichterstattung (2006) halten sich „über die Hälfte der Absolventinnen und Absolventen mit Hauptschulabschluss und mehr als 84 % derjenigen ohne Abschluss […] in Maßnahmen des Übergangssystems" auf (ebd.: 82). Weniger als 15 % der Ausbildungsplätze im Schulberufssystem werden von Hauptschülerinnen und -schülern mit und ohne Abschluss eingenommen (ebd.: 83). Der mangelnde Erfolg der Hauptschulabgänger/innen bei der Lehrstellensuche ist auf viele Ursachen zurückzuführen, die z. T. auch außerhalb des Bildungssystems liegen (Schlemmer 2007). Der sprachliche Anteil der Ursachen sollte aber nicht unterschätzt werden. Wenn Hauptschulabsolventen zu 21,1 % die Berufsausbildung abbrechen oder zu 12,7 % die berufliche Abschlussprüfung nicht bestehen (Hessisches Kultusministerium o.J.), so lässt dies darauf schließen, dass „viele Jugendliche aufgrund ihrer erheblichen Defizite im mathematischen, naturwissenschaftlichen und sprachlichen Bereich mit dem Einstieg ins Berufsleben überfordert sind" (ebd.: 2). Insbesondere für Jugendliche mit Migrationshintergrund gilt, dass sie weniger häufig eine Ausbildung absolvieren und dafür häufiger berufsvorbereitende Maßnahmen besuchen als Jugendliche ohne Migrationshintergrund (Konsortium Bildungsberichterstattung 2006: 155).

1.2 Empirische Untersuchungen zu Schreibfähigkeiten

Zu verschiedenen Zwecken und mit unterschiedlichen Methoden wurden Schreibfähigkeiten empirisch untersucht. Ich gebe einen kurzen exemplarischen Überblick über einige Studien zur Ontogenese des Schreibens, um daraus Entwicklungslinien der Schreibkompetenz abzuleiten. Unter dem Titel *Von der Reihung zur Gestaltung* legten Augst/Faigel 1986 ihre „Untersuchungen zur Ontogenese der schriftsprachlichen Fähigkeiten von 13–23 Jahren" vor. Untersucht werden Texte von Kindern und Jugendlichen des 7., 10. und 12. Schuljahrs des Gymnasiums und von Studierenden. Ihnen wird die Aufgabe gestellt, in einem Brief Stellung zum Sinn von Hausaufgaben zu nehmen. Außerdem werden Diskussionen und Statements zum selben Thema untersucht. Als Indikatoren der Schriftsprachlichkeit gelten beispielsweise typisch schriftsprachlicher Wortschatz, unter anderem Wörter mit der Endung *-ung*. Mit zunehmendem Alter nimmt der konzeptionell schriftsprachliche Ausdruck zu, es wird also zuerst *Hausaufgaben kriegen*, dann *Hausaufgaben bekommen* und schließlich *Hausaufgaben erhalten* geschrieben. Das zentrale Ergebnis hinsichtlich Syntax und Textaufbau wird im Titel der Studie ausgedrückt: Je älter die Schreiber/innen sind, umso komplexer werden die Sätze und umso geordneter werden die Texte.

Becker-Mrotzek (1997) will mit seiner Untersuchung zum Verfassen einer Gebrauchsanleitung für eine Stoppuhr herausfinden, „wie Menschen lernen, Texte zu verfassen" (ebd.: 9) und untersucht dazu Texte von Grundschülern, von Gymnasiasten verschiedener Klassenstufen sowie von Studierenden und Technischen Redakteuren. Er stellt drei Entwicklungsniveaus fest, wobei der Fortschritt von einer „Orientierung am beobachtbaren Bedienungsvorgang" über eine „Orientierung an einem vorgestellten Leser der Anleitung" zu einer „zweckorientierten Anleitung" geht, in der eine „Bewusstheit für die kommunikative Qualität der Texte" sichtbar wird.

In einer eigenen Untersuchung von Kernaussagen als Bestandteil einer Inhaltsangabe (Knapp 2001) vergleiche ich Texte von Realschüler/innen des 8. Schuljahrs mit denen von Studierenden. Die Kernaussagen werden nach drei Abstraktionsniveaus geordnet. Dabei geht die Tendenz von einer konkreten Wiedergabe des Ausgangstextes („In der Geschichte *Der Schritt zurück* geht es um einen Mann, der von einem zehn Meter hohen Sprungbrett hinunterspringen soll und nach langem Zögern den Sprung verweigert"; a.a.O.: 135) über eine verallgemeinerte Wiedergabe („In der Kurzgeschichte *Ein Schritt zurück* geht es um einen Mann, der die Angst vom 10 Meter hohen Sprungbrett zu springen, nicht überwinden kann"; a.a.O.: 137) zu einer abstrakten Wiedergabe („In der Kurzgeschichte *Der Schritt zurück* geht es um das Thema Mut und Selbstachtung"; a.a.O.: 139).

Kurzes Fazit: Wenn Hauptschüler/innen und Realschüler/innen die Schule verlassen, ist der Entwicklungsprozess des Schreibens noch lange nicht abgeschlossen. Sie befinden sich noch auf dem Weg zu konzeptioneller Schriftlichkeit, zu einem geordneten Textaufbau, zu einer kommunikativen Qualität der Texte, zu einer abstrakten Behandlung der Gegenstände.

Eine andere Frage ist, ob die schriftsprachlichen Kompetenzen der Schulabgänger/innen im Vergleich zu früher schlechter geworden sind. In der modernsten Variante dieser Behauptung wird derzeit weit verbreitet die mangelnde Ausbildungsfähigkeit (vgl. Schlemmer 2007), insbesondere der Hauptschulabsolventen beklagt (DIHK 2002). Da es schwierig ist, schriftsprachliche Kompetenzen über Jahrzehnte zu vergleichen, eignet sich diese Frage gut zu Spekulationen. Vor allem in dem großen Züricher Forschungsprojekt *Muttersprachliche Fähigkeiten von Maturanden und Studienanfängern in der Deutschschweiz* (Sieber 1994) konnten schriftsprachliche Kompetenzen über einen langen Zeitraum verglichen werden. In ihm wurden Maturaaufsätze der Jahre 1881 bis 1991 untersucht. In Anbetracht der aktuellen Klagen nimmt man mit Interesse zur Kenntnis, dass die Textqualität über die Jahrzehnte hinweg nicht abnimmt. Die Orthografiefehler stiegen zwar von 6,84 Fehlern pro 1000 Wörter auf 9,51 Fehler pro 1000 Wörter in 110 Jahren. Wenn man die Erhöhung der Regelungsdichte in der Rechtschreibung in diesem Jahrhundert und die Zunahme der Maturandenquote von unter 1 % eines Jahrgangs im Jahr 1880 auf über 18 % im Jahr 1990 berücksichtigt, kann dies, wie Sieber ausführt, „wohl nicht als alarmierend" bezeichnet werden. Sieber (1994) folgert daraus, dass die Sprachfähigkeiten „besser als ihr Ruf" seien, aber auch „nötiger denn je".

2 Welche Kompetenzen sind in der betrieblichen Ausbildung nötig?

In einem Forschungsprojekt an der Pädagogischen Hochschule Weingarten (Knapp/Pfaff/Werner 2007) untersuchten wir die nach Auffassung der Handwerksmeister für die Ausbildung von Hauptschülerinnen und -schülern nötigen Schreib- und Lesekompetenzen. Wir führten dazu 18 Leitfrageninterviews mit Ausbildungsmeistern in Berufen durch, die überwiegend zu den zehn von Hauptschulabgängern am häufigsten gewählten Ausbildungsberufen im Handwerk gehören (Kraftfahrzeugmechaniker, Schlosser, Industriemechaniker, Schreiner,

Steinmetz, Einzelhandelskaufmann, Frisör, Fachverkäufer für Nahrungsmittel, Metzger, Bäcker, Koch, Kinderpfleger; vgl. BMBF 2005).

Die Anforderungen an das Lesen sind heterogen. Anweisungen und Erklärungen in der betrieblichen Ausbildung werden überwiegend mündlich gegeben, was aber gelegentlich durch schriftliche Texte ergänzt wird. Texte, die für konkrete Tätigkeiten gelesen werden müssen, sind kurz und überschreiten kaum eine halbe DIN A 4-Seite. Dies sind überwiegend organisatorische Texte (z.B. Stundenabrechnungen), instruktive Texte (z.B. Arbeitsanweisungen, Auftragslisten), deskriptive Texte (z.B. Arbeitsvorgänge, Tätigkeitsbeschreibungen). Allerdings sollten in mittelbarer Beziehung zur beruflichen Tätigkeit auch ausführliche und schwierige Texte gelesen werden. Dazu gehören längere instruktive Texte (z.B. Betriebsanleitungen), normative Texte (z.B. Sicherheitsvorschriften, Geschäftsbedingungen), Informationstexte über Produkte und Materialien, die den Umfang von ganzen Büchern haben können.

An Schwierigkeiten beim Lesen fallen den Ausbildern auf:

*   mangelnde Personalkompetenzen (z.B. geringe Konzentrationsfähigkeit, Motivation)
*   lesestrategische Probleme (fehlende Strategie des Vorausschauens, des Erkennens von Schlüsselstellen, mangelnde Fähigkeit, mentale Modelle des Textes aufzubauen)
*   sprachliche Probleme (geringe Kenntnis von Fach- und Fremdwörtern, Schwierigkeit beim Umgang mit komplexem Satzbau, Schwierigkeit, Textzusammenhänge herzustellen).

Für eine erfolgreiche Ausbildung im Betrieb sollten die Auszubildenden im Unterricht an der Hauptschule folgende Kompetenzen erwerben:

*   „Die Auszubildenden verfügen über Strategien im Umgang mit einem (fachspezifischen) Wortschatz;
*   Sie beherrschen Strategien zum Auffinden von Schlüsselstellen, also den zentralen Informationen eines Textes;
*   Sie beziehen erworbenes Fachwissen auf die Fachtexte und können dadurch mentale Modelle aufbauen;
*   Sie verstehen die typischen syntaktischen Konstruktionen in Fachtexten (Nominalisierungen, Infinitiv- und Nebensatzkonstruktionen)." (Knapp/ Pfaff/Werner 2007)

Die Anforderungen an das Schreiben (in der betrieblichen Ausbildung, nicht in der Berufsschule!) sind gering. Aufgeschrieben werden – oft stichwortartig – einfache Sachverhalte wie die Dokumentation von Arbeitsvorgängen, Abrechungen, Bestellungen, Quittungen, vorgedruckte Rechnungen, Warenbestands- und Inventurlisten, Garantienachweise, Kundenkarteien. Allerdings wird Fachterminologie verwendet und es kommt auf eine exakte Darstellung zum Beispiel der Einheiten wie „2,5 Bar Luftdruck" an. Der größte Teil der Texte wird nur betriebsintern gebraucht.

Bezieht man auch den Ausbildungsaspekt mit ein, sind die Anforderungen an Schreibkompetenzen jedoch heterogen. Unmittelbar sind nur einfache Schreibaufgaben zu lösen, mittelbar für das Verständnis bestimmter Abläufe und für das Lernen in der Berufsschule wird komplexes Schreiben gefordert.

So lässt ein Meister seinen Lehrling Vorgangsbeschreibungen anfertigen, zum Beispiel vom Wechseln der Bremsbeläge, damit sich der Lehrling bewusst macht, was er alles tun soll. Diese Texte werden in Stichwörtern verfasst und es kommt vor allem auf die Gliederung an, mit der sich der Auszubildende den Ablauf der Tätigkeiten verdeutlichen soll. Hier ist ansatzweise erkennbar, dass das Schreiben nicht primär eine Funktion der Information, sondern der Ausbildung hat, dass das Schreiben also dem Erwerb anderer Fähigkeiten dient. Dies wird insbesondere deutlich beim Schreiben des Berichtsheftes, was zum Teil im Betrieb, zum Teil in der Berufsschule geschieht. Dieses Berichtsheft hat offensichtlich die Funktion, Sachverhalte zu fixieren und zur weiteren kognitiven Bearbeitung zur Verfügung zu stellen und damit die Funktion, Lernen zu unterstützen. Das Schreiben in der Berufsschule hat, wie auch das Schreiben in den so genannten Sachfächern in der Haupt- oder Realschule, eine heuristische und kognitive Funktion.

Selbst bei einfachen Schreibaufgaben fallen den Meistern die Fehler bei Rechtschreibung, Interpunktion und Grammatik auf. Offensichtlich bemerken die Meister am ehesten Kompetenzdefizite, die dichotom als „richtig" oder „falsch" beurteilt werden können (im Gegensatz zur Beurteilung anderer Textaspekte auf der Skala „angemessen – unangemessen"; vgl. Nussbaumer 1991: 26 f.). Allerdings wird beispielsweise auch der parataktische Stil (*und dann...*) bemängelt.

Für eine erfolgreiche Ausbildung im Betrieb sollten die Auszubildenden im Unterricht an der Hauptschule folgende Kompetenzen erwerben:

- „Sie können einfache Sachverhalte übersichtlich in ordentlicher Darstellung und weitgehend fehlerfrei schreiben;
- Sie organisieren systematisch den Schreibprozess und überarbeiten ihre Texte, wozu sie geeignete Verfahren beherrschen;
- Sie können einfache Vorgänge beschreiben" (Knapp/Pfaff/Werner 2007).

3   Elementare und nachhaltige Förderung

„Als Förderunterricht bezeichnen wir schulorganisatorische und didaktische Maßnahmen, die der Behebung oder Verringerung von schulischen Leistungsrückständen und Lerndefiziten dienen sollen" (Sandfuchs 1989: 12). Im Sinne dieser Definition von Sandfuchs findet Förderunterricht in äußerer Differenzierung statt, gelegentlich parallel zum Unterricht in der Regelklasse, meist als ergänzender Unterricht. In dem vorliegenden Beitrag soll aus dieser Definition das Element aufgegriffen werden, dass Förderunterricht beziehungsweise Förderung dort stattfindet, wo Leistungsrückstände und Lerndefizite behoben und verringert werden sollen. Allerdings darf sich m.E. der Versuch, solche Rückstände und Defizite auszugleichen, nicht auf die schulorganisatorische Maßnahme Förderunterricht beschränken. Dies gilt insbesondere für die Hauptschule, wo der Förderunterricht in der Sekundarstufe am häufigsten stattfindet. Im weiteren Sinne trifft dies auch für das untere Niveau der Realschule (z.B. bei Kindern und Jugendlichen mit Migrationshintergrund) beziehungsweise auf die Schule für Lernbehinderte (Förderschule) zu.

In keiner Schulart ist die Diskrepanz zwischen den Anforderungen, die in offiziellen Organen gestellt werden, und der Realität so groß wie in der Hauptschule. In den Bildungsstandards im Fach Deutsch für den Hauptschulabschluss (Jahrgangsstufe 9) der Kultusministerkonferenz (Sekretariat... 2004) werden für das Lesen und Schreiben Anforderungen gestellt, die nur geringfügig unter dem Niveau der Anforderungen für den Mittleren Schulabschluss liegen (Sekretariat... 2003). Die Realität zeigt demgegenüber, dass viele Hauptschüler/innen bei weitem nicht diese Anforderungen erreichen. Die Kompetenz beim Verfassen von Texten ist bei einem großen Teil der Absolventen der Hauptschule außerordentlich gering, wie dokumentierte Texte (Knapp 1997; Fix/Melenk 2000; Ott 2000) zeigen. Dies gilt insbesondere für Kinder und Jugendliche mit Migrationshintergrund (Graf 1987; Steinmüller 1987; Knapp 1997; Ott 2000). Verantwortlich dafür sind maßgeblich der geringe Wortschatz (Stölting 1980; Ott 1997) und die mangelnde grammatische Kompetenz (Graf 1987; Steinmüller 1987; Baur/Meder 1992). Haupt- und Realschüler „mit Deutsch als Zweitsprache unterscheiden sich von Schülern mit Deutsch als Erstsprache hinsichtlich orthografischer Fähigkeiten vor allem in Fehlerkategorien, die auf grammatische Kompetenzen zurückgehen" (Fix 2002: 53), was wiederum auf Probleme im Bereich der Grammatik hinweist. Unter den geschätzten 4 Millionen funktionalen Analphabeten in Deutschland sind sicherlich viele, die zuvor die Hauptschule besuchten, und darunter wieder viele Personen mit Migrationshintergrund. Klagen der Handwerksmeister (Knapp/

Pfaff/Werner 2007) wie der Handwerkskammern, Arbeitgeberverbände und ähnlicher Institutionen (DIHK 2002) bestätigen, dass viele Hauptschulabgänger und -abgängerinnen nicht in der Lage sind, auch nur einfachste Texte verständlich und weitgehend fehlerfrei zu schreiben. So erklärte ein Kfz-Meister auf die Frage, was ein Hauptschulabgänger in der Ausbildung schreiben können sollte, zwar in ironischer Übertreibung, aber nicht ohne Ernst: „Wenn er seinen Namen und seine Anschrift fehlerfrei schreiben kann, bin ich schon froh".

Ich denke, man sollte die Realität anerkennen, dass es bei manchen Hauptschülern darum geht, dass sie überhaupt imstande sind, einfache Texte zu lesen und zu verfassen. Bei einigen komplexen und relativ schwierigen Inhalten, die gemäß der Lehr- und Bildungspläne in der Hauptschule vermittelt werden sollen, erscheint es mir, als wolle man ein zweites Stockwerk bauen, ohne dass das Erdgeschoss errichtet wurde (vgl. Steinmüller 1987).

Für Schüler/innen ist es sehr demotivierend, wenn sie ständig mit Anforderungen konfrontiert werden, die sie sowieso nicht erfüllen können. Die dauernde Überforderung, der ausbleibende Erfolg führen zu einem Desinteresse am Lesen und Schreiben beziehungsweise am Lernen überhaupt. Andererseits können wir erwarten, dass mit zunehmendem Erfolg auch die Motivation, Texte zu lesen und zu verfassen, erhöht würde (Oomen-Welke 1998). Deshalb plädiere ich dafür, zunächst elementare Kenntnisse im Lesen und Schreiben nachhaltig zu vermitteln. In diesem Sinne sollte in der Hauptschule jeglicher Unterricht Förderunterricht sein, wobei auch Mathematik und die Sachfächer miteinbezogen werden sollten (Knapp 2003b).

4   Leseförderung

Didaktische Folgerungen der für eine betriebliche Ausbildung nötigen (und fehlenden) Kompetenzen sind (Knapp/Pfaff/Werner 2007):

4.1   Verstärkung der Wortschatzarbeit

Ein erstes Ziel ist es, den Wortschatz auszubauen. Hier ist zu beobachten, dass in der Schule ein vielfältiger Wortschatz im Unterricht vorkommt, dass aber Wörter und ihre Bedeutung zu wenig im Gedächtnis verankert werden. Nachhaltiges Lernen bedeutet, dass ein elementarer Wortschatz gesichert wird, indem er wiederholt verwendet und angewendet wird. Zweitens sollte das Nachschlagen im Wörterbuch mehr verbreitet werden. Dazu gehört unter anderem, dass in den Sachfächern regelmäßig mit Wörterbüchern gearbeitet wird, wozu sie auch in jeder Schulstunde verfügbar sein müssen. Dazu eignen sich zum Beispiel Schulwörterbücher, wie der *Wortprofi* (Greil 2001), illustrierte Wörterbücher, wie *PONS Junior* (1994) oder *Duden Bildwörterbuch – Deutsch als Fremdsprache* (2005), oder Wörterbücher für Deutschlernende, wie *Langenscheidts Großwörterbuch für Deutsch als Fremdsprache* (Götz/Haensch/Wellmann 1998). Bislang ist die Verwendung von Wörterbüchern zu sehr auf bestimmte Situationen im Unterricht beschränkt. Anzustreben ist stattdessen der alltägliche Umgang mit ihnen. Zunehmend interessant wird in diesem Zusammenhang, Nachschlagemöglichkeiten im Internet, wie zum Beispiel *Wikipedia,* zu nutzen. Als drittes sollten sich die Schüler/innen Strategien erarbeiten, wie sie den Sinn eines Satzes verstehen können, auch wenn sie nicht alle Wörter genau verstehen.

4.2 Verwendung von Verfahren der Visualisierung, um mentale Modelle von Texten zu entwickeln

Um Texte verstehen zu können, ist man auf die Fähigkeit zur Produktion mentaler Bilder angewiesen, wobei diese Fähigkeit sicherlich auch für mathematisches, naturwissenschaftliches, technisches und sozialwissenschaftliches Lernen sowie für die Ausformung der Sprachkompetenz hilfreich ist. Es gibt einige Indizien dafür, dass die Ausbildung visuell-räumlicher Kompetenzen, wie sie zum Beispiel in Zusammenarbeit mit dem Fach Kunst stattfinden kann (Legler 2002), zu einem besseren Textverständnis beiträgt (Oswald 2003). Aufgabenstellungen, welche die bildliche Umsetzung von Texten etwa in Form von selbst gezeichneten Comics beinhalten, fördern nicht nur eine genaue Lektüre bei der Informationsentnahme, sondern unterstützen die Ausformung von Vorstellungsbildern, die wiederum zu einem vertieften Textverständnis beitragen können. Es bietet sich somit ein fächerübergreifender Unterricht an, in dem das räumliche Vorstellungsvermögen gefördert wird, wobei insbesondere auch kreative Verfahren zum Einsatz kommen sollten.

4.3 Aneignung syntaktischer Konstruktionen durch produktionsorientierte Verfahren

Wenn Hauptschüler/innen grammatische Kompetenzen erwerben sollen, um die morpho-syntaktischen Konstruktionen in Fachtexten besser zu verstehen, eignen sich dafür in Anlehnung an den handlungs- und produktionsorientierten Literaturunterricht produktive Verfahren. Wenn die Schüler/innen kleine Fachtexte wie kurze Bedienungsanleitungen und Vorgangsbeschreibungen oder Textaufgaben in der Mathematik verfassen, setzen sie sich intensiver mit Inhalt, Aufbau und den verwendeten sprachlichen Mitteln auseinander als durch bloße Lektüre (Feilke 2002). Textaufgaben in der Mathematik beispielsweise sind Musterbeispiele für verdichtete Informationen. Bei geringem Textumfang können und müssen die relevanten Operationen für Rezeption und Produktion durchgeführt werden (Gallin & Ruf 1995; Paule 2003).

5 Schreibförderung

5.1 Überforderung beim Schreiben

Bei der Untersuchung von Phantasieerzählungen von Hauptschülerinnen und Hauptschülern des 5. und 6. Schuljahres (Knapp 1997) zeigte sich, dass die Aufsätze mit der geringsten Textlänge deshalb so kurz sind, weil sie „abbrechen". Dies gilt insbesondere für Texte von Kindern mit Deutsch als Zweitsprache. Die Einleitungen sind durchschnittlich lang, die Hauptteile werden kaum zu Ende geführt und die Abschlüsse fehlen meist vollständig oder sie sind nur rudimentär ausgebildet. Manche Aufsätze bestehen aus ca. 80 % Einleitung und ca. 20 % restlichem Text, wobei die Einleitung durchaus elaboriert sein kann:

> „Die Reise mit dem Flugkissen
> Es war ein Junge er, wohnte mit ihre Eltern in einer klein Stad. Seine Eltern waren zu ihr Streng, und wen er von der Schule nach Haus kam. Er mußte sein essen selbst kochen und in Ferinen Fahten sein Eltern weg und er mußte zuhause bleiben. Einmal als er in Bett ging hat er gebeten das ich Fligen kann. Eines Abend trumt das ich auf den kopfkissen stehe und sage fiegt mein kissen. Es war Winter darum hat er eine Mütze auf. Ich erlebt das es viele schönere Tiere und Strand und nach mehre Sachen. Er sieht das er underweg das der Tieger in Zoo (vor) weg gelaufen ist." (Knapp 1997: 258; pakistanische Schülerin, 5. Klasse Hauptschule; 3 – 4 Jahre Aufenthaltsdauer in Deutschland.)

Solch ein Text stellt einen deutlichen Beleg für eine Überforderung der Schülerin dar. Worin besteht die Überforderung? Sie hängt mit der Komplexität des Schreibprozesses zusammen. Da wir Kompetenzen immer nur aus Texten schließen können, da wir die gedanklichen Prozesse, die sich beim Schreiben abspielen, nur aus den Produkten (oder aus Beobachtungen des Schreibprozesses oder aus Interviews) schließen können, sind Aussagen darüber zu einem gewissen Grad spekulativ. Andererseits kann man aber mit einem hohen Maß an Plausibilität davon ausgehen, dass auf verschiedenen Ebenen Energie nötig ist.

Lexik/ Semantik:

Ein eingeschränkter Wortschatz führt dazu, dass beim Schreiben Wörter gesucht werden müssen, über die andere geläufig verfügen. Wenn man das passende Wort nicht findet, muss man eine Umschreibung suchen. Wenn man nicht genau weiß, welche Bedeutung ein Wort hat, ob es das ausdrückt, was man meint, führt dies zu Überlegungen darüber und zur Suche nach Alternativen. Eine fehlende Kenntnis von feststehenden Wendungen oder von sprichwörtlichen Redewendungen führt dazu, dass man alles konstruieren muss, dass man nicht über das Abrufen von Satzmustern beim Schreiben weitergetrieben wird. Auch die Kenntnis von Kollokationen (das „erwartbare gemeinsame Vorkommen bestimmter Lexeme im selben Kontext", z.B. „*schnatternd watscheln* die *Enten* über den Weg"; Glück 1993: 314) führt zu einer Erleichterung beim Schreiben.

Sehr früh bemühen sich Kinder auch schon um treffende Bezeichnungen und elegante stilistische Wendungen. Wenn sich Kinder im 3. oder 4. Schuljahr Gedanken machen, ob sie *Diebe* als *Räuber, Verbrecher, Gangster* oder *Bande* bezeichnen sollen (Baurmann/Ludwig 1986), ist dies ein beredtes Beispiel hierfür. Kinder und Jugendliche mit einem geringen Wortschatz wenden mehr Energie auf, um passende Ausdrücke zu finden, wobei sie auch noch weniger erfolgreich dabei sind.

Orthografie:

Überlegungen, wie man ein Wort richtig schreibt, binden Energie. An den Überarbeitungen von Texten kann man zum Teil sehen, wie die Schreibweise von Wörtern ausprobiert wird, wie orthografisch korrigiert wird. Wenn die aktive Auseinandersetzung mit der Schreibweise eines Wortes nötig ist, statt dass man die richtige Schreibung ohne Aufwand aus dem Gedächtnis abruft, kostet dies Aufwand.

Morphologie:

Mangelnde morphologische Kompetenz erfordert das Nachdenken über die Formbildung. Sie kann auch die aktive eigenständige kreative Wortbildungsfähigkeit beeinträchtigen. Wenn man nicht weiß, ob man den Dativ oder den Akkusativ verwenden soll, wie man den Dativ bildet usw. hat man Schwierigkeiten, einen Satz zu konstruieren. Da beim Schreiben häufig auch vorhergehend Geschriebenes gelesen wird, um angemessen anzuschließen, entstehen natürlich auch Probleme beim Lesen des eigenen Textes, wenn er grammatikalisch nicht korrekt ist.

Syntax:

Auch auf syntaktischer Ebene gibt es Zweifel und Unsicherheit über die richtige Realisierung. Mangelnde Kenntnis von Satzbaumustern führt dazu, dass alles konstruiert werden muss, dass zu wenig aus dem Gedächtnis abgerufen werden kann. Fehlende Nebensatzmuster, Kenntnis von Konjugationen in Verbindung mit den Nebensätzen, welche sie einleiten, erschweren das Formulieren eines jeden Satzes. Die Kenntnis von Satzbaumustern dagegen erleichtert, einen Gedanken zu Ende zu bringen.

Textlinguistik:

Textsortenwissen unterstützt den Schreibvorgang, weil man die Geleise schon kennt, in denen man argumentieren, erzählen, et cetera will. Die Kenntnis des Schemas kann das Schreiben unterstützen (Antos/Schu 1990).

Komplexität entsteht durch die verschiedenen Sprachebenen, die bei der Textproduktion beteiligt sind: inhaltliche und formale; lexikalische/semantische, morphologische, syntaktische und textlinguistische. Komplexität entsteht durch die verschiedenen Teilprozesse des Schreibens: Ideen generieren, Ordnen und Gliedern, Formulieren/Inskribieren, motorische Ausführungen, Überarbeiten. Diese Prozesse spielen sich einerseits hintereinander ab, sie wirken aber auch beim Formulieren gleichzeitig. Während ich schreibe, fällt mir vielleicht eine ungeschickte Formulierung oder ein Fehler auf, denke ich schon an den nächsten Aspekt, suche ich nach einer passenden und geschliffenen Formulierung, was zu einer Überforderung und zu einer Schreibblockade führt.

Aus diesem Grund plädiere ich dafür, zunächst einmal einfache und elementare Schreibaufgaben zu stellen und erst dann, wenn diese einfachen Aufgaben gelöst werden können, die Anforderungen zu steigern.

5.2   Prozedurales Wissen aufbauen [2]

Der Schreibprozess in seiner Komplexität stellt hohe kognitive Anforderungen an den Schreiber und beansprucht damit das Arbeitsgedächtnis in starkem Maße. Um Fehler und Abbrüche von Texten zu vermeiden, sollte das Arbeitsgedächtnis entlastet werden, wofür Schreibhandlungen dienen, die prozeduralisiert sind, also

---

[2] Für Hinweise danke ich Sybille Werner.

automatisch ausgeführt werden. Dazu gehören in bestimmten Textsorten häufig vorkommende Wendungen (bspw. in einem Brief: „Für Ihr Schreiben vom 7. Juni 2007 bedanke ich mich bestens" oder in einer Vorgangsbeschreibung bzw. Bedienungsanleitung: „MODE-Taste drücken, bis die gewünschte Funktion angezeigt wird"; Anleitung für SIGMA Bike-Computer BC 906). Ein Bereich, der sich in besonderem Maße für die Prozeduralisierung eignet, ist der Wortschatz. Sowohl die sichere Kenntnis eines möglichst umfassenden Wortschatzes als auch seiner Schreibung kann hier Hilfe leisten, weil sie ermöglicht, dass sich das Arbeitsgedächtnis auf andere Dimensionen konzentrieren kann. Insbesondere für Kinder und Jugendliche mit Migrationshintergrund genügen nicht die Prozeduralisierungen, von denen jeder Spracherwerb begleitet ist. Vielmehr sollte im Unterricht gezielt mit formelhaften Konstruktionen gearbeitet werden, wobei ihre häufige Wiederholung genauso wie die des Wortschatzes den Spracherwerb erleichtern.

5.3 Schreibförderung orientiert sich am Schreibprozess

Schreiben ist ein komplexer Prozess, der aus den Teilprozessen „Ideen generieren", „Gliedern" „Inskribieren", also dem Schreiben im engeren Sinne selbst und seiner Motorik, sowie dem „Überarbeiten" besteht (Baurmann 1990; Wrobel 2000). Dabei stehen diese Teilprozesse zwar idealtypisch in einer zeitlichen Reihenfolge, man sollte sie sich aber nicht als streng aufeinander folgend vorstellen, sondern als rekursiv. Beim Inskribieren beispielsweise werden auch Ideen generiert, wird neu gegliedert, wird auch schon überarbeitet. Deshalb stellt ein wichtiger Grundsatz beim Fördern des Schreibens dar, die Komplexität des Schreibens zu entlasten. Das bedeutet für die Förderung, dass die komplexe Schreibaufgabe in Teilaufgaben zerlegt wird und dass diese einzelnen Aufgaben bearbeitet werden (vgl. Oomen-Welke 1991). Hier helfen Methoden der Textproduktionsvermittlung auf der Textmakrostruktur (z.B. Ideengenerierung, Inhaltsplanung, Schreibplanung) und der Textmikrostruktur (z.B. Variation bei Wortschatz und Satzbau, Kohäsionsmittel) und zum Überarbeiten (Merz-Grötsch 2003: 806 ff.).

Methoden zu vermitteln heißt, den Schülern und Schülerinnen ein Handwerkszeug in die Hand zu geben, mit dem sie ihre Schreibprozesse selbstständig gestalten können. Dies bedeutet weiter, dass Schüler/innen ein Wissen darüber erhalten, wie man Schreibkompetenz erwirbt, wie man Schreiben lernt. Über ein solches Wissen verfügen zu wenige Schüler/innen. Eine Studie von Merz-Grötsch (2000, Bd. 2: 163), die 120 Schülerinnen und Schüler (unterschiedliche Schularten, 10-17 Jahre) fragt, wie sie sich auf einen Aufsatz als Deutsch-Klassenarbeit vorbereiten, antworten 34%: „Auf Aufsätze kann man sich nicht vorbereiten". Weitere

15 % teilen mit: „Gar nicht"; „Auf einen Aufsatz bereite ich mich nicht vor". Es werden Antworten gegeben wie: „Ich wüsste nicht, wie man sich auf einen Aufsatz vorbereiten könnte", „Auf Aufsätze kann man sich nicht vorbereiten, man muss einen kühlen Kopf haben" oder „Entweder kann man Aufsätze schreiben oder man kann es nicht". Ein wichtiges Ziel der Förderung von Schreibkompetenz muss sein, mit den Schülerinnen entsprechend dem zuvor dargelegten Modell des Schreibprozesses die darauf bezogenen Methoden zu erarbeiten, damit die Schüler/innen explizit wissen, wie man Schreiben lernen kann und damit ihren Lernprozess eigenständig gestalten können.

5.4 Schreibförderung orientiert sich an der Textanalyse

Allgemein anerkannt ist der Grundsatz, dass der Förderung eine Diagnose vorausgehen sollte. Als Diagnose bietet sich die Analyse von Schülertexten an. Dafür liegen vielfältige Kriterienkataloge für unterschiedliche Textsorten und in unterschiedlichem Ausprägungsgrad vor (vgl. Knapp 2004–2006). Auf der Basis einer Diagnose, die von einer Lehrperson durchgeführt wurde, können differenziert Förderziele für einzelne Schüler/innen bestimmt werden.

In Schreibkonferenzen oder ähnlichen Szenarien können Kinder und Jugendliche in der Kleingruppe ihre Texte gemeinsam besprechen. Dabei ist es wichtig, den Schülern und Schülerinnen gezielt Kriterien zu geben – oder besser noch, sie mit den Schülern und Schülerinnen gemeinsam zu erarbeiten – anhand derer die Optimierung der Texte erfolgt (vgl. Knapp 2003a).

Schließlich sollte eine Entwicklung angestrebt werden, dass Schüler/innen ihre Texte selbst überarbeiten. Durch Vorbereitung in der Klasse sowie in Schreibkonferenzen und mit Hilfe von Kriterien kann dies gelingen. Dass das Überarbeiten insgesamt zu einer Verbesserung der Texte beiträgt, auch wenn gewisse Verschlimmbesserungen nicht auszuschließen sind, zeigt die Studie von Fix (2000) zu „Textrevisionen in der Schule". Möglichkeiten des Distanzierens, Redigierens und Optimierens beim Verfassen von Texten durch Kinder mit Deutsch als Zweitsprache zeigt beispielsweise Oomen-Welke (1991) auf, wobei sie darauf hinweist, dass für diese Zielgruppe vor allem sprachliche Strukturierungshilfe zu leisten und sprachliche Mittel bereitgestellt werden müssen.

Literatur

Antos, Gerd/Schu, Josef (1990): „Serielles Erzählen – Kinder schreiben und erzählen die Fortsetzungsgeschichte ‚Ufus Kratzfuß'. In: Mackeldey, R. (ed.): *Textsorten/Textmuster in der Sprech- und Schriftkommunikation. Festschrift zum 65. Geburtstag von Wolfgang Heinemann.* Leipzig.

Augst, Gerhard/Faigel, Peter (1986): *Von der Reihung zur Gestaltung – Untersuchungen zur Ontogenese der schriftsprachlichen Fähigkeiten von 13–23 Jahren.* Frankfurt am Main.

Baur, Rupprecht S./Meder, Gregor (1992): „Zur Interdependenz von Muttersprache und Zweitsprache bei jugoslawischen Migrantenkindern". In: Baur, R.S./Meder, G./Previsic,V. (eds.): *Interkulturelle Erziehung und Zweisprachigkeit.* Baltmannsweiler, 109–140.

Baurmann, Jürgen (1990): „Aufsatzunterricht als schreibunterricht. Für eine neue grundlegung des schreibens in der schule". In: *Praxis Deutsch*, 17. Jg., H. 104, 7–12.

Baurmann, Jürgen/Ludwig, Otto (1986): „Aufsätze vorbereiten – Schreiben lernen". In *Praxis Deutsch*, 13. Jg., H. 80, 16–22.

Becker-Mrotzek, Michael (1997): *Schreibentwicklung und Textproduktion. Der Erwerb der Schreibfertigkeit am Beispiel der Bedienungsanleitung.* Opladen.

Becker-Mrotzek, Michael/Böttcher, Ingrid (2006): *Schreibkompetenz entwickeln und beurteilen.* Berlin.

BMBF (Bundesministerium für Bildung und Forschung) (2005) (ed.): *Berufsbildungsbericht.* Bonn.

Deutsches PISA Konsortium (ed.) (2001): PISA 2000. *Basiskompetenzen von Schülerinnen und Schülern im internationalen Vergleich.* Opladen.

Deutscher Industrie und Handelskammertag (DIHK) (2002): *Was erwartet die Wirtschaft von den Schulabgängern.* [http://www.ihkeln.de/Navigation/AusUndWeiterbildung/Berufsbildungspolitik/Anlagen/BroschuereWirtschaft. PDF; 17.11.06].

Duden (2005): Bildwörterbuch der deutschen Sprache. 6. Aufl. Mannheim u.a.

Feilke, Helmuth (2002): „Lesen durch Schreiben". In: *Praxis Deutsch* 176, 59–64.

Fix, Martin (2000): *Textrevisionen in der Schule.* Baltmannsweiler.

Fix, Martin (2002): „‚Die Recht Schreibung ferbesern' – Zur orthografischen Kompetenz in der Zweitsprache Deutsch". In: *Didaktik Deutsch*, 7. Jg., H. 12, 39–55.

Fritzsche, Joachim (1994): *Zur Didaktik und Methodik des Deutschunterrichts. Bd. 2. Schriftliches Arbeiten.* Stuttgart.

Gallin, Peter/Ruf, Urs (1995): „Schüler schreiben Textaufgaben. Lesen durch Schreiben". In: *Mathematik lehren*, 68, 16-22.

Glück, Helmut (ed.) (Jahr): *Metzler Lexikon Sprache*. Stuttgart/Weimar.

Graf, Peter (1987): *Frühe Zweisprachigkeit und Schule – Empirische Grundlagen zur Erziehung von Minderheitenkindern*. München.

Greil, Josef (2001): *Wortprofi – Schulwörterbuch Deutsch*. 4. Aufl. München.

Hessisches Kultusministerium – Institut für Qualitätsentwickung (o.J.): *Vocational Literacy: Methodische und sprachliche Kompetenzen in der beruflichen Bildung*. [http://www.iq.hessen.de/irj/IQ_Internet?cid=12e2adede56968aa23780a6f3 b2c28c3; 27.06.07].

Klieme, Eckhard (2006): *Zusammenfasung zentraler Ergebnisse der DESI-Studie*. Frankfurt am Main: Deutsches Institut für Internationale Pädagogische Forschung.

Knapp, Werner (1997): *Schriftliches Erzählen in der Zweitsprache*. Tübingen.

Knapp, Werner (2001): „Wie abstrakt werden Kernaussagen formuliert? Vergleichende Analyse der Kernaussagen zur Inhaltsangabe ‚Der Schritt zurück' von Realschülerinnen/ Realschülern und Studierenden". In: Melenk, H./Knapp, W.: *Inhaltsangabe – Kommasetzung. Schriftsprachliche Leistungen in Klasse 8*. Hohengehren, 133-147.

Knapp, Werner (2003 a): „Erzählungen zielgerichtet überarbeiten – Überarbeiten – eine schwierige, aber wichtige Aufgabe". In: *Sache-Wort-Zahl*, 31. Jg., H. 53, S. 18–24

Knapp, Werner (2003 b): „Sprachunterricht als Unterrichtsprinzip und Unterrichtsfach". In: Bredel, U./Günther, H./Klotz, P./Ossner, J./Siebert-Ott, G. (eds.): *Didaktik der deutschen Sprache – ein Handbuch*. 2. Teilband. Paderborn u.a., 589–601.

Knapp, Werner (ed.) (2004–2006): *Deutschprofi A 1–A 4*. Lehrermaterialien. München.

Knapp, Werner/Pfaff, Harald/Werner, Sybille (2007): „Kompetenzen im Lesen und Schreiben von Hauptschülerinnen und Hauptschülern für die Ausbildung – eine Befragung von Handwerksmeistern". In: Schlemmer, E.; Gerstberger, H. (eds.): *Ausbildungsfähigkeit im Spannungsfeld von Wissenschaft, Politik und Praxis*. Wiesbaden, i.Dr.

Konsortium Bildungsberichterstattung (2006): *Bildung in Deutschland. Ein indikatorengestützter Bericht mit einer Analyse zu Bildung und Migration*. Bielefeld.

Götz, Dieter/Haensch, Günther/Wellmann, Hans (eds.) (1998): *Langenscheidts Großwörterbuch Deutsch als Fremdsprache*. Berlin u.a.

Legler, Wolfgang (2002): „Wir müssen einfach besser werden! Der Kunstunterricht in der Grundschule und die Lehrerausbildung". In: *Kunst + Unterricht*, Heft 266/267 (Beilage), 1 ff.

Merz-Grötsch, Jasmin (2000): *Schreibforschung und Schreibdidaktik. Ein Überblick.* 2 Bde. Freiburg i.Br.: Fillibach Verlag.

Merz-Grötsch, Jasmin (2003): „Methoden der Textproduktionsvermittlung". In: Bredel, U./Günther, H./Klotz, P./Ossner, J./Siebert-Ott, G. (eds.): *Didaktik der deutschen Sprache – ein Handbuch*, Band 2. Paderborn u.a., 802–813.

Nussbaumer, Markus (1991): *Was Texte sind und wie sie sein sollen. Ansätze zu einer sprachwissenschaftlichen Begründung eines Kriterienrasters zur Beurteilung von schriftlichen Schülertexten.* Tübingen.

Oomen-Welke, Ingelore (1991): „Schreibprozesse immigirerter Schüler". In: *Der Deutschunterricht*, H. 2, 28-45.

Oomen-Welke, Ingelore (1998): „…ich kann da nix!" *Mehr zutrauen im Deutschunterricht.* Freiburg i.Br.: Fillibach Verlag.

Oswald, Martin (2003): „PISA und die Kunst. Die Rolle der visuell-räumlichen Kompetenz bei der Lösung von Testaufgaben der PISA-Studie 2000". In: *BDK-Info. Zeitschrift des Fachverbandes für Kunstpädagogik in Bayern* (2), 46–50.

Ott, Margarete (1997): *Deutsch als Zweitsprache. Aspekte des Wortschatzerwerbs. Eine empirische Längsschnittuntersuchung zum Zweitspracherwerb.* Frankfurt am Main.

Ott, Margarete (2000): *Schreiben in der Sekundarstufe I: Differenierte Wahrnehmung und gezielte Förderung von Schreibkompetenzen.* Baltmannsweiler.

Paule, Gabriela (2003): „Sachtexte lesen und schreiben – Fächerverbindungen nutzen". In: Abraham u.a. (eds.): *Deutschunterricht und Deutschdidaktik nach PISA.* Freiburg i.Br.: Fillibach Verlag.

Pons Junior (1994): *Illustriertes Wörterbuch Deutsch.* Stuttgart.

Sandfuchs, Uwe (ed.) (1989): *Förderunterricht konkret. Materialien und Unterrichtsbeispiele für die Jahrgangsstufen 5–9.* Bad Heilbrunn/Obb.

Schlemmer, Elisabeth (2007): „Was ist Ausbildungsfähigkeit? Versuch einer bildungstheoretischen Einordnung". In: Schlemmer, E./Gerstberger, H (eds.): *Ausbildungsfähigkeit im Spannungsfeld von Wissenschaft, Politik und Praxis.* Wiesbaden, i.Dr.

Sekretariat der Ständigen Konferenz der Kultusminister der Länder in der Bundesrepublik Deutschland (2004): *Bildungsstandards im Fach Deutsch für den Hauptschulabschluss (Jahrgangsstufe 9).* Bonn.

Sekretariat der Ständigen Konferenz der Kultusminister der Länder in der Bundesrepublik Deutschland (2003): *Bildungsstandards im Fach Deutsch für den Mittleren Schulabschluss.* Bonn.

Sieber, Peter (1998): *Parlando in Texten. Zur Veränderung kommunikativer Grundmuster in der Schriftlichkeit.* Tübingen: Verlag.

Sieber, Peter (Hg) (1994): *Sprachfähigkeiten — Besser als ihr Ruf und nötiger denn je!* Aarau.

Steinmüller, Ulrich (1987): „Sprachentwicklung und Sprachunterricht türkischer Schüler (Türkisch und Deutsch) im Modellversuch ‚Integration ausländischer Schüler in Gesamtschulen'". In: Thomas, H. (ed.): *Modellversuch „Integration ausländischer Schüler in Gesamtschulen". Abschlussbericht der Wissenschaftlichen Begleitung.* Bd. I, Berlin, 207–315.

Stölting, Wilfried (1980): *Die Zweisprachigkeit jugoslawischer Schüler in der Bundesrepublik Deutschland.* Berlin.

Wrobel, Arne (2000): „Phasen und Verfahren der Produktion schriftlicher Texte". In: Brinker, K. u.a. (eds.): *Text- und Gesprächslinguistik.* 1. Halbband. Berlin, New York, 458–472.

Sprachförderung mit „hoffnungslosen Fällen"

CLAUDIO CONSANI, NINA MIODRAGOVIC, CLAUDIO NODARI

In Schulen der Sekundarstufe I mit geringem Anforderungsprofil ist der Anteil an Jugendlichen mit Migrationshintergrund bekanntlich besonders hoch. Die Sprachkompetenzen vor allem im Bereich des Schriftlichen sind sehr schwach. Die PISA-Untersuchungen zeigen ein bedenkliches Bild in der Lesekompetenz. Im Schreiben sind die Kompetenzen erfahrungsgemäss[1] ebenso schwach. Vielfach vermeiden es Lehrpersonen sogar, im Unterricht Texte schreiben zu lassen, aus Angst vor den nachfolgenden Korrekturarbeiten und vor den entsprechend aufzuopfernden Wochenenden. Allerdings ist schulische Sprachförderung ohne das Schreiben von Texten wohl kaum ein ehrliches Unterfangen. Jugendliche Lernende können im Mündlichen sehr wohl gefördert werden, Schulerfolg und Bildungsabschlüsse basieren aber weitgehend auf einer ausgeprägten Textkompetenz.[2]

Im Folgenden berichtet Nina Miodragovic über ihre Unterrichtserfahrungen in einer Sekundarschule C mit so genannten „hoffnungslosen Fällen". Diese Erfahrungen zeigen, dass eine gezielte und fächerübergreifende Förderung in einem begrenzten Lernbereich (hier die Rechtschreibung) sehr grosse Erfolge in der Textkompetenz erzielen kann, und zwar sowohl mit deutsch- wie auch mit anderssprachigen Jugendlichen.

1   Bericht aus einer 1. Sekundarklasse mit niedrigem Anforderungsprofil

Im August 2006 übernahm ich eine erste Klasse der Sekundarschule C im Kanton Zürich (7. Schuljahr); dieser Schultyp entspricht dem niedrigsten Niveau der Sekundarstufe I.[3]

---

[1] Die Rechtschreibung der deutschsprachigen Schweiz kennt kein Eszett.

[2] Mit Textkompetenz ist im Sinne von Paul Portmann-Tselikas (2005) Folgendes gemeint: „Textkompetenz ermöglicht es, Texte selbständig zu lesen, das Gelesene mit den eigenen Kenntnissen in Beziehung zu setzen und die dabei gewonnenen Informationen und Erkenntnisse für das weitere Denken, Sprechen und Handeln zu nutzen. Textkompetenz schließt die Fähigkeit ein, Texte für andere herzustellen und damit Gedanken, Wertungen und Absichten verständlich und adäquat mitzuteilen."

Etwa die Hälfte der 13- bis 14-jährigen Schüler (alles Jungen) hat einen Migrationshintergrund, jedoch verbrachten alle bis auf einen ihre bisherige Schulzeit in der Schweiz. Viele dieser Jugendlichen können in ihrer Erstsprache nur bruchstückhaft oder nicht schreiben. Die andere Hälfte der Jugendlichen hat Deutsch als Erstsprache. Allen Jugendlichen ist gemeinsam, dass sie grosse Schwierigkeiten mit der Rechtschreibung hatten und in den ersten sechs Schuljahren praktisch alle irgendwann „Stützunterricht" in Form von Legastheniehilfe, Deutsch für Fremdsprachige oder Deutschzusatz erhalten haben.

Ich stellte zu Beginn des Schuljahres fest, dass bei allen Jugendlichen ein Grundwissen zur Rechtschreibung vorhanden ist (Wortarten erkennen, Ableitungen usw.). Dieses Wissen wurde jedoch beim Schreibprozess nicht aktiviert. Die Jugendlichen waren der Meinung, dass es eigentlich keine Rolle spielen würde, wie sie schreiben – Hauptsache, man würde sie verstehen. Ein Schüler drückte dies mit den Worten aus: „Es ist doch egal, ob ich ‚Vater' oder ‚Fater' schreibe. Sie wissen ja, was ich meine."

Für die Förderung der Rechtschreibung stütze ich mich auf folgende Massnahmen:

Aufmerksamkeit auf Rechtschreibung

Ich lenke in allen Fächern, die ich unterrichte, das Augenmerk auf die Rechtschreibung: Schreibe ich zum Beispiel das Wort *Theorie* an die Tafel, frage ich zuerst, wie man es schreibt, dann lasse ich die Jugendlichen nach weiteren Wörtern suchen, die die Buchstabenkombination *th* und/oder *ie* als Schluss enthalten. Ich lenke, wo immer ich kann, die Aufmerksamkeit der Jugendlichen auf Geschriebenes.

Einstellung ändern

Ich versuche den Jugendlichen klarzumachen, dass Rechtschreibung nicht etwas Beliebiges ist, an das man sich halten könne oder nicht, sondern dass Rechtschreibung ein verbindliches Regelwerk ist. Dies impliziert, dass ich auch in Fächern

---

[3] Die Sekundarstufe I entspricht im Kanton Zürich dem 7.–9. Schuljahr und schliesst an die Primarstufe 1.–6. Schuljahr an. Die Schulgemeinden können zwischen zwei Schulmodellen wählen: eine Klassenstufung A, B, C, wobei die Sekundarschule C dem niedrigsten Anforderungsprofil entspricht, oder eine Niveaustufung, bei dem die Lernenden in den Kernfächern Deutsch, Französisch und Mathematik in Niveauklassen eingeteilt werden. Die meisten Schulgemeinden haben sich für das erste traditionelle Schulsystem entschieden. Die Sekundarschule C wird von ca. 10 % der schulpflichtigen Jugendlichen besucht, wovon der Anteil an Jugendlichen mit Migrationshintergrund ca. 80 % beträgt. Viele vor allem fremdsprachige Jugendliche finden mit einem Schulabschluss der Sek. C keine Lehrstelle und suchen unmittelbar nach der obligatorischen Schulzeit einen Arbeitsplatz als Hilfskraft.

wie Geschichte, Biologie usw. in der Reinschrift nur Texte von den Jugendlichen akzeptiere, die fehlerfrei geschrieben sind – was natürlich bedeutet, dass ich beim Entwurf Hilfestellung leiste.

Auch im Hinblick auf die Berufswahl ist es mir wichtig, dass die Jugendlichen verstehen, dass ihre Rechtschreibkenntnisse in direkte Verbindung mit ihrer Eignung gesetzt werden.

Wörterlisten

Die Jugendlichen fertigen Listen an mit Wörtern, die sie als schwierig empfinden. Ich notiere mir ebenfalls Wörter, welche die Jugendlichen häufig falsch schreiben, und füge diese zu einer einzigen Liste zusammen. Diese Wörter benutze ich täglich für kleine Rechtschreibspiele oder Rechtschreibübungen.

Übungen

Ich schalte täglich mehrere kurze Übungssequenzen zur Rechtschreibung ein:

* Ich lasse den Jugendlichen 30 Sekunden Zeit, um ausgewählte zehn Wörter aus der Wörterliste anzuschauen. Danach diktiere ich die Wörter und wir korrigieren gemeinsam.
* Die Jugendlichen lesen sich gegenseitig Wörter aus der Wörterliste vor, das Gegenüber buchstabiert das gehörte Wort vorwärts oder rückwärts.
* Ich lese ein Wort nach dem anderen vor, die Jugendlichen schreiben, nach zehn Wörtern bekommen sie kurz Zeit zur Selbstkorrektur, danach korrigieren wir gemeinsam.
* Die Jugendlichen bekommen am Morgen den Auftrag, sich 15 Wörter zu notieren, die im Laufe des Tages im Schulzimmer verwendet werden und die ein bestimmtes Kriterium erfüllen (Nomen mit Dehnung, Verb mit Kürzung, Wort mit *ck* usw.). Am Ende des Tages werden diese Wörter für ein Spiel benutzt.
* Wichtig scheint mir, dass die Stimmung bei all diesen Rechtschreibübungen nicht todernst ist, sondern, dass das Ganze lustvoll und wettbewerbsmässig angegangen wird.

Diktate

Nach anfänglichem Zögern habe ich mich dafür entschieden, mit Diktaten zu arbeiten. Dazu nehme ich nicht Diktattexte aus einem Lehrmittel mit vielen Ausnahmen, sondern Kurz- und Kürzestgeschichten. Dies scheint mir wichtig, da es in dieser Lernphase ja nicht darum geht, sich mit (noch mehr) Ausnahmen herumzuschlagen, sondern die Basis der Rechtschreibung zu legen.

Die ersten Diktate bereiten wir zusammen vor: Wir suchen gemeinsam nach schwierigen Wörtern und Ausnahmen, ich lasse die Jugendlichen immer wieder miteinander üben und korrigieren. Ich zeige ihnen, wie man Lernpläne erstellt und effizient auf ein Diktat übt, da ich festgestellt habe, dass die wenigsten Jugendlichen wissen, was „lernen" bedeutet. Meist schreiben sie das Diktat einmal – wenn überhaupt – ab und glaubten dann, „gelernt" zu haben.

Stammformen

Ich kopiere den Jugendlichen eine Liste mit den Stammformen starker Verben (*schlagen: schlägt – schlug – hat geschlagen*). Ich teile die Liste in Blöcke ein, von denen jeder Block 15 bis 20 Verben umfasst.

Zuerst übe ich mit den Jugendlichen, die Verbformen auswendig zu sprechen, danach bekommen sie immer wieder Zeit, diese auch zu schreiben. Von den schwierigen Wörtern legt sich jeder Jugendliche eine persönliche Wörterkartei an (auf der einen Seite steht der Infinitiv, auf der anderen Seite das Paradigma). In relativ kurzen Abständen prüfe ich den gerade behandelten Block.

Spiele

Ich versuche so oft als möglich Rechtschreibspiele zu machen. Wichtig ist dabei, dass alle Jugendlichen eine Chance haben zu punkten und dass der Faktor Zeit nicht zu stark ins Gewicht fällt, damit auch langsame Jugendliche eine Chance haben. Solche Spiele, bei denen es meist einen kleinen Pausensnack oder eine Süssigkeit zu gewinnen gab, spornen die Jugendlichen enorm an.

Abschreiben

Ich erwarte von Jugendlichen, dass sie Texte vom Overheadprojektor fehlerfrei abschreiben können. Ich übe dies auch immer wieder, erwarte aber auch hier ein hohes Mass an Sorgfalt und Selbstkorrektur. Einzelne Jugendliche, welche sehr viel Zeit brauchen, bekommen den Originaltext mit nach Hause, um ihn in Ruhe fertig zu schreiben.

Das Wochenheft

Die Jugendlichen schreiben jede Woche einen Text von mindestens einer Seite in ihr Wochenheft. Meistens gebe ich die Themen vor, hin und wieder können sie auch frei wählen.

Bei der Korrektur gehe ich folgendermassen vor:

- In den ersten Wochen korrigiere ich nichts in die Texte hinein, benote sie auch nicht, sondern schreibe nur (wenn immer möglich aufmunternde, positive) Kommentare unter die Texte.
- Nachdem ich die einzelnen Schreibschwierigkeiten der Jugendlichen etwas besser kenne, bekommt jeder einen „Aufmerksamkeitsauftrag" mit einem einzigen Kriterium, worauf er bei den nächsten Texten achten muss: Gross-/ Kleinschreibung, Dehnungen, Kürzungen, Schluss-t, Punkte usw. In den folgenden Texten markiere ich dann mit grünem Stift sämtliche Wörter, bei denen dieses Kriterium richtig verwendet wird, je nach Lernfortschritt wird dann das Kriterium gewechselt.
- Danach beginne ich auch Fehler mit Rot zu markieren, die grüne Markierung behalte ich bei.
- Nach einigen weiteren Texten legt sich jeder Jugendliche eine elektronische Wörterliste an (nach Alphabet geordnet), in die die Wörter hineingeschrieben werden, die ich als falsch markiert habe (nun auch Wörter, welche ich als Basis voraussetze: Verben aus der Stammformenliste, mehrfach behandelte Wörter aus der Wörterliste usw.). Ich erwarte, dass die folgenden Texte mit dieser Liste durchgesehen und korrigiert werden.

  Diese Liste wird immer nach einigen weiteren geschriebenen Texten ergänzt.
- Danach bekommen die Jugendlichen drei Kriterien (Rechtschreibung anhand Wörterliste, saubere Darstellung, interessanter Inhalt), nach denen ich ihre Texte mit Häkchen bewerte. Diese Idee der Bewertung stammt von Ruf/Gallin (1999).

  ✓   bedeutet: Auftrag erfüllt

  ✓✓   bedeutet: gute Arbeit

  ✓✓✓   bedeutet: Du hast einen Wurf gelandet, tolle Leistung!

  *   bedeutet: Auftrag nicht erfüllt, auf morgen wiederholen

         (danach kann maximal noch ein ✓✓ erreicht werden)
- Mit der Zeit ersetze ich den „Aufmerksamkeitsauftrag" durch eine persönliche Schreibcheckliste, auf der jeder Schüler für sich vermerkt, worauf er in den nächsten Texten achten muss.

Lesen

Ich besuche mit den Jugendlichen regelmässig die Schulbibliothek, stelle ihnen neue Bücher, Zeitschriften, Comics usw. vor. Jeder Jugendliche muss immer Lesestoff im Schulzimmer haben, sodass „Wartezeit" mit Lesen gefüllt werden kann.

Die Jugendlichen bekommen jede Woche eine Zeitspanne, in der sie ungestört lesen können, ohne danach zusammenfassen oder etwas Ähnliches tun zu müssen. Hin und wieder lasse ich sie einander vom Gelesenen erzählen.

Wir haben auch eine Klassenlektüre, die wir zusammen lesen, auch dort lenke ich die Aufmerksamkeit immer mal wieder auf die Rechtschreibung.

Filme

Wird ein Film oder Auszüge daraus im Unterricht gezeigt, achte ich immer darauf, dass ich bei ausländischen Filmen die originalsprachige Ausgabe bekomme, bei der die Untertitel eingeblendet werden können, damit die Jugendlichen gezwungen sind zu lesen und dies auch im entsprechenden Tempo.

2   Zwei Texte von zwei Schülern

Im Folgenden werden je zwei unkorrigierte Texte von zwei Schülern wiedergegeben. Der erste Text wurde in der ersten Schulwoche nach den Sommerferien geschrieben, der zweite wurde im Dezember 2006, also nach rund drei Monaten gezielter und intensiver Schreibförderung verfasst.

Schüler A (13-jährig; Erstsprache Deutsch, Vermerk aus der Primarschule „Rechtschreibung hoffnungslos")

Text 1 (August 2006)

Aufgabenstellung:
5 Bilder von Mäusen in einem Terrarium sind vorgegeben. Die schriftliche Aufgabe lautet: „Schau dir diese Käfige der mongolischen Wüstenspringmäuse an: Was fällt dir auf? Was brauchen diese Tiere alles, um glücklich zu sein? Wie können wir das Nötige beschaffen? Worauf freust du dich? Was macht dir eventuell etwas Sorgen?"

Text des Schülers:

„Die Rennmeuse haben warscheindlich en zu kleines Terarium gehabt. Darum baute der ein aufbau für die Meuse. Sie haben eine ganz schone ausrustung bekommen. Sie brauchen sicher etwas um sich versteken zu konnen. Die Wüstenspringmeusen müsse Sie zum klettern haben sie haben z ho oben ein versteck bekommen. Die Wüstenspirengmeusen brauche Holzige sachen weil die noch daran knabern können Die Tiere brauchen auch Hobel späne um Hölen zu graben, und zu wülen. Das Futte ist da auf der Fotto auf einem dorret oben, das Wasser sehe ich nicht. Das Nest material hab sie aus bekommen.

Im Kafig hat es auch Kletterbeume farhanden. Den Käfig raum ist sehr wichtig so viel wie moglich.

Zu erst mussen wir abklären was wir alles fur nötig haben.

Am besten wurden wir in eine Tierhandlung gehen, und dann fragen was die Rennmeusen wirklich brauchen. Am besten machen wir eine kleine Klassenkasse, da jeder ein betrg dazu zählt. Bis mir das geld zusamen haben fur die Rennmeusen. Ich freue mich das wir einmal etwas lebendiges im Schulzemmer. Das mas zamen und streicheln können.

Mir macht sorgen wegen dem Terarium und wie können wir den Aufbau machen. Die Rennmeusen mussen es wirklich schön haben, nicht nur etwas huschen."

Text 2 (Dezember 2006)

Aufgabenstellung:
Ein Erlebnis

Text des Schülers:

„Das Neue Kälbchen
Wir wusten schon lange dass unsere Kuh Rita ein Kälbchen zur Welt bringen sollte. Jeden Abend gingen wir gespannt in den Stall. Eines Nachmittags als ich von der Schule kam, fuhr ich mit dem Fahrrad durch den Stall und ich bemerkte sofort dass Rita bald ihr Kälbchen zur Welt bringt. Ich beeilte mich und tauschte meine Schulkleidung gegen Überhosen ein, zog die Stiefel über die Socken. Eilens ging ich in den Stall herüber. Als ich die Stalltür aufzog sah ich dass die Beinschen von dem Kälbchen herausschauen. Ich rufte meinem Vater das die Kuh kurz vor dem Kalbern ist. Schnell warf ich einige Kabeil Stroh unter die Beine des Kälbchens. Als mein Vater etwa nach 10 Minuten

in den Stall erschein war die Geburt voll im gange. Das Kalbchen war bereits mit dem Kopf drausen. Von diesem Punkt an muss es jeweils schnell gehen. Bereits nach einer halben Minute war das Kälbchen draussen. Das Kalb wirt von der Mutter trocken geleckt. Die Kuh leckt am Kalb wild herum. Vater stellte der Kalberkuh einen Grossen Eimer mit Wasser hin, im Nu ist der Eimer leergetrunken. Nach einer Weile darf das Kälbchen ins Iglu hinaus. Nach der Stallarbeit bekommt das Kalb einen Biestmilchschoppen das ist lebenswichtig für das Kalb."

Schüler B (13-jährig; Erstsprache Albanisch; seit zehn Jahren in der Schweiz, mit zweijährigem Unterbruch)

Text 1 (August 2006)

Aufgabenstellung:
„Spinnsch eigentli?", Roberto dreht sich um und funkelt Burim wutentbrannt an. Dann schlägt er ihm die Faust ins Gesicht.

Text des Schülers:

„Warum schlegst du mein Bruder fragte Burim. Roberto stand auf uns sagte weil er frech war darum wilst du auch verprugelt werden probirs doch nur da schlagte Roberto warnte ihn noch ein mal das pasirt was. Roberto tretete zu und Burim wurde wütend und schlagte zu bis ein par Schüler sie aus ein ander namen Roberto rante weg un rif du wirstes bereuien Burim sagte tzzz von dir da lachen ja die Hüner un lif nach Hause. ein par Tag lang ging Burim ganz normal in die Schule bis einem Donerstg als Burim mit ein par Kolegen nach Hause lif kam Roberto mit ein par anderen und packten Burim und schlugen zu Seine Kolegen wolten in helfen aber die andern waren ein deutig in der über zahl abe zum glück kam ein Mann aus dem Haus gerant und vertib Roberto und seine Kolegen der Mann schaute schnel nach Burim er hate nur Nasenblut das war nicht so schlimm am nechsten tag war der Mann in der schule und erzelte den Lehrern was er gesen hat am Robert und Burim sein Lehrer entschiden sich die Schulsekretariat zu berichten am nechsten tag war der Direktor und die Jugendpolizei in der Schule sie holten die mit beteilikten und die Jugendpolizei fragte wie das an gefangen hat Burim fing an zu erzelen das er seibruder geschlagen hat Roberto seigte er hat das verdind und das es schnlang noch kein grund mich zu schlagen Burim sagte ich habe dier nur eine gehauen und dan hast du gesagt das du mich auch noch schlagen kanst und hast zu geschlagen und da bin ich wütend gegworden und bin auf dich los bis unz ein parschüler auseinand gegenomen haben danach fragten sie die andern noch was sie damit zu tun haten am Roberto seine und er wurde bestraft und Burim muste nach sizen und seine Kolege kamen un bestraft dafon. Sie bekammen einen brif nach hause der ihre eltern informirte u.s.w.."

Text 2 (Dezember 2006)

Aufgabenstellung:
Freies Thema

Text des Schülers:

„The best Fussballer
Ein Junge Namens Christian genant auch zweiter Ronaldo von seinen Freunden. Er spielte gerne Fussball und war richtig gut. Aber er konnte sich in einen Fussballclub zu gehen nicht leisten, darum spielte er mit seinen Freunden in der Freizei. Die ale spielten in einen Club aber sie waren immer noch nicht so gut wie er. Nur weil er nich irgend wo spielen konnte, weil sein Vater das Jahr immer zu hause war und nicht arbeiten konnte muss man nicht sagen das er nicht gut spielt, weil wenn die Grossen spielten lisen sie ihn immer mit machen. Eines Tages ging er und seine Freunde auf ein richtiges Fussballfeld zu spielen nich nur in der schule auf dem pausen Fussballfeld. Eine Manschaft hatte training, die Splieler waren fast ale gleich alt vielleicht ein Jahr elter. Und der Traner sah ihn spielen und war begeistert wie er spielte, und er sagte seinen Spieler seht ihn an, schaut was für eine Technick er hat. Ihr müsst auch wie er rugig und konzentriert spielen. So könnt ihr Energi sparen sagte der Traner Er rif Christian und fragte ihn ober lust hete am nechsten Traning mit zu machen „er sagte er muss über legen". Nach dem Traning ging er zum Traner und sagte, dass er kommt. Am nechsten Traning war er da, und der Traner sagte die Übungen. Er rief Christian und fragte ihn, ob er ihn seiner Mannschaft mit macht. Christian wollte das aber er konnte sich das alles nicht leisten. Und sagte dem Traner aber die Kosten ich kann mir das alles nicht leisten mein Vater ist arbeits los. Der Traner sagte ich mach das schon. Christian musste was zahlen aber nich alles. Er brachte die manschaft gut vorwärts. Aber es gab einversüchtige in der Manschaft es waren vier hermalige best Spieler und Christian war in alles besser als sie ale vier.

> Eines Tages als Christian aleine für sich tranirte kamen die vier und sagten wen du nich aus unsere Manschaf verschwindest dan krachts, Christian war ehr ein rugger typ und nicht ein kampf süchtiger „er sagte ich habe eine Ide" ich spiele gegen euch alen einzeln Fussball wenn nur zwei von euch mich schlissen dan gehe ich, wann nich dan bleib ich und ihr last mich in ruhe. Sie spielten und am schluss war Chrian der sieger, sie mussten wie gewetet ihn in ruhe lasen. Sie gingen sich gegen seitig fluchend."

3   Anmerkungen zu den Lernfortschritten

Bereits ein oberflächlicher Blick auf die Texte lässt erkennen, dass beide Schüler innerhalb von 12 Schulwochen riesige Fortschritte in ihrer schriftlichen Ausdruckskompetenz erzielt haben. Es ist auch leicht feststellbar, dass sich nicht nur die Rechtschreibung verbessert hat, auch wenn im Unterricht vor allem dieser Aspekt des Schreibens geübt wurde, sondern dass auf verschiedenen Ebenen der Textkompetenz Fortschritte erkennbar sind. Die folgenden Anmerkungen erheben keinen Anspruch auf Vollständigkeit und Wissenschaftlichkeit. Sie basieren auf den Kategorien Textaufbau, Wortschatz, Satzbau, grammatische Formen und Rechtschreibung und ermöglichen somit einen gegenüber dem subjektiven Eindruck differenzierteren Einblick in die Lernfortschritte.

Schüler A

Textaufbau

Text 1 ist stärker durch einen mündlichkeitsorientierten Sprachgebrauch geprägt; Text 2 entspricht stärker den Kriterien der Schriftlichkeit. Das heisst, dass der Leser/die Leserin bei Text 2 zum Beispiel weniger Reparaturarbeit leisten und keine Gedankensprünge nachvollziehen muss, um den Text zu verstehen. Relativierend könnte aber bemerkt werden, dass die Aufgabenstellung bei Text 1, in einem zusammenhängenden Text die vorgegebenen Fragen zu beantworten, schwieriger zu lösen ist als die offene Aufgabenstellung bei Text 2. Der Schüler löst die Aufgabe in Text 2 aber vor allem darum ziemlich gut, weil er viele strukturierende Redemittel verwendet (*Eines Abends; Von diesem Punkt an; Bereits nach einer halben Minute; im Nu; Nach einer Weile; Nach der Stallarbeit*). Offenbar hat der Schüler durch die intensive Auseinandersetzung mit schriftlicher Sprache gemerkt, dass solche textstrukturierende Elemente ein wichtiger Bestandteil von schriftlichen Texten ist.

Satzbau

Der Satzbau in Text 1 ist ebenfalls stark mündlichkeitsgeprägt, d.h. der Schüler benützt fehlerhafte Satzstrukturen, die in der mündlichen Sprache gängig sind (*Darum baute der ein aufbau ... / Mir macht Sorgen wegen dem Terarium ...*). Zu erkennen ist die Mündlichkeitsprägung auch daran, dass z.T. keine Satzenden markiert werden. Dies ändert sich in Text 2 stark. Die Satzenden sind alle markiert und die Sätze sind mit passenden Anknüpfungsmitteln verbunden (Zeitadverbien, Konjunktionen).

Zudem ist der Satzbau in Text 2 komplexer als in Text 1. In Text 1 sind Hauptsätze, Satzverbindungen (HS–HS) und einige einfache Satzgefüge (HS–NS) vorhanden. In Text 2 wird neben einem allgemein sichereren Umgang mit den Satzbauplänen auch ein komplexes Satzgefüge verwendet (NS-HS-HS-NS).

Wortschatz

In Text 1 finden sich viele Wörter aus der Schweizer Mundart (*warscheindlich en zu kleines Terarium / Bis mir das Geld zusamen haben / dorret oben* = dort oben). In Text 2 sind keine Mundartwörter enthalten. Auch hier kann eingewendet werden, dass der Wortschatz in Text 2 differenzierter ist, weil der Schüler als Bauernsohn auf ein entsprechendes Erfahrungswissen zurückgreifen kann. Die Tatsache aber, dass keine Wörter in der Mundart gebraucht werden, deutet darauf hin, dass der Schüler den Unterschied zwischen gesprochener und geschriebener Sprache erkannt hat. Damit ist ein wichtiges Ziel der Schreibförderung erreicht.

Grammatische Formen

In Text 1 werden vor allem Akkusativformen falsch gebraucht. Im alemannischen Dialekt existieren keine Akkusativformen, aus diesem Grund können Mundartsprachige diese Form nicht gefühlsmässig richtig anwenden. Der Schüler hat erkannt, dass es eine Akkusativform gibt, benützt diese Form allerdings willkürlich (vgl. dazu Diehl et al. 2000).

Rechtschreibung

Der Schüler hat zwischen Text 1 und Text 2 grosse Fortschritte in allen Bereichen der Orthografie gemacht. (Gross- und Kleinschreibung, Kürzungen und Dehnungen von Vokalen, spezifische Laute des Deutschen wie z.B. Diphtonge, *sp* und *st* im Anlaut).

Schüler B

Textaufbau

Auch bei Schüler B ist der erste Text sehr mündlichkeitsgeprägt. Der Schüler hat den Text so geschrieben, wie wenn er das Erlebnis jemandem erzählen würde. Das Verstehen dieses Textes fällt vor allem schwer, weil die verschiedenen Sprecher- und Perspektivenwechsel auf der Textoberfläche nicht angezeigt werden (z.b. durch Interpunktion der direkten Rede, Absätze oder Spiegelstriche bei Sprecherwechsel) oder die Perspektive nicht eingehalten wird (*Roberto seigte er hat das verdind und das es schnlang noch kein grund mich zu schlagen*). Bei Text 2 wird die Erzählperspektive im ersten Teil eingehalten (3. Person). Im zweiten Teil wechselt die Perspektive zum Teil zwischen der 3. und der 1. Person.

Satzbau und Interpunktion

Die grössten Fortschritte erzielte Schüler B im Bereich des Satzbaus. Er markiert in Text 2 zweiundzwanzig Satzenden mit einem Punkt, im Gegensatz zu Text 1, wo lediglich fünf Sätze mit einem Punkt beendet werden, obschon die zwei Texte ungefähr gleich lang sind. Schüler B scheint die Grundidee „Ein Gedanke = ein Satz" verstanden zu haben. Zudem verwendet er in Text 2 zwölf Kommas, während im Text 1 kein einziges zu finden ist. Auch wenn noch viel zu lernen bleibt, bemerkt man, dass sich bei der Syntax einiges verändert hat.

Die Interpunktion für die direkte Rede wird auch in Text 2 nicht richtig angewendet, doch zeigt sich auch hier eine Sensibilisierung.

Wortschatz

Sowohl in Text 1 als auch in Text 2 ist der Inhaltswortschatz ziemlich differenziert und es finden sich keine Wörter aus der Schweizer Mundart.

Grammatische Formen

Schüler B benützt sowohl im ersten wie im zweiten Text weitgehend korrekte Konjugations- und Deklinationsformen. Auch wenn viele grammatische Formen falsch geschrieben werden, liegt das vor allem an einer fehlerhaften Orthografie und nicht an mangelnden grammatischen Kompetenzen.

Rechtschreibung

Im Bereich der Rechtschreibung sind im Text 2, wie zu erwarten war, weniger Verstösse zu finden als im Text 1. Vor allem im Bereich der Dehnung von Vokalen sind die grössten Fortschritte auszumachen. Interessant ist hier auch zu sehen, dass die Unsicherheiten im Bereich der Wortgrenzen abgenommen haben. In Text 1 sind viele Einzelwörter zusammen oder fälschlicherweise getrennt geschrieben (*inder über zahl / seibruder / parschüler* usw.), was in Text 2 zwar noch immer vorkommt (*irgend wo / ober lust hete / kamp süchtiger*), jedoch weit weniger frequent ist.

4 Schlussfolgerungen

1. Die Fokussierung auf einen Teilaspekt der Sprachförderung ermöglicht es den Lernenden, sich während einer längeren Zeit auf einen begrenzten Lerninhalt zu konzentrieren und die volle Aufmerksamkeit darauf zu richten. Eine gezielte Korrektur der Texte hilft den Lernenden, sich auf die aktuell zu lernenden Aspekte und Regeln zu konzentrieren. Dies bedeutet aber auch, dass eine komplette, flächendeckende Korrektur bei Texten, die nicht für eine Publikation bestimmt sind, kontraproduktiv wirken. Eine hundertprozentige Korrektur von Texten ermöglicht den Lernenden nur eine einzige Einsicht, nämlich kein Deutsch zu können.

2. Die Texte zeigen deutliche Fortschritte in verschiedenen Bereichen des Schreibens. Beim ersten Schüler ist dieser Fortschritt frappant. Nicht nur ist im zweiten Text die Rechtschreibung wesentlich besser, auch die Textkohärenz und das Satzgefühl sind wesentlich besser. Offenbar wirkt sich eine gezielte Förderung eines Teilaspektes auch unmittelbar auf andere Bereiche der Sprachkompetenz aus, ohne dass diese explizit thematisiert werden.

3. Die Erfolge einer gezielte Förderung in einem begrenzten Teilbereich der Sprachkompetenz sind auch ein Beweis dafür, dass die weit verbreitete so genannte ganzheitliche Sprachförderung, bei der möglichst viele Fertigkeitsbereiche gleichzeitig gefördert und in der vor allem mündliche Sprachsituationen bevorzugt werden, vor allem bei sprachschwachen Lernenden das Ziel einer nachhaltigen und nachweisbaren Verbesserung der Sprachkompetenz verfehlt. Solange die Lernenden keine klar definierten und klar begrenzten sprachlichen Lerninhalte behandeln können, wird einer diffusen Überforderung und Desorientierung Vorschub geleistet. Damit ist allerdings nicht gemeint, dass z.B. mit kontextlosen Grammatikübungen zur Deklination Erfolge zu erzielen sind. Der Ausgangspunkt einer Sprachförderung ist und bleibt der konkrete Text der Lernenden, an dem sich der zu fördernde Teilaspekt orientiert. Wenn Gram-

matikalisches behandelt wird, dann immer ausgehend von einem konkreten Schülertext.

4. Eine Erfolg versprechende Sprachförderung kann sich nicht allein auf die wenigen Deutschstunden beschränken. In jeder Unterrichtsstunde müssen Sprachfördermöglichkeiten erkannt und genutzt werden. Die Aufmerksamkeit in Bezug auf Sprachliches wird so kontinuierlich aufrechterhalten.

5. Didaktische Vorgehensweisen und Methoden, die aus der DaZ-Didaktik stammen (Stammformen der Verben auswendig lernen, Wortschatzarbeit mit Wörterlisten usw.), nützen auch deutschsprachigen Jugendlichen. Zumindest in Schulen mit tiefem Anforderungsprofil macht es wohl keinen Sinn, zwischen einer Didaktik des Deutschen als Erstsprache und einer solchen als Zweitsprache zu unterscheiden. Grundsätzlich gilt hier: Es gibt nur eine Deutschdidaktik − nämlich diejenige, die von den Voraussetzungen und von den Texten der Lernenden ausgeht und die Sprachförderung als Arbeit an fokussierten Teilaspekten versteht.

Literatur

Diehl, Erika/Christen, Helen/Leuenberger, Sandra/Pelvat, Isabelle/Studer, Thérèse (2000): *Grammatikunterricht − alles für der Katz?* Tübingen: Niemeyer.

Portmann-Tselikas, Paul, R. (2005): *Was ist Textkompetenz?* Online-Publikation [http://elbanet.ethz.ch/wikifarm/textkompetenz/uploads/Main/PortmannTextkompetenz.pdf].

Ruf, Urs/Gallin, Peter (1999): *Dialogisches Lernen in Sprache und Mathematik. Band 2. Spuren legen − Spuren lesen. Unterricht mit Kernideen und Reisetagebüchern.* Seelze: Kammleyersche Verlagsbuchhandlung.

ERSTSPRACHENFÖRDERUNG

Die Förderung der Herkunftssprachen und ein Modell integrierter Herkunftssprachenförderung: Die *Sprach- und Kulturbrücke* in Basel-Stadt

SILVIA BOLLHALDER

1 Hintergründe und Zielsetzungen – das vorhandene Sprachpotenzial nutzen

Basel mit seinem hohen Anteil von über 40 % zweisprachiger Schülerinnen und Schüler setzt auf zukunftsgerichtete Entwicklungen. Eine der zentralen Zielsetzungen ist es, die individuelle Chancengleichheit und die Integrations- und Tragfähigkeit der Schulen zu verbessern. Es gilt, die Chancen der integrativen und multikulturellen Schule gerade in Hinblick auf die Bedeutung für die Wirtschaftsmetropole Basel besser zu nutzen und zu kommunizieren. Ziel ist es, Kinder und Jugendliche mit Migrationshintergrund zu fördern, ihnen ein positives Gefühl hinsichtlich ihrer Sprachkompetenzen zu vermitteln und ihr Selbstwertgefühl zu stärken. Das vorhandene Sprachenpotential soll von der Gesellschaft, der Wirtschaft und den Schulen genutzt werden können und im internationalen Umfeld als Standortvorteil dienen.

Die zentrale Rolle der Erstsprache(n) in der Aktualisierung der Spracherwerbsfähigkeit ist hinlänglich anerkannt. Die Förderung der Sprachfähigkeit durch die Erstsprache(n) bildet die Basis für den Erwerb von weiteren Sprachen und sollte möglichst früh einsetzen. Die Akzeptanz und die Unterstützung durch die gesamte Schule sind massgeblich für den Erfolg. Am besten schneiden dabei offenbar Modelle ab, die einen kontinuierlichen, miteinander koordinierten Unterricht in beiden Sprachen anbieten (vgl. Reich/Roth 2002 und Thomas/Collier 1997). In eigens entwickelten Modellen (Modell St. Johann, Modell Sprach- und Kulturbrücke, Projekt Randevu) versuchen wir der Vielfalt an Sprachen und Kulturen in den Schulhäusern der Basler Schulen Rechnung zu tragen und den Unterricht punktuell für die Mehrsprachigkeit zu öffnen.

2 Unterstützende Vorgaben – vom Integrationsleitbild zum Gesamtsprachenkonzept

Diverse politische und bildungswissenschaftliche Vorgaben unterstützen unsere Arbeit in hohem Masse.

Im Jahre 1999 legte der Kanton Basel-Stadt den Grundstein für eine moderne, ganzheitliche Integrationspolitik. Sein neues Integrationsleitbild definierte für den Schulbereich folgende zentrale Zielsetzungen: Alle Kinder und Jugendlichen sollen die gleichen Bildungschancen haben, also auch diejenigen ausländischer Herkunft. Die Potenziale von Kindern und Jugendlichen aus den verschiedensten Lebenswelten und Erfahrungszusammenhängen sollen in der Schule erkannt, genutzt und gefördert werden, wobei der Erwerb und die Förderung von Sprachkompetenzen prioritär behandelt werden sollen. Bei der Umsetzung dieser hoch gesteckten Ziele wurde bereits in der Konzeptphase stark auf eine Kontinuität über alle Schulstufen hinweg geachtet.

Etwa zur gleichen Zeit wurde ein neues nationales Gesamtsprachenkonzept entwickelt. Eine von der Schweizerischen Konferenz der kantonalen Erziehungsdirektorinnen und -direktoren (EDK) eingesetzte Expertengruppe legte 1998 einen Bericht vor, in dem sie "der Pflege der eigenen Sprache sowie dem Erlernen weiterer Landessprachen, der Sprache unserer Nachbarinnen und Nachbarn sowie der grossen Weltsprachen" allergrösste Bedeutung beimass und sich zum Ziel setzte, "eine in sich gefestigte, funktional mehrsprachige und gegenüber einer multikulturellen Gesellschaft offene Bevölkerung heranzubilden". Basierend auf diesem Bericht formulierte die EDK Empfehlungen für die Kantone, wie diese Zielsetzungen erreicht werden sollten. Eine dieser Empfehlungen bezog sich auf die Förderung der in den Schulen vorhandenen Herkunftssprachen.

Das in der Folge entwickelte Basler Gesamtsprachenkonzept setzt sich darüber hinaus zum Ziel, die "innergesellschaftliche Kohärenz, die real existierende Multilingualität und den Beitrag der Sprachenkompetenzen für die gesellschaftliche Integration fremdsprachiger Bewohner und Bewohnerinnen" vermehrt zu berücksichtigen. Damit wird eine starke Aufwertung des Unterrichts in den Herkunftssprachen postuliert. Die Erstsprachen der Schülerinnen und Schüler sollen in die Stundentafeln und Lehrpläne einbezogen werden. Zweisprachig aufwachsende Kinder im Kanton sollen die Möglichkeit haben, ihre Erstsprache über alle Schulstufen hinweg systematisch weiter zu entwickeln. Der traditionelle, jedoch recht isolierte Unterricht in Heimatlicher Sprache und Kultur (HSK) soll durch integrierte Modelle ergänzt und teilweise ersetzt werden.

Um die Qualität aller HSK-Kurse zu sichern und zu verbessern und um sie auf die Programme der öffentlichen Schulen besser abzustimmen, war es darüber hinaus erforderlich, die Lehrpläne der verschiedenen HSK-Kurse zu vereinheitlichen und an die Lehrpläne der öffentlichen Schulen anzupassen. Mit der Übernahme des „Rahmenlehrplans für Kurse in Heimatlicher Sprache und Kultur (HSK)" des Kantons Zürich unternahm der Erziehungsrat von Basel-Stadt am 9. August 2004 einen wichtigen Schritt in diese Richtung. Seit Frühling 2005 verwenden alle Basler Trägerschaften von HSK-Kursen diesen Lehrplan als verbindliche Grundlage.

3   Sprachverteilung und Kursangebote im Schuljahr 2006/07

Ein Blick auf die statistische Sprachverteilung im Schuljahr 2006/07 spricht für sich. Alle Schülerinnen und Schüler der Volksschulstufe in Basel-Stadt sprechen und verstehen mindestens eine, oft aber gleich mehrere von insgesamt über 60 verschiedenen Sprachen. In Basel gibt es in 29 Sprachen entweder integrierte Sprachlernangebote und/oder traditionelle Kurse in Heimatlicher Sprache und Kultur (HSK). Sie sind auf diverse Schulhäuser in der Stadt verteilt und werden insgesamt von über 2500 Kindern und Jugendlichen besucht. Träger der Kurse sind Botschaften, Konsulate oder Elternvereine. Finanziert und beaufsichtigt werden sie durch die Kursträger, von Vereinen getragene Minoritäten müssen von den Eltern in der Regel Jahresbeiträge verlangen. Das Angebot gilt für die Volksschulstufe, in einigen Sprachen beginnen die Kurse schon im Kindergartenalter (KG). Bei den integrierten Modellen kann die Stadt bei Bedarf einen Teil der Kosten übernehmen.

Sprache	Anzahl Kinder	Bezogen auf Total	Herkunftsprachen-Unterricht auf	Form
Albanisch*	967	8.28%	Primar und Sek 1	integriert
Albanisch/Türkisch	3	0.03%		
Amharisch	3	0.03%	–	–
andere slawische Sprachen	21	0.18%		
Arabisch*	61	0.52%	KG und Primar	traditionell

Armenisch	1	0.01%	–	–
Bosnisch★	167	1.43%	Primar und Mittelstufe	traditionell
Bulgarisch	5	0.04%	–	–
Chinesisch★	60	0.51%	KG, Primar, Sek I	traditionell
Dänisch	4	0.03%	–	–
Deutsch	5353	45.83%		
Englisch★	223	1.91%	Primar, Sek I	traditionell
Englisch/Französisch	3	0.03%		
Englisch/Polnisch	1	0.01%		
Englisch/Spanisch	2	0.02%		
Eritreisch (Tigrinia)	2	0.02%	–	–
Ewe	4	0.03%	–	–
Farsi	9	0.08%	KG	traditionell
Finnisch★	7	0.06%	KG, Primar, Sek I	traditionell
Französisch★	291	2.49%	Primar, Sek I	traditionell
Französisch/Arabisch	2	0.02%		
Französisch/Englisch	5	0.04%		
Französisch/Italienisch	7	0.06%		
Französisch/Spanisch	1	0.01%		
Griechisch★	8	0.07%	KG, Primar, Sek I	traditionell
Hebräisch	1	0.01%	–	–
Hindi	3	0.03%	–	–
Indoarisch	9	0.08%	–	–
Irakisch	1	0.01%	–	–
Isländisch	1	0.01%	–	–
Italienisch★	656	5.62%	Primar, Sek I, Sek II	trad. und integriert
Italienisch/Französisch	5	0.04%		
Japanisch★	2	0.02%	KG, Primar, Sek l, Sek II	traditionell
Koreanisch★	5	0.04%	KG, Primar	traditionell

Kroatisch★	227	1.94%	Primar, Sek l	trad. und integriert
Kurdisch★	220	1.88%	Primar	traditionell
Lettisch	1	0.01%	–	–
Lingala	1	0.01%	–	–
Malayalam	30	0.26%	–	–
Mazedonisch★	118	1.01%	Primar	traditionell
Niederländisch	27	0.23%	–	–
Norwegisch	2	0.02%	–	–
Polnisch★	6	0.05%	KG, Primar, Sek l, Sek ll	traditionell
Portugiesisch★	344	2.95%	Primar, Sek l, Sek ll	traditionell
Romanisch	2	0.02%	–	–
Rumänisch	14	0.12%	–	–
Russisch★	31	0.27%	KG, Primar, Sek l	traditionell
Schwedisch★	7	0.06%	KG, Primar, Sek l	Traditionell
Serbisch★	451	3.86%	Primar, Sek l, Sek ll	traditionell und integriert
Slowakisch	14	0.12%	–	–
Slowenisch★	1	0.01%	–	–
Somali	5	0.04%	–	–
Spanisch★	378	3.24%	KG, Primar, Sek l, Sek ll	traditionell und integriert
Spanisch/Italienisch	17	0.15%		
Suaheli	3	0.03%	–	–
Tagalog	23	0.20%	–	–
Tamil★	249	2.13%	KG, Primar, Sek l	traditionell und integriert
Thai★	58	0.50%	Primar	traditionell
Tibetisch	1	0.01%	–	–
Tschechisch★	13	0.11%	Primar	traditionell
Türkisch★	1395	11.94%	KG, Primar, Sek I	traditionell und integriert

Türkisch/Kurdisch	16	0.14%		
Unbekannt	47	0.40%		
Ungarisch*	20	0.17%	KG, Primar, Sek 1	traditionell
Urdu	19	0.16%	-	-
Vietnamesisch	31	0.27%	-	-
Wolof	4	0.03%	-	-
Gesamtergebnis	11681	100%		

* bei diesen Sprachen besteht ein Kursangebot für Kinder
KG: obligatorischer Kindergarten für 5 - 6jährige Kinder
Primar: 1.– 4. Klasse
Sek I: 5.– 9. Klasse

4 Traditionelle und integrierte Formen von Sprachförderung in Herkunftssprachen

a) Traditionelle Kurse in Heimatlicher Sprache und Kultur (HSK)

In den Kursen in Heimatlicher Sprache und Kultur (HSK) erweitern mehrsprachige Kinder und Jugendliche ihre Kompetenz in der Erstsprache und die Kenntnisse über die Kultur ihres Herkunftslandes. Sie setzen sich mit ihrer Situation zwischen zwei Kulturen auseinander und lernen, sich in einer Gesellschaft zu integrieren. Sie erhalten Unterstützung in ihrer sprachlich-kognitiven und soziokulturellen, aber auch in der emotionalen Entwicklung. Die Kurse der HSK stärken das Bewusstsein, dass die Zweisprachigkeit ein zusätzliches Potenzial darstellt.

Kleine und kleinste Gruppen werden vor allem aus logistischen Gründen meist traditionell unterrichtet. Die Kurse finden in der Regel in einem dem Kind fremden Schulhaus und häufig am späteren Nachmittag statt und werden dadurch oft als Zusatzbelastung empfunden. Die Lehrpersonen unterrichten praktisch jeden Tag an einem anderen Ort, häufig sogar in zwei oder drei Kantonen. Es ist ihnen kaum möglich, an Konferenzen oder an Besprechungen im Kollegium teilzunehmen oder gar eine erweiterte Zusammenarbeit mit Schweizer Kolleginnen und Kollegen ins Auge zu fassen.

b)   Ein Modell der integrierten Erstsprachförderung:
        Die Sprach- und Kulturbrücke (S & K)

Eines der Basler Modelle von integriertem Erstsprachenunterricht soll hier stellvertretend beschrieben werden. Es nimmt die bereits genannten Inhalte der traditionellen Heimatlichen Sprach- und Kulturkurse auf, ist aber konzeptionell weiter gefasst. Ein auffälliger Unterschied ist, dass der Unterricht in der Schule der Kinder und Jugendlichen stattfindet und nicht losgelöst vom gewohnten Umfeld und den Themen des sonstigen Unterrichtes. Die Lehrpersonen für den Erstsprachunterricht kommen also zu den Kindern und können mit den Kolleginnen und Kollegen des Schulhauses zusammen arbeiten. Schwerpunkte bilden die Integration und Förderung der Erstsprache und der Mehrsprachigkeit. Ein weiteres vertrauensförderndes Element ist die intensive Zusammenarbeit mit den fremdsprachigen Eltern. Die Lehrpersonen der S&K übernehmen hier eine beratende Funktion, können zu Gesprächen beigezogen werden und darüber hinaus Deutschunterricht für Mütter erteilen.

Die *Sprach- und Kulturbrücke* (S & K) ist in vielen Schulhäusern zum festen, unverzichtbaren Element des Schulalltags geworden, und zwar dort, wo es neben dem Deutschen mindestens eine grössere Sprachgruppe hat. Es herrscht durchaus die Auffassung, dass man der Sprachen- und Kulturenvielfalt nur Rechnung tragen kann, indem sich das Team der Lehrpersonen im Regelklassenunterricht mit diesen spezifischen Themen auseinandersetzt – indem in verschiedenen Fächern und Unterrichtsbereichen interkulturelle Aspekte und Themen angegangen werden.

Das Profil einer Lehrperson

Die Anforderungen an eine Lehrperson der *Sprach- und Kulturbrücke* sind hoch: Sie spricht neben Deutsch auch eine der in Basel gut vertretenen Sprachen (vor allem Türkisch, Albanisch, Spanisch, Italienisch, Serbisch/Kroatisch, Tamil) und verfügt über eine abgeschlossene Ausbildung zur Lehrkraft. Sie kennt sich im Basler Schulsystem aus – oder ist bereit, sich darin einzuarbeiten. Sie sollte in mindestens einem Schulhaus stärker eingebunden sein und dort soweit sinnvoll an Schulhauskonferenzen und Teamsitzungen teilnehmen, hat eine feste Ansprechperson im Schulhaus und ist auf den Stundenplänen verzeichnet.

Sie fördert und unterstützt die Schülerinnen und Schüler aller Herkunftssprachen – auch Kinder mit deutscher Muttersprache – und trägt eine ganz besondere Verantwortung für die Kinder der eigenen Sprache. Diese unterrichtet sie in einer Gruppe, sucht die thematischen und inhaltlichen Verbindungsstellen zwischen den eigenen und den Basler Lehrplänen und den Fächern des Regelunterrichts.

Dabei arbeitet sie eng mit den Lehrkräften des Schulhauses zusammen und plant mit einzelnen von ihnen gemeinsam interkulturelle Unterrichtseinheiten, die sie meist im Teamteaching durchführt.

Sie ist Ansprechperson für Lehrkräfte, Schülerinnen und Schüler und Eltern und kann dabei in einem möglichst schon zu Beginn des Schuljahres festgelegten, weitgehend selbst bestimmten Mass zur Elternarbeit beigezogen werden. Es geht hierbei um Übersetzungen, die Teilnahme an Elternabenden und die Mitarbeit im Elternrat, also im weitesten Sinn um „Kulturarbeit", um das Bauen einer Brücke zu den fremdsprachigen Eltern. Die Lehrperson kann in den Schulhäusern für Stellvertretungen beigezogen werden.

Das mittelfristige Ziel ist, dass die Lehrpersonen stufenübergreifend in höchstens drei Schulhäusern beschäftigt werden, und zwar innerhalb eines Quartiers. Eine Vision ist vorderhand noch, dass die Lehrpersonen der S & K gleiche Rechte und Pflichten und die gleiche Entlöhnung haben wie die anderen Lehrkräfte in den jeweiligen Schulhäusern.

Unterrichten im Teamteaching

Im Teamteaching tritt die Lehrperson der S & K gemeinsam mit der Regellehrperson vor die Klasse. Sie bereiten die Unterrichtseinheit wenn möglich gemeinsam vor, sie führen sie gemeinsam durch und werten sie im Anschluss gemeinsam aus. Die beiden Lehrpersonen arbeiten mit der ganzen Klasse. Die S & K-Lehrperson widmet sich also nicht bloss den Kindern ihrer Sprache, sondern ebenso den anderssprachigen Kindern. Dabei können sich die beiden Lehrpersonen im Leiten des Unterrichts abwechseln, so dass die Kinder die S & K-Lehrperson durchaus mal als die führende, bestimmende Lehrkraft erleben können. Oder aber sie teilen die Klasse in Gruppen ein, um so intensiver auf die spezifischen Eigenheiten der zweisprachigen Kinder eingehen zu können.

Individuelle Betreuung

Die Lehrpersonen der S & K arbeiten auch im Einzelunterricht eng mit den deutschsprachigen Lehrpersonen im Regelunterricht zusammen. Dabei brauchen jene Kinder, die grosse Schwierigkeiten mit dem Deutschen haben oder neu in der Schweiz sind, eine individuelle Betreuung. Diese findet in der normalen Schulstunde statt. Die Lehrperson setzt sich in der Regel neben das Kind, und wenn es ein Thema oder eine Aufgabe nicht versteht, erläutert sie es in der Erstsprache. Das Kind und die Lehrperson der S & K arbeiten somit am selben Thema wie die Mitschüler. Manchmal gehen sie auch in einen Gruppenraum, meistens bleiben sie aber in der Klasse. Durch diese Vorgehensweise bekommen die Kinder nicht nur Hilfe in Deutsch, sondern auch in den Fächern, die gerade unterrichtet werden – und natürlich in der Erstsprache. Dazu gibt es auch Möglichkeit der erstsprachlichen individuellen Förderung in verschiedenen Fächern ausserhalb des Unterrichts.

Deutschkurse für Mütter

Die Deutschkurse für Mütter im Rahmen der *Sprach- und Kulturbrücke* sind ein wichtiges Element im Zeichen der Sprachförderung, Bildung und Integration. Ausländische Mütter finden ein kostengünstiges Angebot an Deutschkursen im Kindergarten oder im Schulhaus ihres eigenen Kindes. Der Grundgedanke ist so einfach wie logisch: Verbessern sich die Sprachkenntnisse der Mutter, verbessert sich auch die Integration des Kindes in unserer Gesellschaft. Die Inhalte aus seinem Schulalltag werden in den Deutschkursen für Mütter aufgenommen, was dazu beiträgt, dass Ängste, Vorurteile und Hemmungen der Mutter gegenüber der Schule abgebaut werden.

Ein Teil der Kursleitenden sind Lehrpersonen der S & K und stammen aus den Kulturkreisen der Mütter und deren Kinder selbst. Dadurch können sie eine besonders standfeste Sprach- und Kulturbrücke bauen. Alle Kursleitenden sind Basler Lehrpersonen auf Kindergarten- oder Volksschulstufe, was die thematische und strukturelle Einbindung sehr erleichtert. Bei einem Teil der Kurse für die Mütter werden die jüngsten Kinder zeitgleich in der Herkunftssprache oder in Deutsch geschult.

Die institutionelle Verankerung der Deutschkurse für Mütter und die direkte Verbindung zu den beteiligten Kindergärten und Schulen machen synergetische Vernetzungen möglich. Rektorate, Schulhausleitungen und Schweizer Lehrkräfte wiederum werden durch die erweiterten Kommunikations- und Kontaktmöglichkeiten entlastet.

Übersetzungsleistungen für Eltern

Schulhauseigene S & K-Lehrpersonen können mit Übersetzungen und Teilnahmen an Elternabenden beauftragt werden. Dies ist besonders effizient, da ihnen die Verhältnisse und Eigenheiten der jeweiligen Schulhäuser und Kollegien bereits vertraut sind und die Absprachen oft sehr rasch und unkompliziert erfolgen können. Die Lehrpersonen der S & K haben bei diesen Gesprächen die Rolle von Mediatorinnen und Mediatoren – respektive von Kulturvermittlerinnen und Kulturvermittlern. Sie sind auf zwei Ebenen Bindeglied zwischen der Regellehrperson und den Eltern: Auf der Inhaltsebene tragen sie dazu bei, dass die Eltern die Informationen über die Organisation der Schule, die Ziele des Unterrichts und die Erwartungen an das Kind vollständig verstehen. Auf der Beziehungsebene wiederum sind die sozialen und interkulturellen Kompetenzen der Mediatorinnen und Mediatoren gefragt. Sie fördern eine positive Einstellung der Eltern gegenüber der Schule und der Lehrperson.

5 Ein kritischer Rückblick und ein Blick nach vorn

Mit Kursen in 29 verschiedenen Sprachen wird der Bedarf an den Basler Schulen bereits zu einem recht guten Teil abgedeckt. Das Erziehungsdepartement sorgt in Absprache mit den Trägerschaften für eine sinnvolle und jährlich optimierte Verteilung der Ressourcen und Sprachlernangebote, damit Unterricht so weit wie möglich dort stattfindet, wo tatsächlich auch die meisten Kinder der jeweiligen Minorität zur Schule gehen. Kleinste Gruppen (Finnisch, Polnisch, Japanisch etc.) werden deshalb an Schulstandorte verschoben, die einen niedrigen Anteil zweisprachiger Schülerinnen und Schüler aufweisen. Dies kann durchaus interessant sein für diese in Bezug auf sprachliche Vielfalt eher etwas benachteiligten Standorte – denn dadurch entsteht die Möglichkeit, bei der Arbeit mit ELBE-Ansatz (Eveil aux langues – Language Awareness – Begegnung mit Sprachen) Fachleute von anderen, teilweise sehr fremden Sprachen einzubeziehen. Gut ein Viertel des Unterrichts wird in integrierter Form durchgeführt, hier können die Lehrpersonen im erweiterten Sinn beigezogen werden.

Für alle Gruppierungen gelten die Vorgaben des Rahmenlehrplans HSK. Seit November 2006 sind die Trägerschaften von den Kantonen Basel-Stadt und Basel-Land zusätzlich durch eine Konferenz eingebunden, die sich mit fachlichen, pädagogischen und organisatorischen Fragen der Herkunftssprachenförderung in den Nachbarkantonen Basel-Stadt und Basel Landschaft befasst und in Untergruppen an Themen arbeitet, die alle Sprachgruppen betreffen und interessieren (Zusammenarbeit mit der Schweizer Schule, Beurteilung der Schülerinnen und Schüler etc.). Ihren Lehrpersonen HSK stehen alle Weiterbildungsangebote des Instituts für Lehrerinnen- und Lehrerfortbildung und eine Reihe von weiteren, speziell für sie konzipierten Angebote offen.

Eine echte Herausforderung an die koordinierende Stelle ist, dass die diversen Gruppen sehr unterschiedlich organisiert und geleitet sind (durch Konsulate und Botschaften oder durch Elternvereine), was sich u.a. stark auf die Kontinuität des Einsatzes und auf die Entlöhnung und Qualifikation ihrer Lehrpersonen auswirkt.

Die grösseren Sprachgruppen können meist auf finanzielle Unterstützung von Seiten ihrer Botschaften und Konsulate zählen, sind dadurch von ihren Ländern aus gesteuert und müssen oft beschwerliche Antragswege gehen. Sprachgruppen, die sich selber organisieren und finanzieren müssen, sind von ihren Ländern relativ unabhängig und können oft erstaunlich rasch und unkompliziert auf Bedürfnisse und Bedarf an Ort eingehen.

Das hier beschriebene integrative Modell der *Sprach- und Kulturbrücke* ist ein Angebot der Mittelstufe (5. bis 7. Schuljahr) und wird seit 2003/04 in Schulhäusern mit einem höheren Anteil zweisprachiger Schülerinnen und Schülern erfolgreich umgesetzt. Die bisherigen Rückmeldungen sind positiv, die hoch gesteckten Zielsetzungen werden weitgehend erreicht. Ein Ausbau wäre in jeder Hinsicht erstrebenswert, ist aber aus finanziellen Gründen nur punktuell möglich.

Eine Evaluation der bisherigen Arbeit zeigt u.a., dass es nachteilig ist, dass ein entsprechendes Modell für jüngere Kinder bisher fehlt. Im Kindergarten und auf Primarstufe (1. bis 4. Schuljahr) wird bisher noch weitgehend traditioneller HSK-Unterricht angeboten. An den meisten Standorten ist die Zusammenarbeit unter den Lehrpersonen und ein erweiterter Beizug der Herkunftssprachen in den Unterricht rein organisatorisch nur ansatzweise möglich. Erst gerade in zwei Schulhäusern der Primarstufe findet integrierter Unterricht statt, dieser ist aber in der Schweiz weit herum bekannt. Im *Modell St. Johann* erfahren Kinder eine ganzheitliche Schulung und Förderung, die auch eine allenfalls nötige heilpädagogische Betreuung umfasst. Die Toleranz gegenüber der hiesigen Kultur und gegenüber fremden Kulturen wird gefördert und gepflegt, Mundart (Baseldeutsch) wird dabei gleichwertig behandelt. Die Koordination der Inhalte und Methoden ist institutionalisiert. Kinder aus Kleinstgruppen mit weniger als 6 Kindern werden ebenfalls zusammengezogen und erhalten auf Standardsprache Deutsch inhaltlich ähnlich ausgerichteten Unterricht. Die Koordination der Inhalte und Methoden ist institutionalisiert gewährleistet.

Die Übernahme des erfolgreichen und sehr überzeugenden *Modells St. Johann* wäre erstrebenswert, ist jedoch u.a. in Bezug auf die an Ort erforderliche Schulentwicklung in der Praxis in nächster Zeit nicht breiter umsetzbar.

Ab Schuljahr 2007/08 initiieren wir deshalb ein nächstes Projekt auf Primarstufe, das die Vorteile der *Sprach- und Kulturbrücke* aufnehmen und einen erneut optimierten Ansatz bietet soll. Im *Randevu* sollen weiterhin HSK-Lehrpersonen der grösseren Sprachgruppen ins eigene Haus geholt werden, die in erweitertem Umfang einbezogen werden können (Teamteaching, Beratung, Elternarbeit, teilweise Deutschkurse für Mütter plus Unterricht in der jeweiligen Herkunftssprache). Neu wird hingegen eine weitere Vorgabe des Basler Gesamtsprachenkonzepts aufgenommen: Sensibilisierung für eigene und für fremde Sprachen und „Sprachforschung" (ELBE), verknüpft mit integrierter Herkunfts- oder Erstsprachförderung in Teamteaching mit HSK-Lehrpersonen grösserer Sprachgruppen.

Die Erkenntnis ist klar: Zum gemeinsamen Bildungsgut gehören auch mehrsprachige und interkulturelle Kompetenzen. Es ist heute mehr denn je für alle nützlich oder sogar erforderlich, mehrere Sprachen zu sprechen und sich in unterschiedlichen kulturellen Umfeldern bewegen zu können. Um dies erreichen zu können, sind wir angewiesen auf die konkrete berufliche Zusammenarbeit mit Menschen, die einen anderen kulturellen und sprachlichen Hintergrund haben als wir.

Weitere Materialien und Informationen unter www.edubs.ch:

www.edubs.ch/lehrpersonen/fachstelle_sprachen/index.pt

www.edubs.ch/die_schulen/schulen_bs/interkulturelle_paedagogik/index.pt

Literatur

Bollhalder, Silvia (2005): *Die Sprach- und Kulturbrücke. Integrierte Erstsprachförderung im Kanton Basel-Stadt.* Basel: Erziehungsdepartement BS, Ressort Schulen [www.edubs.ch].

Bollhalder, Silvia: *Jährlich erscheinendes Verzeichnis der Angebote Integrierte Erstsprachenförderung und Kurse in heimatlicher Sprache und Kultur (HSK).* Basel: Erziehungsdepartement BS, Ressort Schulen [www.edubs.ch].

Reich, Hans H./Roth, Hans-Joachim u.a. (2002): *Spracherwerb zweisprachig aufwachsender Kinder und Jugendlicher. Ein Überblick über den Stand der nationalen und internationalen Forschung.* Hamburg: Behörde für Bildung und Sport.

Nodari; Claudio/De Rosa, Raffaele (2003): *Mehrsprachige Kinder. Ein Ratgeber für Eltern und andere Bezugspersonen.* Bern: Haupt Verlag.

Bildungsdirektion des Kantons Zürich, Volksschulamt, Sektor Interkulturelle Pädagogik (2003): *Rahmenlehrplan für Kurse in heimatlicher Sprache und Kultur (HSK).* (Walchestrasse 21, 8090 Zürich, Tel.: 043 259 22 86) [www.volksschulamt.zh.ch].

Thomas, Wayne P./Collier, Virginia (1997): *School effectiveness for language minority students.* Washington D.C.: National Clearing House for Bilingual Education.

Autorinnen und Autoren

Ahrenholz, Bernt, Prof. Dr., Professur für Deutsch an der Pädagogischen Hochschule Ludwigsburg. Arbeitsschwerpunkte: Deutsch als Zweitsprache bei Kindern mit Migrationshintergrund, Gesprochene-Sprache-Forschung, Grammatik im Deutsch-als-Fremdsprache-Unterricht, Zweitspracherwerb, Sprachlehr- und –lernforschung. Email: ahrenholz@ph-ludwigsburg.de.

Apeltauer, Ernst, Prof. Dr.; Deutsch als Zweit- und Fremdsprache; Universität Flensburg. Forschungsschwerpunkte: Erst- und Zweitspracherwerb, interkulturelle Kommunikation, Arbeitsschwerpunkte: Sprachförderung, kontrastive Grammatik, Textverständlichkeit. Email: apeltaue@uni-flensburg.de.

Barzel, Doreen, M.A., Leiterin des Projekts *Förderunterricht für Kinder und Jugendliche mit Migrationshintergrund* der Stiftung Mercator.
Email: mercator@stiftung-mercator.de.

Baur, Rupprecht S., Prof. Dr., Professur für Deutsch als Zweit- und Fremdsprache an der Universität Duisburg-Essen. Arbeitsschwerpunkte: Zweitspracherwerb, Methoden der Zweit- und Fremdsprachenvermittlung, Handlungsorientierter Unterricht, Testen und Fördern, Integration von Aussiedlern.
Email: rupprecht.baur@uni-due.de.

Bollhalder, Silvia, Mitarbeiterin im Erziehungsdepartement Basel-Stadt. Arbeitsschwerpunkte: Herkunftssprachen, Mehrsprachigkeit, Interkulturelle Fragen und Koordination der Deutschkursangebote für erwachsene Migrantinnen und Migranten. Email: silvia.bollhalder@bs.ch.

Consani, Claudio, lic. phil., Projektleiter am Institut für Interkulturelle Kommunikation Zürich und Wissenschaftlicher Mitarbeiter und Dozent für DaF am Sprachenzentrum der Universität und ETH Zürich. Arbeitsschwerpunkte: Schreibförderung, Zweitspracherwerb, Fachsprachenunterricht.
Email: claudio.consani@iik.ch.

Decker, Yvonne, Mitarbeiterin im Forschungsprojekt von Prof. Dr. Ingelore Oomen-Welke zur Begleitung des Übergangs zwischen Kindergarten und Grundschule bei Kindern mit Migrationshintergrund an der Pädagogischen Hochschule Freiburg. Erstes Staatsexamen für das Lehramt an Grund- und Hauptschulen, Zweitstudium zum M.A. Fachdidaktik Deutsch. Arbeitsschwerpunkte: Zweitspracherwerb bei Migrantenkindern, Entwicklung von Fördermaterialien, DaZ in der Internationalen Vorbereitungsklasse. Email: yvonnedecker@gmx.de.

Gogolin, Ingrid, Dr., Professorin für International Vergleichende und Interkulturelle Bildungsforschung an der Universität Hamburg. Arbeitsschwerpunkte: Erziehungswissenschaftliche Migrationsforschung, Forschung zu Zwei- und Mehrsprachigkeit, Forschung und Entwicklung zur Interkulturellen Bildung. Email: www.ingrid-gogolin.eu.

Grießhaber, Wilhelm, Dr., Prof. für Sprachlehrforschung und Leiter des Sprachenzentrums der WWU Münster. Arbeitsschwerpunkte: Zweitspracherwerb, Fachsprachvermittlung, Schreiben, Neue Medien (besonders in der Fremdsprachvermittlung). Email: griesha@uni-muenster.de.

Hinrichs, Beatrix, MA., Wissenschaftliche Mitarbeiterin im Projekt *Förderunterricht für Schülerinnen und Schüler nicht deutscher Herkunftssprache* im Fach Deutsch als Fremdsprache der Universität Bielefeld. Arbeitsschwerpunkt: Deutsch als Zweitsprache in der Schule, Interkulturelle Kommunikation, Textproduktion, Lehreraus- und fortbildung. Email: beatrix.Hinrichs@uni-bielefeld.de.

Hölscher, Petra, Institutsrektorin am Staatsinstitut für Schulqualität und Bildungsforschung. Arbeitsschwerpunkte Entwicklung von Lehrplänen und Materialien für den Unterricht in Deutsch als Zweit -und Fremdsprache und für interkulturelles Lernen, Lehrplanentwicklung, Lehrerfortbildung und Beratung von Institutionen in vielen Ländern. Projektleiterin des LIFE -Projektes zur weltweiten Förderung von interkulturellem Lernen der BMW Group. Email: petra.hoelscher@isb.bayern.de.

Kaltenbacher, Erika, Dr., Wissenschaftliche Angestellte am Seminar für Deutsch als Fremdsprachenphilologie der Universität Heidelberg; Leiterin des Projekts *Deutsch für den Schulstart*. Arbeitsschwerpunkte: Spracherwerbsforschung, früher Zweitspracherwerb, psycholinguistische Grundlagen der Sprachförderung, Sprachtypologie. Email: kaltenbacher@idf.uni-heidelberg.de.

Klages, Hana, MA. Wissenschaftliche Mitarbeiterin im Projekt *Deutsch für den Schulstart* am Seminar für Deutsch als Fremdsprachenphilologie der Universität Heidelberg. Arbeitsschwerpunkte: Früher Zweitspracherwerb, Didaktik und Methodik der Sprachförderung, Entwicklung der Textkompetenz. Email: klages@idf.uni-heidelberg.de.

Knapp, Werner, Dr., Prof. für Sprachwissenschaft und Sprachdidaktik an der Pädagogischen Hochschule Weingarten. Arbeitsschwerpunkte: Empirische Unterrichtsforschung, Textproduktion, Zweitspracherwerb und Zweitsprachdidaktik, Erzählen. Email: knapp@ph-weingarten.de.

Miodragovic, Nina, absolviertes Studium zur Sekundarstufenlehrerin an der Pädagogischen Hochschule Zürich, Klassenlehrerin an einer Sekundarklasse Niveau C. Arbeitsschwerpunkte: Rechtschreibeprojekt mit individueller Förderung, Schreibförderung, Erarbeiten einer soliden Grundlage für die Rechtschreibung. Email: nmiodragovic@os.embra.ch.

Nodari, Claudio, Prof. Dr., Leiter des Instituts für Interkulturelle Kommunikation (www.iik.ch) und Dozent für Didaktik des Deutschen als Zweitsprache an der Pädagogischen Hochschule Zürich. Arbeitsschwerpunkte: Lehrwerke für Deutsch als Zweitsprache, Sprachförderung in allen Fächern, Weiterbildung und Schulprojekte zur Sprachförderung in mehrsprachigen Schulen. Email: claudio.nodari@iik.ch.

Oliva Hausmann, Andrés, Dipl. Psych., Wissenschaftlicher Mitarbeiter am Fachbereich Bildungswissenschaften der Bergischen Universität Wuppertal. Arbeitsschwerpunkte: Schriftspracherwerb, Zweitspracherwerb und Sprachförderung. Email: Andres.Oliva@web.de.

Peltzer-Karpf, Annemarie, Dr., Prof. am Institut für Anglistik der Karl-Franzens-Universität Graz, Leitung der Abteilung für Spracherwerbsforschung und Kognitionswissenschaft. Forschungsschwerpunkte: dynamische Systemtheorie und kognitive Neurowissenschaften (1991 Sandoz-Preis für Biologie). Projekte zu verschiedenen Varianten des Erst- und Fremdsprachenerwerbs, wissenschaftliche Begleitung von Sprachförderprogrammen. Email: annemarie.peltzer@uni-graz.at.

Röhner, Charlotte, Prof. Dr. phil., Pädagogik der frühen Kindheit und der Primarstufe am Fachbereich Bildungs- und Sozialwissenschaften der Bergischen Universität Wuppertal. Arbeitsschwerpunkte: Grundschulpädagogik, (Schrift)-spracherwerb, Kindheitsforschung, Schulentwicklungs-forschung. Email: roehner@uni-wuppertal.de.

Rösch, Heidi, Dr., Privatdozentin für Fachdidaktik Deutsch/Deutsch als Zweitsprache am Institut für Sprache und Kommunikation der Technischen Universität Berlin. Arbeitsschwerpunkte: Interkulturelle Deutschdidaktik, Deutsch als Zweitsprache in allen Schulstufen, zweisprachige Erziehung, Migrationsliteratur sowie Kinder- und Jugendliteratur und ihre Didaktik. Email: heidi.roesch@tu-berlin.de.

Saalmann, Wiebke, Projektleiterin FöRMiG Sachsen, Sächsisches Bildungsinstitut, Email: wiebke.saalmann@sbi.smk.sachsen.de.

Salek, Agnieszka, M.A., Projektreferentin *Förderunterricht für Kinder und Jugendliche mit Migrationshintergrund* der Stiftung Mercator.
Email: mercator@stiftung-mercator.de.

Spettmann, Melanie, M.A., Wissenschaftliche Mitarbeiterin für Deutsch als Zweit- und Fremdsprache an der Universität Duisburg-Essen. Arbeitsschwerpunkte: Sprachstandserhebung und Sprachförderung, Betreuung und Beratung von ausländischen Studierenden im Rahmen des Sprachkursprogramms *Deutsch für ausländische Studierende,* Koordination des studienbegleitenden Fremdsprachenangebotes der Universität. Email: melanie.spettmann@uni-due.de.

Tracy, Rosemarie, Dr., Prof. für Anglistische Linguistik an der Universität Mannheim. Arbeitsschwerpunkte: Spracherwerb (monolingual und doppelter Erstspracherwerb, Zweitspracherwerb) und Mehrsprachigkeit im Allgemeinen; Leitung der Forschungs- und Kontakstelle Mehrsprachigkeit der Universität Mannheim, wissenschaftliche Begleitung von Sprachförderprojekten. Email: rtracy@rumms.uni-mannheim.de.

Bilder

Fotos im Beitrag Hölscher: © Ingrid Vogl.

Fotos im Beitrag Gogolin & Saalmann: © Anett Kunz.

Fotos im Beitrag Apeltauer: © Kieler Modell.